개정판

웨슬리와
우리의 교리

초기 메도디스트 교리 연구

김진두 지음

30대 후반의 존 웨슬리(1703-1791)와 찰스
웨슬리(1707-1788)
(메도디스트 부흥운동과 메도디스트 교리는 웨슬
리 형제의 공동작품이다.)

kmc

개정판
웨슬리와 우리의 교리

초   판 2003년 6월 15일
개 정 판 2009년 9월 1일
개정2판 1쇄 2010년 5월 1일
      2쇄 2016년 1월 26일

김진두 지음

발행인 | 전용재
편집인 | 한만철

펴낸곳 | 도서출판 kmc
등록번호 | 제2-1607호
등록일자 | 1993년 9월 4일

03186 서울특별시 종로구 세종대로 149 감리회관 16층
(재)기독교대한감리회 출판국
대표전화 | 02-399-2008   팩스 | 02-399-4365
홈페이지 | www.kmcmall.co.kr
디자인 | 밀알기획 02-335-6579

값 19,000원

ISBN 978-89-8430-433-8 03230

저자 서문

　존 웨슬리는 성경적이고 진정한 기독교의 본질이 되는 교리들 중에 메도디스트들이 가장 중요하게 여겨서 설교하고 전파하고 실천하는 교리를 '우리의 교리'(Our Doctrines)라고 불렀습니다. 초기 메도디스트 교회는 그들의 전도운동과 신앙생활의 모든 면에서 바로 이 '우리의 교리'에 집중했기 때문에 가장 좋은 결실을 얻을 수 있었던 것입니다. 그러므로 '우리의 교리'는 우리 메도디스트들의 교리이며 우리 메도디스트 교회의 핵심적인 교리입니다.

　이 책은 필자의 저서 「웨슬리의 실천신학」 제1장 '초기 메도디스트 교리'의 내용을 더 깊게, 더 길게, 그리고 더 섬세하게 개정 확대하여 다시 쓴 것입니다. 이 책을 쓰기 시작한 지는 약 1년 전이었습니다. 목회하면서 신학대학에서 그리고 여러 교회에서 강의하면서 바쁘기도 했지만 깊은 생각과 좋은 생각을 많이 얻었고 하루하루 틈틈이 썼습니다. 웨슬리 형제가 가르친 메도디스트 교리와 성경적이고 진정한 기독교가 무엇인지 목회자들과 신학도들과 평신도들을 위해서 해설하고 싶은 생각에서 이 책을 쓰게 되었습니다. 특별히 웨슬리 형제의 구원론을 해설하고 싶은 생각이 이 책을 쓰게 된 직접적인 동기가 되었습니다.

　필자는 이 책에서 학자들에 의존하지 않고 주로 존 웨슬리와 찰스 웨슬리 두 형제의 원자료에 의존했고 특히 찰스 웨슬리의 찬송을 가능한 많이 인용하였습니다. 왜냐하면 18세기 메도디스트 부흥운동은 물론 메도디스트 교리/신학도 존과 찰스 웨슬리 형제의 공동작품이기 때문입니다. 찰스의 찬송은 모든 경건과 아름다움으로 가득찬 것이어서 그것을 읽을 때에는 형언 못할 감동과 기쁨을 경험하지만 우리말로 번역하는 것은 너무나도 힘든 일이라 때로는 번역이 아니라 반역하는 것 같았습니다. 그러나 더 좋은 말을 만들기 위해서 애써 번역했습니다. 가끔은 무리한 의역을 한 것을 이해바랍니다. 어떤 찬송은 영어를 병기해서 원문의 의미를 정확히 알 수 있도록 했습니다. 메도디스트 교리는 사실상 존의 설교보다는 찰스의 찬송에 더 잘 표현되었으며, 찬송을 통해서 더 잘 전달되고 배워졌습니다. 학생들에게 도움이 되도록, 그리고 독자들이 웨슬리가 사용한 메도디스트 교리의 용어들을 정확히 읽을 수 있도록 필요한 경우에 괄호 안에 영어를 넣었습니다.

필자는 이 책이 독자들이 특별히 오늘의 메도디스트들이 우리들의 선조 웨슬리 형제를 통해서 넓게는 성경적인 기독교–진정한 기독교–생명력 있는 기독교, 그리고 좁게는 메도디스트 교회의 교리를 더 잘 배울 수 있는 하나의 안내서가 되기를 바라는 마음으로 썼습니다.

필자는 부록으로 초대교회의 신조와 메도디스트 교회의 역사적인 신앙고백과 교리를 한 눈에 볼 수 있도록 실어 놓음으로써 메도디스트 교회의 교리가 성경과 사도들의 신앙고백, 그리고 교부들의 정통신앙에 확고하게 뿌리를 두고 있음을 표명하였습니다. 다음으로 독일 루터교회가 루터의 종교개혁 신앙을 체계화한 아우구스부르그 신앙고백(1530)과 쯔빙글리와 칼빈이 이끌었던 스위스 개혁교회(The Reformed Church)가 작성한 하이델베르그 교리문답(1563)에 나타난 신앙 전통을 다른 모든 개신교회와 함께 계승하고 공유한다는 사실을 다시 확인하려는 의도에서 이 두 교리의 전문을 번역하여 실었습니다. 또한 웨슬리 형제가 평생토록 깊은 애정은 가지고 충성을 바쳤던 영국 국교회의 '39개 교리'(1562)를 참조하면서 특별히 존 웨슬리가 그 교리를 축약하고 개정한 '24개 교리'(1784)를 메도디스트 교회의 중요한 교리적 전통으로 삼는 의미에서 직접 번역하고 설명도 붙였습니다. 특히 1952년에 만든 영국 메도디스트 교회의 교리문답은 메토디즘 역사상 가장 섬세하고 훌륭한 것이기에 신학교와 교회에서 사용할 수 있는 좋은 교재가 되리라는 판단에서 손수 번역하여 실었습니다. 아울러 존 웨슬리 탄생 300주년이 되는 작년에 이 책의 초판을 내고 올해 들어 개정판을 내놓게 된 것에 대해서 더 깊은 의미를 느낍니다. 필자는 이 책의 초판의 제목을 「우리의 교리」라고 하였으나 개정판에서는 이 책이 웨슬리 연구서라는 것을 분명히 밝히려는 생각에서 그 제목을 「웨슬리와 우리의 교리」로 바꾸었습니다. 끝으로 이 책의 출판을 맡아주신 감리교신학대학교출판부와 이 책의 교정을 위해 많은 수고를 한 이명희 전도사님, 그리고 이 책이 나오기까지 수고한 모든 분들께 감사드리며, 이 책이 한국 메도디스트 교회가 자신의 신앙을 바로 세우고 바로 바로 전하는 데 조금이라도 기여하기를 바랍니다.

2003년 6월 15일

저자 **김진두**

2009년 개정판 서문

"나는 메도디스트라 불리는 사람들이 유럽이나 아메리카에서 사라지는 것을 두려워하지 않는다. 그러나 나는 그들이 능력을 상실하고 단지 형식만을 가진 일종의 죽은 종파가 될까 봐 두려워한다. 그리고 이런 일은 만약에 그들이 처음 출발할 때에 가졌던 교리(doctrines)와 영(spirit)과 훈련(discipline)을 모두 견고하게 붙잡지 않을 때에 반드시 발생할 것이다."

위의 말은 존 웨슬리가 죽기 5년 전에 몇몇 메도디스트 신도회가 그들의 처음 신앙을 조금씩 잃어버리는 모습을 보면서 '메도디즘에 관한 생각'이라는 글의 서두에 쓴 메도디스트들에 대한 경고이다. 필자는 존 웨슬리의 이러한 경고를 읽으면서 오늘의 한국 메도디스트 교회의 신앙을 깊이 반성하게 된다. 우리의 존경하는 메도디즘의 창시자 존 웨슬리는 교리와 영과 훈련을 모두 견고하게 붙잡으라고 강력하게 요구하였다. 그는 이 세 가지를 이론상으로는 나누어 말했어도 실제로는 함께 말하고 가르쳤다. 메도디스트 신앙 전통에서 이 세 가지는 언제 어디서나 함께 있고 함께 가는 것이다. 즉 교리에서 죽으면 영도 시들고 훈련도 사라지는 것이다. 영이 쇠퇴하면 교리와 훈련에서도 죽게 되는 것이다. 또한 훈련이 약해지면 교리에서도 영에서도 약해지는 것이다. 메도디스트 신앙의 특징과 강점은 이 세 가지를 하나로 확고하게 품고 지키고 전하고 가르치고 실천하는 것이다. 필자는 이 책을 메도디스트 주요 교리를 해설하려는 목적으로 썼지만 사실은 교리 안에서 교리를 통하여 교리와 함께 메도디스트 영과 메도디스트 훈련을 분명히 밝히고 강조하고 싶었다.

본래 필자는 이 책을 2003년에 '우리의 교리' 라는 이름으로 출판하였고, 2005년에는 '웨슬리와 우리의 교리' 라는 제목으로 개정판을 내놓았다. 그동안 이 책은 3개 신학대학에서 교재로 꾸준히 사용되었으며, 특별히 메도디즘을 전공하는 신학도들에게서 이 책을 애독하였다는 감사의 말을 종종 들어왔다.

금번에 본부 출판국에서 새로운 개정판을 내놓게 되니 신학도들뿐만 아니라 많은 목회자와 평신도들까지도 더 많이 읽고 메도디스트 교리와 영과 훈련을 다시 견고하게 붙들고서 "교회를 개혁하고 사회를 성화하고 민족을 구원하는" 성령의 불이 일어나기를 기도한다.

한국감리교회의 개혁과 부흥을 위해서 뜨겁게 기도하면서 메도디스트 문서출판과 문서선교를 통하여 이 일을 이루고저 헌신하고 있는 본부 출판국 총무 김광덕 목사님이 이 책의 개정판 출판을 적극적으로 추진하여 새로운 얼굴로 이 책을 보게 되니 기쁘고 감사하다. 이 책의 교정을 하느라 수고하신 이성재 전도사님과 이 책의 출판을 위해서 수고하신 모든 분들에게 감사하다. 하나님께 영광!

2009년 9월 1일
저자 **김진두**

*** 약어표(略語標)

1. JJW: The Journal of the Rev. John Wesley A.M., 8vols., edited by Nehemiah Curnock, Robert Culley, London, 1916.
2. LJW: The Letters of John Wesley A.M., 8vols., edited by John Telford, Epworth Press, London, 1931.
3. SS: The Standard Sermons of John Wesley, 2vols., edited and annotated by Edward H. Sugden, Epworth Press, London, 1921.
4. ENNT: Explanatory Notes upon the New Testament, John Wesley, 1754, reprinted by Epworth Press, London, 1950.
5. WJW: The Works of John Wesley, 14vols., edited by Thomas Jackson, John Mason, London, 1831.
6. WJWB: The Works of John Wesley, Bicentennial Edition, vol., 1, 2, 3, 4, 7. 9, 11, 18, 19, 20, 21, 22, 23, 24, 25, 26, edited by Albert C. Outler etc., Abingdon Press, 1975-2003.
7. PWJC: The Poetical Works of John and Charles Wesley, 13vols., edited by Dr. George Osborn, Wesleyan Methodist Conference Office, London, 1869.
8. CHPM: A Collection of Hymns for the Use of People Called Methodists, with a New Supplement Edition with Tunes, 1779, reprinted by Wesleyan Methodist Conference Office, 1878.

차례

서론

"나는 메도디스트들이라고 불리우는 사람들이 유럽에서나 아메리카에서 사라지는 것을 두려워하지 않는다. 그러나 나는 그들이 단지 능력없는 종교의 형식만을 가진 일종의 죽은 종파가 될까봐 두려워한다. 그리고 이런 일은 만약에 그들이 처음 출발할 때에 가졌던 교리(doctrine)와 영(spirit)과 신앙훈련(discipline)을 모두 견고하게 붙잡지 않을 경우에 반드시 발생할 것이다"[1]

이것은 존 웨슬리가 죽기 5년전 메도디스트에게 남긴 경고의 말이다. 여기서 그는 세 가지를 확고하게 붙들라고 말하였는데 그 중 첫째가 교리이다. 교리는 이만큼 중요하다. 메도디스트들이 죽지 않고 살려면 꺼지지 않고 부흥하려면 약해지지 않고 강해지려면 껍데기가 되지 않고 알맹이가 되려면 작아지지 않고 커지려면 처음의 교리(doctrines)와 영(spirit)과 훈련(discipline)을 확고하게 지켜야 한다.

이 책은 웨슬리 형제가 가르친 초기 메도디스트 교리의 역사와 성격과 표준과 내용, 그리고 해석에 관한 연구서이다. 이 연구서는 웨슬리 형제의

---

1) 존 웨슬리, '메도디즘에 관한 생각', 존 웨슬리 논문집Ⅰ, 김진두 외 공역, 한국웨슬리학회, p393

구원론의 핵심이라고 할 수 있는 '우리의 교리'(Our Doctrines)에 관한 해설서라고 할 수 있다. '우리의 교리'란 처음 메도디스트들이 믿고 전파하고 노래하고 실천했던 메도디스트 주요 교리로서 메도디스트 교리/신학의 원형이라고 할 수 있는 것이다. 특별히 이 책에서 필자는 감리교회 신학에 있어서 사중표준의 문제와 메도디스트 구원론에서 선행적 은혜(先行的 恩惠; prevenient grace)가 얼마나 중요한가에 관한 문제를 진지하게 다루었으며, 이신칭의(以信稱義) 교리와 신생(新生) 교리의 웨슬리적 의미와 교회사적 의미에 관한 몇 가지 중요성을 상세히 기술하였다. 그리고 현대 감리교회가 소홀히 취급해왔던 성령의 증거의 교리를 본래 웨슬리의 의도에 따라서 기술하는 한편 완전성화에 관하여 초기 웨슬리의 설명과 메도디스트들의 신앙과 실천을 본래대로 해설하려고 노력하였다. 필자는 이 책에서 메도디스트 교회도 교리를 중요하게 여긴다는 사실을 돋보이게 하려는 것이고, 또한 메도디스트 교회의 구원론에 관한 교리를 아무 오해 없이 명확하게 알리고 싶은 마음을 담고 싶었다. 특별히 저자는 메도디스트 구원론에서 자주 논쟁점이 되는 몇 가지 신학적인 문제들에 관하여 메도디스트들의 분명한 이해를 도우려는 심정과 나아가 웨슬리 전통의 구원론 교리가 메도디스트들만이 아니라 모든 기독교인들을 성경적으로 바르고 온전한 구원관에 기초한 신앙에로 인도하는 도구라는 믿음을 가지고 이 책을 썼다.

오늘날 대부분의 기독교인들에게 교리는 딱딱하고 재미없는 것으로 들릴지 모르지만, 기독교신앙에서 여전히 근본적이고 필수적인 요소인 것을 알아야 한다. 교회의 교리는 중요하다. 교리는 우리가 믿고 고백하는 내용의 요약이다. 마치 집을 짓는데 기둥을 세우는 일과 같은 것이다. 그래서 전통적으로 교회의 교리를 연구하고 세우는 일을 교회교의학

(Church Dogmatics)이라고 불렀다. 교회는 무엇을 믿고 무엇을 소망하고 무엇을 전파해야 하는지를 언제나 분명하게 알아야 하며, 그것을 시대에 따라서 항상 새롭게 해석하고 표현해야 하는 사명을 갖고 있다. 어느 시대 어느 교회든지 올바른 신앙의 고백과 선교를 위해서 '교회교의학'을 반드시 필요로 한다.

오늘의 감리교회는 특히 20세기에 들어서면서부터 오랫동안 '메도디스트 교회교의학'(Methodist Church Dogmatics)을 만들고 가르치는 일에서 다른 교회에 비교해볼 때에 소홀히 하였다는 것을 스스로 인정하고 있다. 초기 메도디스트들은 메도디스트 방식의 교회교의학을 갖고 있었다. 그러나 현대의 감리교회는 특별히 20세기 초부터 불어닥친 각종 새로운 신학사상을 배우면서부터 처음에 물려받은 웨슬리 정통(Wesleyan Orthodoxy)에서 많이 벗어났으며, 그 후 지금까지 교리적인 기초의 취약성의 문제를 경험해 왔으며, 이로 인한 부정적인 결과와 상처는 도처에서 발견되고 있다. 선교 초기부터 한국 감리교회의 신학은 미국 감리교회의 신학사상의 영향을 너무나 많이 받아왔다. 이로 인하여 한국 감리교회의 신학은 웨슬리적 메도디스트 전통보다는 미국 감리교회의 자유로운 신학을 모방하는 길을 걸어왔다고 볼 수 있다.

전통적으로 감리교회 교인들은 스스로가 감리교회는 분명하고 통일된 교리가 없는 것 같으며, 교리에 관심이 별로 없으며 어떤 약점이 있다고 생각하는 경향이 있다. 또한 타 교회들 중에도 그렇게 생각하고 있는 것을 종종 발견하게 된다. 그래서 심지어는 타 교파 교회들로부터 "감리교회에는 교리가 없다.""감리교회에는 구원이 없다.""감리교회는 교리를 중요시하지 않는다.""감리교회는 교리에 무차별하다.""감리교회는 교리는 무시하고 생활만 중시한다.""감리교회의 신학은 인본주의이다.""감리교

신학은 성경을 떠난 자유주의이고 종교다원주의이다."라는 비판과 오해를 받기도 한다. 이러한 말들은 영국-미국-한국으로 메도디즘이 전해지면서 주로 칼빈주의자들이 메도디즘에 대하여 모욕적이고 적대적으로 하는 소리이다. 메도디스트는 이런 인식 때문에 어떤 지역에서나 이와 관련된 어떤 환경에 처했을 때는 목회와 선교에 상처와 피해를 입기도 한다. 이러한 비판은 사실인가 아닌가? 아니라면 우리가 믿는 구원의 교리를 세상에 큰 소리로 분명하게 알려야 한다. 이것은 미래 감리교회의 사활이 걸린 가장 중대한 문제이다.

실제로 오늘의 감리교회 목회자들은 감리교회의 이런 문제점을 명확하게 해결하고 싶은 긴급한 필요성을 느끼고 있다. "감리교회에는 교리가 없는가?" "감리교회는 교리를 중요시하지 않거나 소홀히 하는가?" "감리교회는 교리적 신앙에 문제점을 가지고 있는가?" "감리교회는 교리에 대하여 어떤 입장과 태도를 취하는가?" "과연 감리교회의 교리는 무엇인가?" 우리는 이러한 질문들에 대한 확고한 대답을 가지고 있어야 한다. 필자는 이 글에서 이런 질문에 대한 대답을 초기 메도디스트 교리의 표준과 성격에 대한 역사적인 연구, 그리고 웨슬리 형제와 초기 메도디스트 교리에 대한 연구를 통해서 찾아보려고 한다.

메도디즘(Methodism)은 웨슬리 형제의 경건생활 운동과 복음전도운동으로 형성되고 발전했으며, 처음부터 루터나 칼빈처럼 어떤 교리적이고 신학적인 주제를 문제삼아 일어난 것은 아니다. 처음부터 메도디스트들의 과제는 어떻게 기독교의 신앙을 실생활에서 경험하고, 어떻게 이미 있는 교리를 실천하여 그 능력을 나타낼 수 있느냐는 것이었다. 기독교의 진실된 능력을 실생활에서 찾으려 하였고, 인간 영혼뿐 아니라 인간 사회의 실제적 활동에서 추구하였다. 이것이 웨슬리 형제와 초기 메도디즘의 본래적이고 지속적인 중심 과제였다. 또한 이것이 메도디스트 신앙의 특징이고 메도디즘의 전통이 되어 온 것이 사실이다.

그렇다고 해서 메도디스트 교회가 본래부터 교리에 관심이 적은 것이 결코 아니다. 초기 메도디스트 역사를 살펴보면 메도디스트 교회는 다른 교회만큼이나 교리에 관심이 많았으며, 오히려 다른 교회들보다도 자신의 교리를 더욱 확신을 가지고 명쾌하게 선언하였던 사실을 알 수 있다. 18세기 영국의 교회사적 상황은 여러 교회의 각기 다른 전통과 교리들이 갈등과 충돌을 일으키고 있었다. 이러한 교회사적 정황에서 웨슬리 형제의 메도디스트 부흥운동이 일어났으며, 메도디스트 교리가 형성되었던 것이다. 웨슬리는 자신과 메도디스트들이 믿고 전하는 교리를 '우리의 교리'(Our Doctrines)라고 이름하였으며, 이 교리는 '진정한 기독교', '성서적인 기독교'의 요약이라고 확신하였다. 필자는 이 교리를 '웨슬리적 정통'(Wesleyan orthodoxy) 또는 '초기 메도디스트 교리'(Early Methodist Doctrines)라고 부른다.

웨슬리 당시의 초기 메도디스트 교리는 메도디스트들(Methodists)의 확고한 신앙 뿐 아니라 확고한 실천이요 삶 자체였으며, 다른 교회들뿐만 아니라 당시의 세상 사람들에게도 '진정한 기독교'를 쉽고도 가장 효과적으로 가르치는 도구였으며, 사회 속에서 실천되어 기독교 복음의 능력을 온 세상에 분명히 보여주는 능력이었다. 이러한 메도디스트 교리의 생동하는 능력과 실천적 효력 때문에 초기 메도디즘은 '실천적인 기독교'(Practical Christianity)라고 불리어졌던 것이다. 초기 메도디스트 역사를 친밀히 알고 보면 메도디스트 교회만큼 분명하고 확고하고 생명력 있으며 실제적인 능력이 있는 교리를 가진 교회가 또 다시 없다는 것을 발견하게 된다.

올해는 존 웨슬리(1703-1791) 탄생 300주년을 맞이하는 해이다. 이러한 뜻 깊은 해를 기념하는 의미에서 웨슬리가 가르친 '우리의 교리'(Our Doctrines)를 한번 읽어보고 우리의 신앙을 명확하게 세우는 것은 참으로 필요하고도 보람있는 일이라고 생각한다. 오랜 역사를 지나오면서 메도디스트 교리는 변화를 겪어왔으며, 현대의 감리교회의 신학은 웨슬리 시대의 '초기 메도디스트 교리'와 일치하는 부분도 있고 불일치하는 부분도 생겨났다. 오늘의 시점에서 감리교회가 자신의 정체성을 재발견하고 본래의 존재 이유와 목적, 그리고 방향을 찾기 위해서는 처음 메도디스트들의 신앙의 결정체인 '초기 메도디스트 교리', 즉 '우리의 교리'를 다시 배우는 것이 필수적이며, 이것은 현대 감리교회의 신앙생활과 선교를 바르게 하고 가장 효과적으로 하는 길이라고 생각한다.

이 책은 우선 메도디스트 교리의 성격과 역사와 표준에 관하여 다루고, 곧 이어서 '우리의 교리'와 '네 가지 모든 사람의 교리' 해설에 집중한다. 그리고 보충해설로서 선행적(先行的)은혜의 의미, 선행(善行)과 구원의 관계에 대한 논의, 그리고 메도디스트 신학의 전이(轉移)에 관하여 논함으로서 메도디스트 교리/신학의 정체성, 목적, 그리고 능력을 밝혀보려고 한다.

I

우리의 꼬리

제**1**장
감리교회 신학의 사중표준(四重標準)에 관하여

웨슬리 형제의 부친 사무엘 웨슬리 목
사 (1662~1735)

1. 사중표준의 유래

근래에 들어서 미국이나 한국에서 쓰여진 감리교회 신학에 관한 거의
모든 저서들은 감리교회 신학의 사중표준(Wesleyan Quadrilateral)에 관한
해설을 첫 부분에서 다루며 시작한다. 그래서 모든 감리교회 신학도들은
이 사중표준에 관하여 너무나 친숙하다. 사중표준이란 성경, 전통, 이성,
경험 이 네 가지를 메도디스트 교회 신학의 원천으로 삼을 뿐 아니라 척도
즉, 표준으로 삼는다는 것을 의미한다. 이것은 최근까지 미국 감리교회 신
학의 해설자요 대변자 역할을 담당했던 아우틀러 박사(Albert C. Outler)가

고안하여 주장하였고, 1972년 미국 연합 감리교회는 장정에 이 네 가지를 감리교회 신학을 구성하는 원천과 척도로서 명시하게 되었다. 그 후부터 이것은 현대 감리교회의 보편적인 신학방법으로 인정되어 감리교회 신학 계에 폭넓은 공감대를 형성하면서 한국을 비롯한 세계 감리교회에 전달 되었다.

웨슬리는 아퀴나스의 신학대전이나 루터의 소교리문답, 칼빈의 기독교 강요와 같은 어떤 메도디스트 특유의 교리적-신학적 규범을 만들거나 메 도디스트들의 신앙고백문을 만들지 않았다. 다만 웨슬리는 메도디스트 설교자들이 가르치고 설교해야 할 교리적 규범을 선포하는 '모범 시행령' (Model Deed)을 1763년에 발표하였다. 이 시행령의 내용은 "웨슬리의 신 약성서 주해와 4권의 표준설교집에 포함된 교리를 반드시 가르치고 설교 해야 하며, 여기에 맞지 않는 교리를 가르치거나 공표하는 자는 메도디스 트 신도회에서 설교하거나 성경을 강해하는 것을 허락할 수 없다. 또한 그 러한 사람이 메도디스트 신도회에서 어떤 예배나 집회를 집행하는 것을 금지한다."는 규정이었다. 그리고 그의 생애에서 여러 번 메도디스트 교 리가 가장 요약적으로 표현된 찬송집을 만들어 메도디스트들에게 교리를 노래로 배우게 하였는데, 아우틀러는 이러한 것들은 하나의 분명한 신조 의 형태를 이루지 못한 것이지만 안정적이고 융통성있고 포용력있는 광 범위한 교리적 규범이었다고 역설하였다. 그리고 교리적 규범을 협소하 게 고정시켜 정의내리기를 거부하고 완만하고 광범위하게 정의하는 웨슬 리의 태도는 게으름이나 우유부단함이 아니라 분명히 그의 신학적인 신 념에 근거한 것이라고 주장한다.[1]

---

1) A. C. Outler, '웨슬리의 4가지 신학적 기준', 세계의 신학 31호(1996년 여름, 한국기독교 연구소), p.212-214. (이 논문은 1885년에 작성되어 1991년에 The Wesleyan Theological Heritage에 실 린 것이다.)

아우틀러는 웨슬리의 교리적 규범에 대한 이와 같은 태도 때문에 웨슬리를 교리/신학에 대하여 무관심하거나 무차별하였다고 오해해서는 안된다고 말하면서, 오히려 교리를 위한 권위있는 개념들을 용의주도하고 역동적으로 생명력있게 조화시켜 교리/신학의 문제들을 다루었으며, 이러한 웨슬리의 신학 방법론은 바로 성경을 가장 탁월한 규범으로 삼으면서도 동시에 전통, 이성, 경험에 밀접하게 의존하여, 이 네 가지 신학의 원천을 상호 역동적으로 사용하여 생동하는 신학을 제공하였다고 역설하였다.

헨리 8세의 종교개혁 이후 영국교회에서는 교리/신학을 구성하는 세 가지 표준으로서 성경, 이성, 그리고 교회의 전통을 조화롭게 사용하는 공감대가 오랜 역사에 걸쳐 형성되어 있었다.2) 아우틀러는 웨슬리가 영국국교회의 삼위일체적인 표준을 아무런 이의 없이 정당한 것으로 수용하면서 여기에다 '경험'을 더함으로 "본질을 변화시키지 않고 생명력을 불어넣었으며", 이렇게 하여 모든 규범적인 기독교 정통주의 대신 주체적이고 생동적인 신앙으로서 '마음의 종교'(religion of heart)를 주장하였다고 하였다. 미국 연합감리교회는 이러한 아우틀러의 주장이 웨슬리의 의도를 정확히 요약한 것이라고 인정하였으며, 1972년 장정에 이것을 메도디스트회 신학을 구성하는 4가지 표준으로 명시하게 되었다. 미국 연합감리교회는 아우틀러 박사가 해설한 '사중표준'이 웨슬리의 신념을 정확하게 요약한 결과라고 믿고, 1972년의 '교리와 장정'(The Book of Discipline)에 이

---

2) Outler, 같은 책, p.211. 이러한 공감대는 주로 영국의 종교개혁 이후 당대까지 영국교회 신학의 대표적 해설자로 활동했던 네 신학자 즉, 영국교회를 성경의 권위 아래 위치시킨 크랜머(T. Cranmer), 네 가지를 자연법의 조망 아래 조심스럽게 조화시킨 후커(R. Hooker), 개신교의 신학방법을 성경과 이성과 전통의 결합적인 사용이라고 정의하는 테니슨(T. Tennison), 국교회의 독특한 강조점은 세 가지의 서로 갈등을 일으키지 않는 권위들에 대하여 동등하게 충성하였다는 데 있다고 주장한 파제트(F. Paget)에 의하여 형성되었다.

렇게 명시하였다. "웨슬리는 기독교 신앙의 살아있는 핵심이 성경 안에 계시되었고, 전통에 의해 조명되었고, 개인적 경험 속에서 생기를 얻었고, 이성에 의해서 확고해졌다고 믿었다." 또한 이것은 미국을 넘어 세계의 거의 모든 감리교회 신학도들에게 깊고도 폭넓은 공감대를 형성하면서 퍼져 이제는 감리교회의 보편적인 신학 방법론으로 정착되었다.

2. 사중표준의 타당성

웨슬리는 기독교 신앙의 어떤 문제에 부딪쳤을 때에는 언제나 먼저 성경에 의존하였다. 사중표준 중에서도 성경이 언제나 최고의 권위와 위치를 차지하였다. 이러한 태도는 그가 영국교회의 교리 중 제 6조를 따르는 것이기도 하였다.[3] 그에게 진정한 기독교는 어디까지나 성경적인 기독교(scriptural Christianity) 즉, 성경에 근거하고 성경과 일치하고 성경에 의해서 그 진정성이 증명되는 기독교였다. 성경은 모든 기독교 신학의 일차적이고 궁극적인 원천이며, 전통과 이성과 경험은 이차적인 원천인 동시에 성경을 해석하기 위한 자료였다.

그러나 그는 또한 모든 기독교 신앙의 문제가 성경만으로 해결될 수 없다는 것을 잘 알고 있었다. 때로는 똑같은 성경 본문을 해석하는 데 있어서도 서로 다른 결론을 내리기도 하고 그것 때문에 논쟁하고 갈등하는 것을 수 없이 경험하였다. 그래서 이런 경우에 그는 적절하고 보완적인 증거를 찾기 위해서 초대교회와 교회사의 전통 전반에 호소하였다. 웨슬리는 신학이나 교회제도 등 다양한 문제를 다룰 때에도 교회사의 전통에서 수

---

3) 이 책의 부록 제9번 '웨슬리의 24개 교리'를 참고 할 것.

많은 예증을 찾아내 당면한 문제에 가장 좋은 대답을 얻으려고 진지하고도 조심스럽게 노력하였다.

또한 성경과 전통은 이성의 분별하는 도움 없이는 충분히 제 역할을 다할 수가 없다. 즉 하나님의 계시는 이성의 사고와 판단과 논리를 통해서 명확하게 인지되고 확고하게 나타나기 때문이다. 웨슬리는 참된 기독교를 추구하는 사람들에게 하나님의 계시적 사건을 찾아내기 위해서 이성을 적극 활용하라고 권고했다.[4] 그는 구원의 확증에 관한 문제를 다룰 때에도 "우리 영 안에서 느끼는 것을 곰곰이 생각하여 보라. 또는 이성적으로 추리하여 보라."[5]고 말해 하나님의 계시를 인지하고 받아들이는 이성의 역할을 인정했다. 그러나 신앙은 이성의 이해와 분별을 필요로 하지만 이성적인 지식이 신앙은 아니다. 때로 이성은 신앙에 이르지 못하게 하는 방해물이 되기도 한다. 웨슬리는 이성적 지식이 신앙을 대체할 수 있다고 주장하는 계몽주의자들의 소위 '이성적 기독교'를 반대하며, 이성이 신앙의 경지에 이르려면 이성의 자연감관으로부터 신앙의 영적 감관에 이르는 도약이 있어야만 한다는 것을 강조했다. 그러나 이러한 도약은 이성적인 노력보다는 위로부터 오는 하나님의 능력 즉, 성령의 역사를 통하여 가능한 것이다. "하나님은 그의 성령을 통하여 우리의 이성에 보여주시고 믿게 하신다." 이리하여 우리의 이성은 성령의 역사를 통하여 우리가 죄인임을 알고, 하나님의 사랑을 믿고, 죄 사함과 구원을 얻게 한다.

여기서 웨슬리는 신자 한 사람 한 사람이 마음속으로 하나님을 경험하는 것을 특별히 중시하였다. 즉, 이성의 역할을 통한 신앙의 객관적인 진리만을 강조하는 영국교회의 한계와 약점을 보완하였다. 그는 신앙이 '마

---

4) 존 웨슬리, '진정한 기독교에 대한 해설', 웨슬리 총서 9권, (웨슬리사업회, 1979), p.226-227.
5) WJW.,1, p.287-288.

음의 경험'을 통하여 주관적 진리가 되어야 한다는 것을 특별히 중시했다. 웨슬리는 이러한 '마음의 신앙'을 '생생한 신앙의 권위'라고 말했다.[6] 그가 가르친 마음의 종교는 온갖 메마른 형식주의와 교만한 권위주의에 떨어질 수 있는 정통주의를 극복하고 체험적 신앙, 생동하는 신앙, 능력의 신앙을 갖게 하는 것이다. 만일 마음의 경험을 경시할 때에는 메도디스트 신앙의 특징인 생동력이라는 은사를 상실하는 위험을 초래할 수 있는 것이다. 그는 어떤 종류의 신앙의 문제에 직면했을 때에 먼저 성경을 상고해 보았다. 그러나 성경만으로는 해답을 얻지 못할 수 있음을 인지하고, 이런 때에는 교회사의 전통은 물론 현실적 경험에 의존하였다. 그는 모라비아교 지도자인 피터 뵐러로부터 '오직 믿음에 의한 구원'이라는 '새로운 교리'를 받아들일 것을 제안받았을 때에도 이 문제를 "성경과 경험에 비추어 보고 결정짓자"고 말했다. 웨슬리는 성경을 엄밀히 상고한 후에도 만족하지 못하자 그 다음 실제 경험의 빛에서 비추임을 받고서 그 교리를 진정한 기독교 교리로 받아들이게 되었다. 웨슬리는 "경험은 성경을 문자적으로 해석하는 것을 용납하지 않으며, 나는 경험을 통해서 살아있는 증거를 찾기 전에는 그것을 진실한 것으로 인정하지 않을 것이다."라고 말했다.[7] 웨슬리가 이신칭의(以信稱義) 교리를 들은 후 약 80일 간은 불확실성에 머물러 있었으나, 올더스게이트 경험을 통해서 비로소 이 교리에 대한 확신을 얻고 설교하게 되었다. 웨슬리에게 성경과 경험은 공동의 증거이다. 성경은 가장 결정적인 진리의 증거이며, 경험은 가장 강력한 논증이다.[8] 그러나 이 둘은 언제나 연관되고 상호보완되는 표준이다. 그

---

6) Outler, 같은 책, p.217-218.

7) JJW.,1, p.471-472.

8) JJW.,2, p.11.

러므로 웨슬리의 신학은 말씀의 신학이며 동시에 경험의 신학이다.

그러나 우리가 알아야 할 것은 정작 웨슬리는 사중표준이라는 용어를 사용하지도 않았으며, 자신의 신학 방법론을 기술할 때에 이 네 가지를 명백하게 연관시킨 적도 없었다. 그러나 그는 어떤 때에 네 가지 중 두 가지 또는 세 가지를 연관시켜서 말한 적은 있었다. 예를 들면 성경과 이성, 성경과 전통, 그리고 성경과 경험을 각각 연관지어 호소하기도 했는데, 웨슬리는 이러한 연관을 15회 언급하고 있다.9) 어떤 곳에서는 성경과 이성과 전통을,10) 그리고 성경과 이성과 경험을 연관시켜서 호소하기도 하였다.11) 웨슬리는 '원죄의 교리' 라는 논문에 '성경, 이성, 그리고 경험에 따라서' 라는 부제를 달아 놓기도 했다. 그러므로 사중표준은 웨슬리에게 타당성이 있다고 할 수 있는 것이다.

3. 사중표준의 한계성

필자는 현대 감리교회 신학의 사중표준을 논함에 있어서 몇 가지 문제점을 반드시 지적하고 싶다. 웨슬리가 본래 강조했던 경험이라는 것은 우선적으로 신자 한 사람 한 사람의 마음의 경험을 의미하는 것이며, 또한 마음의 경험으로부터 공동체 속에서의 경험으로 더 분명하게 증명되고 강화되는 것이었다. 그러나 현대 미국 연합감리교회 신학은 신학의 사중표준을 내세우면서도 실제로는 마음의 경험보다는 신앙과 신앙의 경험을

---

9) Landy Maddox, Responsible Grace: John Wesley's Practical Theology, (Kingswood Books, 1994), p.267.
10) WJW.,11, p.310; 9, p.220, 254; WJW.,1, p.325.
11) WJW.,1, p.325, 336; WJW.,2, p.356.

비판하는 이성을 더 강조하고, 신앙을 세우기보다는 이성적 비판에 더 치중하는 경향이 있다. 웨슬리가 사용했던 이성은 18세기에 유행하던 이신론이나 합리주의에서 강조하던 이성이 아니다. 웨슬리가 이해한 이성은 신앙을 전제로 하는 이성이요 성령의 빛을 받아서 하나님의 계시를 분별하고 받아들이는 이성을 의미하는 것으로, 어디까지나 신앙생활과 복음에 봉사하는 이성을 말하는 것이다. 다시 말해서 계시와 성령의 역사가 인간의 이성에 대하여 주도권을 갖는 것이다. 이러한 이성에 대한 이해는 마치 안셀름의 이성에 대한 이해와 같다고 할 수 있다. 즉 이성적인 사고를 통해서 신앙으로 나가는 것이 아니라, 먼저 신앙을 갖고 나서 확고한 지식을 얻는다는 이성 이해이다. 웨슬리는 안셀름과 같이 먼저 믿고 믿음을 통하여 앎에로 나가는 이성 이해를 가졌던 것이다. 웨슬리는 메도디스트 부흥운동에서 언제나 회개와 신앙을 통한 복음적인 회심의 체험, 그리고 신자의 마음속에 나타나는 성령의 증거에 의한 구원의 확실한 증거를 중시했으며, 이러한 신앙의 경험에 대한 강조는 메도디스트 부흥운동의 생동력으로 작용하였다. 그리고 이러한 경험에 대한 실제적인 강조는 메도디스트 교리, 전도, 사회성화 운동, 예배, 성례전, 기도, 찬송 등 메도디스트 신앙생활 모든 면에서 생명력과 동력으로 나타났다. 즉 웨슬리는 그의 설교와 목회에서 언제나 복음에 대한 신앙과 이 신앙의 체험을 집중적으로 강조했지 신앙과 신앙의 체험을 비판하는 이성을 강조하지 않았다. 그러나 현대 감리교회 신학에서는 이러한 웨슬리의 강조의 순서가 뒤바뀐 것을 볼 수 있다. 웨슬리도 때로 당시에 나타났던 광신주의나 비성경적인 잘못된 신비주의를 경계하기 위해서 이성의 필요성을 말하고 이성의 역할을 강조하기도 하였다. 그렇지만 언제나 웨슬리의 주요 관심사는 신자들에게 참되고 바른 신앙을 세워주고 은혜 안에서 성장하게 하는 데 있었지

이성과 이성적 비판에 있지 않았다. 말하자면 현대 감리교회 신학에서 신앙보다는 이성을 지나치게 강조하고, 신앙보다는 이성에 주도권을 부여하는 경향이 나타나는 사실은 웨슬리의 의도가 아니며 메도디스트 특징이 아니다.

또한 경험에 있어서도 현대 감리교회 신학은 마음의 경험보다는 사회적 경험을 더 강조하면서 오히려 마음의 경험을 경시하는 방향으로 나갔는데, 이것은 분명히 웨슬리의 본래 의도를 벗어난 것이며, 초기 메도디스트 신앙 전통에서 떠난 것이다. 이러한 변화는 메도디스트 신앙의 장점을 포기하는 것과 같다고 할 수 있다. 웨슬리는 마음의 경험을 우선적으로 강조하였다. 즉 신앙체험은 개인의 심정에서 먼저 일어나고, 성도의 교제 안에서 강화되고, 사회생활로 발전한다는 것이다.

또한 사중표준은 감리교회만이 갖고 있는 특징은 아니다. 사실상 가톨릭교회를 비롯한 거의 모든 개신교회들도 각기 강조점이 다르기는 하지만 보편적으로 이와 비슷한 신학방법론을 사용한다는 것을 생각해야 한다. 사중표준은 모든 기독교회의 표준이지 감리교회만의 표준도 아니고 감리교회만의 특징도 아니다. 다시 말해서 사중표준은 너무나 원론적이며 보편적이며 다소 추상적이다. 따라서 필자는 위와 같은 사중표준만을 가지고는 웨슬리 신학의 특징이나 장점과 탁월한 요소를 충분히 설명하기에 부족하고 한계가 있다고 생각한다. 또한 감리교회가 사중표준만을 지나치게 강조할 때 메도디스트 신학의 장점을 드러내기보다는 오히려 보지 못하게 하는 결과를 초래할 수도 있다고 생각한다. 특별히 메도디스트 신학은 메도디스트 신앙의 강한 은사라고 할 수 있는 복음주의 신앙과 이를 심정에 체험하는 것과 복음전도적 성격과 목회적 성격과 경건주의와 평이성과 시가적 성격 등, 초기부터의 메도디스트 신학의 전통을 충실하게 해설해야 할 책임을 다해야 하는데, 사중표준이 이것을 효과적으로 다하지 못한다면 그것은 사중표준이 지닌 한계성이라고 할 수 있다. 그러므로 메도디스트 신학의 은사와 전통을 살리기 위해서 그것을 보충하는 것이 필요하다. 메도디스트 교리의 은사를 찾기 위해서는 사중표준에만 의존할 것이 아니라, 웨슬리가 분명하게 제시하는 교리적인 표준 자료들에 나타난 교리와 신학의 장점들을 구체적으로 자세히 설명해야 한다. 즉, 초기 메도디스트 신앙의 특징적인 성격과 은사들에 더욱 중시할 필요가 있다.

제2장
초기 메도디스트 교리의 성격

메도디즘의 어머니 수산나 웨슬리
(1669~1742)

1. 성경적이다(scriptural)

웨슬리는 성경을 모든 신학의 제일의 원천이며, 최고의 권위와 유일한 표준이라고 믿었다. 웨슬리의 모든 신학은 성경으로부터 나왔고 성경에 근거했다. 그리고 모든 종류의 웨슬리의 글들은 신구약성경 인용으로 가득 차 있다. 교회 역사상 웨슬리 형제보다 더 성경적인 신학자요 성경적인 설교가는 없었다. 웨슬리에게 신학의 사명은 성경을 가능한 한 더 많은 대중에게 분명하고도 쉽게 가르쳐 믿고 실천하게 하는 것이었다. 아우틀러의 말대로 그는 일생 성경 속에서 살았고 언제나 성경의 진리와 방향에 대한 확신을 갖고 살았던 '성경의 사람'(a Bible Man)이었다. 웨슬리는 옥스퍼드대학에서 신성회(Holy Club)회원들과 더불어 '성경 좀벌레'(Bible Moth)와 '성경 고집쟁이'(Bible Bigot)라는 별명을 얻기도 했다. 초기 메도디스트 신학은 모두 성경적인 언어와 표현양식으로 쓰여지고 가르쳐졌다. 웨슬리는 1746년 그의 '표준설교집' 서문에서 성경에 대한 자신의 마음과 태도를 이렇게 표현했다.

"… 나는 오직 한 가지 – 하늘나라에 가는 길(the Way to the Heaven)을 알기 원합니다; 그 행복의 항구에 안전히 상륙하는 방법을 알기 원합니다. 하나님 자신이 그 길을 가르치기 위해서 내려오셨습니다. 바로 이 목적을 위해서 하늘나라로부터 오셨습니다. 그리고 하나님은 그 방법을 이 한 권의 책에 써놓으셨습니다. 오, 나에게 그 책을 주시오! 어떤 대가를 치르더라도 그 하나님의 책(The Book of God)을 나에게 주시오! 나는 그 책을 갖고 있습니다; 여기에 내게 필요한 모든 지식이 들어 있습니다. 나로 하여금 '한 책의 사람'(homo unius libri)이 되게 하소서! 그리하여 이제 나는 분주한 세상일들로부터 멀리 떨어져 여기 홀로 앉아있으며 하나님만이 여기 함께 계십니다. 그분의 임재 앞에서 하늘나라로 가는 길을 발견하기 위해 나는 그분의 책을 펼쳐 읽습니다. 읽다가 의미를 알 수 없는 부분이 있습니까? … 나는 빛들의 아버지를 향하여 내 마음을 엽니다. … 나는 내 마음과 열심을 다하여 그것을 묵상합니다. … 이렇게 하여 배운 것을 나는 또한 가르칩니다."[12]

그의 고백과 확신대로 웨슬리는 '한 책의 사람'으로 성경을 생명의 구

---

12) SS.,1, p.1-32.

원과 진정한 행복을 주는 하나님의 말씀으로 믿고 실천하고 가르쳤다. 웨슬리는 성경이 하나님의 영감으로 쓰여졌고 모든 인간사의 선악을 분별하는 최고의 권위와 표준이라고 믿었다.[13] 그는 또한 그의 '신약성서 주해'(1754)에 붙인 서문에서 구약과 신약 성경은 모든 세상과 인간사와 하나님에 관하여 최고의 지식을 얻을 수 있는 책이며, "하나님의 진리를 가장 확실하게 간직한 세상에서 가장 귀중한 책이다. 모든 성경은 하나님의 말씀이고 아무런 결점도 없고 완전하다. 성경은 모든 사람이 맛볼 수 있는 하늘의 지혜의 원천이다."[14]라고 확언했으며, 1766년(6월5일) 일기에서 "나의 근거는 성경이다. 그렇다. 나는 성경 고집쟁이이다. 나는 크든지 작든지 모든 면에서 성경을 따른다."고 공언했다.

여기서 웨슬리가 자신을 '한 책의 사람' 또는 '성경 고집쟁이' 라고 말하는 것은 그가 성경 이외에는 아무 책도 읽지 않고 참고하지 않는다는 뜻이 아니라, 성경이 참 신앙과 참 신학을 위한 최고의 권위와 유일한 표준이 된다는 의미이다. 웨슬리는 성경 다음으로 교회사에 나타난 신학 전통과 이성과 경험이 신학의 출처가 된다고 생각했다. 그러나 그는 메도디스트 신학이 아무리 전통에 의하여 조명 받고 이성에 의하여 확고해지고 경험에 의하여 생기를 얻는다고 하더라도 그것이 성경의 표준에 맞지 않는다면 바른 신학이 될 수 없다고 믿었다. 즉, 성경의 계시에 일치하지 않는다면 그 어떤 것도 기독교 교리/신학이 아닌 것이다. 웨슬리는 "신학은 성경의 언어로 구성되는 문법과 같아야 한다."고 믿었다. 메도디스트 신학은 성경을 더 많은 사람에게 바르고 쉽게 해설하고 가르치기 위한 도구이다.

---

13) WJW., 11, p.479.
14) ENNT., p.9.

2. 사도적이며 초대교회적이다(apostolic-primitive)

웨슬리는 사도들과 초대교회 전통을 성경 다음으로 중시한다. 메도디스트 신학은 사도들이 전한 케리그마와 가르침에 충실하다. 또한 사도들이 전한 교리와 전통을 모든 기독교 신앙공동체들의 모범적 유산으로 지키고 따른다. 웨슬리는 사도신조와 니케아신조를 정통 기독교의 신조로서 인정하며 초대교회 교부들의 신학사상과 경건의 전통을 존중하고 계승한다. '한 책의 사람' 웨슬리는 성경에 최고의 권위를 두면서 동시에 '닥치는 대로 모든 분야에 걸쳐 독서하는' 독서광이었다. 그는 특별히 초대교회 교부들의 전통에 관련된 책들을 다독했으며, 옥스퍼드에서 '초대교회'(Primitive Christianity)라는 별명을 얻을 정도였다. 웨슬리가 주로 관심했던 초대교회 신학자들로는 어거스틴, 폴리캅, 익나시우스, 순교자 저스틴, 오리겐, 이레네우스, 알렉산드리아의 클레멘스, 시푸리안, 그리고 바질, 시리아의 에프라임, 마카리우스(Macarius the Egyptian), 그레고리의 닛사, 존 크리소스톰 등과 같은 '구름 같은 증인들' 이다.15)

웨슬리는 이러한 초대 교부들의 신학과 경건의 실천을 깊이 연구하였으며, 교리를 가르치고 그리스도인의 생활을 훈련하는 데에 사용하였다. 그는 동방교회 교부들, 특히 마카리우스의 영성신학의 핵심이라고 할 수 있는 '완전을 향하여 나가는 그리스도인의 영성생활'에서 깊은 영감을 얻었으며, 메도디스트 핵심 교리인 '완전성화'의 사상을 구성하는 데 중대한 영향을 받았다.

---

15) WJW., 7, p.424.

3. 역사적이다(historical)

웨슬리는 기독교 역사에 나타난 바른 교리와 신조, 그리고 신학사상과 영성의 전통을 중시했다. 웨슬리가 중요하게 취급했던 초대교회 이후 중세 후기 신비주의 영성가들은 토마스 A. 켐피스, 프랑소와 페넬론, 귀용부인(Madam Guyon), 그레고리 로페즈, 드 렝티(De Renty), 안토아넷 부리농(A. Bourignon) 등이다. 그리고 그는 영국교회의 가톨릭 영성신학자들인 제레미 테일러, 윌리엄 로우, 헨리 스쿠걸 등으로부터는 '마음의 순수성' (purity of intention)과 '전체적 헌신'(wholehearted devotion) 그리고 '완전한 성결'(perfect holiness)을 본질로 하는 '그리스도인의 완전'(Christian Perfection)을 위한 영성신학의 전통을 이어 받아 이것을 귀중히 여기고 메도디스트 신앙에 적용하였다. 그리고 모라비아교인들을 통하여 마틴 루터의 종교개혁 신학과 독일 개신교 경건주의의 영향을 받았다. 또한 웨슬리는 아이작 왓츠, 윌리암 퍼킨스, 존 오웬, 리처드 백스터, 매튜 헨리 등 영국 청교도 경건주의 신학과 그 실천을 메도디스트들의 신앙생활에 적용했다. 특별히 그는 영국교회의 전통을 깊이 존중하여 역사상 가장 잘 만들어진 것이라고 했으며, 영국교회의 '39개 교리'와 '표준설교집' (Homilies)과 '예전'(The Book of Common Prayer)을 애용하였다. 웨슬리에게 초대교회 이후 모든 기독교 전통은 신학적 통찰력을 위한 마르지 않는 샘이요, 신앙과 실천을 성찰하고 배우는 거울이었다. 이러한 기독교역사에 나타난 전통을 중시하는 웨슬리의 태도는 그가 자신의 설교자들과 메도디스트들의 경건의 독서를 위해서 1752년에 초대 교부시대로부터 당대의 모든 대표적인 경건의 작품을 번역, 축약, 편집하여 만든 '기독교 문고'(A Christian Library, 전 50권)에 명백하게 나타나 있다.

4. 이성적이다(reasonable)

웨슬리는 18세기 유럽에서 성서적이고 참된 기독교에 위협적인 영향을 미치고 있던 이신론(理神論, deism)을 반대하였다. 이신론은 기독교 신앙을 과학적 실증주의나 이성적 합리주의(rationalism)와 동등한 것으로 만들려고 시도했다. 이신론은 기독교를 이성에만 근거하는 합리주의적 지식의 한계에 가두어 두려고 했다. 그러나 웨슬리는, 기독교는 이성적 합리주의를 초월하며 이성의 자연 감관(natural sensation)으로부터 신앙의 영적 감관(spiritual sensation)으로 도약을 필요로 하는 영적인 진리체계라고 주장했다. 그러므로 이성적 지식이 신앙과 같은 것이 될 수 없다. 신앙은 이성을 초월하며 이성과는 다른 즉 영적 감관이라는 통로로 인간에게 다가와 역사하는 초월적인 하나님의 능력과 은혜로만 가능한 것이다. 웨슬리는 "여기에는 다른 방법이 없다. 오직 전능자가 오셔서 당신들이 지금까지 무시했던 신앙을 당신들에게 주시는 길밖에는 없다."고 말했다.

이와 같이 이성은 초월적 신의 은혜로 말미암아 영적인 진리를 깨달아 믿게 되고 동의하게 되는 것이다. 여기에서 기독교 신앙은 초(超)이성적이지만 반(反)이성적인 것은 아니다. 즉 영적 감관은 자연감관을 무시하지 않고 오히려 열어주고 영적인 진리를 수용하게 한다. 신앙은 이성을 몰아내지 않고 오히려 이성을 비추어 초월적 진리를 밝히 보게 한다. 그러므로 바로 이런 의미에서 기독교는 반(反)이성적이거나 몰(沒)이성적이거나 또는 비(非)이성적이지 않고 이성적(reasonable)이다. 그리하여 신앙에 있어 이성의 역할은 온갖 종류의 광신주의와 불건전한 신비주의에 빠지는 것으로부터 우리를 지켜주는 것이다.

이성의 창문을 열어주어 영적 진리를 신뢰하고 수용하게 하지 못하고 이성을 폐쇄하거나 매몰시키고 혼돈시키는 것은 참된 기독교 신앙이 아닌 것이다. 기독교 신앙은 또한 이성의 빛에서 그 진정성이 입증되고 더욱 명료하게 이해되고 전달되며, 이 때 신앙과 이성은 서로 협력한다. 신앙은 이성의 이해력과 비판적 기능의 도움으로 그 진실성이 확립된다. 이런 의미에서 참된 기독교는 이성적이어야 한다고 웨슬리는 주장한다.

> "메도디스트 신도회에 들어오는 사람은 누구나 자신의 이성을 포기해야 하는 것이 메도디스트의 기본 교리라고 당신은 말합니다. 제 정신으로 말하는 것입니까? 당신이 잠꼬대를 하는 것이 아닌 한 어떻게 그런 근거 없는 비진리를 말할 수 있습니까? 이성을 포기하는 것은 종교를 포기하는 것입니다. 종교와 이성은 병행을 이룹니다. 그리고 모든 비이성적 종교는 거짓종교라는 것이 우리의 근본적인 교리입니다."[16]

5. 경험적이다(experimental)

웨슬리는 초기부터 신앙의 경험을 강조했으며, 경험에 대한 강조는 메도디스트 신학의 고유한 특징이고 세계교회에 대한 공헌이다. 성경에 계시되고 전통에 의해 조명되고 이성에 의해 확고해진 복음의 진리는 우리 마음의 경험과 실생활의 경험을 통해서 생동하는 것이어야 한다는 것이 웨슬리의 확신이다.

경험은 마음에서 일어나는 내적인 경험과 생활 속에서 얻어지는 외적인 경험이 있다. 존 웨슬리는 올더스게이트 거리에서(1738년 5월 24일), 찰

---

16) LJW., 5, p.424.

스 웨슬리는 브레이씨 집에서(1738년 5월 21일) 각기 복음의 진리에 대한 확신, 즉 구원의 확신을 경험하였다. 그들이 그러한 체험을 얻기 이전에도 성서적 진리에 대한 충분한 지식과 이해, 전통에 대한 충분한 조명 그리고 이성적인 이해를 충분히 갖고 있었으나, 마음의 체험을 통해서 비로소 그의 모든 지식과 이해는 생동력을 얻게 된 것이다. 올더스게이트 경험 이전의 웨슬리는 바로 위의 세 가지를 충분히 소유하고도 구원의 확신이 없었다. 그는 올더스게이트에서 구원의 확신을 경험했을 뿐 아니라 그 경험의 빛에서 성경의 계시와 전통의 조명과 이성적 이해는 비로소 생기를 얻은 것이다. 이러한 경험은 다름 아닌 신자의 마음과 생활 속에 역사하는 성령의 내적 증거(inner witness)로서 하나님의 은혜요 선물인 것이다. 또한 신자는 실생활 속에서 신앙의 경험을 통해서 복음적 진리의 외적 증거와 열매를 보게 되며, 이런 증거의 열매에 의하여 복음의 진리는 진실성과 생명력, 그리고 현실성과 유용성을 얻게 된다. 즉, 웨슬리에게서 "경험은 진정한 기독교 신앙의 가장 강력한 증거요 마르지 않는 샘"이었던 것이다.

초기 메도디스트 신학은 이와 같이 기독교 교리와 신앙을 마음과 생활에서 경험하는 것을 강조하며, 이 경험을 떠나거나 무시하거나 소홀히 하는 추상적 기독교를 배격한다. 이것은 처음부터 있어 온 메도디스트 신학의 특징과 전통이요 세계교회에 대한 중요한 공헌이다.

6. 실천적이다(practical)

본래 웨슬리 형제는 신학함에 있어서 모든 추상적이고 철학적인 요소를 피하고 실제적이고 실천적인 신학을 중시했다. 그들은 신학을 이론적으로 하지 않고 실천적으로 하였다. 신학의 어떤 분야라도 실천을 목적으로 실제적인 방식으로 하였다는 것이다. 웨슬리에게서 'practical divinity'라는 것은 신학의 여러 과목 중에 하나가 아니다. 그것은 신학의 본질과 목적을 의미하는 것이다. 그것은 교회, 목회, 예배와 성례전, 경건, 설교, 기도, 찬송, 전도, 봉사 등을 효과적으로 생산해내는 실천을 위한 학문이다. 이러한 신앙의 실천을 위하지 않거나 소홀히 하는 신학을 웨슬리에게서는 찾아볼 수 없으며, 진정한 의미에서 기독교 신학이라고 볼 수 없었던 것이다. 이와 같이 처음부터 메도디스트 신학은 기독교의 복음과 진리를 교회와 사회에 정확하고도 효과적으로 가르치고 실천하는 것을 돕는 것을 목적으로 한다. 웨슬리에게 기독교는 근본적으로 실천적인 기독교(Practical Christianity)이다. 즉, 웨슬리에게서 신학이란 근본적으로 기독교의 실천을 위해서 봉사하는 도구이다.

7. 구원론 중심이다(soteriological)

웨슬리는 복음전도자로서 기독교 신학을 기본적으로 인간의 구원에 관한 성서적인 진리를 연구하는 것이라고 생각했다. 웨슬리 신학의 중심은 구원론이며, 그가 구원론 이외에 다른 주제를 자신의 신학적 주제로 삼은 적은 한 번도 없었다. 그러므로 메도디스트 신학은 인간이 죄와 죄로 인한 모든 고통과 불행으로부터 어떻게 구원을 받는가 하는 주제에 집중하면서 개인, 사회, 민족, 인류, 세계를 죄악으로 인한 불행으로부터 구원하는 도를 연구하고 해설하고 전파하는데 목적을 두고 있다.

8. 복음전도적이다(evangelical)

메도디스트 신학은 성경, 특히 신약성경의 복음과 복음적 신앙에 근거하며, 또한 개인과 사회에 복음을 바르게 해설하고 효과적으로 전하는 것을 사명으로 한다. 메도디스트 신학은 성경적 복음주의에 충실하며 복음전도에 봉사하는 일이며 도구이다. 초대교회 이후 교회사에 메도디스트들 만큼 복음을 분명하고 평이하게 그리고 확신있게 잘 해설하며, 또한 복음전도를 강조하는 신학전통은 없었다. 복음주의 신앙과 복음전도는 메도디스트 부흥운동의 동기이며 메도디즘의 뿌리이며 원동력이다. 오늘날 메도디스트 신학이 이 사실을 경시한다면 메도디스트 신앙은 급속히 쇠퇴하고 죽음에 이를 것이다. 메도디스트 신학은 성경적 복음주의 신앙을 충실히 지키고, 복음을 전파하고 실천하는 것을 위해서 형성되고 발전되었다.

9. 목회적이다(pastoral)

웨슬리 형제는 초대교회 사도들 이후에 나타난 가장 위대한 목회자들이라고 할 수 있다. 그들은 교회와 신자들의 신앙양육을 바르고 효과적으로 할 수 있는 목회를 위한 도구로서 신학을 연구하고 실천했다. 그들의 신학은 그들의 목회현장에서 나온 것이었고, 또한 목회 현장을 위한 것이었다. 웨슬리 형제의 신학은 모두가 교회를 위한 목회신학(pastoral theology)이었다.

10. 설교를 위한다(kerygmatic)

웨슬리는 자기의 신학을 설교로 표현하고 설교로 가르치며 전파하는 설교의 신학 즉 말씀의 신학을 하였다. 웨슬리의 '표준설교'(Standard Sermons)는 설교로 쓴 교의학(Dogmatics)으로써 메도디스트 교리와 신학의 표준이요 메도디스트 설교의 내용과 표현방식의 표준이다. 웨슬리는 메도디스트 설교자들의 매년 총회에서 메도디스트 설교자들이 무엇을 설교할 것이며 어떻게 설교할 것인지를 분명히 가르쳤고 훈련시켰다. 메도디스트 표준설교는 웨슬리가 이미 설교했던 것들이고, 또한 메도디스트 설교자들이 이 설교를 표준으로 삼아 설교할 수 있도록 만든 것들이다. 그러므로 웨슬리의 표준설교는 중요한 두 가지 기능을 갖고 있었다. 즉 교리의 표준이 되고 설교의 표준이 되는 것이었다. 메도디스트 신학방식의 한 가지 특징은 설교로 쓰고 표현하고 전달하는 설교하는 신학이라는 것이다.

11. 영성적이다(spiritual)

메도디스트 신학은 그리스도인의 삶의 형성(Formation of Christian heart and life)을 위한 영성신학을 목표로 지향한다. 즉 마음의 성결과 삶의 성결(holiness of heart and life)의 형성을 위해 봉사하는 도구이다. 메도디스트 신학은 추상적 관념론(ideology)이나 형이상학적 이론에 머무르지 않고 신자의 마음과 생활에서 그리스도의 형상을 온전히 이루기 위한 경건생활/영성생활의 규칙과 훈련의 도구이다. 처음부터 메도디스트 신학의 한 가지 의도와 목적은 그리스도인의 영적 형성(Spiritual formation)에 있었다. 즉 인간의 마음과 생활방식의 개혁(reformation of manners and social moral)을 통한 참된 그리스도인의 형성(Christian formation)이었다.

12. 평이하다(plain)

메도디스트 신학은 평이한 진리(plain truth)를 평이한 말(plain words)로 평범한 사람들(plain people)에게 평이하게 전달하기 위한 도구이다. 메도디스트 신학은 평범한 대중을 위한 평민의 신학/대중의 신학(folk theology)이며, 기독교를 난해한 말을 가지고 난해한 사상으로 만드는 것을 배격하고, 누구든지 쉽게 이해하고 가르치고 전하고 실천할 수 있는 것을 특징과 장점으로 한다.

웨슬리 형제는 교회사에 나타난 난해한 신학사상을 평범한 대중 특히 교육받지 못한 노동자 계층의 사람들이 단순하게 머리로 이해하고 가슴으로 느끼며 배울 뿐 아니라, 또한 남에게 가르치고 실생활에서 실천할 수 있도록 평이한 기독교(plain Christianity)를 전파했다. 그들은 당시 옥스퍼드의 난해한 신학을 쉬운 언어로 쉽게 쓰고 쉽게 가르쳤다. 즉 웨슬리는 옥스퍼드대학의 교수였지만 옥스퍼드의 난해한 이론신학을 버리고 일반 대중이 가슴으로 느낄 수 있는 평이한 기독교를 전파한 것이며 이러한 요소 때문에 바로 18세기 부흥운동이 일어날 수 있었고, 메도디스트 개혁운동이 성공할 수 있었던 요인이었다. 만약 웨슬리가 신학을 어렵게 했다면, 즉 난해한 이론신학에 치중했었다면 그의 부흥운동은 분명히 실패했을 것이다. 메도디스트 신학은 누구든지 쉽게 배우고 자기 것으로 삼을 수 있는 평이한 기독교를 지향한다. 신학을 쉽게 하는 것은 메도디스트 교회의 본래적인 은사요 전통이었다.

13. 시가적이다(poetic; lyric)

초기 메도디스트들은 그들의 교리를 설교하였고 노래하였고 실천하였다.(Early methodist doctrines were preached, sung, and practiced.) 메도디스트 신학은 그 문학적 표현 양식에 있어서 시적이고(poetic) 시가적(lyrical)이다. 웨슬리 형제는 자신들의 신학을 조직적이고 체계적이라기보다는 문학적으로, 논리적이라기보다는 시적으로 표현하고 전달했다. 메도디스트 교리와 신학이 가장 잘 표현되고 전달되는 통로는 존의 설교보다는 찰스 웨슬리의 찬송시였다. 웨슬리 형제의 찬송은 그 자체가 교리이고 시로 쓰여진 메도디스트 교의학(Poetic Dogmatics)이다.

14. 에큐메니칼하다(ecumenical)

메도디스트 신학은 어떤 특정 신학사상에 분별없이 치우치거나 매이지 않는다. 본래 웨슬리는 메도디스트 신도회는 어떤 새로운 교회도 아니고 새로운 교파를 목적으로 일어나지 않았으며, 세상이 잘 알고 있는 보통 평범한 기독교 신앙 공동체라고 말하였다.17) 그리고 하나님이 메도디스트들을 불러 일으키신 목적은 교회와 민족을 개혁하고 성경적 성결을 온 땅에

---

17) WJW.,7, p.423.

전파하게 하시려는 것이라고 역설하였다.[18] 그는 어떤 특정한 교파나 심지어는 메도디스트 교회의 교리를 추구하지 않았으며, 그는 일생 온 힘을 다하여 진정으로 성경적인 기독교를 추구하였을 뿐이었다. 그는 이 땅에서 메도디스트 교회가 사라지는 것을 두려워하지 않고 다만 진정으로 생명력있는 기독교 신앙이 사라지는 것을 두려워한다고 말하였다.[19] 메도디스트 교회는 성경적이고 기독교의 근본이 되는 교리(Essential Doctrines)에 일치하는 한, 어떤 교회나 신학사상에도 관용적이다. 웨슬리는 '공교회 정신'(Catholic Spirit)이라는 설교에서 "내 마음이 당신을 향해 열린 것처럼 당신의 마음도 그러합니까? 만일 그렇다면 나와 함께 손을 잡읍시다."(왕하10:15)[20]라는 구절을 해석하면서 사람들은 생각이나 발걸음이 조금씩 다를 수 있으나 그리스도의 사랑 안에서 아무 문제가 되지 않으며, 얼마든지 한 마음으로 연합할 수 있다고 역설하였으며, 근본이 같다면 서로의 다른 의견에 관해서는 "우리도 생각하고 그들도 생각하게 하라!"(We think, and let think)고 하는 포용정신을 주장하였다.[21] 메도디스트 신학은 모든 면에서 균형과 조화를 추구하며 교회의 협동정신과 일치정신을 무엇보다 중요시한다. 또 어떤 전통이라도 성서적으로 바른 사상이라면 수용하고 겸손히 배우려는 태도를 취한다.

---

18) WJW.,8, p.299.
19) WJW.,13, p.258.
20) SS.,1, p.130.
21) WJW., 8, p.340.

제3장
메도디스트 교리의 표준
(Methodist Doctrinal Standards)

존 웨슬리의 13세 때의 모습
(이 초상화는 웨슬리가 다녔던 런던의
차터하우스 학교 도서관에 걸려 있다.)

1. 초기의 상황과 웨슬리의 의도

메도디스트 교리에 대한 웨슬리의 진정한 의도를 알려면 앞서 설명한 대로 1763년에 발표된 모범시행령의 의미를 잘 이해하는 것이 중요하다. 1960년부터 한때 미국 연합감리교회 신학의 대변자 역할을 담당했던 아우틀러는 웨슬리가 선포한 '모범 시행령'(Model Deed)에 나타난 규정은 메도디스트 교리를 협소하게 고정시키지 않고 가능한 한 광범위하고 포용력있는 규범으로 만들려는 의도에서 나온 것이라고 말하면서, 웨슬리가 어떤 형태의 교리적 신앙 고백문을 만드는 데 소극적이었으며, 이것은 그의 시종일관된 신학적 신념이었다고 주장하였다. 그리고 이것이 메도 디스트 교회의 전통적인 신학방법론이 되었다고 역설했다. 아우틀러의 이러한 주장은 미국과 세계의 메도디스트 신학도들에게 지배적인 영향력을 끼치고 있다. 이러한 아우틀러의 주장은 웨슬리의 종교적 관용주의적 태도를 지적하는 것으로서 타당한 것이다. 물론 웨슬리는 당시의 칼빈주의자들과 같은 근본주의자도 정통주의자들 같은 교조주의자/교리적인 고집쟁이(doctrinaire)가 아니었고, 메도디스트들을 위한 신앙고백문(신조)을 따로 만들지 않았다. 그렇다고 해서 웨슬리가 교리적 규범으로서의 신조를 무시하거나 소홀히 했다고 여겨서는 결코 안 된다.

프랑크 베이커(F. Baker)가 역설했듯이 웨슬리는 기본적으로 열성적인 영국국교도(a Church of England man)이었으며, 그의 추종자들에게도 "모 교회를 떠나지 말라, 모 교회를 떠나는 것은 곧 나를 떠나는 것이다."라고 경고하면서 국교회 교인으로서 국교회의 규칙을 지키고 의무를 다할 것을 강력하게 요청하였다. 웨슬리는 새로운 교회를 설립하는데 아무런 관심이 없었으며, 다만 국교회의 영적 생활을 개혁하는 신앙운동에만 관심이 있었다. 그러므로 웨슬리에게는 이미 영국국교회의 신조인 「39개 교리」(The Thirty Nine Articles), 「표준설교」(Homilies), 「예전」(The Book of Common Prayer; 공동기도서; 공도문) 등이 있었으므로 메도디스트들만을 위한 더 이상의 신조나 교리적인 규범을 필요로 하지 않았다. 다만 아메리카에 있는 메도디스트들을 위해서 축약판(1784년)을 만드는 것이 필요한 상황을 맞이했을 뿐이었다. 웨슬리는 국교회의 것과 다른 새로운 신조를 만드는 것은 국교회로부터 분리를 구체화하는 것이라고 여겼기 때문에 그런 것을 전혀 의도하지 않았다. 웨슬리는 또 다른 신조가 아니라, 이미

'역사상 세계에서 가장 잘 구성된 영국국교회' 의 신조를 신자들이 교회와 사회에서 실행할 수 있는 영적 생활의 규범이 필요했던 것이다. 그것이 곧 1743년에 발표된 '연합신도회 일반규칙' 인 것이다. 메도디스트 신도회 (society)가 메도디스트 교회(church)의 형태로 발전한 것은 웨슬리의 의도 가 전혀 아니었다.(이것은 1791년에 웨슬리가 죽은 지 4년 후인 1795년에 일어났 다.) 웨슬리는 신조가 소용없기 때문에 만들지 않은 것이 아니라 이미 가 지고 있었기 때문에 또 다른 것을 만들 필요가 없었던 것이다. 미국 연합 감리교회가 탄생하는 1784년 총회에서도 웨슬리가 축약하여 보낸 「24개 교리」가 역시 웨슬리의 축약판 「공동기도서」(Wesley's Revision of the Book of Common Prayer, 1784년)와 함께 메도디스트 교회의 교리적 규범 (신조)으로 채택된 것은 온전히 웨슬리의 신중한 의도가 정당하게 받아들 여진 것이다.

또 웨슬리가 사도신조와 니케아신조를 기독교회의 정통신조로서 인정 하고 메도디스트들의 교리교육과 예배에 사용하였다는 것도 웨슬리가 신 조를 귀중하게 여겼다는 분명한 증거가 된다고 할 수 있다. 그는 "사도신 조, 니케아신조, 아타나시우스신조 이 세 가지 신조는 온전히 받아들이고 믿어야 한다."는 국교회의 교리 제 8조를 따랐다. 웨슬리는 이 중에 아타나 시우스신조를 받아들이는 것이 꼭 필요하다고 보지는 않았으며 서방교회 의 사도신조는 물론 사도적 케리그마가 더욱 섬세하게 표현된 동방교회의 니케아신조를 중시하였다. 특히 성례전에서 니케아신조를 사용하는 것은 메도디스트 교회의 전통이 되었다. 이러한 웨슬리의 태도는 그가 영국국 교회의 전통을 그대로 따랐다는 것과 그것이 그의 신학적 신념이었다는 것을 의미하는 것이다. 웨슬리는 결코 사도들의 케리그마가 온전하게 반 영된 이 두 가지 신조의 테두리를 벗어나거나 성경적인 기독교의 본질적인 교리를 양보하거나 소홀히 할 만큼 관용적인 태도를 취한 적은 결코 없었다.

1744년부터 해마다 열린 총회에서 가장 중요한 관심사는 "메도디스트들이 믿어야 하는 성경적이고 참된 기독교 교리가 무엇인가?"하는 교리적인 문제에 집중되었으며, 이러한 태도는 설교자들에게 메도디스트 교리를 교육시키려는 진지한 노력이었다. 웨슬리와 설교자들의 총회(Methodist Preacher's Conference)의 목적은 메도디스트들의 교리가 다른 교회의 교리에 비해 공통점과 상이점이 무엇인가 하는 문제를 중심으로 다루어 나가면서 메도디스트들이 믿고 전해야 하는 '우리의 교리'(Our Doctrines)를 규정하는데 있었다. 그리고 이러한 총회의 대화는 문답식으로 이뤄졌으며, 이러한 문답식 대화는 곧 소책자로 출판되어 메도디스트 설교자들이 교리적인 규범으로서 사용하였다. 초기의 메도디스트 총회에서는 대부분의 시간이 메도디스트 교리를 연구하는 데 사용되었다.

'표준설교'와 '신약성서 주해'에 포함되지 않은 교리를 설교해서는 안된다는 모범시행령의 규정에 관해서 아우틀러는 교리적인 한계를 가능한 한 광범위하게 설정하려는 교리적인 관용주의를 의미하는 것으로 해석하는데,22) 이러한 견해는 웨슬리의 의도를 충분히 이해하는 것이라고 보기 어렵다. 물론 웨슬리는 영국교회의 교리적 관용주의(latitudinarianism)의 정신을 갖고 있었던 것은 사실이다. 그러나 우리는 웨슬리의 이러한 '모범시행령'의 규정에서 반드시 그의 관용주의만이 아니라, 동시에 메도디스트 설교자들이 설교해야 할 성경적이고 진정한 기독교교리를 설교하고 여기에 일치하지 않는 교리를 설교하지 않도록 보호하고 경계하려는 적

---

22) Outler, 같은 책, p.213-214.

극적인 의도를 분명히 파악해야 한다. 신약성서 주해도 성경해석을 바르게 하여 메도디스트 교리를 바르게 설교하게 하려는 의도로 만들어진 것이며, 특히 메도디스트 교리가 주로 신약성경의 복음서와 서신의 구원론을 토대로 형성된 것이므로 신약성경의 중요한 부분을 바르게 해석하고 설교하게 하려는 의도에서 제공된 것이라고 보는 것이 옳다. 「표준설교」는 '설교로 쓰여진 교의학' 이며, 「신약성서 주해」는 '주해로 쓰여진 교의학' 이라고 보아야 하는 것이다. 특별히 이 두 가지 표준은 메도디스트 신앙과 실천의 요약이라고 할 수 있는 '우리의 교리'(Our Doctrines)를 설교와 주해의 형태로 실제적인 상황에 맞추어 해설하는 데 집중하고 있는 점에 주목하여야 한다. 이것은 당시 메도디스트 설교자들의 전도의 환경을 말해주는 것이다. 초기 메도디스트 설교자들은 칼빈주의자들이나 상당수의 영국국교도 같이 메도디스트 교리를 왜곡하고 비난하는 반대자들과 진정한 기독교교리를 왜곡하는 자들과 만날 수밖에 없는 환경에 처해있었기 때문이다. 초기 메도디스트 설교자들이 이러한 교리적인 상이점들을 잘 다룰만큼 신학적으로 잘 훈련되어 있지 못했던 상황에서 웨슬리는 자신의 설교자들은 보호하려는 의도에서 다소 긴급한 안전조치를 취한 것이라고 보아야 한다. 이와 같이 웨슬리의 모범시행령의 규정은 성경적인 기독교/진정한 기독교를 철저히 지키고 여기에 일치하는 메도디스트 교리 특별히 '우리의 교리'를 분명히 가르치고 바르게 설교하려는 의도로서 만들어졌다. 이와 같이 웨슬리와 초기 메도디스트들에게 있어서 교리는 아우틀러가 말하는 것보다 훨씬 더 중요한 것이었으며, 교리에 대한 웨슬리의 태도는 아우틀러가 이해하는 것보다는 훨씬 적극적인 것이었다는 것을 간과해서는 안 된다. 그러므로 우리는 교리에 대한 웨슬리의 두 가지 의도와 태도를 볼 수 있다. 즉 그는 성경의 본질

적인 교리로서 메도디스트 교리를 지키려는 적극적이고 단호한 보수성
과 동시에 비본질적인 것들에 대한 그의 관용주의와 융통성 있는 포용력
이 두 가지를 동시에 보게 되는 것이다. 특별히 우리는 기독교 신앙의 본
질로서 메도디스트 교리를 규정하고 철저히 교육하고 지키려는 웨슬리
의 단호한 의도를 여기서 보아야 한다.

　이외에도 찰스 웨슬리의 찬송, 존 웨슬리의 작은 논문들과 편지들의 그
내용, 그리고 사용된 방식과 목적을 보면 모두 메도디스트 교리를 명확하
게 표현하고 교육하고 전달하려는 것이 최우선적 관심사였음을 알 수 있
다. 특히 찰스의 찬송에는 메도디스트 교리가 대단히 원색적이고 적극적
으로 표현되어 있는 점을 간과해서는 안 된다. 초기 메도디스트들은 충성
스런 영국국교도(1795년에 메도디스트 교회가 영국국교회로부터 완전히 분리되
어 나오기까지는 그랬다.)로서 이미 영국국교회의 교리적 규범과 교리적인
표준을 갖고 있었고, 이 때문에 새로운 교리를 만들 필요가 없었다. 웨슬
리는 메도디즘의 성격과 메도디스트들의 경험에 따라서 영국국교회의 교
리적 규범을 개정하거나 축약할 필요를 느꼈으며, 비성경적이고 거짓된
기독교 교리를 경계하면서 동시에 메도디스트들이 전파하는 성경적이고
진정한 기독교 교리를 보호하기 위해 적극적 노력으로 분명한 전략과 조
치를 취했던 것이다. 또한 메도디스트들은 메도디스트 교리를 설교, 전도,
예배와 성례전, 찬송, 기도, 그리고 경건생활에서 표현하고 실천하는 ‘실
천신학’(Practical Divinity)에 집중했던 것이다.

2. 메도디스트 교리의 표준 자료

1) 표준설교(Standard Sermons)

웨슬리는 1746년, 1748년, 1750년, 1760년도에 각각 한 권씩 총 네 권의 설교집을 출판했다. 그리고 여기에는 총 43편의 설교가 들어 있었다. 그는 1763년의 '모범시행령'(Model Deed)에서 이 네 권의 설교를 메도디스트 설교자들의 표준설교로 선언하였다. 1771년 총 32권으로 출판한 「웨슬리 전집」에는 10개의 설교가 추가되었다. 이렇게 하여 웨슬리의 표준설교는 53편이 되었다. 그러나 그는 1788년에 출판한 네 권의 설교집에서는 9편의 설교를 제외시켰으니 이렇게 보면 표준설교는 44편이 되는 셈이다. 영국에서는 일반적으로 44편을 표준설교로 사용하고 미국이나 호주 등에서는 53편을 표준설교로 여기고 있다.

웨슬리는 그 설교집의 서문에서 밝히기를 그 때까지 자신이 설교해 온 설교 내용의 본질(substance)을 이 설교에 써놓았고, 이 설교들에서 자신이 주장하는 참된 기독교 신앙의 본질적인 것들(the essentials of true religion)을 발견하게 될 것이라고 말했다.23) 그는 이 표준설교를 쓰는 목적과 정신에 관해 이렇게 설명했다.

"나는 하늘나라에 가는 길에 관하여 성서에서 발견한 것들을 이 설교들에 기록하였다 … 나는 참으로 성서적이고 경험적인 기독교 신앙을 설명하려고 노력하였다. 기독교 신앙에 있어서 본질적인 것은 하나도 빠뜨리지 않았

---

23) SS.,1, p.32–33.

다. 본질적이지 않은 것은 덧붙이지 않으려고 노력했다."[24]

표준설교의 주제는 주로 믿음, 죄, 회개, 칭의, 신생(new birth), 성령의 증거(the witness of the Spirit), 성화, 완전 등 메도디스트 주요 교리들(key doctrines)과 예수의 산상설교를 주제로 하는 기독교인의 영성생활과 생활 윤리에 관한 13편의 설교로 구성되어 있다.

1980년부터 나오기 시작한 미국 메도디스트회의 200주년 기념전집 (Bicentennial Edition)에는 본래 웨슬리의 표준설교에 들지 않았던 설교를 포함하여 총 151개의 웨슬리 설교가 실려 있는데, 이 모든 설교는 메도디스트 신학을 해설하는 중요한 자료들이다. 그 중에도 웨슬리 시대부터 메도디스트 신학을 가르치는 가장 중요하고 대표적인 웨슬리의 설교들 중에 메도디스트 교리를 대표하는 가장 중요한 것들을 선별하면 다음과 같다(각 설교의 번호는 200주년 기념전집에 붙여진 것이다).

(1) 믿음으로 얻는 구원(Salvation by Faith, 1738) – 엡 2:8

(2) 거의 된 그리스도인(The Almost Christian, 1741) – 행 26:28

(4) 성경적인 기독교(Scriptural Christianity, 1744) – 행 4:31

(5) 믿음으로 얻는 칭의(Justification by Faith, 1738) – 롬 4:5

(6) 믿음으로 얻는 의(Righteousness of Faith, 1746) – 롬 10:5-8

(7) 하나님의 나라로 가는 길(The Way to the Kingdom, 1746) – 막 1:15

(10) 성령의 증거 I(The Witness of the Spirit, 1746) – 롬 8:16

(11) 성령의 증거 II(The Witness of the Spirit, 1767) – 롬 8:16

(12) 우리 영의 증거(The Witness of Our Own Spirit, 1746) – 고후 1:12

---

24) SS.,1, p.29.

(17) 마음의 할례(The Circumcision of the Heart, 1733) - 롬 2:29

(18) 신생의 표적(The Marks of The New Birth, 1748) - 요 3:8

(39) 공교회 정신/보편정신(Catholic Spirit, 1755) - 왕하 10:15

(40) 그리스도인의 완전(Christian Perfection, 1741) - 빌 3:12

(43) 성경적 구원의 길(Scripture Way of Salvation, 1765) - 엡 2:8

(44) 원죄(Original Sin, 1759) - 창 6:5

(45) 신생(The New Birth, 1740) - 요 3:7

(50) 돈의 사용(The Use of Money, 1760) - 눅 16:9

(51) 선한 청지기(Good Steward, 1768) - 눅 16:2

(85) 우리 자신의 구원을 이룸에 대하여(On Working out Our Own Salvation, 1785) - 빌 12:13

(87) 부의 위험(The Danger of Riches, 1781) - 딤전 6:9

(110) 값없이 주시는 은혜(Free Grace, 1739) - 롬 8:32

2) 신약성서 주해(Notes on the New Testament)

웨슬리는 1763년 '모범 시행령' 에 표준설교와 함께 자신의 「신약성서 주해」를 모든 메도디스트 설교자들의 설교의 표준이 되어야하는 메도디스트 교리의 표준으로 선포했다. 이 책은 체계적인 조직신학이 아니며 신약성경 차례대로 본문에 대한 간략한 주석이나 해설을 붙여 놓은 것이다. 신약성서 주해를 교리의 표준으로 선포한 데는 중요한 의미가 있다. 메도디스트 주요 교리들(essential doctrines)은 주로 신약성서의 복음서들과 서신들로부터 직접 끌어낸 것들이다. 그것들은 신약성서에 있는 기독교의 교리적 사상을 해설하고 가르치기 위하여 교리적 형태로 요약한 것이다.

다시 말하면 메도디스트 주요 교리들은 신약성서의 구원론을 요약한 것들이라 할 수 있다. 그래서 웨슬리의 신약성서 주해를 보면, 메도디스트 주요 교리에 해당되는 부분에서는 다른 부분보다 중요하게 다루고 긴 주석과 해설을 붙여 놓았다. 그러므로 이 책은 성서를 통해 즉 성서 본문과 주해를 통해서 메도디스트 교리를 가르치려는 특별한 목적을 갖고 썼다는 인상을 받게 되는 것이다. 실제로 초기 메도디스트 설교자들은 메도디스트 교리를 다루게 될 때마다 표준설교는 물론 신약성서 주해에서 그 해당 부분을 찾아 참고했던 것이다.[25]

3) 초기 메도디스트 매년 총회와 총회회의록(The Minutes of the Methodist Annual Conference)[26]

최초의 메도디스트 총회는 1744년에 런던에서 열렸다.[27] 이후 웨슬리는 매년 주로 런던의 파운더리(Foundery)나 브리스톨의 새 집(New Room), 그리고 영국의 북쪽 뉴캐슬(이 세 지역을 Methodist Missionary Triangle 이라고 하는데 이 말은 메도디스트 선교의 전략적 삼각지역이란 뜻이다.)에서 자신의 설교자들을 소집하여 매년 총회를 열었다. 매년 총회에서는 세 가지 주제가 집중적으로 다루어졌다. 그 세 가지란 첫째, 무엇을 설교할 것인가?(What to preach?) 둘째, 어떻게 가르칠 것인가?(How to teach?) 셋째,

---

25) W. S. Doughty, John Wesley His Conference and His Preachers,(Epworth Press, 1944), p.47.

26) 초기 메도디스트 매년 총회 회의록은 Thomas Jackson이 편집한 The Works of John Wesley 제8권 p.275-338에 수록되어 있음.

27) 1744년 첫번째 총회에 모인 사람은 웨슬리 형제와 웨슬리 사업에 동조하는 4명의 국교회 성직자와 4명의 평신도 설교자들이었다. 이후로는 모든 메도디스트 설교자들의 총회로 모였다. 총회기간은 1744년에는 6일간이었고 이후로는 약 1주일에서 10일간이었다.

무엇을 실행할 것인가?(What to do?)였다. 첫째는 메도디스트 교리 (Doctrines), 둘째는 이 교리를 설교하고 가르치는 방법, 설교자들과 메도디스트들의 경건생활의 훈련(Discipline), 그리고 설교자들의 세부적인 실천사항(Practice), 그리고 셋째는 설교자들의 활동 보고와 접수, 메도디스트 역사 정리 및 기록, 재정, 조직의 운영, 인사, 파송 등 메도디스트 제도와 정책(Policy)이었다. 교리(Doctrine)와 경건훈련(Discipline)과 정책(Policy)의 규정(Regulations)을 만드는 일이 총회의 목적이라고 할 수 있다. 그렇지만 초기 메도디스트 총회의 주된 목적은 메도디스트 교리와 경건생활의 훈련의 규범을 만드는 일이었으며, 이 일에 거의 모든 시간을 사용하였다. 세월이 갈수록 다른 행정적인 일들이 증가하기는 하였으나 언제나 총회의 처음 2-3일 간은 교리와 경건생활에 관한 진지한 토론으로 이루어졌다. 가장 중요한 일은 언제나 웨슬리와 설교자들 사이의 교리적 규범과 경건훈련의 규칙(disciplinary rules)과 그 실천(Practice)에 관한 대화였다.

본래 '총회'란 말의 영어 'conference'는 라틴말의 'con'(함께)이란 말과 'fer'(생각하다)라는 말이 합해져서 나온 것이다. 'conference'의 뜻은 말 그대로 '함께 생각하는 모임'이다. 총회라는 그 어원의 의미대로 메도디스트 총회는 매년 설교자들이 함께 모여서 교리와 경건의 규칙과 제도에 관하여 함께 대화하는 모임이었다. 오늘날의 한국 메도디스트회에서는 해마다 모인다는 뜻을 지닌 '매년 총회'(Annual Conference)라는 명칭을 사용하기 때문에 메도디스트 총회의 본래적인 의미를 잘 이해하지 못하는 경향이 있다. 본래 메도디스트 총회 또는 연회를 의미하는 영어 'conference'라는 말은 한국말로 '연회'(年會)라고 옮겨 놓으면 그 본래 의미가 가려지게 된다. 연회(年會)라는 말은 메도디스트 총회의 본래적인 의미를 분명히 나타내지 못하기 때문이다. 메도디스트 총회는 해마다 모인다는 형식적인 의미보다 해마다 모여서 함께 생각하고 함께 대화하고 함께 규범을 만들고 함께 결의하고 함께 선포한다는 의미에서 연회인 것이다. 예를 들면 1744년 처음 총회의 첫째 날 대화의 주제는 '칭의'였고 둘째 날 주제는 '성화'였다. 초기에는 주로 메도디스트 교리인 '우리의 교리'(Our Doctrines)를 가지고 하루에 하나의 교리를 주제로 하여 토론하고 결론을 정리하는데 모든 시간을 사용하였다. 그리고 총회의 마지막 순서로서 설교자들에 대한 교리심사(Doctrinal test)와 경건생활심사(Disciplinary test)를 하였다.

총회에서의 대화는 주로 질문과 대답으로 이루어졌다. 질문은 메도디즘의 모든 사항에 관한 것일 수 있지만, 그 중에도 가장 집중적으로 다루어지는 질문들은 메도디스트 교리 즉, 우리의 교리(Our Doctrines), 그리고 더 나가서는 메도디스트 설교자들과 메도디스트의 경건의 규칙에 관한 내용이었다. 당시 상황에서 웨슬리는 물론 메도디스트 설교자들은 영국 국교회, 칼빈주의자들, 모라비아교도들, 퀘이커교도들, 침례교도들, 가톨릭주의자들 등 다양한 종류의 서로 다른 교리를 가진 사람들과 대면해야만 했으며 때로는 그들로부터 질문과 비판과 공격 등의 도전을 받았다. 특히 국교도들과 칼빈주의자들의 메도디스트 교리에 대한 도전은 정식으로 신학 교육을 받은 적이 없는 평신도 설교자들에게는 대단히 감당하기 곤란한 것이었다. 그래서 웨슬리는 매년 총회에서 그들이 경험하고 도전받은 모든 내용에 관하여 자유롭게 질문하도록 하고 그 질문들에 대해 성실하게 대답하였던 것이다. 초기 메도디스트 총회에서는 이런 교리문답식 대화를 통해서 메도디스트들이 믿고 설교해야 하는 성경적이고 진정한 기독교교리를 연구하고 그 규범을 만드는 것을 주요 목적으로 삼았던 것이다.

때로는 긴 해설과 토론이 진행되기도 했다. 그리고 이런 대화를 통하여, 특별히 웨슬리의 대답과 해설을 통하여 메도디스트 교리가 명료하게 이해되고, 정리되고, 형성되었던 것이다. 초기의 매년 총회는 설교자들에게 메도디스트 교리와 장정을 가르치는 신학과 목회 교육의 기능을 하였다. 그러므로 초기 메도디스트 매년 총회의 핵심은 교리/신학 연구 총회(Doctrinal/Study Conference)에 있었다. 초기 총회 회의록에는 메도디스트 표준 교리가 명료하게 해설되고 정리되어 있었다. 초기 메도디스트 총회는 다른 일도 하였지만 주요 목적은 메도디스트들이 믿고 전하는 성경적이고 진정한 기독교 교리의 규범과 경건생활의 규범을 만드는 일이었다. 그리고 매년 총회에서 웨슬리와 설교자들의 대화에서 바른 질문과 바른 대답은 회의록으로 만들어지고 책으로 출판되어 메도디스트 교리의 규범으로 사용되었다. 사실상 메도디스트 교리와 경건의 규범은 매년 총회 회의록에 가장 정확하고 체계적으로 정리되었다. 이런 의미에서 총회 회의록은 가장 잘 요약된 메도디스트 교리의 표준이요 교리문답(catechism)이라고 할 수 있다.

4) 메도디스트 찬송집(Methodist Hymns)

초기 메도디스트 찬송은 성경적 교리와 복음적 교리를 전달하는 가장 효과적인 교육 수단으로 사용되었다. 실제로 존 웨슬리의 설교보다는 찰스 웨슬리의 찬송이 메도디스트 신앙과 교리를 더 잘 전달하는 효과적인 매개체가 되었다. 모든 메도디스트 교리는 존 웨슬리의 설교에서보다 찰스 웨슬리의 찬송시에 더 분명하고 평이하게 표현되어 있어서, 메도디스트들은 찰스 웨슬리의 찬송을 부름으로써 메도디스트 교리를 배웠다. 메도디스트 찬송은 가장 효과적인 메도디스트 교리문답서의 역할을 했다. 모든 메도디스트 교리는 초기 메도디스트 찬송에 들어 있어서 메도디스트들은 교리를 노래하였다.

웨슬리는 메도디스트 찬송집은 진정한 기독교, 즉 "가장 거룩한 종교의 이론적이고 실천적인 진리를 모두 포함하고 있으며 … 성경적 기독교에 대한 평이한 해설로 가득 차 있다."[28]고 말했다. 메도디스트 찬송집은 웨슬리가 1780년 판 「메도디스트들을 위한 찬송집」에 붙인 제목대로 메도디스트들을 위한 가장 좋은 신학이며, 「경험적이고 실천적인 신학전집」(A Little Body of Experimental and Practical Divinity)이다. 메도디스트 찬송은 시로 쓰여진 '교회 교의학'(Methodist Church Dogmatics)이다. 메도디스트 부흥운동만이 아니라 메도디스트 교리는 존과 찰스 웨슬리 두 형제의 합작품인 것이다. 그러므로 메도디스트 교리/신학을 해설할 때에는 가능한 한 찰스의 찬송을 함께 다루는 것이 바람직하다.[29]

5) '24개 교리'

(1) 역사

웨슬리가 1763년에 '모범시행령'(Model Deed)을 선포하여 「표준설교」와 「신약성서 주해」를 메도디스트 교리의 표준과 메도디스트 설교의 표준으로 선포했지만, 동시에 메도디스트 연합체는 더욱 간결하고 체계적인 신앙의 요약을 가질 필요를 느끼기 시작했다. 웨슬리의 후계자로 기대되

---

28) 1780년도에 출판된 「A Collection of Hymns for the Use of the People Called Methodists」의 서문에서 인용한 것임, WJWB., 7, p.73-75.
29) 찰스 웨슬리의 찬송과 메도디스트교리에 관하여는 필자의 저서 「웨슬리의 실천신학」 제12장 '초기 메도디스트 찬송'을 참고할 것.

기도 했던 존 플레처는(J. Fletcher)는 1775년 웨슬리에게 메도디스트 신도회의 미래를 위한 계획으로서 국교회의 '39개 교리'(The 39 Articles of Religion)를 복음의 순수성에 맞추어 변형시켜 출판해 내는 것을 조언하였다.30) 이후 웨슬리는 오로지 '성경과 초대교회'의 표준에 따라서 39개 교리의 개정 작업을 시도하게 되었다. 이 교리 개정은 아메리카의 메도디스트들만을 위해서 생겨난 것이 아니다. 기본적으로 초기 메도디스트 신도회의 필요에 의해서 시도된 것이었다.

웨슬리는 오래 전부터 국교회 교리들 중에 어떤 것들에 대해서 그 교리적인 건전성을 의심하고 있었으며, 아메리카의 메도디스트들의 긴급한 필요와 요청이 직접적인 동기가 되어 마침내 1784년 39개의 교리를 24개로 축약하게 되었다. 웨슬리는 이 교리문을 당시 영국교회의 장로(Elder)요 민법박사인 토마스 코크(Thomas Coke)를 아메리카의 메도디스트들을 위해 감리사(Superintendent)로 안수하고 임명하여 파송하면서, 자신이 개정 축약한 교리문을, 역시 자신이 국교회의 「공동 기도서」(The Book of Common Prayer)를 개정 축약한 「북아메리카의 메도디스트들을 위한 주일 예배문과 다른 예배문들」(The Sunday service of the Methodists in North America, with other Ocassional Services)과 함께 그의 손에 들려 보냈다.

이 24개의 교리는 1784년 12월 24일 (볼티모어에서 열린 첫번째 총회) 새로이 탄생하는 미국 메도디스트 교회의 교리로서 받아들여지고 공인되었으며, 1885년 한국에 파송되는 최초의 미국 메도디스트 선교사 헨리 아펜젤러에 의하여 한국 감리교회에 전해졌다.

---

30) Frank Baker, John Wesley and The Church of England,(Epworth Press, 1970), p.249-56.

웨슬리는 이미 1774년 메도디스트 총회에서 성경적으로 근거가 약하거나 꼭 필요한 것이 아니라고 지적되었던 교리들을 우선적으로 삭제했다. 웨슬리는 영국교회의 '39개 교리' 중에서 칼빈의 예정론을 기술한 17조, 칼빈의 출교정신을 반영한 33조, 그리고 영국국교회가 세속권세에 복종할 것을 요구하는 37조를 비롯하여 총 15개조를 삭제하고 24개로 축약하였다.

미국 메도디스트 교회는 1784년 볼티모어에서 크리스마스 총회(X-mas Conference)를 열고 웨슬리의 '24개 교리'에다 하나를 더하여 25개로 만들어 미국 메도디스트 교회의 교리로 채택하고 선언하였다. 이 첨가된 조항은 본래 영국국교회의 제37조 〈국가의 통치자에 관하여〉를 대신하여 〈북미합중국의 통치자들에 관하여〉라는 제목으로 개정판 제23조에 넣은 것이다. 그러나 이 23조는 미국 메도디스트 교회에만 필요한 것이지 한국 감리교회에는 전혀 상관이 없는 것이므로 한국 감리교회를 위한 교리문에서는 삭제되어야 한다.

이렇게 하여 본래 영국국교회의 39개 교리는 25개조로 줄었을 뿐만 아니라, 분량은 전체의 절반으로 축약되었으며, 2개를 제외한 모든 교리 조항의 번호가 다시 붙여졌다. 그러나 본래의 순서는 그대로 유지되었다.

(2) 타당성

본래 영국 교회의 '39개 교리'는 16세기 영국의 종교개혁 과정에서 엘리자베스 여왕의 종교정책 실현의 결과에 의해서 나온 것으로서, 당시의 로마 가톨릭교회와의 대치 상황에서 만들어졌기 때문에 그 당시의 교회적 – 신학적 상황이 많이 반영된 것이다. 그리고 웨슬리의 '24개 교리'는 당시 아메리카의 메도디스트들을 위하여 긴급히 요청되는 상황에서 축약된 것이기 때문에 진정한 메도디스트 교리가 충분히 포함되어 있다고 보기는 어렵다. 그러므로 이 교리는 웨슬리에 의해서 개정되었고 역사적으로 미국과 영국과 한국에서 공인되었다고 하더라도 오늘의 메도디스트 교회를 위해서는 타당성이 약하고 부족한 점이 있다고 여겨진다.

웨슬리는 이 교리를 개정할 때에 삭제하고 축소하고 내용을 조금씩 변경하기는 했어도 새로운 내용이나 새로운 교리를 더하지는 않았다. 그러므로 이 교리는 아직도 영국교회적 요소가 남아있으며, 더욱이 메도디스트들이 강조하는 은혜, 믿음, 회심, 신생, 성령의 증거, 성화, 완전 등의 중요한 교리가 잘 나타나 있지 않으며, 특히 성화와 완전에 관하여는 아무런 직접적이고 분명한 언급이 없는 것이 결점이라고 할 수 있다.[31] 그러나 이 교리에는 종교개혁 전통의 신앙이 분명히 표현되어 있으며, 특별히 인간의 원죄와 전적 타락(제7조)에 관하여 성경적인 기초에서 펠라지우스의 사상을 반대하면서 어거스틴과 종교개혁자들의 사상을 따르고 있는 것과, 인간의 자유의지(제8조)에 관해서는 우리에게 상식적으로 인식된 것처럼 긍정적으로 표현되지 않고 부정적으로 표현되어 있으며, 동시에 자유의지보다는 하나님의 은혜가 더 강조되어 있는 것은 주목할 필요가 있다. 이 신칭의(以信稱義, 제9조)에 관해서도 개혁자들의 교리와 근본적으로 상통하는 표현을 하고 있으며, 선행(善行, 제10조)에 관하여는 영국 교회의 긍정적인 표현을 볼 수 있다.

이 교리는 역사적으로 미국과 영국과 한국에서 공인되어 왔지만 메도디스트 신앙고백과 신학에 있어서는 그렇게 중요하게 취급되지 않아 왔

---

31) '39개 교리'가 성화와 완전에 관한 내용을 결여하고 있다는 사실과 이에 대한 설명에 관하여는 E. J. Bicknell의 A Theological Introduction To The THIRTY NINE ARTICLES of The Church of England,(Longmans Green, London, 1919), p.266-277을 참고할 것

다. 그러나 이것은 최초로 채택되고 공인된 메도디스트 교리이며 오랫동안 사용된 것으로 역사적 의미가 있으며, 현대의 메도디스트 교회의 교리 연구에 있어서 기본적인 자료가 된다.

(3) '39개 교리' 중에서 삭제된 교리와 축약 또는 수정된 부분

가. 전부를 삭제한 경우

① 제8조 〈세 가지 신조에 관하여〉[32]

"사도신조, 니케아신조, 아타나시우스신조, 이 세 가지 신조는 온전히 받아들이고 믿어야 한다."

② 제13조 〈칭의 이전의 행위에 관하여〉

"그리스도의 은혜와 성령의 영감을 받기 이전에 행한 선행은 예수 그리스도 안에서 생긴 것이 아니기 때문에 하나님께 받아들여지거나 또는 사람의 은혜를 받을 수 있는 -스콜라 철학자들이 말하는 것과 같이- 가치가 없다. 이런 행위는 하나님이 원하시고 명하신 대로 된 것이 아니기 때문에 우리는 죄의 성질을 가지고 있음을 의심하지 않는다."

③ 제15조 〈그리스도만이 홀로 죄 없으심에 관하여〉

"진실한 인간의 본성을 소유하신 그리스도는 모든 일에 있어서 우리 인간과 같으시며, 다만 그의 육신과 영혼이 죄로부터만 제외되셨다. 그는 흠 없는 어린양이 되셔서 자신을 단번에 희생 제물로 삼아 세상의 죄를 없애기 위해 오셨다. 그리고 요한이 말한 것과 같이 그 분 안에는 죄가 없었다. 그

---

32) 영국 국교회는 사도신조, 니케아신조, 아타나시우스신조는 성경적으로 가장 확실한 증거를 가진 신조로서 받아들여야 한다고 가르치지만 웨슬리는 첫째와 둘째는 인정하나 셋째는 인정하지 않았다.

러나 그리스도 외에 모든 인간은 세례를 받고 거듭났다 할지라도 많은 일에 있어서 범죄하게 된다. 만일 우리가 죄 없다 한다면 이것은 우리 자신을 속이는 것이요 진리가 우리 안에 없는 것이다."

④ 제17조 〈예정과 선택에 관하여〉

"인생의 예정은 하나님의 영원한 목적이다(세상의 기초가 놓여지기 전부터). 하나님은 그리스도 안에서 선택된 사람들을 저주와 형벌로부터 구출하시고 또한 귀하게 창조된 그릇으로 그리스도가 주시는 영원한 구원을 얻도록 하나님의 뜻에 따라 결정되어 있다. 하나님의 각별한 은혜를 받은 사람들은 하나님의 의지에 따라 때가 차서 활동하기 시작한 성령에 의하여 부름을 받은 이들이다. 그들은 은혜에 의하여 부르심에 순종하며 값없이 의롭다 하심을 받으며 하나님의 아들로서 양자가 된다. 그들은 하나님의 독생자 예수 그리스도의 형상과 같이 되며 경건하게 선을 행하다가 마침내 하나님의 자비하심으로 영원한 행복을 누리게 된다.

예정과 그리스도 안에서의 인간의 선택을 경건하게 생각하면 경건한 자들에게는 매우 기쁘고 말할 수 없는 위로가 된다. 또 이것은 그리스도의 영의 역사로서 육체와 땅에 속한 지체의 행위를 죽이고 그들의 마음이 높은 하늘의 일들을 생각하도록 고양시키는 것으로 여기게 된다. 왜냐하면 예정과 선택은 그리스도로 말미암아 주어지는 영원한 구원의 믿음을 굳게 확립하는 동시에 하나님에 대한 사랑을 강렬하게 불붙여주기 때문이다. 그러므로 그리스도의 영을 가지지 못하는 불경건한 육신적인 사람들이 하나님의 예정의 선언을 생각하는 것은 가장 위험한 함정이며, 악마는 사람을 절망의 함정으로 빠지게 하거나 또는 절망과 마찬가지인 불경건하고 더러운 생활에 빠지게 한다. 더욱이 우리는 성경에 보편적으로 기록되어 있는 동일한 방법으로 하나님의 약속을 받아들여야 한다. 또 하나님의 말씀에 따라 우리에게 명백히 보여주신 하나님의 뜻을 우리의 행위를 통하여 실현하여야 한다."

⑤ 제21조 〈교회의 총회의 권위에 관하여〉

"교회의 총회는 수장의 뜻이나 명령 없이는 소집될 수 없다. 위원들이 함께 모일 때는 (이 의회는 반드시 성령과 하나님의 말씀에 의하여 다스려지지 않는 인간의 모임이기 때문에) 과오를 범할 수 있으며, 또한 하나님에 관한 일에 있어서도 때로 과오를 범할 때도 있었다. 그러므로 의회가 구원을 받는 일에 필요하다고 제정한 것이 성경으로부터 근원된 것이 아님이 밝혀지면 힘도 권위도 없는 것이다."

⑥ 제23조 〈회중의 목회에 관하여〉

"어떤 사람이든지 바른 소명을 받고 사목적인 직책을 교회법대로 수행하도록 파송되기 전에는 설교나 혹은 성사 집행의 직책을 맡을 수 없다. 올바른 부름을 받고 파송 되었나를 판단해야 할 사람들이 주님의 포도원에 성직자를 파송하는 일을 하도록 하기 위하여는 교회의 공식적인 권위를 부여받은 성직자들에 의하여 선택되고 부름 받은 성직자이어야 한다."

이외에도 웨슬리는 자신의 사상의 변화에 따라 9가지 교리를 더 생략하게 되었다.

⑦ 제3조 〈그리스도가 음부에 내려가심에 관하여〉

"그리스도는 우리를 위하여 죽으시고 묻히신 것과 같이 또한 음부에 내려가신 것을 믿는다."

⑧ 제18조 〈오직 그리스도의 이름에 의해서만 영원한 구원을 얻음에 관하여〉

"모든 인간들은 자기가 믿는 계명이나 교파에 따라 구원을 받는다든지, 또한 그 계명과 자연적 빛에 따라 자기 생활을 근면하게 해야 구원을 받는다고 말하는 자들은 정죄를 받는다. 왜냐하면 성경에 인간이 구원을 받는 것은 오직 그리스도의 이름으로만 가능하다고 말씀하고 있기 때문이다."

⑨ 제20조 〈교회의 권위에 관하여〉

"교회는 예전의식을 결정하는 권한과 신앙 문제의 논의에 있어서 권위를 가진다. 그러나 교회가 하나님의 성경 말씀에 모순된 명령을 내리는 것은 허용될 수 없다. 또한 성경의 한 부분을 다른 부분과 모순되게 설명하는 것도 용납될 수 없다. 그러므로 교회는 성경의 증인이며 보존자이지만 성경에 위배되는 것은 어떤 것도 결정해서는 안 되며, 또한 성경 이외의 것을 구원에 필요한 것으로 믿도록 강요해서는 안 된다."

⑩ 제26조 〈성직자의 도덕적 무자격이 성례전의 효과를 방해하지 못함에 관하여〉

"가시적인 교회에 있어서 악한 사람이 선한 사람과 같이 있고, 때로는 악인이 하나님의 말씀을 선포하고, 성례 집전에 있어서 주요한 권위를 가질 경우도 있으나 그들은 자신들의 이름으로 집행하는 것이 아니고 다만 그리스도의 이름으로 집전하는 것이기 때문에 교인들은 설교를 듣거나 성례에 참여할 때 그 성직자의 예식 집전에 참여할 수 있다. 그들이 부도덕하다고 해서 그리스도의 명령의 효과가 없어지는 것이 아니며, 그들 때문에 집전된 성례전이 신앙적으로 바르게 참여하는 사람이 하나님의 은사를 빼앗기는 것이 아니다. 성사는 악인이 집전한다고 하여도 그리스도가 정하시고 설립하시고 약속하셨기 때문에 유효하다. 그러나 악한 성직자의 죄를 아는 사람이 고발하여 올바른 재판에서 유죄가 선언된다면 퇴직시키는 것이 교회의 치리를 위하여 당연한 일이다."

⑪ 제29조 〈사악한 자들이 주의 만찬에서 그리스도의 몸을 받지 못함에 관하여〉

"불경건한 자와 산 신앙을 가지지 못한 자들이 (성 어거스틴의 말과 같이) 그리스도의 성체성사를 통해서 성체와 보혈을 육으로나 가시적으로 입에 대기는 하지만 결코 그리스도를 받는 것은 아니다. 그것은 오히려 중요한 표징의 성체성사의 표시만을 먹고 마시는 것이며 스스로 형벌을 부르는 것이다."

⑫ 제33조 〈출교된 사람을 피하는 방법에 관하여〉

⑬ 제35조 〈설교집 Homilies 에 관하여〉

⑭ 제36조 〈주교와 목사의 서품에 관하여〉

⑮ 제37조 〈국가의 통치자에 관하여〉

나. 부분 삭제와 수정한 내용

그 외에도 웨슬리는 삭제하지 않은 교리들 중에서도 과장되거나 필수적이 아닌 요소와 성서적이 아니라고 판단되는 부분들을 삭제하거나 수정하였다. 그 내용은 다음과 같다.

① 제16조 〈세례 받은 후의 범죄에 관하여〉

이 교리의 제목을 〈칭의 후의 범죄에 관하여〉라고 수정하였다.

② 제19조

이 교리에 있어서는 '예루살렘교회, 알렉산드리아교회, 그리고 안디옥교회와 같이 역시 로마교회도 잘못이 있었고 예배의식의 생활과 방법에 있어서 뿐만 아니라 신앙에 있어서도 잘못이 있었다.' 라는 부분을 삭제하였다.

③ 제27조 〈세례에 관하여〉

이 교리는 상당히 짧게 수정하였으나 내용 중에 세례가 '중생의 표' 라는 것과 유아세례의 정당성과 필요성에 관한 부분은 확고히 견지되었다.

④ 제6조 〈구원을 위한 성경의 충분성에 관하여〉

구약의 외경(the Apocryphal Books)의 목록을 삭제했다.

⑤ 제9조 〈원죄에 관하여〉

웨슬리는 이 교리의 절반 이상을 삭제하였고, 동시에 자신이 강조하는 "인간은 본래적인 의로부터 너무나 멀리 떨어졌으며, 그 본성이 항상 악으로 기울어지고 있다."는 표현을 첨가하였다.

⑥ 제32조 〈사제의 결혼에 관하여〉

'사제들'(Priests)이란 용어가 '목사들'(Ministers)로 대치되었고, '주교들'(Bishops), '사제들'(Priests), '집사들'(Deacons)이란 용어들은 '그리스도의 목사들'(Ministers of Christ)로 대치되었다.

⑦ 제34조 〈교회의 전통에 관하여〉

이 교리의 제목은 〈교회의 예법과 의식에 관하여〉로 수정됐다.

6) 웨슬리의 논문들

웨슬리는 자신이 가르치고 설교하는 메도디스트 주요 교리와 신앙생활의 규칙(disciplinary rules)에 관하여 자신의 신학사상을 잘 피력하는 수준 높은 약 50여 개의 길거나 혹은 짧은 논문들을 남겼다. 또한 그는 가톨릭교회, 영국국교회, 칼빈주의교회, 모라비아교도들, 침례교도들, 퀘이커교도들의 잘못된 요소를 비판하고 진정한 기독교(true Christianity)를 가르치기 위한 목적으로 논쟁적인 입장에서 다수의 논문들을 쓰기도 하였다.

때로 웨슬리는 자신의 사상과 메도디스트 신앙을 설명하는 에세이나 편지 형식의 논문들을 다수 써냈다. 그의 모든 논문들의 내용은 사실상 메도디스트 신앙을 주장하기 위한 것이 아니라 진정으로 성경적이고, 진정으로 사도적이고, 진정으로 초대교회적이고, 진정으로 복음적인 교리를 평이하게 가르치려는 의도에서 나온 것이다.

많은 논문들 중에도 가장 중요한 것들은 다음과 같다.

(1) 「원죄의 교리」(The Doctrine of Original Sin according to Scripture, Reason and Experience, 1756, 총 274 쪽) - 웨슬리는 이 논문에서 당시의 아리우스주의자 존 테일러 박사의 펠라지우스적 원죄의 교리를 비판하고 원죄와 전적 타락과 죄로 가득한 인간의 상태를 근거로 하는 성경적이고 복음주의적인 인간이해를 주장하였다. 웨슬리는 이 긴 논문에서 먼저 창세기로부터 구약의 역사 그리고 고대사로부터 당대까지의 인류의 종교와 문명사를 비평하면서 인간성의 전적인 타락과 전적인 부패에 관하여 신학적인 해석을 강하게 제시하고 있다.

(2) 「세례에 관한 논문」(A Treatise on Baptism, 1756.11.11, 총 13 쪽) - 이 논문에는 세례의 정의, 유익, 목적, 방식에 대한 웨슬리의 견해가 평이하게 나타나 있다. 특별히 세례와 중생, 세례와 구원, 그리고 유아세례의 정당성에 대한 분명한 웨슬리의 주장이 명백히 표현되었다.

(3) 「계속적 성찬의 의무」(The Duty of Constant Communion, 1787년, 총 12 쪽) - 이것은 본래 웨슬리의 논문식 설교로서 그의 성만찬 신학을 정리한 것이다.(이것은 아우틀러가 편집한 웨슬리의 설교 제 101 번째 설교이다.)

(4) 「예정론에 관한 소고」(Predestination Calmly Considered, 1752, 총 74 쪽) - 웨슬리는 당시 칼빈과 칼빈주의자들이 주장하는 예정론 교리를 역사적 실례를 들어가며 성경과 이성과 경험의 빛에서 비판하고 성서적이

고 복음주의적인 진정한 기독교의 구원론 즉, 그리스도의 은혜를 믿음으로 얻는 만인구원(Salvation for All)의 교리를 논쟁적으로 평이하게 설명한다.

(5) 「메도디스트의 원리」(The Principle of a Methodist, 1740, 총 15 쪽) - 이 논문에서 웨슬리는 '오직 믿음으로만 얻는 칭의'가 자신이 믿는 참된 기독교의 유일한 구원의 길임을 고백적으로 기술한다. 특히 윌리엄 로우(W. Law), 피터 뵐러(P. B ler), 그리고 칼빈주의자들의 교리를 해석 · 비판하면서 성경적인 칭의 교리의 의미와 본질과 목적을 설명하고 특히 구원의 확신(assurance)과의 관계에서 칭의의 교리를 설명한다.

(6) 「그리스도인의 완전에 따른 평이한 해설」(A Plain Account of Christian Perfection as believed and taught by the Rev. Mr. John Wesley from the year 1725 to the year 1777, 총 100 쪽) - 웨슬리는 이 논문에서 완전 교리의 형성, 발전과정, 의미, 본질, 적용, 실천 그리고 완전을 얻는 방식 등 완전교리에 관한 전반적인 내용을 상세하고 평이하게 성경과 경험의 빛에서 해설하며, 완전의 교리에 대한 반대 이론들에 답하면서 완전 교리의 진정성과 중요성을 변증하고 있다. 이 논문은 웨슬리의 사상이 가장 잘 나타난 웨슬리 생애의 최대의 작품으로서 전 기독교 역사에 걸쳐서 가장 위대한 저서 중 하나로 평가된다.

(7) 「진정한 기독교에 대한 평이한 해설」(A Plain Account of Genuine Christianity, 1753, 총 16 쪽) - 웨슬리는 진정한 기독교의 본질과 진정한 그리스도인의 이상(Christian ideal) 즉, 진정한 그리스도인의 믿음과 생활에 대하여 상세하고 명료하게 해설하는 것을 좋아하였다. 그리고 이것을 소책자(pamphlet)로 만들어 가능한 한 많은 사람들에게 전달하여 읽혀지도록 하였다. 이것은 캠브리지 대학의 이신론 신학자(deist)인 미들톤

(Congers Middleton, 1683-1750)과 "그리스도인은 어떤 사람인가?" 그리고 "기독교란 무엇인가?"라는 주제에 관하여 오랫동안 있었던 토론에서 나온 논쟁적인 에세이이다. 여기에는 꼭 필요한 그리스도인의 이상(Christian Ideal)에 대한 웨슬리의 사상이 잘 나타나있다.

(8) 「이성적이고 종교적인 사람들에게 보내는 진지한 호소」(An Earnest Appeal to Men of Reason and Religion, 1743, 총 40 쪽) – 이것은 18세기 당시 영국의 민족과 사회에 대한 메도디스트들의 종교적이고 도덕적인 공헌을 인정하기를 거부하는 영국국교회의 이성과 종교로 무장한 경건한 동료 신자들에게 보내는 제목대로 진지하고도 강력한 호소와 연설과 강의의 성격을 띤 하나의 논쟁적인 에세이이다. 이것은 메도디즘에 대한 변증적인 호소의 글이다. 이 호소는 웨슬리의 저작 중에 자신의 교리와 자신의 복음전도 운동을 변호하는 가장 중요한 변증문학이다. 이 에세이는 문체가 명백하고 단순하고 강력한 호소력을 지닌 동시에 하나의 위대한 서사시 같이 아름답고 장엄하다. 웨슬리는 이 호소의 첫 부분에서 자신이 가르치는 메도디스트 교리의 요약을 제공하면서 바로 이 교리는 이성적이고 성경적인 진정한 기독교의 본질이라고 주장한다. 그리고 자신이 주장하는 기독교는 '하나님의 사랑의 종교'이며 하나님과 이웃을 사랑하는 능력의 종교라고 호소한다. 여기서 웨슬리는 "사랑은 모든 선의 원천이며 … 생명의 영약(the medicine of life)이요 파괴된 인간세계의 모든 죄악을 치료하고 인간의 모든 불행과 악을 치료하는 특효약이다. … 이 사랑이 있는 곳에 모든 덕과 행복이 함께 존재한다."는 유명한 말을 남겼다. 그리고 기독교의 믿음의 본질과 구원의 의미를 인류에게 진정한 행복을 주는 성결에서 찾아야 한다고 호소한다.

(9) 「이성적이고 종교적인 사람들에게 보내는 두번째 호소」(A Farther

Appeal to Men of Reason and Religion, 1744-1745, 총 200 쪽) - 이 '두번째 호소'는 '첫번째 호소'에 곧 이어 나온 같은 성격의 속편 에세이이다. '첫번째 호소'에서는 진정한 기독교의 본질과 원죄에 대한 해설에 집중했으나 '두번째 호소'에서는 회개, 칭의, 믿음, 선행, 성결, 구원 등의 주제에 대한 정의를 내리면서 기독교적 구원의 실제적 의미를 평이하고 구체적으로 해설하고 있다. 그리고 영국국교회의 생명력 없는 형식적인 신앙을 비판하면서 메도디스트들의 신앙과 생활을 변증하고 있다.

(10)「메도디스트들에 대한 평이한 해설」(A Plain Account of the People Called Methodists: in a letter to the Rev. Mr. Perronet, 1748, 총 20 쪽) - 웨슬리는 여기서 메도디스트들의 역사, 신앙, 교리, 생활, 메도디스트 신도회의 조직과 활동, 그리고 특히 선행에 대하여 친절히 소개하고 있다.

(11)「연합신도회의 성격과 목적, 그리고 일반규칙」(The Nature, Design, and General Rules of the United Societies in London, Bristol, Kingswood, Newcastle-upon-Tyne & Co., 1743, 총 3쪽) - 이것은 언뜻 보면 교리와 무관한 것 같지만 메도디스트 부흥운동 발발 직후 선포된 최초의 메도디스트 신앙생활의 규범으로서 역사적 의미와 더불어 성화의 교리의 실천적 규범이라는 의의를 지닌다.

7) 성도의 생애

메도디스트 역사를 아는 사람은 누구나 메도디스트 신앙과 교리/신학이 웨슬리 형제의 생애와 신앙체험을 통해서 형성되었다는 사실을 인정할 것이다. 초기 메도디스트 역사를 보면 웨슬리 형제는 물론 일반 메도디스트들의 신앙체험과 생애가 메도디스트 교리 형성에 중요한 역할을 하였으며, 거룩한 신자들의 생애는 메도디스트들의 표본이요 교과서 역할을 하였다. 메도디스트 교리 형성에 있어서는 성도의 신앙체험과 거룩한 생애가 먼저 있었으며 그것을 성경에 근거하여 고백하고 표현한 것이 교리라고 할 수 있다. 말하자면 성경은 쓰여진 교리이고 성도의 생애는 살아 있는 교리이다. 초기 메도디스트 역사에서는 언제나 모범이 되는 성도의 생애는 메도디스트 교리의 표본이요 메도디스트 경건의 살아 움직이는 교과서 역할을 하였다. 웨슬리 형제의 저널(journal)과 조지 휫필드의 저널, 그리고 당시 웨슬리의 후계자로 여겨지기도 했던 존 플레처의 저널은 메도디스트 신도회에서 애독되었으며, 모범적인 메도디스트 설교자들과 속장들의 신앙체험은 간증식으로 메도디스트 신도회와 속회에서 발표되었다. 이러한 성도의 생애 이야기들은 언제나 메도디스트 교리의 진실성을 증명하는 역할을 하였다. 성도의 생애는 메도디스트 교리의 실천적인 표준이라고 할 수 있다.

제 4 장
우리의 교리(Our Doctrines)

런던의 웨슬리 기념교회 창문에 그려진 찰스 웨슬리(그는 평생 약 9,000개의 찬송을 썼다. 초기 메도디스트 교리는 존 웨슬리의 설교보다는 찰스 웨슬리의 찬송을 통하여 더욱 효과적으로 전달되었다.)

1. 메도디스트 교회는 교리를 얼마나 중요시 여기는가?

1) '모범시행령'(Model Deed)과 초기 메도디스트 교회의 교리심사 (Doctrinal Test)

초기 메도디스트 신앙공동체는 일반 평신도 회원을 입회시킬 때에 어떤 종류의 교리 시험도 치르게 하지 않았다. 유일한 입회 조건은 '죄로부터 구원받고 다가올 진노로부터 구원받으려는 소원'을 가지는 것뿐이었다. 그리고 이 소원은 모든 악을 피하고, 모든 선을 행하고, 모든 하나님의 예법을 지키는 것으로 증명해 보여야 했다. 그러나 목사나 설교자는 총회가 확정한 교리 시험(Doctrinal Test)에 만족스럽게 통과된 자만을 임명했다. 이것은 진정으로 성서적인 기독교 신앙과 메도디스트 신앙을 보유하기 위한 최우선적 조치였다. 이러한 교리 심사는 첫째 각 구역회(Circuit meeting)의 대표들(trustees)에 의해서, 둘째 지방회(District synod)와 셋째 총회(General conference)에 의해서 이루어졌고, 넷째 개인의 신앙 양심에 맡겨지는 것이었다.[33]

1740년대 말부터 만들기 시작하여 1763년 메도디스트 설교자 총회 회의록에 수록된 '모범 시행령'(Model Deed)은 모든 메도디스트 설교자들에게 다음과 같은 규정을 준수할 것을 요구하고 있다.

"웨슬리의 신약성서 주해와 웨슬리가 처음 발행한 네 권의 표준설교집에 포함된 것들에 맞지 않는 교리나 생활을 가르치거나 공포하는 자에게는 … 메도디스트 채플에서 설교하거나 성경을 강해하는 것을 허락할 수 없다. 또한 그러한 사람이 메도디스트 신도회에서 … 어떤 예배나 집회를 집행하는 것을 금지한다."[34]

이러한 규정은 메도디스트들이 전파하는 정통교리의 경계선과 형태를 정해놓은 것이었다. 그러므로 모든 설교자들은 웨슬리의 신약성서 주해와 표준설교에 들어 있는 교리를 반드시 설교하고 그 교리에 어긋나는 것은 설교하지 않는다는 약속을 조건으로 설교자로 임명되었던 것이다. 그리고 이러한 설교자에 대한 교리심사는 교회 대표들과 총회의 의무 중에

---

33) SS.,1, p.1734) WJW., 8, p.330–331.
34) WJW., 8, p.330–331.

가장 중대한 것이었다. 본래 메도디스트 매년 총회의 가장 중요한 임무 중의 하나는 모든 목회자와 설교자 후보들에게 "무엇을 믿는가?" "무엇을 가르칠 것인가?" "무엇을 실천할 것인가?" 라는 세 가지 사항에 관하여 심사하고 교정하고 약속하는 일이었다. 이 세 가지는 교리(doctrine), 경건의 훈련(discipline), 그리고 설교자의 실천(practice; polity)을 의미하는 것이었다. 그리고 이 세 가지 사항에 대한 심사와 이행 약속은 대단히 철저하고 엄격하였다.[35]

매년 총회에서 감리사(circuit superintendent)는 자기 구역 내의 모든 설교자 후보생들과 목사 후보생들이 메도디스트 표준교리를 익숙하게 알고 믿고 바르게 가르친다는 사실을 입증해야만 했으며, 이 교리 심사에 통과된 사람만이 성직 안수자의 명단에 들 수 있었다. 그러나 총회에서 안수 직전에 한 번 더 엄격한 구두시험이 치러진다. 이 시험은 두 가지 질문으로 구성된다. 첫째 질문은 "당신은 성경이 예수 그리스도를 믿음으로 영원한 구원을 얻는 데 필요한 모든 교리를 충분히 포함하고 있다고 믿는가? 또한 당신은 성서가 증명하는 영원한 구원의 교리만을 가르치기를 결심하였는가?" 하는 것이었다. 둘째 질문은 「웨슬리의 신약성서 주해」와 「표준설교」(첫번째 4권의 설교집)를 확실히 알고 있으며, 거기에 포함된 교리가 성서와 일치한다고 믿으며, 최선의 노력으로 이 교리를 설교하기로 결심하였는가?" 라는 것이었다. 만일 위와 같은 질문이 요구하는 대답을 명백히 하지 못할 경우에는 성직 임명이 거부되었다. 또한 교리 시험에 통과하고 성직 안수를 받을 후보생들은 이후에라도 성경의 교리와 메도디스트 교리에 대한 자신의 신앙에 어떤 의심이나 문제가 생길 경우에는 조

---

35) W.L. Doughty, 같은 책, p.13.

용히 사표를 내고 메도디스트 목회를 떠날 것을 약속하게 하였다.36)

모든 메도디스트 목사들은 매년 지방회(District Synod)에서 "당신은 웨슬리의 신약성서 주해와 표준설교에 있는 우리의 교리(Our Doctrines)를 믿으며 설교하는가?"라는 질문을 중심으로 교리 심사를 받고, 여기에 정당히 대답하지 못할 경우에는 설교자로서의 자격을 상실하였다.37)

이와 같이 메도디스트 교회는 그 발생 초기부터 교리를 중요하고도 엄격하게 취급하고 설교자들과 목회자들에게 교리와 신학 훈련을 철저하게 시켰다. 모든 메도디스트 설교자들과 목사들에 대한 자격 심사의 핵심은 성경의 교리와 메도디스트 교리에 대한 교리심사(Doctrinal test)였다.

메도디스트 교회는 초기부터 교리나 신학을 결코 소홀히 한 적이 없다. 그럼에도 불구하고 오늘의 메도디스트 교회는 교리보다 생활을 더 중시한다고 널리 인식되어 있으며, 교리에 무관심하거나 무차별하다는 오해도 오랫동안 있어 왔다. 심지어 메도디스트 교회에는 교리가 없다는 말까지 종종 듣게 된다. 이런 오해와 왜곡은 메도디스트 교회에 대한 무지에서 나오는 말들이다. 그리고 이런 오해는 다른 교회와는 구별되는 메도디스트들의 신학하는 세 가지 방식에 기인하는 것이다.

2) 메도디스트 교회는 신학을 실천적으로 한다.

메도디스트 교회는 칼빈처럼 교의학을 쓰거나 또 조직신학과 같은 체계적인 신학을 만들지 않았다. 웨슬리 형제로부터 초기의 메도디스트들은 신학을 실천적으로 하였다. 즉 그들은 이론신학에는 많은 관심을 갖지

---

36) SS.,1, p.18.
37) J. Brazier Green, The Survival of Methodism(P.R. Earle, The Camborne Printing Co. Ltd., England, 1964), p.36; SS., 1, p.19.

않으며, 언제나 철저하게 실천신학(practical divinity)을 위주로 했다. 그래서 메도디스트 교리를 설교, 찬송, 성경주해 속에서 표현하고 가르쳤다. 메도디스트들은 성경적 교리와 메도디스트 교리를 존 웨슬리의 설교를 통해서 또한 찰스 웨슬리의 찬송을 통해서 배웠다. 그리고 교리적인 이해의 문제에 부딪칠 때는 표준설교나 신약성서 주해를 참고하곤 했다. 처음부터 메도디스트들은 신학하는 방식에서 다른 교회와 뚜렷한 차이점이 있었다. 메도디스트들은 이론적이고 체계적인 신학보다는 실천적이고 경험적인 신학(practical and experimental divinity)을 중시했다.

3) 메도디스트 교회는 교리와 실천을 동시에 동등하게 강조한다.

예나 지금이나 생활 속에 실천을 소홀히 하면서 교리만 강조하고 신학만을 과시하는 교회들이 있는 것을 보게 된다. 초기 메도디스트 교회는 이런 종류의 교회들과는 본질적으로 달랐다. 메도디스트 교회는 실천을 소홀히 하는 교리 중심의 정통주의나 교회의 제도와 전통만을 과시하는 권위주의를 치유하고 개혁하기 위해서 일어난 성서적 기독교 부흥운동이요, 진정한 기독교 부흥운동이었다. 메도디스트 교회는 교리를 무시하거나 교리에 무관심한 것이 아니라, 교리와 실천을 동등하게 강조한다. 메도디스트 교회는 실천 없는 교리와 교리 없는 실천 모두를 거부하고, 실천 있는 교리와 교리 있는 실천을 강조한다. 만약에 교리를 무시하고 실천만을 강조한다면, 그것은 기독교의 뿌리를 파괴하는 것이요, 실천을 무시하고 교리만 강조한다면 그것은 기독교의 능력과 열매를 부정하는 오류를 범하는 것이 된다. 아무리 정통의 교리(orthodoxy)라 할지라도 정통의 생활(orthopraxy)이 따르지 않는다면 그 교리는 아무런 기독교의 능력을 보이지 못하므로 거짓된 교리(false doctrine)로 간주될 수도 있기 때문이다.

메도디스트 교회는 바른 교리, 즉 바른 신앙에서 바른 실천이 나온다고 믿으며, 동시에 바른 실천이 바른 교리를 증명한다고 믿는다. 메도디스트 교회는 정통의 생활 실천을 통해서 교리의 정통성을 증명하는 진정한 기독교를 전파한다. 메도디스트 교회는 교리와 실천을 절대로 나누지 않는다. 그것은 마치 예수와 그리스도를 나누는 것이며, 육체와 영혼을 분리하는 것이며, 교회와 세상을 분리시키는 것이다. 메도디스트 교회는 교리와 생활을 하나로 여기고 결합하는 진정한 기독교를 추구한다. 메도디스트들은 언제나 어디서나 성서적이고 역사적인 정통 교리를 중요시하고 그 실천에 헌신하는 신학의 길을 간다. 즉 메도디스트는 신앙의 실천, 다시 말해 신앙의 생활을 본질로 삼는 교리를 믿는다. 메도디스트는 정통의 생활을 동반하는 정통의 교리를 믿는 생활신앙을 강조한다. 메도디스트 교회는 정통의 교리(orthodoxy)와 정통의 경험(orthopathy), 그리고 정통의 실천(orthopraxy)을 똑같이 중요시하는 성서적이고 진정한 기독교를 믿는다.

4) 메도디스트 교회는 교리와 의견(opinion)을 구분하여 다룬다.

웨슬리는 기독교 신학의 범주에서 진정한 기독교의 뿌리가 되는 본질적인 요점(the fundamentals, the essentials of true Christianity)에 해당되는 '교리'와 그 밖에 개인과 교회에 따라서 서로 다를 수 있는 '의견'을 구별하였다. 전자는 기독교가 어떤 경우에도 양보하거나 변경할 수 없는 기독교의 본질적인 교리(the essential doctrines)이고, 후자는 서로의 환경이나 문화적 배경이나 사상적 영향이나 전통에 따라 다양할 수 있다고 하였다.

그러므로 웨슬리는 자신과 사상적으로 입장이 다른 사람들에게 자신의 태도를 밝힐 때 여러 번에 걸쳐서 다음과 같이 말했다.

"메도디스트의 독특한 표식은 어떤 종류의 자기 의견을 주장하는 것이 아니다 … 기독교의 뿌리를 파괴하지 않는 의견에 대해서는, 우리도 생각하고 또 다른 사람들도 생각하게 하라(We think and let think)."[38]

우리는 이러한 웨슬리의 말 때문에 그가 교리에 대해서 무관심 내지는 무차별했다고 생각해서는 안 된다. 그는 휫필드의 죽음에 관한 설교에서 다음과 같이 말한다.

"그가 어디서나 전파한 위대한 성서적 교리에 접근해 보자. 많은 교리들이 덜 본질적인데도, 이 때문에 하나님의 진실한 자녀들이 장기간 분리되어 왔다. 우리는 이에 대하여 생각해 보고 반대하는 것에 찬성할 수도 있다. 그러나 우리는 성자들에게 전달된 신앙의 본질을 굳게 붙잡자. 하나님의 전사는 언제나 어디서나 이것을 역설하였다."[39]

이와 같이 웨슬리는 기독교의 본질을 상하게 하지 않는 의견의 상이점과 생각의 자유를 인정하였다. 그러나 기독교의 본질적 교리들에 관해서는 언제나 확고한 신앙과 주장을 표명하였다. 그는 일기, 편지, 설교, 논문들에서 본질적인 교리들이 무엇인지 열거하고 해설하였다. 그러나 그 본

---

38) 'The Character of A Methodist…', WJW, 8, p.340.
39) SS.,1, P.522.

질적인 교리의 수를 일정하게 말하지 않았다. 그 이유는 웨슬리가 각기 다른 상황에서 본질적 교리를 강조했기 때문이다. 그리고 이러한 교리들은 자신의 신약성서 주해와 표준설교에 충분하고 명백하게 설명되어 있다고 생각했기 때문이다.

5) 교리와 의견을 구분하는 기준

웨슬리가 그의 저서 여러 곳에서 역설한 진정한 기독교의 본질적인 교리들(the essential doctrines of true religion)은 주로 원죄, 그리스도의 신성, 속죄, 이신칭의, 신생, 성령의 역사, 완전성화, 삼위일체, 예정론에 상반되는 값없이 주시는 은혜(free grace) 등이다. 이와 같은 웨슬리의 태도에서, 우리는 교리와 의견을 구분하는 그의 기준과 태도를 세 가지로 규정할 수 있다.

첫째, 웨슬리가 근본적인 교리를 말할 때, 그 교리는 인간이 예수 그리스도의 복음을 믿고 죄로부터 구원받아 하나님의 자녀로 성결의 복을 받는 데 필수적인 요소들을 의미했다. 다시 말해서 인간의 성서적 구원의 여부에 영향을 주지 않는 요소들에 관해서는 서로 다를 수 있는 의견으로 간주했다는 것이다.

둘째, 성서에 명백히 계시되거나 사도교회로부터 전해져 오는 교리 외에 형이상학적 이론 중심의 교리나 인간의 사색을 통해 철학적으로 해석되고 형성되는 것들은 본질적인 교리들에 포함시키지 않았고 의견으로 보았다.

셋째, 성서 전체, 특별히 신약성서의 사도적 케리그마가 요약되었다고 볼 수 있는 사도신조와 니케아신조 외에 교회의 제도, 예배, 세례, 성만찬, 생활과 규율 등의 분야는 의견으로 간주하였다. 즉 이런 것들은 교회의 전통에 따라서 상이할 수 있는 의견이며, 기독교 신앙의 뿌리를 상하게 하는 요소가 아니므로 서로 이해하고 인정하고 협력할 것을 역설했던 것이다. 웨슬리는 '보편적 정신'(A Catholic Spirit)이라는 설교에서 다음과 같이 말하고 있다.

> "… 두 가지 일반적인 장애가 있습니다. 첫째는 모든 사람이 동일한 생각을 하지 않는다는 것이며, 둘째는 모든 사람이 공동의 보조를 맞추지 않는다는 점입니다. 즉 몇 가지 사소한 점에서는 각자의 감정이 다른 만큼 각자의 행동 역시 다를 수밖에 없습니다. 그러나 그것이 외적으로 완전한 결합을 방해할지 몰라도 … 그러한 차이가 우리의 사랑의 결합까지 막을 이유는 없습니다 … 우리의 의견이 다르다고 해서 한 마음이 될 수 없는 것은 아닙니다 … 우리는 사랑으로 하나가 되어야 합니다. 비록 사소한 차이가 있을지라도 하나님의 모든 자녀들은 사랑 안에서 연합해야 할 것입니다. 우리는 사랑과 선행을 통하여 함께 전진할 수 있습니다 … 내 마음이 당신을 향해 열린 것처럼 당신의 마음도 그러합니까? 만일 그렇다면 나와 함께 손을 잡읍시다!"[40]

위와 같이 웨슬리는 서로 의견의 차이가 있더라도 기독교 신앙의 근본을 상하지 않는다면 얼마든지 연합하고 일치할 것을 역설하였다. 근본 교리를 믿는 데서 같다면 얼마든지 봉사와 선교를 위해 협동해야 한다고 생각했던 것이다. 동시에 웨슬리는 성서적 근본 교리에서 분명한 차이가 있거나 잘못된 사상을 갖고 있는 사람에 대해서는 엄격하고 철저하게 경계

---

40) SS.,2, p.130; LJW.,2, p.8-9, 86-87.

하고 주의했으며 때로 선교에 방해될 때에는 투쟁도 불사하였다. 왜냐하면 그들은 기독교 복음과 신앙의 뿌리를 파괴한다고 보았기 때문이다.

웨슬리가 칼빈주의 예정론을 반대하여 싸운 이유는 바로 이 교리가 기독교 복음의 뿌리를 상하게 한다고 믿었기 때문이다. 즉, 예정론의 매력은 그리스도를 극대화하는 것 같으나 사실상 그 교리는 그리스도의 죽음을 헛되게 만드는 것이며 고로 믿음에 의한 칭의론과 전체를 파괴하는 가장 해악스런 교리라고 판단했기 때문이다.41) 만약 누구라도 성서적으로 정통한 가르침과 실천을 파괴하는 어떤 잘못된 교리를 실천한다면 웨슬리는 기독교 신앙의 뿌리를 지키기 위해서 싸웠을 것이다.

그런가 하면 웨슬리는 본래 영국국교회에 소속되어 있었으면서도 다른 교리를 수용하는 데 있어서는 자유로운 입장을 취하였고 경건과 실천을 중시하는 종교적 관용주의(latitudinarianism)를 가졌던 영국교회 신학자들의 전통을 계승한 신학자였다. 그러므로 그에게는 보편정신 또는 일치정신(a catholic spirit)이 강했다. 그는 교리나 신학적 입장의 차이점에 집착하기보다는 서로의 공통점을 찾고 기독교인의 일치정신을 고취하였다. 즉 웨슬리는 기독교의 근본교리에 있어서는 엄격한 태도를 견지하면서도 동시에 비본질적인 사상과 의견의 차이에 대해서는 관용하고 포용하는 자유로운 입장을 취하고 기독교인의 일치와 공동의 정신(a catholic spirit)을 강조하였다.

다시 말하자면 메도디스트 교리의 주된 특징은 교리적 근본 주제들, 즉 본질적인 교리에 온전히 충실하면서도 동시에 보편적 다양성과 포괄주의를 지향하는 것이라 할 수 있다. 이런 점에서 메도디스트 교리/신학의 특징은 '복음주의적 에큐메니즘'(Evangelical Ecumenism)이라고 하는 것이

---

41) WJW, 8, p.336.

바람직하다.

2. 우리의 교리(Our Doctrines)

웨슬리는 자신이 역설해온 기독교의 본질적인 교리들 중에 어떤 것들을 메도디스트가 독특하게 주장하는 교리라는 의미에서 '우리의 교리' 라고 불렀다. 그는 메도디스트들이 설교하는 세 가지 중요한 성서적 교리가 있는데, "그것들은 원죄(original sin)와 이신칭의(以信稱義: Justification by faith), 그리고 마음과 생활의 성결(Holiness of heart and life)이다."42)라고 말했으며, 1746년도에 나온 '메도디스트의 원리에 대한 보충설명'에서는 "우리의 주요 교리들(Our main doctrines)은 회개와 믿음과 성결이다. 마치 회개가 종교의 현관(porch)이라면 믿음은 문(door)과 같고 성결은 종교 자체이다."43)라고 주장했다.

그러나 웨슬리는 매년 총회 대회의록(Large Minutes)에서 '우리의 교리' 에 더 많은 수의 교리를 포함시켰다. 즉, 원죄와 전적 타락, 이신칭의, 완전성화, 속죄, 성령의 증거와 구원의 확신, 값없이 주시는 은혜, 최후까지 회개치 않는 자들의 영원한 형벌의 교리를 제시하면서, 모든 메도디스트 설교자들이 이 교리를 설교하여야 하며 이 교리에 어긋나는 교리를 설교하지 않는다는 약속에 서명하도록 만들었다.44)

또한 웨슬리는 1745년 성령의 증거에 의한 확신의 교리가 원죄, 이신칭의(以信稱義), 성결과 함께 '기독교의 진정한 기초'(the foundation of

---

42) LJW., 4, p.146.
43) LJW., 2, p.267-268.
44) SS.,1, p.19.

true Christianity)이며 '기독교의 근본적이고 핵심적인 교리'(fundamental and essential doctrine of Christianity)일뿐만 아니라 메도디스트들의 주요 교리(the Main Doctrine of the Methodists)에 속한다고 주장하면서, "우리는 기독교의 모든 것이 이들 교리에 의존하기 때문에 성실과 열심을 다하여 이 교리들을 설교해야 한다."고 강조했다.45)

웨슬리는 이미 1740년 우리가 믿음으로 구원받았다고 하는 것은 사실상 구원받았다는 확신을 이미 소유한 것이며, 아무도 자신이 구원받았다고 하는 확실한 지식과 증거에 의한 확신이 없이는 "진정한 그리스도인이될 수 없다."46)고 주장하였다.

1767년에 쓴 설교 '성령의 증거Ⅱ'에서 "이 교리를 명백하게 이해하고 해설하고 보호하는 것이 메도디스트들의 주요 관심사이다. 왜냐하면 이것이 하나님께서 온 인류에게 전하라고 메도디스트들에게 맡기신 증거의 큰 부분(One grand part of testimony)이기 때문이다."47)라고 주장하였다.

1814년부터 영국 메도디스트 교회는 모든 지방회에서 매년 모든 목사 후보생들에게 "당신은 우리의 교리를 믿고 설교하는가?"라는 질문으로 교리 심사를 치르게 하였다. 이 때 총회가 제시한 '우리의 교리' 조항에는 삼위일체, 원죄와 전적 타락, 인류의 죄를 위한 그리스도의 대속, 이신칭의, 마음과 생활의 성결, 성령의 증거, 미래의 상급과 형벌의 교리가 포함되어 있었다. 물론 모든 목사 후보생은 이 교리 심사에 요구된 대답을 명백히 해야만 했으며 그렇지 않았을 때에는 성직 안수가 거부되었고, 이미 안수 받은 목사들에게도 동일한 질문으로 교리 심사를 치르게 했으며, 요구되는 대답을 못하는 목사는 자격을 상실하게 되었다.

---

45) LJW., 2, p.64.
46) LJW., 2, p.64.
47) SS.,2, p.343-344.

'우리의 교리'(Our Doctrine)란 메도디스트들이 성경과 모든 교회사의 정통 기독교 신조를 믿으며, 또한 참된 기독교의 근본 교리를 믿는 중에도 메도디스트들이 특별히 강조하여 설교하고 세상에 전파하는 교리들을 의미한다. 초기 메도디스트 부흥운동은 메도디스트들의 주요 교리인 '우리의 교리'를 설교함으로써 잃어버린 영혼들의 구원과 교회와 민족의 개혁, 그리고 성서적 성결을 온 땅에 전파하는 사명을 다했던 것이다. 실제로 웨슬리와 초기 메도디스트들이 특별히 강조하여 설교하고 가르친 우리의 교리들은 원죄, 이신칭의, 성령의 증거, 완전성화, 이렇게 네 가지로 요약하는 것이 적절하고 합리적이다. 왜냐하면 웨슬리가 추천한 것들 중에 여기에 들지 않은 교리들은 이 네 가지 교리 속에 포함되어 취급될 수 있을 뿐 아니라, 실제로 메도디스트 부흥운동에서 핵심 주제로 설교된 교리들은 바로 이 네 가지이기 때문이다.48)

여기서 '성령의 증거에 의한 확신'의 교리에 대하여 특별한 설명이 필요하다. 왜냐하면 이 교리는 초기 메도디스트들에게는 핵심적인 교리로 여겨졌지만, 역사적으로 잊혀지고 무시되어 왔기 때문이다. 웨슬리는 이 교리가 성서적이고 사도적인 교리로서 진정한 기독교의 기초이며 메도디스트들의 주요 교리라고 주장했다. 실제로 초기 메도디스트 부흥운동에서는 이 교리가 메도디스트 신앙에 생동감과 활력을 불어넣는데 가장 중요한 역할을 했을 뿐 아니라, 메도디스트 신앙을 다른 교회의 신앙과 구별짓는 독특한 것으로 만들었다.

웨슬리는 이 교리를 신자의 성화의 교리와 밀접하게 연결시켜 설명하곤 하였다. 왜냐하면 하나님이 성령의 역사에 의해서 신자에게 의와 평화와 기쁨과 사랑으로 가득 채우시기 때문이라고 말했다. 즉 웨슬리에게서

---

48) J. Brazier Green, 같은 책, p.36-42.

성령의 증거는 내적인 성결(inward holiness)과 외적인 성결(outward holiness)로 나타나는 것이다. 그러므로 그는 성결의 교리 속에 성령의 증거의 교리를 포함시키기도 하고 때로는 분리하여 설명하기도 하였다. 서그덴(Edward E. Sugden)은 '성령의 증거'의 교리를 메도디스트 주요 교리 가운데 넣는 것이 웨슬리의 의도였다고 주장했고, 우드(Skevington Wood)도 이 교리가 웨슬리와 초기 메도디스트 주요 교리였으며, 이러한 사실은 초기 메도디스트들의 신앙생활에서 증명되었다고 역설하였다.49) 고든 러프(Gordon Ruff)도 '우리의 교리'(Our Doctrines) 가운데 '성령의 증거'를 칭의와 완전 사이에 나란히 놓았다.50)

18세기 당시 웨슬리에게는 다수의 영국 국교회의 신자들이 실천적 증거 없이 교리적 신앙과 교회 소속만으로 그리스도인임을 자처하는 이름 뿐인 그리스도인들(nominal Christian)로 보였다. 웨슬리는 또한 다수의 칼빈주의 예정론자들이 구원의 실제적 증거와 그리스도인의 실천을 무시하면서 교리만 고집함으로써 구원받았다는 자만심에 빠졌다고 생각했고, 모라비아교 신비주의자들 또한 구원의 외적 증거를 소홀히 하고 있다고 생각했다. 그리고 그는 이러한 오류는 진정한 기독교의 뿌리를 파괴하는 중대한 위험으로 취급했다. 웨슬리의 이러한 태도는 성서적으로 옳았으며 경험상으로도 옳았다. 웨슬리는 교리와 함께 교리의 실천을 통한 교리의 진정성, 즉 구원의 실제적 증거를 동시에 강조하였다. 이러한 문제는 현대 기독교 특히 한국의 기독교인들에게도 심각한 현상으로 노출되어 왔다. 그동안 '성령의 증거'와 '성결'의 교리가 메도디스트 역사에서 무시되거나 소홀히 취급되거나 잊혀져 온 것은 불행한 일이다. 그러나 이제

---

49) Skevington Wood, The Burning Heart (Epworth Press, London, 1967), p.250-259.
50) Gordon Ruff, Religion In England (Claredon Press, London, 1986), p.423-428.

초기 메도디스트들처럼 이 교리를 귀중히 여기고 가르치고 실행해야 한다. 그러므로 메도디스트 주요 교리, 즉 '우리의 교리'에는 '원죄', '이신칭의', '완전성화' 그리고 '성령의 증거'(에 의한 구원의 확신)의 네 가지 교리가 반드시 포함되어야 한다. 초기 메도디즘에 있어서 이 네 가지 교리(우리의 교리)는 성서적이고 진정한 기독교의 본질이며 근본이 되는 교리일 뿐 아니라, 메도디스트들이 영혼의 구원과 사회의 성화와 민족의 개혁 그리고 세계 인류의 성화를 위해서 집중적으로 설교되었던 것이다. 우리의 교리는 메도디스트 교회의 주요 교리이며 동시에 성경적이고 사도적인 보편 교회의 중심 교리이다.

메도디스트 네 가지 Ⅱ
'모든 사람' 의 교리
(Methodist Four Alls)

아일랜드에 가서 야외 설교하는 존 웨슬리
(존 웨슬리는 용감한 전도자였다. 그는 당시에 위험한 여행을 감수하면서도 스코틀랜드와 아일랜드
뿐 아니라 영국의 거의 모든 섬들을 여러 차례씩 방문하여 전도하고 신도회를 조직하였다.)

　　전통적으로 웨슬리 형제가 설교하고 가르친 초기 메도디스트 주요 교
리인 '우리의 교리' 는 '모든 사람' (All)이란 단어로 시작하는 네 가지 교리
로 요약 전수되어 왔다. 이 네 가지 교리를 「Methodist Four Alls」라고 부
르는데, 이러한 전통은 1903년 영국의 신학자 윌리암 피저랄드(W.
Fizgerald)가 처음으로 사용했으며, 1951년에 영국의 메도디스트 신학과
경건의 표상으로 존경받던 복음주의 신학자요 목회자였던 윌리암 생스터
(W. Sangster)가 웨슬리의 중심 교리로 공인하였다. 이후 네 가지 교리는
영국 메도디스트 교회와 그 외 영국 메도디스트 교회와 역사적인 유대관
계에 있는 메도디스트 교회들에서는 상식화된 것으로서 웨슬리안 정통주
의(Wesleyan Orthodoxy)가 명백히 표현된 교리로서 사용되어 왔다.1) 이 네
가지 교리는 메도디스트 교리/신학의 원형(原形)이라고 할 수 있다.

1) ohn M. Turner, Modern Methodism in England 1932–1998,(Epworth Press, 1998), p.38–39.

제1장
모든 사람이 구원받을 필요가 있다.

(All need to be saved.)

웨슬리 초상화

1. 모든 사람이 원죄(原罪)로 인하여 전적으로 타락하였다.

첫번째 교리는 원죄와 전적 타락에 관한 교리로서 모든 사람이 죄와 죽음으로부터 구원받지 않으면 안 될 위기에 처해있다는 것으로 시작한다. 웨슬리는 모든 인간이 아담의 죄와 죄책을 지니고 태어나 죄의 속박과 영원한 저주와 멸망으로 가는 절망 가운데 있다는 성경적이고도 고전적인 원죄와 전적 타락의 교리를 주장하였다. 그는 인간의 본성은 근본적으로 부패하고 전적으로 타락하여 어떤 선한 생각이나 말이나 행동도 할 수 없는 상태에 놓이게 되었고, 인간이 가장 선한 것을 할 때에도 그는 죄악으로 깊이 오염되고 가득 차게 되었다고 믿었다.[2] 웨슬리는 영국교회의 39개 교리의 제9조(원죄에 관하여)의 내용의 절반 이상을 삭제하고 다음과 같이 요약하였다.

> "죄는 (펠라지우스주의자들의 헛된 말처럼) 아담을 따르는 것이 아니요, 아담으로부터 아담의 후손에게 유전된 인간본성의 부패를 의미하며, 이로써 인간은 본래의 의로부터 너무나 멀리 떠나서 그 본성이 계속적으로 죄악으로 기울어지는 것이다."

이렇게 하여 웨슬리는 인간본성에 대한 일체의 펠라지우스적 요소를 부인하고 성경적이고 전통적인 원죄와 전적 타락을 주장한 것이다. 아담으로부터의 원죄는 하나님과의 근본적인 분리를 가져왔고, 이 분리의 결과는 곧, 영원한 죽음으로 나타났다. 또 인간은 하나님의 의로우신 심판과 그 형벌을 피할 수도 없고, 이러한 죄의 저주로부터 스스로 구원할 수도 없는 전적인 절망 상태에 놓였다고 웨슬리는 믿었다. 웨슬리는 '신생'(New Birth)이라는 설교에서 인간의 비참한 운명을 다음과 같이 기술한다.

> "그리하여 아담 안에서 모든 인간은 죽습니다. 즉, 모든 인류와 아담의 혈통을 이어받은 인류의 모든 자손은 죽어갑니다. 이러한 자연적인 결과로서 아담의 모든 후손은 영적으로 죽고 하나님에 대하여 죽고 전적으로 죄 가운데 죽은 채로 태어납니다. 따라서 하나님의 생명과 하나님의 형상을 상실하

---

2) SS.,2, p.455.

고 아담이 창조되었을 때에 갖고 있었던 모든 의와 성결을 상실한 채로 태어납니다. 그리고 이러한 하나님의 형상 대신 모든 사람은 악마의 형상을 지니게 되었고 육체의 정욕과 우리 본성의 전적인 타락 속에서 짐승의 형상을 지니게 되었습니다."[3]

이러한 원죄와 전적 타락의 교리는 성경에 분명히 근거한 것으로서 이를 설명하기 위해서 웨슬리는 구약과 신약 전반에 걸쳐서 적절한 구절들을 인용하는데, 주로 창세기, 시편, 예레미야, 이사야, 그리고 복음서, 로마서, 갈라디아서, 에베소서에 가장 많이 의존했으며 가장 많이 인용한 성구는 다음과 같다. "어리석은 자는 그의 마음에 이르기를 하나님이 없다 하는도다 그들은 부패하고 그 행실이 가증하니 선을 행하는 자가 없도다 여호와께서 하늘에서 인생을 굽어살피사 지각이 있어 하나님을 찾는 자가 있는가 보려 하신즉 다 치우쳐 함께 더러운 자가 되고 선을 행하는 자가 없으니 하나도 없도다."(시14:1-3) "기록된 바 의인은 없나니 하나도 없으며 깨닫는 자도 없고 하나님을 찾는 자도 없고 다 치우쳐 함께 무익하게 되고 선을 행하는 자는 없나니 하나도 없도다 그들의 목구멍은 열린 무덤이요 그 혀로는 속임을 일삼으며 그 입술에는 독사의 독이 있고 그 입에는 저주와 악독이 가득하고 그 발은 피 흘리는 데 빠른지라…그들의 눈 앞에 하나님을 두려워함이 없느니라 함과 같으니라."(롬 3:10-18) "모든 사람이 죄를 범하였으매 하나님의 영광에 이르지 못하더니"(롬 3:23) "그러므로 한 사람으로 말미암아 죄가 세상에 들어오고 죄로 말미암아 사망이 들어왔나니 이와 같이 모든 사람이 죄를 지었으므로 사망이 모든 사람에게 이

---

3) SS.,2, p.230-231.

르렀느니라."(롬 5:12)

웨슬리는 1744년에 열린 첫번째 총회에서 아담으로부터 전가된 인간의 원죄에 대하여 다음과 같이 가르쳤다.

"아담 안에서 모든 사람이 죽었다. 즉 (1) 그 때 우리의 몸은 죽게 되었다. (2) 우리의 영혼이 죽었다. 즉 하나님으로부터 분리되었다. 이후로부터 (3) 우리 모두는 죄악되고 악마적인 본성을 가지고 태어난다. 그 때문에 (4) 우리는 진노의 자녀들이며 영원히 죽을 수밖에 없게 되었다.(롬 5:18, 엡 2:3)"4)

그는 '믿음의 의' 라는 설교에서 "인간의 본성은 온통 세속적이고 육욕적이고 마귀적이어서 전적으로 부패하고 가증한 것뿐이다. 하나님의 은혜를 얻기까지는 인간에게 아무것도 선한 것이 없다. 아무것도 선한 생각이 없다. 온통 죄악뿐이다. 인간은 숨쉴 때마다 죄를 짓는다."5)

그는 또한 '거의 된 그리스도인' (The Almost Christian)이라는 설교에서 인간 본성의 전적 타락에 대하여 다음과 같이 역설하였다.

"당신 자신이 죄인 – 즉 어떤 종류의 죄인인지를 알라 … 당신의 본성은 전적으로 부패하여 모든 면에서 기초부터 잘못되었으며 … 전적으로 뒤틀리어 모든 선에서 떠나 하나님이 사랑하는 모든 것을 싫어하며 모든 악을 좋아하여 하나님이 싫어하는 모든 것을 좋아한다. 당신이 원하는 모든 것은 병들었고, 그래서 당신에게는 아무것도 건강한 것이 없다."6)

---

4) WJW., 8, p.277.
5) SS.,1, p.141.
6) SS.,1, p.55–56.

찰스 웨슬리는 자신의 구원론에 관련된 거의 모든 찬송에서 원죄와 전적 타락의 교리를 성경적 언어로 명백히 잘 표현하였다.

나는 불의하고 거짓되어
죄로 가득 찼사오니
가련한 내 생명 구하소서
멸망할 내 영혼 맡아주소서[7]
(I am all unrighteousness ;
False and full of sin I am ; …
Cover my defenseless head…
Hangs my helpless soul on Thee.)

웨슬리에게서는 원죄(原罪; original sin)와 전적 타락(全的墮落; total depravity)과 인간의 타락(fall of man), 이 세 가지 교리 사이의 분명한 구분을 짓기보다는 세 가지가 복합된 '인간의 죄'에 대한 하나의 교리를 형성하고 있다. 즉, 원죄는 아담의 죄가 온 인류에게 미치는 결정적 영향을, 전적 타락은 인간본성의 부패를, 그리고 인간의 타락은 원죄에 의해 비롯되는 하나님으로부터 인간의 단절과 소외를 강조한다. 웨슬리는 타락이란 아담이 하나님께 대하여 알면서도 고의로 행한 반역의 결과라고 설교했다.

"이러한 반역의 순간에 아담은 자신에게 주어졌던 하나님의 도덕적 형상('의로움과 성결에 있어서')과 자연적 형상('지식에 있어서')을 상실하였다.

---

7) CHPM., No.,143.

그 후로 아담을 따라서 모든 인간은 더럽고(unholy), 어리석고(foolish), 거짓되고(deceitful), 불의하고(unrighteous), 악하고(evil), 태만하고(lazy), 교만하게(arrogant) 되어 모든 면에서 불행하게(unhappy) 되었다. 그리고 이러한 불행은 범죄, 죄의식, 죄책감, 슬픔, 불안, 두려움, 고통, 질병, 절망, 죽음의 결과를 낳게 되었다."[8]

이와 같은 인간의 전적 타락과 죄악으로 가득 찬 인간의 상태에 대한 웨슬리의 강한 표현은 마틴 루터와 존 칼빈에게서도 찾아보기 어려운 것이다. 웨슬리는 이신론자(理神論者; deist)들과 휴머니스트들이 주장하는 자연 이성에 거슬리지 않기 위해서 인간의 죄에 관하여 부드럽게 해설하거나 휴머니즘적 계몽주의 사상에 양보하여 죄에 대하여 완만하게 표현하지 않았으며, 인간본성의 죄성(sinfulness)에 대하여 성경이 말하는 대로 그리고 인간의 실제 경험에 비추어서 철저하게 주장하였다. 그리고 이러한 성경적인 죄 이해는 그의 신학 전체 특히 그의 복음주의적인 구원론에 관한 설교의 근본이 되었던 것이다.

2. 웨슬리는 인간의 본성에 대하여 비관적이다.

웨슬리는 당시 옥스퍼드의 신학자로서 아리우스주의자(Arianist)이며 기독교 휴머니즘 사상을 주장하여 영국교회에 강한 영향력을 끼치고 있었던 노르위치(Norwich) 출신의 테일러 박사(Dr. John Taylor)의 펠라지우스적 사상을 강력하게 반대하였다. 테일러는 웨슬리의 죄론을 반대하

---

8) WJW., 6, p.223.

는 논문을 썼으며, 웨슬리는 테일러의 유명한 저서인 「원죄의 교리」를 5년 동안 세밀하게 조사하고 가장 예의 있게 그러나 신랄하게 비판하는 총 274쪽의 긴 논문 「원죄의 교리: 성경과 이성과 경험에 따라서」를 발표하였다. 이것은 웨슬리가 일생동안 쓴 논문 중에서 가장 분량이 많을 뿐 아니라 가장 진지한 것이다. 웨슬리는 테일러 박사의 휴머니즘에 기초한 합리주의적이고 계몽주의적인 인간이해를 철저히 비판하고 원죄와 전적 타락에 관한 성경적인 교리를 주장하였다.

웨슬리는 본래 신학적 사상 논쟁을 싫어하였으나, 원죄와 전적 타락을 부인하는 테일러 박사의 사상에 관하여는 온 힘을 다하여 비판하고 교정하려고 노력하였다. 테일러는 아담의 죄와 죄의 결과가 모든 인류에게 전가(轉嫁, imputation)된다는 것은 하나님의 정의의 관점에서 볼 때에 불가능하기 때문에 아담의 죄의 전가(轉嫁)는 없으며, 따라서 그리스도의 의의 전가도 없다고 주장하였다. 그는 아담의 죄의 결과는 노동과 슬픔과 죽을 운명을 의미할 뿐 그 이상 아무것도 아니며, 죽음도 죄에 대한 하나님의 형벌이 아니라 오히려 덧없는 세상이 지나가는 고통스런 세상살이에 더 이상 소용없는 관여를 하지 않도록 하나님이 인간의 수명을 단축해 주신 원초적인 혜택(original benefit)이라고 역설했다. 그래서 테일러 박사는 "모든 사람이 죄인이 되었다."라고 하는 성경적인 표현을 싫어하였으며, 이러한 표현은 다만 "모든 사람이 죽을 운명이 되었다."라는 것을 의미한다고 말했다. 테일러는 이와 같이 성경적이고 전통적인 기독교 원죄와 전적 타락의 교리를 부인하고, 인간은 스스로 의롭고 스스로 선을 행할 수 있는 즉, 도덕적으로나 종교적으로 자립할 수 있는 존재라고 주장하였다. 당시의 이러한 인간관은 기독교를 한갓 인간의 범주를 넘지 못하는 종교로 전락시켰으며, 인간을 하늘에까지 치켜 올려 인간을 하나님보다 조금

못한 존재로 여기고 결국은 인간 자신을 종교의 중심과 본질로 만들어 하나님도 그리스도도 없는 기독교를 만들려고 시도했던 것이다.9)

웨슬리도 그가 아메리카에 선교사로 갈 때까지 이와 같은 낙관주의적인 인간이해를 갖고 있었다. 인간은 창조 시부터 "거룩하고 자비로우며 완전하고 순결한 존재였다."고 생각한 대로 아메리카의 인디언들은 죄가 없으며 순박하고 신실하며 문명에 의해 손상되지 않아 순전한 복음을 받아들이기에 가장 적합하고 준비된 자들이라고 믿었다. 그러나 이러한 그의 낭만적인 인간관은 인디언들을 경험했을 때 깨어지고 말았다. 이것은 18세기에 유행했던 것으로서 비성경적이며 비합리적인 인간관이며 장자크 루소도 가졌던 사상이었다.10) 웨슬리의 낙관주의적, 낭만주의적, 계몽주의적인 인간관은 그가 복음적인 회심의 체험을 기점으로 해서 근본적으로 바뀌었다.

테일러의 죄론에 대하여 웨슬리는 성경과 이성과 경험에 근거해서 답변하였다. 그는 주로 창세기를 인용하면서 인류의 역사와 당시대의 사회 현실에 나타난 죄악의 실재와 해독을 논증적이고 사실적으로 서술하였다. 웨슬리는 테일러 박사가 "한 사람에 의하여 죄가 세상에 들어왔으며 죄에 의하여 죽음이 들어왔다. 그리하여 죽음은 모든 인류에게 주어졌는데 이것은 모든 사람이 죄를 범하였기 때문이다."라는 성서적 진리를 부인한다고 지적하고, 아담의 원죄와 죄책과 이로 인한 저주는 모든 인류에게 전가되어 유전되었으며, 모든 사람의 본성을 전적으로 부패케 하였으며, 이러한 불행으로부터의 구출은 오로지 그리스도의 구속의 은혜에 의

---

9) 'The Doctrine of Original Sin', according to scripture, reason and experience, WJW.,9, p.192-195,
10) JJW., 1, p.407.

한 중생의 역사를 절대적으로 필요로 한다고 반박하였다. 웨슬리는 이어서 테일러 박사의 이러한 원죄를 부인하는 사상은 당대에 영국교회 안에서 일종의 기독교 무신론(Christian atheism)으로 통했던 이신론(理神論; deism)보다 더 위험한 것으로서 기독교의 성서적 계시를 기초부터 파괴하는 반기독교 사상이라고 비판하였다. 그는 테일러의 이론이야말로 "나는 예수 그리스도도 기독교도 필요로 하지 않는다."는 말과 같으며, 이와 같은 휴머니즘적인 종교는 역사적 기독교를 파괴하려는 것이라고 하였다. 또한 이것은 인간의 속죄, 칭의, 신생, 성화에 대한 모든 성서적 구원의 교리를 폐기해버리는 것으로서 마호메트교의 출현 이후 기독교에 대한 최대의 치명상이며, 이것은 기독교가 아니라 이교도의 종교와 동일한 것이라고 반박하였다.11)

웨슬리는 테일러의 사상을 반박하는 이 논문에서 성경적 원죄의 교리를 다음과 같이 요약하였다.

첫째, 인간은 원래 의롭고 거룩하고 행복하게 창조되어 창조주에게 순전한 사랑과 순종을 하였다.

둘째, 아담의 첫번째 죄로 말미암아 원래의 의와 성결과 행복이 상실되었다.

셋째, 이와 함께 모든 사람이 죽게 되었다.

넷째, 아담의 첫번째 죄는 모든 그의 자손을 대표하는 공인의 죄이다.

다섯째, 결과적으로 모든 사람은 출생부터 진노의 자식이며, 모든 의에서 멀리 떠나고 모든 죄에 떨어지게 되었다.

여섯째, 아담의 원죄는 모든 인간의 성품을 전적으로 부패하게 하였으며, 부패한 인간성은 인간으로 하여금 모든 고통과 불행을 경험하고 마지

---

11) 'The Doctrine of Original Sin,…', WJW., 9, p.192, 197, 296-297, 314-315, 465.

막에는 영원한 멸망에 떨어지게 하였다.[12]

웨슬리는 성경 자체가 인간 본성에 대한 낙관주의적인 견해에 동의하지 않는다고 말하면서 다음과 같이 주장하였다.

"한 사람의 불순종으로 인해서 모든 사람이 죄인으로 판정을 받았으며, 아담 안에서 모든 사람이 죽었으니, 영적으로 죽어서 하나님이 주신 생명과 하나님의 형상을 상실했으며, 이어서 타락하고 죄로 가득 찬 아담은 자신과 같은 상태의 자손을 낳았으니 결과적으로 다른 모든 인류는 물론 우리들도 본성적으로 원죄와 자범죄로 인해 죽게 되었다."[13]

"아담 이후로 모든 인간은 그 마음의 생각, 즉 모든 상상까지도 오로지 악할 뿐이며 세상에서 하나님 없이 살려고 하는 무신론자들이며 마귀의 형상을 지니게 되었고 하나님의 은혜를 입지 않고는 어떤 인간도 이와 같은 상태에서 벗어날 수 없다."[14]

웨슬리는 인간 본성의 타락의 정도에 관하여 루터와 칼빈보다도 더 강한 표현을 사용했다. 그는 원죄와 전적 타락의 가르침을 성경의 핵심이고 진정한 기독교의 교리로서 이것이 기독교와 이교(heathenism)사이의 근본적인 차이점이므로 원죄를 부인하는 자는 아직 이교도에 속하고 원죄를 인정하는 자는 기독교도에 속한다고 주장했다.[15]

웨슬리 형제는 인간본성에 대하여 모든 펠라지우스적 낙관주의를 배격하며 성경에 근거하고 경험에 비추어 본대로 철저히 비관적이었다.

---

12) WJW.,9, p.415.
13) SS.,2, p. 211.
14) SS.,2, p.218.
15) SS.,2, p.222-223.

3. 인간은 선행은혜에도 불구하고 전적으로 타락하였다.

그러나 대부분의 웨슬리 학도들은 이와 같은 웨슬리의 전적 타락의 사상은 그의 선행적 은혜(先行的 恩惠; prevenient grace; preventing grace)에 의해서 다소 수정되어야 한다고 생각할지 모른다. 웨슬리는 하나님의 뜻을 인식하고 분별하는 이성과 자신의 죄악을 깨닫고 하나님께로 돌아가며 하나님의 뜻을 행할 수 있는 양심의 도덕적 능력, 그리고 하나님의 뜻에 순종하기도 하고 안 하기도 하는 자유의지(free will)가 모든 인간에게 보편적으로 주어져 있다는 것을 정당하게 인정하고 평가했다. 그는 이러한 복음의 은혜 이전에 인간에게 이미 주어진 이성적이고 도덕적인 의지와 능력을 선행적 은혜라는 용어 속에 포괄적으로 이해하고 사용했다고 여겨진다.[16]

그러나 웨슬리의 전적 타락의 교리는 종교 개혁자들이 가르쳤던 교리보다도 더욱 근본적이고 철저하여서, 그가 선행적 은혜나 자유의지를 인정한다고 해서 약화되거나 수정되지 않는다. 그는 인간의 타락으로 인해서 하나님의 도덕적 형상이 본질적으로 파괴되었으나, 형식상으로는 남아있거나 다시 주어졌다고 믿었다.[17] 그러나 이미 기술한 대로 웨슬리는 하나님의 형상이 본질적으로 파괴된 인간은 자신에게 남아 있는 선행적 은혜만으로는 선을 행할 수 없고 의를 이룰 수 없는 전적으로 도덕적 무능력과 절망의 상태에 여전히 놓여 있다는 이해를 양보하지 않았다. 그는 그의 '신약성경 주해'의 로마서 주해에서 인간의 전적 타락을 증거하는 근거로서 다음의 구절에 집중하였다.[18]

16) 'On Working out Our Own Salvation', WJWB., 2, p.156-157.
17) WJW.,8, p.373.
18) ENNT., p.520-521.

"하나님의 진노가 불의로 진리를 막는 사람들의 모든 경건하지 않음과 불의에 대하여 하늘로부터 나타나나니 … 하나님을 알되 하나님을 영화롭게도 아니하며 감사하지도 아니하고 오히려 그 생각이 허망하여지며 미련한 마음이 어두워졌나니 스스로 지혜 있다 하나 어리석게 되어 썩어지지 아니하는 하나님의 영광을 썩어질 사람과 새와 짐승과 기어다니는 동물 모양의 우상으로 바꾸었느니라 … 그들이 마음에 하나님 두기를 싫어하매 … 곧 모든 불의, 추악, 탐욕, 악의가 가득한 자요 시기, 살인, 분쟁, 사기, 악독이 가득한 자요 수군수군하는 자요 비방하는 자요 하나님께서 미워하시는 자요 능욕하는 지요 교만한 자요 자랑하는 자요 악을 도모하는 자요 부모를 거역하는 자요 우매한 자요 배약하는 자요 무정한 자요 무자비한 자라."(롬 1:18-31)

웨슬리는 하나님의 도덕적 형상은 근본적이고 전적으로 파괴되고 상실되었으며, 오로지 그 형식만 남아 있을 뿐이라고 주장한다. 웨슬리의 설교의 내용을 세심히 연구해 보면 인간은 타락으로 인해서 도덕적 형상에 단순히 손상을 입은 정도가 아니라, 근본적으로 파괴되었다는 것과, 그 파괴력이 인간의 현실생활에 실제로 결정적인 영향을 끼치며 모든 인간불행의 원인이 된다는 것을 강조하는 것을 쉽게 발견할 수 있다. 그러므로 우리는 그가 그의 선행은혜의 교리로서 원죄와 전적 타락의 실재성을 수정하거나 약화 또는 분해시키려는 어떤 의도도 보이지 않는다는 것을 확신하게 된다. 따라서 우리는 웨슬리가 인간의 자유의지나 양심의 전적인 자유나 스스로 구원할 수 있는 그 어떤 인간 본성의 자연적 능력이나 요소를 인정하려는 펠라지우스주의자(Pelagian)도 아니며 아르미니우스주의자(Arminian)도 아니라는 사실을 분명히 알아야 한다. 그는 인간에게 주어진 선행은혜를 정당하게 인정하면서 동시에 성서적인 원죄와 전적 타락의 교리를 확고히 지켰다. 그 이유는 이 교리야말로 성경이 가르치는 인간에 대한 진실된 가르침일 뿐 아니라, 자신과 모든 사람이 경험하는 인간의 현실이기 때문이다. 웨슬리에게서 원죄와 전적 타락은 신학적 이론 이전에 인간이 실제로 경험하는 생의 현실이었다.

4. 원죄로 죽은 인간은 구원의 은혜(saving grace)를 필요로 한다.

원죄와 전적 타락에 대한 웨슬리안 메도디스트(Wesleyan methodist) 교리는 인간이 반드시 구원받아야만 한다는 긴급한 구원의 필요성을 설립할 뿐만 아니라, 구원을 위해서는 하나님의 은혜, 즉 칭의하는 은혜(justifying grace)와 성화하는 은혜(sanctifying grace)를 절대적으로 요청하는 것이다. 또한 이 교리는 신자 안에 하나님의 형상의 회복을 위해서도 그리스도의 구원하는 은혜(saving grace)를 절대적으로 요청하는 것이다. 웨슬리는 이 사실을 다음과 같이 선언했다: "인간은 본성에 있어서 전적으로 부패했으나, 은혜로 말미암아 전적으로 새로워질 것이다."(By nature you are wholly corrupted: by grace you shall be wholly renewed.) 웨슬리는 인간의 죄에 대해서는 지극히 비관적이었지만 인간을 구원하는 하나님의 은혜에 대해서는 지극히 낙관적이었다. 즉 그는 죄로 인한 인간의 절망과 무능력, 그리고 동시에 은혜에 의한 인간의 구원과 새로운 삶의 가능성을 확신하고 가르쳤다.

웨슬리의 복음적인 설교의 전형적 구조는 먼저 인간의 죄성(sinfulness)을 말한 다음, 이 기초 위에서 하나님의 구원하는 은혜(saving grace)를 제시하는 것이다. 어떤 상황에서는 이 순서가 바뀌기도 한다. 그러나 그는 복음전도자로서 죄로 인한 인간의 고통, 질병, 그리고 죽음과 멸망으로 가는 절망적 상황을 적나라하게 드러내면서, 이 모든 불행에서 구원하는 은혜의 필요성을 강력하고도 긴급하게 제시하는 방식을 취했다. '믿음으로 얻는 구원'이란 설교에서 그는 다음과 같이 설교했다.

> "하나님이 베푸시는 모든 복은 하나님 자신의 은혜와 풍성한 자비로서 모든 사람에게 주시는 것들입니다 … 죄인이 아무리 작은 죄라도 스스로 속죄할 수 있습니까? 지신의 능력으로 안 됩니다. 인간에게 어떤 거룩한 요소가 조금이라도 있습니까? 아닙니다. 모든 인간은 거룩한 요소가 전혀 없고 죄로 가득 찼을 뿐이어서 오로지 위로부터 오는 대속(atonement)이 필요합니다. 부패한 나무는 부패한 열매를 맺을 뿐입니다. 인간의 마음은 온통 부패하고 가증한 것으로 가득 찼습니다. 그래서 처음에 창조주의 형상대로 인간에게 부여된 영광스러운 의, 즉 하나님의 영광에서 떨어졌습니다… ."19)

이와 같이 웨슬리는 인간의 죄성을 간파하고 이어서 은혜의 필요성을 제시한다.

> "그러나 만일 이러한 인간이 하나님의 사랑을 얻는다면 그것이야말로 은혜 위에 은혜입니다. 만일 하나님이 우리에게 값없이 복 – 모든 복 중에 가장 위대한 구원 – 을 부어주신다면 우리가 할 말은 오직 '그분의 형언할 수 없는 선물 때문에 모든 감사를 드려야 합니다…. 우리가 아직 죄인이었을 때에 그리스도는 우리를 구원하기 위하여 죽으셨도다.' (롬 5:8). 그러므로 '너

---

19) SS.,1, p.37–38.

희가 은혜를 인하여 믿음으로 구원을 얻었도다.' (엡 2:8). 은혜는 구원의 원천이고 믿음은 구원의 조건입니다."20)

이와 같이 웨슬리는 그의 모든 복음적 설교에서 모든 불행의 뿌리인 죄성에 대한 유일한 해결책으로 복음의 은혜를 제시하고 이 은혜를 받아들이는 믿음을 요청한다. 그는 원죄에 대한 신학적인 해석보다는 죄로 가득차고 죄로 인하여 비참해진 인간의 실존적인 상태에 대하여 깊은 관심을 기울인다. 그는 원죄의 죄책과 같은 신학적인(추상적인/이론적인) 문제는 별로 다루지 않으며 죄의 결과로서 일어나는 모든 인간의 불행 즉, 죄의 현실성을 섬세하게 다루면서 이 모든 불행으로부터 구원받을 수 있는 유일한 길로서 복음을 제시하고 있다. 이것이 바로 웨슬리의 죄와 인간이해의 핵심이며 방법이다. 웨슬리는 '하나님의 나라에 들어가는 길' 이라는 설교에서 다음과 같이 촉구하였다.

"당신 자신이 죄인이라는 것을 아시오. 당신의 마음속 깊이 자리잡고 있는 본성의 부패를 아시오 … 당신 영혼과 모든 존재의 기능이 부패되었고 당신이 모든 면에서 부패되었다는 것을 아시오 … 이와 같은 상태가 바로 당신의 본성의 타고난 타락입니다."21)

그의 우선적인 관심은 죄인을 구원에로 부르시는 하나님의 자비로운 은혜이다. 즉 그의 죄에 대한 이해는 복음전도의 빛에서만 바로 평가되는 것이다. 그는 '신생' 이란 설교에서 다음과 같이 복음의 은혜를 제시한다.

---

20) SS.,1,p.38.
21) SS.,1, p.155-156.

"당신들의 죄를 담당하신 하나님의 어린양을 믿으시오. 그리고 당신들의 죄를 깊은 바다에 돌을 던지듯 버리시오. 그리스도는 당신을 고발하는 모든 죄의 기록을 지워버렸고 자신의 십자가에 못 박았습니다. 당신의 모든 죄가 그리스도의 피로서 사면되고 구원받음을 믿으시오."[22]

그는 1744년 옥스퍼드 대학에서 행한 '성경적 기독교'라는 유명한 설교에서 옥스퍼드의 지성인들과 권위 있는 자들 앞에서 성경적 기독교의 본질을 설명하고 자신이 전파하고 실천하는 진정한 기독교가 이 땅에 세력 있게 확대될 것을 역설하면서 청중에게 회개와 믿음 그리고 성령의 열매를 보일 것을 촉구하였다. 웨슬리는 이 설교 후 즉시 그들의 자존심을 상하게 했다는 이유로 비난을 받았다. 그는 이 설교 마지막 부분에서 이렇게 절규했다.

"주여, 우리를 구원하소서. 그렇지 않으면 우리는 멸망합니다!(Lord, save us or we perish!) 영원한 구렁텅이에 빠지지 않도록 우리를 끌어내 주소서! 원수들로부터 우리를 구하소서! 인간의 도움은 헛되옵니다. 당신께만 모든 것이 가능합니다."[23]

웨슬리에게 있어서 은혜는 죄에 대한 승리일 뿐 아니라, 칭의와 신생(new birth)과 성화의 원천이다. 즉 신자는 은혜로 말미암아 칭의되고 신생하여 성화로 나아가는 것이다. 웨슬리의 원죄와 전적 타락의 이해에서 특징적인 것은 죄에 대한 교리적인 이해보다는 원죄의 결과로써 모든 인간

---

22) SS.,2, p. 231.
23) SS.,1, p.111.

과 인류사회에 나타나는 고통과 불행에 대한 그의 철저한 현실적 인식과 복음전도적 관심이다. 즉, 원죄로부터 온갖 종류의 실제적인 죄악이 생겨나며, 인간의 모든 종류의 고통과 불행이 발생하고, 인간은 결국 원죄 때문에 영원히 멸망할 수밖에 없다고 보았던 것이다. 그러므로 웨슬리와 초기 메도디스트들의 원죄에 대한 이해에는 교리적이고 신학적인 것보다 더 중요한 복음전도적인 특징이 있고 이것이 메도디스트 부흥운동을 일으킨 중요한 신학적인 동기가 된 것이다. 찰스 웨슬리는 죄인을 찾으시는 하나님의 심정을 이렇게 표현하였다.

죄인이여 돌아오라! 왜 죽음으로 달려가는가?
너의 창조주가 탄식하며 부르는도다.
창조주는 너와 함께 살기를 원하건만
너는 생명을 버리고 멀리만 가네
사랑을 못 받고 죽음으로만 가네

짐승처럼 목숨을 버리는 자들이여
영원한 행복을 못 보는 소경들이여
자기의 하나님을 모르는 자들이여
멸망의 길 음부로 내려가는 자들이여
어서 속히 하나님께로 돌아오라

너의 창조주가 타오르는 사랑으로 찾으시네
하늘 높은 궁전에서 함께 살자 하시네
너의 주가 하늘과 땅에서 너를 부르시네

영원한 생명을 진실한 행복을 거절하고서
어찌하여 죽음의 지옥으로만 내려가는가?
하나님은 자기 형상대로 지으시고 품으시고
예수는 당신의 생명으로 너를 살리시네
성령은 아직도 너를 찾고 기다리시네
어찌하여 너는 영원히 죽으려 하는가?
어리석은 너 어찌 사랑을 버리는가?

얼굴을 들어라 눈을 뜨거라 지옥에서 나오라
너의 주 예수는 피 흘리시네
너의 성령이 울고 계시네
죽음의 지옥으로 빠지지 말라
죄악의 구덩이에서 속히 나오라
아버지의 집에서 모든 복을 받으라[24]

5. '죄로 가득 찬 인간'(sinful man)에 대한 강조

앞에서 밝힌 대로 웨슬리는 인간 이해에 있어서 우선적으로 죄로 가득
찬 인간(sinful man)의 상태를 비판하고 탄식한다. 그리고 죄의 저주 아래
고통–불행–멸망으로 떨어져 가는 인간에 대해 깊은 동정과 연민을 갖는
다. 동시에 모든 인간이 죄와 멸망의 죽음으로부터 구원받아야만 하는 절
박한 현실을 본다. 또한 그는 이런 영원한 죽음으로 가는 인간을 구원해야

---

24) PW., 3, p.84.

하는 긴급한 복음적 사명을 깊이 느꼈다. 그러나 19세기 말엽에 원죄와 전적 타락에 대한 웨슬리안 정통 교리(Wesleyan Orthodoxy)는 일종의 전이(transition)를 겪게 되고, 특히 미국에서 메도디스트 신학은 죄인(sinful man)에 대한 강조로부터 도덕적 인간(moral man)에 대한 강조로 옮아가게 되었다.[25]

만약 죄로 가득 찬 인간의 상태(sinfulness)에 대하여 적극적으로 비판했던 존 웨슬리의 성경적 이해와 복음주의적인 강조가 인간의 죄악성에 대하여 소극적으로 비판하는 인간본성에 대한 지나친 도덕적 낙관주의로 대치된다면 메도디스트 신학은 기초부터 흔들리고 첫 단추를 잘못 낀 것과 같은 혼돈에 빠지고 말 것이다. 오랫동안 메도디스트 신학은 웨슬리가 이해한 것과는 달리 인간구원에 있어서 선행적 은혜(prevenient grace)를 구원의 은혜(saving grace)보다 더 중요하게 취급하는 방향으로 나갔다. 웨슬리의 후계자들, 즉 근대로부터 웨슬리 신학사상의 해석자들에 의해서 선행은혜가 원죄보다 더 중요하게 취급되고 더 비중 있는 위치를 차지하게 되면서, 메도디스트 신학은 중대한 전이(theological transition)를 겪어왔다. 원죄와 전적 타락에 대한 강조는 하나님의 구원하는 은혜(saving grace)와 중생케 하는 은혜(regenerating grace)를 긴급하게 요청하지만, 선행적 은혜에 대한 강조는 죄의 회개와 하나님의 은혜를 그렇게 긴급하게 요청하지 않게 되었다. 이렇게 하여 메도디스트 신학은 인간을 원죄와 전적 타락에 의한 멸망으로부터 구원하는 유일한 통로로서의 하나님의 복음의 은혜(evangelical grace)로부터 선행적(先行的) 은혜(prevenient grace)로, 그리고 값없이 주시는 은혜(free grace)로부터 자유의지(自由意志; free

---

25) Robert E. Chiles, Theological Transition in American Methodism 1790-1935 (University Press of America, 1938), p.115-136.

will)로 그 중심과 강조점이 이동하는 심각한 변화를 겪게 된 것이다.26) 이에 따라서 인간이해에 있어서도 죄인(sinful man)에 대한 강조에서 도덕적 인간(moral man)에 대한 강조로 옮아가게 되었다.27) 이러한 신학적 강조의 전이는 대단히 심각한 결과를 초래하였다. 즉 이후로 메도디스트 신학에서는 인간에 대한 낙관주의가 우세하면서, 인간의 자유의지의 가능성을 인간의 죄악보다 더 강조하면서 메도디스트 교회 안에서 성경적 경건주의와 복음적인 신앙이 급격히 약화되는 경향이 나타났다. 성경과 성경에 대한 순종, 기도, 금식 등 경건생활과 복음전도의 필요성을 훨씬 덜 느끼게 되었고, 성경보다는 휴머니즘에 더 많은 관심을 갖게 되었다. 인간의 본성을 점차로 선하게 여기고 인간의 죄를 다소 가볍게 취급하면서 죄의 회개의 필요성과 죄로부터의 구원, 즉 중생의 필요성과 성화의 필요성도 점차로 덜 느끼게 된 것이다. 그래서 메도디스트 신학은 성경과 성경적 신앙과 경건생활보다는 철학, 교육학, 심리학, 사회학적 해석을 통한 휴머니즘 개발을 더욱 중시하는 방향으로 나가게 되었다.

6. 멸망할 죄인의 구원을 위하여 복음전도는 긴급하다.

그러므로 이 첫번째 교리에서 중요한 요소를 정리하면 다음과 같다.

첫째, 모든 사람이 아담의 원죄를 지니고 태어났으며 전적으로 타락하여 하나님의 저주 아래 놓여 있다.

둘째, 모든 사람이 즉시 구원을 받지 않으면 영원히 멸망할 수밖에 없

---

26) 이러한 轉移에 관하여는 本章 이후의 설명을 참고 할 것.

27) Robert E. Chiles, 같은 책, p.115-136.

는 절박하고 긴급한 현실 속에 있다.

셋째, 동시에 인간은 그리스도 안에 나타난 복음의 은혜를 믿는 것 밖에는 구원에 이르는 다른 길이 없다.

넷째, 죄에 빠져 고통당하며 멸망의 길로 가는 모든 사람(All)에 대한 복음적 관심 - 동정을 표현하고 있다.

이것이 초기 메도디스트들의 원죄와 전적 타락에 대한 복음적 이해였다. 또한 이것은 웨슬리와 메도디스트 설교자들의 인간 이해요, 복음적 설교의 기초작업이었다. 메도디스트 설교자들은 이러한 인간에 대한 신학적 이해를 갖고, 다음과 같은 내용의 설교를 하였다.

첫째, 모든 인간이 구원받아야만 한다는 자기인식을 주었다.

둘째, 구원받기 위해서 복음을 믿어야 할 것을 강력히 설득했다.

셋째, 죄를 용서받고 치료받고 죄로부터 구원받을 수 있음을 설교했다.

넷째, 죄를 정복하고 마음과 생활이 성결을 이룰 수 있음을 설교했다.

메도디스트 신학은 인간의 죄에 대한 교리에 있어서 죄로 인해 당하는 인간의 고통과 비참한 상태에서 구원받지 않으면 안 되는 인간의 절박한 현실을 직시하고, 동정하고, 구원의 비전과 성결의 복을 제시하는 죄에 대한 복음전도적 이해를 강조했던 것이다. 모든 사람은 죄로 인해 고통당하고 불행하고 영원한 멸망으로 떨어지고 있다. 그러므로 모든 사람은 죄로부터 반드시 구원을 받아야만 한다. 그렇지 않으면 영원히 멸망으로 떨어질 수밖에 없는 위기에 처해 있는 것이다. 그러므로 복음전도와 영혼구원의 일은 언제나 가장 긴급하다. 이것이 웨슬리의 성서적이고 사도적인 복음주의적 죄에 대한 교리이며 인간 이해이다. 찰스 웨슬리의 속죄의 은혜를 노래하는 찬송들은 인간의 비참한 죄악성(sinfulness)을 직시하도록 하며 그리스도의 속죄의 능력과 구원의 은혜에 대한 성경적인 교리를 가장 적절한 시어로 표현함으로써 메도디스트의 원죄와 전적 타락의 교리를 명백히 선언하고 있다.

나의 이름은 먼지와 재라고 하며
나의 모든 것은 죄와 가련함 뿐이어라
당신의 은혜를 살만한 것 전혀 없어라
생각도 말도 일도 온통 죄악 뿐이라
(Dust and ashes is my name,
My all is sin and misery…
No good word, or work, or thought
Bring I to gain thy grace)

주님은 의와 성결로 가득하시고
나는 거짓과 죄악으로 숨 쉬고 있고
나의 존재는 모두 불의로 덮였으나
당신은 진리와 은혜로 다가오시네
주님은 죄의 권세를 깨뜨리시고
주님은 죄인을 자유케 하시네
더러운 죄인을 깨끗케 하시는
당신의 피 내 생명 살리는도다
(He breaks the power of cancelled sin,
He sets the prisoner free;
His blood can make the foulest clean…

His blood availed for me….)

나 이제 눈을 들어 주를 봅니다
나의 슬픔 고통의 더러운 냄새 사라지고
주님의 피의 향기가 나를 높이네
죄인들의 친구여 흠 없으신 어린양
당신의 피 날 위해 흘리셨네
(Standing now as newly slain,
To thee I lift mine eye!
Balm of all my grief and pain,
Thy blood is always nigh.
Now as yesterday the same
Thou art, and wilt for ever be:
Friend of sinners, spotless Lamb,
Thy blood was shed for me.)

사람들아 영혼들아 주님을 바라보라
타락한 인류여 하나님을 모시라
나오시오 오로지 믿기만 하시오
은혜로 의롭게 되어 구원받으라28)
(Look unto him, ye nations, own
Your God, ye fallen race;
Look, and be saved through faith alone,
Be justified by grace!)

28) CHPM., p.168.

제 **2** 장
모든 사람이 구원받을 수 있다.(All can be saved.)

웨슬리 초상화

1. 구원은 '오직 은혜'(sola gratia), '오직 믿음'(sola fide)으로만 얻는다.

두번째 교리는 모든 사람이 예수 그리스도에게 나타난 구원의 은혜 (saving grace)를 믿음으로 구원받을 수 있다는 성경적 복음주의 신앙을 표현하고 있다. 이것은 웨슬리가 가르친 이신칭의(以信稱義; justification by faith)의 교리와 이 교리에 기초한 만인구원(salvation for All)의 교리를 표현하고 선포하는 말이다. 모든 사람이 구원받을 수 있는 근거는 첫째, 모든 사람을 사랑하시는 하나님의 사랑이다. 즉 하나님은 모든 사람이 멸망하지 않고 구원받기를 바라신다. 둘째, 누구든지 구원받기 위해서는 오직 은혜를 믿는 것 외에는 아무것도 필요 없기 때문이다. 이신칭의란 하나님을 반역하고 죄를 지은 인간은 오직 예수 그리스도에게 나타난 하나님의 은혜를 믿고 의지할 때만이 모든 원죄와 자범죄를 용서받고 의롭다 함을 얻음으로 죄의 결과인 죄책(guilt)과 죽음과 영원한 멸망과 저주에서 자유함을 얻어 구원을 받을 수 있으며, 예수 그리스도를 믿는 길 외에는 어디에도 이와 같은 구원의 길이 없다는 교리이다.

칭의의 의미는 하나님의 자비로우신 은혜로 말미암아 주어지는 죄의 사면이요, 용서 그리고 하나님의 죄인을 용납하심과 하나님과 인간의 화해이다.[29] 웨슬리는 '은혜의 방편' 이라는 설교에서 그리스도의 속죄의 은혜만이 칭의의 유일한 근거라는 자신의 확고한 신앙을 다음과 같이 말하였다.

"… 세상에 그 어떤 방법을 다 사용하더라도 한 가지 죄를 갚지 못합니다; 어떤 죄인이든지 하나님과 화목할 수 있는 것은 오로지 그리스도의 피뿐입니다; 우리의 모든 죄를 사면 받을 수 있는 또 다른 길은 없으며, 죄와 더러움을 씻을 또 다른 샘은 없습니다. 모든 진정한 신자들은 예수 안에서가 아니면 어디에도 그 어떤 공덕이 없음을 확신하게 됩니다; 인간 자신의 행위는 그 어떤 것도 공덕이 되지 않습니다; 기도를 많이 해도, 성경을 많이 읽어도, 말씀을 많이 들어도, 성찬을 많이 받는다 해도 그것이 공덕이 될 수 없습니다. 그 누가 아무리 좋은 표현을 사용한다고 할지라도 이것보다 더 좋은 말은 없습니다; 그리스도만이 구원에 이르는 유일한 은혜의 방편입니다. … 그리스도만이 우리가 의지할 유일한 공덕의 근거입니다. 하나님의

29) '믿음에 의한 칭의', SS.,1, p.119-122.

은혜를 진실로 아는 자는 이것을 고백할 수밖에 없습니다."30)

웨슬리의 복음전도운동은 두 가지 역사적 사건과 함께 출발했다. 첫째는 그의 올더스게이트에서의 복음적 회심(回心)의 체험사건(evangelical conversion at Aldersgate, 1738년 5월 24일)이다. 그가 올더스게이트에서 체험한 것은 바로 오직 그리스도의 은혜를 믿음으로만 의롭다고 인정받아 구원을 얻는 이신칭의의 신앙체험 사건이었다. 이 교리는 성서에 계시된 하나님의 뜻이고 약속이다. 이 교리는 바울, 어거스틴, 루터, 그리고 칼빈을 통하여 새롭게 확인되고 강화된 초대교회 사도들이 전한 진정한 기독교의 구원의 교리요, 성서적인 정통교리이다. 또한 2000년 역사를 통해서 기독교회는 이 교리를 믿고 전파함으로써 모든 사람을 구원하시는 복음의 능력을 경험하였다. 웨슬리는 올더스게이트 체험 이후 평생토록 인간이 죄와 죽음 그리고 영원한 멸망에로 떨어지는 저주로부터 구원받는 것은 오직 그리스도에게 나타난 하나님의 은혜를 믿음으로만 가능하다는 성경적 구원의 교리를 믿고 설교했다. 그는 이러한 교리의 성경적 근거로서 신약성경 전체에 걸쳐서 적절한 성구를 인용하면서 주로 복음서, 사도행전, 로마서, 에베소서, 갈라디아서 등에 많이 의존했다. 그가 가장 많이 인용한 성경은 다음과 같다.

"그리스도 예수 안에 있는 속량으로 말미암아 하나님의 은혜로 값 없이 의롭다 하심을 얻은 자 되었느니라."(롬3:24) "우리가 아직 죄인 되었을 때에 그리스도께서 우리를 위하여 죽으심으로 하나님께서 우리에 대한 자기의 사랑을 확증하셨느니라 그러면 이제 우리가 그의 피로 말미암아 의롭다 하

---

30) SS.,1, p.243-244.

심을 받았으니 더욱 그로 말미암아 진노하심에서 구원을 받을 것이니."(롬 5:8-9), "너희는 그 은혜에 의하여 믿음으로 말미암아 구원을 받았으니 이것은 너희에게서 난 것이 아니요 하나님의 선물이라."(엡 2:8), "사람이 의롭게 되는 것은 율법의 행위로 말미암음이 아니요 오직 예수 그리스도를 믿음으로 말미암는 줄 알므로 우리도 그리스도 예수를 믿나니 이는 우리가 율법의 행위로써가 아니고 그리스도를 믿음으로써 의롭다 함을 얻으려 함이라 율법의 행위로써는 의롭다 함을 얻을 육체가 없느니라."(갈 2:16).

그는 이 은혜의 복음을 마음이 뜨거워지도록("I felt my heart strangely warmed.") 체험하였다. 즉, 그는 이신칭의의 교리를 심정에 체험하고 구원의 은혜를 믿게 되었고, 구원의 확실한 증거를 얻었다.

메도디스트 부흥운동의 동기가 된 두번째 사건은 웨슬리가 1739년 4월 2일 영국 남부의 항구도시 브리스톨(Bristol)에서 야외설교(field preaching)를 결심하고 시작함으로써 불붙어 일어난 부흥운동이었다. 존 웨슬리와 찰스 웨슬리 형제에 의해서 일어나고 주도된 메도디스트 부흥운동은 주로 야외설교를 통한 복음전도운동(open air evangelism, 노방전도운동)이었으며, 이러한 메도디스트 복음전도의 메시지의 기초와 중심은 이신칭의(justification by faith)교리를 통한 은혜의 복음이었다. 이 교리는 웨슬리를 따르는 메도디스트들의 정통교리(Wesleyan Methodist Orthodoxy)로서 성경에 계시되고 약속된 인류 구원의 소망이며, 메도디스트 역사에서 경험을 통해서 증명되어 왔다.

웨슬리에게서 이신칭의는 인간구원의 유일한 기초이며, 영원히 변할 수 없는 성경적이고 진정한 기독교의 구원의 교리이다. 그는 '오직 은혜'(sola gratia)와 '오직 믿음'(sola fide)의 구원론은 기독교 신앙 전체의 초석이며, 이 교리가 바르게 서지 못하는 곳에서는 진정한 기독교도 있을 수 없다고 설교했다. 왜 '오직 은혜'인가? 그것은 인간이 아무리 의롭고 선하다고 해도 아무도 스스로 죄로부터 자신을 구하거나 자유롭게 못하며, 창조주 하나님 앞에서 의롭게 되고 용납될 수 있는 길이 없기 때문이다. 모든 사람은 죄를 이기고 죽음과 영원한 저주로부터 자유할 수 있는 힘을 자신 안에 전혀 갖고 있지 못하기 때문이다. 아무도 스스로의 힘으로 율법의 선한 행위(good works)나 도덕적 공로나 성스러운 예식을 통해서 자신의 죄악을 없애거나 자신의 죄 값을 지불하거나 죄의 형벌을 면제받거나 하나님의 진노를 면할 수가 없기 때문이다.

웨슬리의 「표준설교」의 첫번째는 '믿음으로 얻는 구원'(Salvation by Faith)이란 제목의 설교이다. 이 설교는 그의 회심 사건 후 1개월 만에 행해진 것이다. 그는 이 설교에서 "'그러므로 누구든지 그를 믿는 자는 구원을 받을 것이다.'라는 복음의 선포는 우리의 모든 설교의 근본이며, 기본이 되어야 하며, 또한 무엇보다도 우선적으로 설교되어야 한다."고 주장하였다. 그는 이 설교에서 다음과 같이 역설하였다.

"그러면 죄인이 무엇을 가지고 자기가 지은 죄의 지극히 적은 것이라도 대속할 수 있겠습니까? 사람의 공로를 가지고 하겠습니까? 아닙니다. 인간에게 공로가 많고 또 거룩함이 있다면 그것은 인간에게 속한 것이 아니요 하나님께 속한 것입니다. 진실로 인간은 근본적으로 불결하며 온통 죄에 물들어 있습니다. 그러므로 인간은 모든 죄에 대하여 대속이 필요합니다. 좋지 못한 나무에서 좋은 열매가 맺힐 수 없습니다. 사람의 마음은 전적으로 부패했고 가증하여 하나님의 영광에 이르지 못하고 있습니다. 즉 사람은 하나님께서 태초에 자기의 형상을 따라 사람의 영혼에 주었던 영광스런 의를 잃어버렸습니다. 그러므로 사람에게는 하나님 앞에 내놓을 아무 공로도 없고 의도 없으니 하나님 앞에 입을 굳게 닫을 수밖에 없습니다. 만일 이러한 죄인이 하나님의 은혜를 발견한다면 이것은 은혜 위에 은혜입니다. 하나님께서 새로운 복으로 가장 큰 은혜, 곧 구원을 우리에게 주신다면 우리는 하나님께 말로 다할 수 없는 이 선물에 대하여 감사하는 말 외에 다른 말을 할 수가 없습니다. 이것이야말로 실로 '우리가 아직 죄인 되었을 때에 그리스도께서 우리에게 대한 자기의 사랑을 확증하심'으로 된 것입니다. '은혜를 인하여 너희가 믿음으로 말미암아 구원을 얻었느니라.' 은혜는 구원의 원천이요, 믿음은 구원의 조건입니다."31)

웨슬리는 자신이 올더스게이트에서 체험한 것은 바로 이러한 '오직 그리스도에게 나타난 은혜를 믿음으로만 얻는 구원', 즉 그리스도를 통해서 주어지는 '구원하는 은혜'(saving grace)였음을 다음과 같이 고백하였다. "나는 이제 나 자신이 구원을 받기 위해서는 그리스도 오직 그리스도만을 믿는 것을 느꼈다."(I felt I did trust in Christ, Christ alone, for salvation;)

웨슬리는 올더스게이트 체험 이후 결코 '믿음에 의한 구원'(salvation by faith)의 중요성을 소홀히 하거나 이 교리에 대한 강조를 잊은 적이 없다. 그는 당시 영국 땅에서 일어나고 있는 부흥운동은 바로 이 교리를 설교하기 때문에 시작되었고, "나와 내 동생은 1738년 이후 1년이나 혹은 1개월도 쉬지 않고 '믿음에 의한 구원'을 설교해왔다"고 말했다. 또한 그는 회심 체험 직후에 "나는 지난 20년간(1718-1738, 필자 주)이나 외적 선행이 … 내적 성결을 대신할 수 있다고 믿어온 사람이다 … 그리고 나는 경건의 모양만 있고 경건의 능력이 없는 사람이 역시 돌에 부딪혀 넘어짐을 보았

---

31) SS.,1, p.37-38.

다 … 기독교를 파멸시키는 것은 바로 이런 것이다."32)라고 말했고, 이어서 "여러 해 동안 우리가 믿음과 행위로 구원받는다는 새 길에서 방황하였다."고 말하였는데 여기서 새 길이란 당시 영국국교회의 아르미니우스주의를 지칭하는 것이다. 그리고 그는 "약 2년 전에 하나님께서 나에게 믿음으로만 구원을 얻는다는 옛 길을 기쁘게 보여주셨다."33)고 하였는데, 이 옛 길이란 바로 루터와 칼빈 등의 개혁자들의 신앙을 의미하는 것이다. 이처럼 웨슬리는 오랫동안 영국교회의 아르미니우스주의의 휴머니즘 가운데 빠져 있다가 마침내 성서적 구원의 도리를 경험하였던 것이다.

웨슬리는 그의 생애 후반, 즉 메도디스트 부흥운동이 영국 전역에 잘 조직된 연합체(Connection)로 강화된 이후, 신생(new birth)과 완전성화(perfect sanctification)를 더욱 강조하게 되었을 때에도 이신칭의 교리의 중요성을 강조하는 것을 소홀히 한 적이 없었다고 공언하였다. "지난 30년 동안 나의 판단은 조금도 변함없이 그리하였습니다. 다만 약 50년 전에는 믿음에 의한 칭의에 대한 나의 생각은 이전보다 더욱 분명하였습니다. 그 순간부터 나의 생각은 결코 변하지 않았습니다."34)

그는 1740년에 쓴 '메도디스트의 원리'에서 이신칭의를 다음과 같이 설명하면서 칭의의 구원에 있어서 어떤 인간의 공로도 참여할 자리가 없으며, 인간의 칭의에는 세 가지가 함께 있어야 한다고 가르쳤다.

"하나님 편에서는 그의 위대하신 자비와 은혜요, 그리스도 편에서는 당신의 몸을 바치고 당신의 피를 흘리심으로써 하나님의 공의를 충족하게 하심이요, 인간 편에서는 예수 그리스도의 공로에 대한 진실하고 살아있는 믿음

32) LJW.,2, p.59, 73.
33) JJW.,2, p.354.
34) WJWB.,1. p.147-148.

이다 … 하나님의 은혜는 우리의 칭의에서 오히려 사람의 의로움, 즉 우리 업적의 의로움만을 배제한다 … 신앙은 결코 선한 행위를 배제하지 않는다. 신앙 이후에 선은 반드시 행해져야 한다. 그러나 우리는 그런 일들을 행함으로서 의롭다 하심을 얻으려는 목적으로 그런 일들을 해서는 안 된다. 우리의 칭의는 하나님의 순전한 자비에 의하여 값없이 오는 것이다. 왜냐하면 세상의 모든 사람들은 자신의 속죄를 위하여 지불할 수 있는 것이 아무것도 없는데도, 즉 우리가 구원의 선물을 받을 가치가 없으나 하나님은 즐거이 우리를 위하여 그리스도의 몸과 피를 예비하시어 이로 인하여 우리의 속전이 지불되고, 당신의 공의가 충족되었기 때문이다 … 비록 우리가 우리 안에 믿음과 소망과 사랑을 가지고 있으며 참으로 많은 선을 행한다고 하더라도 … 그 모든 공로와 선행을 포기해야만 한다. 이 모든 것들은 … 칭의의 조건이 되기에는 너무나 연약하기 때문이다. 그러므로 우리는 오직 하나님의 자비와 그리스도의 공로만을 의지해야 한다. 우리의 죄를 제거하시는 분은 오직 그분뿐이시기 때문이다. 이를 위해서 우리는 오직 그분에게로 가야한다. 우리는 자신의 모든 덕목과 선행과 사상과 업적을 버리고 다만 그리스도에게로 가야한다. 우리의 믿음이나 업적은 우리를 의롭게 하지 못한다. 즉 우리의 죄를 없이하지 못한다. 그러나 하나님 그 분만이 당신 자신의 자비를 따라 오직 당신의 아들의 공로로 말미암아 우리를 의롭게 하신다. … 왜냐하면 원죄를 통한 우리의 부패가 너무나 커서 우리의 모든 믿음, 자선, 말, 행위는 우리에게 우리의 칭의를 얻게 해 줄만한 조그마한 가치도 없기 때문이다. 그러므로 우리의 모든 말은 하나님 앞에서 우리 자신을 낮추고 그리스도께 우리 칭의의 모든 영광을 돌리는 것이 되어야 한다."[35]

---

35) WJW., 8, p.361-363.

이와 같이 이신칭의의 교리는 웨슬리의 구원을 주제로 한 설교만이 아니라 거의 모든 설교에 직접 또는 간접적으로 표현되어 있다. 찰스 웨슬리는 그가 지은 수많은 복음적인 찬송에서 이러한 신앙을 성경에 근거하여 가장 분명하고 평이하고 단순하게 표현하였다.

> 예수! 전파되는 소리는
> 온 천지의 기쁨이로다
> 다른 도움 없도다
> 다른 이름 없도다
> 세상의 구원 오직 예수
> 세상의 구원 오직 예수36)
> (Jesus, transporting sound!
> The joy of earth and heaven;
> No other help is found,
> No other name is given,
> By which we can salvation have;
> But Jesus came the world to save.)

'오직 예수', '오직 은혜', '오직 믿음' 은 웨슬리의 칭의 교리의 기초이고 중심이며, 또한 메도디스트 구원론과 복음주의 신학의 핵심이다. 그리고 이와 같은 웨슬리의 칭의의 구원론의 핵심적인 의미는 죄인의 구원은 '오로지 전적으로 하나님의 은혜에 의하여 이루어짐' 에 있는 것이다. 메도디스트 교회는 모든 사람이 오직 그리스도에게 나타난 하나님의 구원

---

36) CHPM., No., 685.

하는 은혜(saving grace)를 믿음으로 의롭다 함을 얻어 구원에 이른다는 것을 정통의 성경적 구원론으로 믿고 전파한다.

2. 칭의의 유일한 조건은 믿음이다.

웨슬리는 칭의의 세 가지 필수적인 요소 중에 첫째는 하나님의 은혜요, 둘째는 그리스도를 통한 하나님의 공의의 충족이요, 셋째는 인간 편에서의 진실하고 살아있는 믿음이며, 하나님은 칭의에 있어서 우리에게 이러한 '진실하고 살아있는 신앙' 이외의 다른 아무것도 요구하지 않는다고 메도디스트 교리를 해설하였다.[37] 그는 "믿음에 의한 칭의"라는 표준설교에서 믿음만이 칭의의 조건이라고 주장했다.

> "믿음이 조건입니다. 믿음이 칭의의 유일한 조건입니다. 믿는 자가 아니면 아무도 의롭게 될 수 없습니다. 믿음이 없이는 의롭게 될 사람이 없습니다. 누구든지 믿는 자는 의롭게 되고 … 아무도 믿기 전에는 의롭게 되지 않습니다. 누구든지 믿을 때에 의롭게 됩니다."[38]

웨슬리는 1744년 제 1차 메도디스트 총회의 첫째 날에 칭의의 교리에 관한 대화에서 "믿음이 칭의의 조건입니까?"라는 두번째 질문에 대하여 "예, 그렇습니다. 누구든지 믿지 않는 자는 정죄를 받을 것이며, 누구든지 믿는 자는 의롭다 함을 얻을 것입니다." 라고 대답하면서, "믿고 세례를

---

37) WJW.,8, p.361-363.
38) SS.,1, p.125.

받는 사람은 구원을 얻을 것이요 믿지 않는 사람은 정죄를 받으리라."(막 16:16)는 성경구절을 인용하였다. 그리고 이것은 신약성경의 은혜의 복음에 근거하는 교리라고 하였다.39) 웨슬리는 이신칭의에 대한 이러한 확신을 일생동안 조금도 변함없이 지켰으며, 이신칭의 교리에서 자신은 존 칼빈과 머리카락 하나 차이(a hair's breadth) 밖에는 없으며, 근본적으로는 동일하다고 주장했다.40) 여기서 말하는 믿음이란 은혜를 지시하는 것이다. 그리고 칭의의 은혜를 얻는 길은 오직 믿음이라는 것이다.

그렇다면 믿음이란 무엇인가? 웨슬리에 의하면 믿음이란 기본적으로 하나님의 복음의 약속에 대한 단순하고도 전적인 동의, 그의 자비하신 은혜에 대한 신뢰, 그리고 자신의 의로움과 선행이나 지혜나 능력을 의지하는 것을 포기하고 전적으로 하나님의 구원하는 은혜(saving grace)만을 의지하는 것을 뜻한다. 그렇지만 믿음은 여기에만 제한되지 않고 진실하고 살아있는 믿음은 회개와 사랑과 순종과 소망까지를 포함하는 것이다.

3. 믿음은 반드시 회개를 포함하는 것이어야 한다.

회개를 포함하는 진실한 믿음으로만 칭의의 구원을 얻게 되는 것이다. 그러므로 웨슬리는 "우리가 복음을 믿기 전에 회개하여야 한다."고 말한다. 웨슬리는 "때가 찼고 하나님의 나라가 가까이 왔으니 회개하고 복음을 믿으라."(막 1:15)는 예수의 말씀을 우리는 그리스도를 신뢰하기 전에 먼저 우리 자신에 대한 신뢰를 끊어 버리고 우리 자신의 모든 의를 포기해

39) WJW.,8, p.275.
40) WJW.,8, p.284.

야 한다는 의미라고 설교했다. 그렇지 않으면 우리는 그리스도를 전적으로 신뢰할 수 없는 것이다. 하나님께서도 "회개하라"고 하셨고 "회개에 합당한 열매를 맺으라"고 요구하셨으니 회개하지 않고는 하나님 앞에 의롭다 여김을 받지 못할 것이다. 그러므로 회개는 어떤 의미에서 칭의의 필요한 조건이다. 그러나 사실상 웨슬리가 말하는 믿음이란 회개를 전제로 하는, 즉 회개를 포함하는 믿음을 의미한다. 이것은 진정으로 그리스도의 구원의 은혜를 깨달아 알고 받아들이는 사람에게서는 성령의 역사로 말미암아 반드시 회개가 일어난다는 것을 의미한다.[41] 회개 없는 믿음은 있을 수가 없으며 믿을 때에는 믿음과 동시에 반드시 회개가 따르는 것이다.

회개(悔改; repentance)란 무엇인가? 웨슬리에 의하면 회개란 먼저 자신이 죄인임을 깨달아 알고 죄를 뉘우치고 슬퍼하는 것이다. 그리고 자신의 죄를 제거하거나 죄의 결과인 죄책과 고통 또는 죄의 사실을 끊고 죄로부터 자유로울 수 있는 힘이 자신에게는 없음을 깨닫고 전적으로 은혜로우신 그리스도만이 자신을 죄로부터 구원할 수 있음을 깨닫고 돌아가 그리스도만을 전적으로 의지하는 것이다. 웨슬리는 회개에는 두 종류가 있다고 말한다. 위에 설명한 대로 하나는 성령이 율법(말씀)을 통하여 죄인들을 깨우치고 철저히 죄를 뉘우치게 하는 '율법적인 회개'이고, 다른 하나는 회개하고 그리스도께로 돌아와서 계속적으로 죄와 싸우며 성결한 마음과 생활로 변화하기 위한 '복음적인 회개'이다. 바로 이것이 '회개의 열매'에 해당되는 것이라고 한다.[42]

회개는 믿음의 필수적인 요소이며 누구도 이와 같은 회개가 없이는 칭의도 구원도 받을 수 없다. 믿음과 회개는 구원의 필수적인 조건이다. 그

---

41) SS.,1, p.284-285.
42) '신자의 회개', SS.,2, p.380.

러나 회개의 열매는 믿음과 같은 의미에서 또는 동등한 정도로 필요한 것은 아니다. 이러한 열매들은 조건부로 필요한 것이다. 즉, 이러한 열매를 맺을 수 있는 기회나 시간이 있을 경우에 반드시 필요하다는 것이다. 그러나 만일에 그렇지 않은 경우에는 회개의 열매를 보이는 것이 반드시 필요치 않다. 마치 십자가 위의 강도처럼 열매 없이도 회개와 믿음만 가지고 의롭다 하심과 구원을 받을 수 있다. 웨슬리는 1745년 제 2차 총회에서 "그리스도를 믿는 믿음이 칭의의 유일한 조건입니까? 그리고 그 믿음 전에 회개가 있어야 합니까? 회개에 합당한 열매나 선행을 이룰만한 기회가 있다는 전제에서 말입니다."라는 질문에 대하여 "그렇습니다. 의심 없이 그렇습니다."라고 대답하였다.[43]

또한 웨슬리는 사람이 아무리 많이 회개하고 또 회개의 열매를 맺는다고 해도 그리스도에 대한 믿음을 갖기 전에는 의롭다 하심을 얻지 못하므로 구원을 받을 수 없다고 말한다. 회개와 그 열매는 믿음과 같은 의미에서 필요한 것이 아니다. 믿음은 직접적으로 그리고 즉각적으로 필요하지만(immediately and directly necessary) 회개의 열매는 다만 '거리를 두고서 필요한'(remotely necessary) 조건이 되는 것이다.[44]

웨슬리에 의하면 칭의의 구원에 즉각적으로 직접적으로 그리고 최우선적으로 필요한 것은 믿음이다. 그리고 회개를 포함하는 살아있는 진정한 믿음은 칭의에 필수 조건이다. 그러므로 웨슬리안 메도디스트들의 복음적 설교는 진정으로 죄를 뉘우치고 슬퍼하는 회개와 그리스도의 복음에 나타난 구원하는 은혜(saving grace)에 대한 믿음(saving faith)을 긴급하고 강하게 요청한다. 이와 같이 회개를 포함하는 믿음을 강조하는 것이 메도

---

43) WJW.,8, p. 282.
44) WJWBE.,2, p.163.

디스트 부흥운동의 특징이었으며, 이것이 메도디스트 부흥운동을 성공적인 것으로 만들었던 중요한 요소였다.

4. 이 교리는 회심의 체험을 강조한다.

웨슬리는 이신칭의 교리에서 죄인을 의롭다 하시는 은혜(justifying grace), 즉 구원하는 은혜(saving grace)를 각 사람이 자신의 마음에 체험하는 것을 중요시하였으며, 이것을 복음적 회심의 체험(conversion experience)이라고 불렀다. 사실상 이것이 메도디스트 부흥운동의 생명력이요 위대한 동력이었다고 할 수 있다. 그는 개인적인 회심(回心; conversion), 즉 복음적 회심(evangelical conversion)을 강조하는 경험적인 신앙운동을 통해서 이름만 가진 그리스도인(nominal Christian)이 아닌 진정한 그리스도인(real Christian)을 만들려고 노력했던 것이다. 웨슬리 부흥운동의 기본적인 동력은 바로 이 복음의 은혜를 마음에 체험하고 진정으로 그리스도인의 새로운 생활을 시작하는 회심의 체험이었다.

웨슬리 자신이 올더스게이트에서 그리스도의 속죄의 은혜를 마음에 뜨겁게(warmed) 느꼈다. 그는 어떤 사람이 마틴 루터의 로마서 서문을 읽는 중 "그리스도를 믿는 믿음을 통하여 하나님께서 우리의 마음에 변화를 일으키신다."는 설명을 듣는 순간 속죄의 은혜(saving grace)를 체험하였다. 그날 이 사건을 기록한 일기의 핵심적 내용은 다음과 같다.

"나는 내 마음이 이상하게 뜨거워지는 것을 느꼈다. 나는 이제 나 자신이 그리스도를, 오직 그리스도만을 믿음으로 구원받았다는 것을 느꼈다. 그리고 주께서 나의 모든 죄를 영원히 제거하셨고, 나를 죄와 사망의 법에서 구원하셨다는 확신을 얻었다."(I felt my heart strangely warmed. I felt I did trust in Christ, Christ alone, for salvation; and an assurance was given me that he had taken away my sins, even mine, and saved me from the law of sin and death.)[45]

이 날 웨슬리는 오직 그리스도에게만 나타난 하나님의 구속의 은혜를 마음에 체험하였다. 즉, 십자가에 나타난 십자가의 사랑, 즉 속죄의 은혜를 처음으로 마음에 느끼고, "예수가 나를 위해 죽으셨다."(Jesus died for me!)고 확실히 믿었다. 이와 같은 '뜨거운 마음의 체험'(warmheartedness)이야말로 성서적 신비주의, 복음적 신비주의, 인격적 신비주의, 사랑의 신비주의, 건전하고 필요한 신비주의인 것이다. 그는 자신의 모든 죄를 다 씻어 제거하셨고, 자신을 죄와 죽음의 법에서 구원하신 완전하고 영원한 하나님의 사랑을 심정에 체험하고 예수 그리스도를 자신의 구주(personal Saviour)로 자기 마음속에 소유하게 되었다. 그는 회심의 체험을 통하여 구원에 대한 마음의 증거(내적 증거)를 얻었고, 이 때부터 마음의 종교 즉, 마음의 신앙(religion of heart)을 설교할 수 있게 되었다. 찰스 웨슬리의 찬송은 이러한 속죄의 은혜를 경험한 신자의 감격의 표현으로 가득 찼다.

만인 위해 흘린 예수의 피
내가 믿음으로 구원받았네
나 위하여 나 위하여 흐르는 피

45) WJW., 1, p.103.

나 위하여 나 위하여 호소하는 피

내 영혼의 모든 것 주님의 소유라

주님은 이제도 끝없이 나의 소유라46)

(Save me, through faith in Jesus's blood,

That blood which He for all did shed;

For me, for me, That know'st it flow'd,

For me, for me, That know'st it plead;

Assured me now my soul is Thine,

And all that art in Christ is mine!)

이와 같이 회심이란 나 같은 죄인을 위해서 죽으신 예수의 사랑을 마음에 분명히 체험하고 확신을 얻는 동시에 이제는 나 위해 죽으신 예수께 나의 전체를 바치고 예수를 위해서 사는 것을 의미한다. 찰스 웨슬리가 지은 수많은 찬송에는 이와 같은 속죄의 은혜에 감격한 심정의 신앙과 회심의 체험이 감동적으로 표현되어 있다.

내 마음으로 믿으니 신성한 믿음이로다.

성령의 능력을 받아서 내 구주 부르네

(Then with my heart I first believed,

Believed with faith divine;

Power with the Holy Ghost received

To call the Saviour mine.)

---

46) PW., 4, p.228.

속죄의 피를 느꼈네 내 영혼에 느꼈네

날 사랑하신 주 예수 날 위해 날 위해 죽으셨네

(I felt my Lord's atoning blood

Close to my soul applied;

Me, me He loved the Son of God

For me, for me, He died!)

내 죄를 지고 죽으신 하나님 어린양

십자가 제물 되신 주 뭇 영혼 살리네

내 죄의 권세 깨뜨려 죄인을 자유케 하시고

주님의 피로써 더러운 죄인 정하게 하셨네

(He breaks the power of cancelled sin,

He sets the prisoner free;

His blood can make the foulest clean,

His blood availed me.)

내 은혜로신 하나님 날 도와주시고

그 크신 구원 온 세상에 전하리라[47)

위의 것은 찰스가 형 존의 회심 1주년을 기념하여 지은 찬송 '만입이 내게 있으면'(O, for a thousand tongues to sing)의 일부이며, 아래 것은 찰스가 자신의 회심 1주년을 기념하여 지은 찬송 '놀라운 사랑 주님의 보혈'(And can't it be that I should gain)의 가사의 일부이다. 이 두 개의 찬송은

---

47) CHPM., No., 1.

속죄의 은혜, 체험한 감격과 예수 그리스도의 구속의 은혜, 십자가의 완전한 사랑, 속죄받은 자유와 기쁨, 이신칭의 확신, 그리스도의 의의 전가, 은혜의 승리를 노래하는 찬송으로서 웨슬리 형제의 복음적 회심의 체험 신앙을 잘 표현하며 메도디스트 이신칭의 교리를 쉽게 설명해 준다.

놀라운 사랑 보혈의 은혜
나 받을 자격 없으나
주님은 나 위해 죽으셨도다
주님을 못 박은 죄인 위하여
놀라운 사랑 나의 하나님
나의 하나님 나 위해 죽으셨도다
(And can it be that I should gain
An interest in the Saviour' s blood?
Died for me, who caused His pain?
For me, who Him to death pursued?
Amazing love! how can it be
That Thou, my God, shouldst die for me!)

영원한 주님이 죽으셨도다
주님의 섭리는 신비하도다
당신의 거룩한 사랑의 깊이는
하늘의 천사도 알 수 없으리
날 위해 죽으신 놀라운 사랑
하늘에서 찬송하라

온 세상에 노래하리라

하늘 영광 버리고 땅 위에 오신
영원한 은혜 값없이 주신 주
사랑 때문에 모든 것 버리고
가련한 인류 위해 피흘리셨네
완전한 사랑 놀라운 은혜
오 나의 하나님 날 구하셨도다.
(He left His Father's throne above
So free, so infinite His grace-
Emptied Himself of all but love,
And bled for Adam's helpless race.
'Tis mercy all, immense and free;
For, O my God, it found out me!)

오랫동안 죄에 매여 갇힌 내 영혼
세상의 밤길 멀리 헤매었네
주님의 눈에 생명의 빛
내 영혼에 비추고 깨우네
죄의 사슬 끊어져 내 마음은 자유
오 나의 하나님 날 구하셨도다.48)
(Long my imprisoned spirit lay
fast bound in sin and nature's night;

---

48) CHPM., No., 201.

Thine eye diffused a quickening ray,

I woke, the dungeon flamed with light;

My chains fell off, my heart was free.

For, O my God, it found out me.)

웨슬리의 부흥운동은 이신칭의 교리를 수많은 사람들이 마음으로 체험하고 전인격으로 하나님께 돌아오게 하는 복음적 회심을 이끌어내는 복음전도운동이었고, 이러한 전도운동은 순전히 성경적이고, 초대교회적이었으며 위대한 결과를 낳았다. 이와 같이 메도디스트 복음주의는 죄인의 회개, 복음에 대한 믿음, 복음의 은혜에 대한 심정의 체험, 전인격적 회심을 강조한다. 이것은 메도디스트 교리/신학, 특히 구원론에 있어서 영원한 기초이며, 메도디스트 복음전도의 능력이요 은사이다. 찰스 웨슬리는 회심의 체험을 마치 이 땅에서 천국의 잔치를 맛보는 복으로 노래하였다.

값없이 의롭다 받아주시니

믿음으로 형언 못할 평화를 얻고

우리 구주 만날 소망으로 기뻐해

주님은 우리에게 천국잔치 베푸시고

성령은 천국을 맛보게 하시니

은혜 중에 은혜요 영광 중에 영광이

우리 맘에 온전히 가득하여라!49)

(By faith we posses

Thy unspeakable peace,

---

49) PW., 11, p.329-330.

Freely justified we,

And rejoicing in the hope our Redeemer to see:

He gives us a taste,

Of that Heavenly Feast,

His Spirit imparts,

And the earnest of glory is grace in our hearts!)

5. 칭의는 새로운 탄생(新生; new birth)을 동반한다.

신자가 은혜를 믿음으로 칭의(justification)받을 때에는 하나님의 자녀의 새로운 생명으로 탄생하는 신생의 사건도 동시에 일어난다. 그러나 칭의와 신생은 내용과 성격에 있어서 서로 다르다. 칭의는 하나님께서 '우리를 위하여'(for us) 우리의 죄를 사해주신 위대한 역사를 의미하며, 신생은 하나님께서 '우리 안에서'(in us) 우리의 타락한 본성을 다시 새롭게 변화시키는 위대한 역사를 의미한다.

다시 말하면 칭의는 우리와 하나님과의 외면적이고 상대적인 관계의 변화이다. 우리가 하나님과 멀리 소외되어 있고 원수된 관계에서 이제는 하나님과 가까이 친밀하고 화목한 관계에 들어간 것이다. 즉, 우리가 하나님의 자녀가 되어 우리의 신분이 완전히 변화된 것이다. 반면에 신생이란 내면적이고 실제적인 변화를 의미한다. 신생은 거듭나고 다시 태어난다는 뜻으로 중생(重生, regeneration)이란 말로도 표현된다. 우리가 칭의의 은혜를 받을 때에 우리 속에는 여전히 죄악의 본성이 그대로 남아 있지만, 동시에 성령의 능력으로 말미암아 새로운 생명으로 다시 태어나 하나님의 자녀의 삶을 살아가게 된다. 이 때부터 우리의 본성이 실제로 변하여 그리스도 안에서 하나님의 형상을 우리 속에서 회복하게 되는데 이것을 신생(new birth)이라고 하는 것이다. 즉, 칭의는 죄의 용서와 사면, 그리고 하나님의 자녀로 용납되는 은혜이고, 신생은 죄의 세력을 파괴하고 우리의 속 사람이 실제로 그리스도의 마음과 생활을 본받아 하나님의 자녀의 새로운 생명으로 태어나는 복을 누리는 은혜의 역사를 의미한다. 칭의와 신생은 시간상으로는 동시적이지만 개념상으로는 칭의가 선행한다.

웨슬리는 신생에 관하여 두 개의 설교 '신생'(The new birth)과 '신생의 표적'(The marks of new birth)을 표준설교에 넣었다. 그는 '신생'이란 설교에서 예수께서 니고데모에게 하신 말씀("사람이 거듭나지 아니하면 하나님 나라를 볼 수 없느니라 … 사람이 물과 성령으로 나지 아니하면 하나님의 나라에 들어갈 수 없느니라 육으로 난 것은 육이요 영으로 난 것은 영이니" 요 3:3-6)을 기초로 하여 신생의 교리를 설명한다. 웨슬리는 신생을 어린 아이가 어머니 뱃속으로부터 세상으로 탄생하는 것에 비유하여 설명한다. 어린 아이가 태중에 있을 동안에는 눈이 있으나 보지 못하고 귀가 있어도 듣지 못하고 모든 감각기관도 불완전하고 아무런 지식도 자연적 이해력도 갖고 있지 못하기 때문에 진정한 사람의 생명이라고 할 수 없으나 세상에 출생하면 비로소 보고 듣고 느끼기 시작하여 태중에 있을 때와는 전혀 다른 방법으로 숨을 쉬고 살아가게 되는데 이것이 바로 우리가 신생하기 전과 신생한 후의 경험과 아주 비슷하다고 웨슬리는 말한다.

"인간이 하나님으로부터 태어나기 전, 단순히 자연적인 상태에 있을 동안에는 영적인 의미에서 비록 눈이 있으나 보지 못합니다. 눈에는 벗길 수 없는 두터운 장막이 가로막고 있습니다. 그리고 귀가 있어도 듣지 못합니다.

그가 가장 듣고 싶은 것도 전혀 들을 수 없습니다. 그의 영적인 다른 감각도 모두 닫혀 있습니다 … 그러므로 그는 하나님에 대한 지식이 없습니다. 그분과 교제할 수도 없습니다 … 그는 살아있는 것 같으나 실상은 죽은 것이나 마찬가지입니다. 그러나 그가 하나님으로부터 태어나자마자 이 모든 것들에 전적인 변화가 일어납니다. 이해의 눈이 열립니다 … 하나님께서 우리 마음속을 비추어 주셔서 그는 예수 그리스도의 얼굴에 나타난 하나님의 영광의 빛, 즉 주님의 영광스런 모습을 바라보게 됩니다. 그의 귀는 열립니다 … 이제 그는 하나님이 때때로 그에게 즐겨 계시하시는 것은 무엇이든 들을 준비가 되어 있습니다 … 그는 이제 하나님의 영이 그의 마음속에서 역사하시는 은혜를 내적으로 자각하게 됩니다.”50)

우리가 그리스도의 구속의 은혜를 믿음으로 진정 하나님 앞에서 의롭다 함을 받을 때에는 동시에 우리는 하나님의 자녀의 새 생명으로 다시 탄생하여 하나님 안에서 하나님의 진리와 의를 따라 새로운 삶을 살게 되는 것이다. 칭의에는 반드시 신생의 역사가 동반하는 것이다. 신생 없는 칭의는 있을 수 없는 것이다. 즉, 우리가 칭의의 은혜를 받을 때에는 반드시 신생의 은혜를 경험해야만 하는 것이다. 웨슬리는 신생을 동반하지 않는 칭의의 교리를 경계한다. 웨슬리는 ‘새로운 탄생’(新生)이라는 설교에서 칭의 후에 따르는 신생을 체험하는 신자의 상태에 관하여 다음과 같이 기술하였다.

“그는 이제야 산다고 말할 수 있습니다. 그는 하나님의 살리는 영에 의하여 깨어나 예수를 통하여 하나님께 대하여 살아났습니다. 그는 이제 하나님 안

---

50) ‘신생’, SS.,2, p.232–234.

에서 그리스도와 함께 숨겨졌던 삶을 살게 되었습니다. 하나님은 그의 영혼 위에 계속적으로 생명을 불어넣으시며, 그의 영혼은 하나님을 향하여 숨쉬고 있습니다. 은혜는 그의 마음속으로 내려오고 기도와 찬양은 하늘로 올라갑니다. … 이와 같은 하나님과 인간의 교제에 의하여 계속적인 영적 호흡을 함으로서 영혼 속의 하나님의 생명은 보존되는 것입니다. … 그것(신생)은 하나님이 영혼에 생명을 가져다주시며 영혼을 죄의 죽음으로부터 의의 생명으로 일으키실 때에 나타나는 위대한 변화입니다. 그것(신생)은 그리스도 안에서 새롭게 창조되고 하나님의 형상을 따라서 의와 성결로서 갱신될 때에 하나님의 영에 의하여 영혼 전체 위에 일어나는 변화입니다. 한마디로 그것은 세속적이고 육체적이고 마귀적인 마음이 그리스도 안에 있었던 마음으로 바뀌어지는 변화입니다."[51]

찰스 웨슬리는 신생(新生) 교리를 그의 찬송에서 아름답게 표현하였다.

내가 땅 위에 사는 동안
당신을 향해 살게 하소서
감사와 복 속에 숨쉬게 하소서
당신의 형상 다시 찾았으니
영원히 당신을 찬양합니다.

이전의 모든 것 헛되옵니다.
당신이 나를 다시 낳으시고
신령한 소망으로 높이시오니

---

51) WJW.,6. p.70–71.

두번째 탄생을 축하하면서

땅위에서 천국생활 누리옵니다.

천사가 하늘에서 주를 섬기듯

나는 이제 당신의 뜻 행하옵니다.

예수 안에서 새 생명 시작되오니

완전한 사랑으로 성화되어서

당신의 뜻 행하기를 기다립니다.52)

웨슬리는 신생의 표적들에 관하여 다음과 같이 말한다. 첫째, 신성한 사람은 모든 판단이 새로워진다. 신생한 사람은 그리스도 안에서 하나님의 은혜를 힘입어 하나님의 진리의 빛을 따라 모든 것을 판단한다. 즉, 자기 자신에 대한 판단, 인간의 행복이 무엇이냐에 대한 판단, 그리고 세상에 대한 판단이 새로워진다.

둘째, 신성한 사람은 하나님과의 모든 교제가 즐거워진다. 신생한 사람은 모든 세속적이고 육욕적이고 마귀적인 것들을 멀리하고 하나님께 속한 모든 선한 것들을 사랑하면서 하나님과의 교제를 기뻐한다. 즉, 기쁨으로 기도와 찬양을 드리고, 하나님의 말씀을 듣고 하나님과 동행하고 하나님의 모든 은사들을 사모하게 된다.

셋째, 신생한 사람은 그 속에 선한 양심의 증거를 갖고 하나님의 영을 갖게 됨으로, 하나님이 미워하는 모든 것을 미워하고 하나님을 제일 사랑하여 그의 모든 계명을 복종하므로 죄를 짓지 않으려고 모든 노력을 다하게 된다.

---

52) PW.,5, p.16.

넷째, 신생한 사람은 그리스도의 형상을 완전히 회복하기 위하여 마음과 생활의 성결을 완전히 이루기까지 성장한다.[53]

웨슬리는 신생과 성화의 차이를 분명하게 설명한다. 신생은 성화와 같지 않다. 신생은 성화의 시작이고 성화의 문으로 들어가는 사건이다. 우리가 신생할 때 우리의 성화는 이제 시작되는 것이다. 신생은 칭의되는 동시에 순간적으로 이루어지지만 성화는 점진적으로(또는 순간적으로) 이루어지는 것이다.

웨슬리의 부흥운동의 특징은 칭의와 함께 신생의 교리를 전파하는 것이었다. 초기 메도디스트 복음운동은 복음적인 회심의 체험을 강조했으며 이는 죄의 용서와 영혼의 구원만 아니라 마음과 생활 전체의 구원, 즉 새로운 생명의 탄생과 새로운 삶의 시작을 촉구하였던 것이다. 다시 말해 신생 없는 칭의의 교리가 아니라 반드시 신생을 동반하는 칭의의 교리를 강조하였다. 웨슬리에게는 신생을 동반하지 않는 칭의의 교리는 진정한 기독교가 아니었다. 웨슬리는 실제적 회심―마음과 생활 전체의 회심, 즉 칭의의 은혜를 통하여 신생을 낳는 생명 있는 은혜의 복음을 설교했다. 그는 신생을 무시하거나 소홀히 하면서 생명 없는 칭의 교리를 가르친다고 생각되었던 칼빈주의 예정론이나 신비주의의 위험을 경계했다. 역사적으로 오직 믿음의 교리는 행함을 경시하는 '오직 믿음제일주의' (solifidianism)로 전락해 버리는 예가 적지 않았으며, 웨슬리 당시에도 칼빈주의자들과 모라비아교(Moravian) 신비주의자들도 같은 종류의 오류에 노출되어 있었다.

---

53) SS.,1, p.283-297.

6. 모든 사람의 구원(萬人救援; salvation for all)을 선포하는 성경적 복음주의 교리이다.

웨슬리의 복음전도의 신학은 "그리스도는 모든 사람을 위해 죽으셨다."(Christ died for all.)를 주장함으로서 만인구원을 전파하였다. 그는 지칠 줄 모르고 "구원의 은혜는 모든 사람을 위해서 자유롭고 모든 사람 안에서 자유롭다."(Grace is for all and in all.)라고 역설하였다. 그리고 이것은 아르미니우스 교리와 같은 어떤 특정한 교파나 신학자의 교리가 아니라, 성서적인 구원의 교리로서 예수 그리스도의 복음의 본질이고 초대교회 사도들의 복음전도(kerygma)였던 것이다. 메도디스트 칭의 교리는 '그리스도는 모든 사람을 위하여 대속물로 주어졌다.' (마 20:28) "… 독생자를 주셨으니 이는 그를 믿는 자마다 멸망하지 않고 영생을 얻게 하려 하심이라."(요 3:16) "하나님은 모든 사람이 구원을 받으며 진리를 아는 데에 이르기를 원하시느니라."(딤전 2:4) 또는 "… 너희는 온 천하에 다니며 만민에게 복음을 전파하라."(막 16:15)는 말씀과 같은 신약성서의 '모든 사람을 위한 구원'(salvation for all)을 강조하는 성서적 복음주의 신학을 그 본질로 갖고 있다. 이러한 교리는 존 웨슬리의 설교와 찰스 웨슬리의 찬송의 가장 중요한 주제 중 하나이며, 특히 찰스의 대부분의 찬송은 '모든 사람을 위한 구원' 의 성경적 복음주의 교리를 잘 표현하고 있다.

> 온 천지 울려라 천사들 화답해
> 내 구원 축하해 만인의 구주여
> 만인의 어린양 찬양하라
> 예수의 이름을 복하라

주 이름 들어라 죄에서 자유해
생명과 승리의 그 노래 들려와
입가의 새 노래 흘러나와
기쁨이 넘쳐 춤을 추네

죄악에 물들은 내 지친 영혼아
주 보혈을 마셔 온전케 되었네
위에 계신 주님 바라보라
날 위해 죽으신 주 찬양해

비할 데 없어라 구원의 은혜는
가련한 영혼들 속히 구원하네
내 정성 다하여 전파하리
인류를 위한 놀라운 사랑

나팔을 불어라 세상을 울려라
구원의 주님을 모두 다 기뻐해
만인 위해 죽으신 예수사랑
만인의 마음에 전하세[54]
(O for a trumpet voice
On all the world to call,
To bid their hearts rejoice
In him who died for all!

---

54) PW., No.,34.

For all my Lord was crucified,

For all, for all my Saviour died.)

웨슬리는 하나님의 은혜는 모든 사람에게 자유롭게 역사하며 모든 사람을 위해 값없이 주어졌다(free in All and free for All)는 보편적 구원론(universal salvation)을 모든 힘과 수단을 동원하여 전파하였다. 구원은 인간의 어떤 공로나 선행으로 얻는 것이 아니라 오로지 은혜를 믿음으로만 얻는 것이므로 어떠한 죄인이라도 모든 사람이 구원을 얻을 수 있는 것이다. 이것은 하나님의 보편적인 사랑에 근거한 하나님의 뜻이다. 웨슬리에게 있어서 칭의론은 본질적으로 "모든 사람이 구원을 받을 수 있다"는 교리로서 복음의 핵심이며 신약성서의 만인구원론(salvation for all)이다.

메도디스트 칭의 교리는 복음전도의 신학이고 복음전도의 실천을 의미한다. "모든 사람이 구원을 받아야만 할 위기상황에 처해 있다."(All need to be saved.)는 긴급한 복음의 요청과 "모든 사람이 구원을 받을 수 있다"는 은혜의 허락과 약속을 전파하는 것이 초기 메도디스트 부흥운동의 메시지이고 이 메시지 전달은 대단히 강력하고 효과적이었다. 예수는 모든 사람을 위해 죽으셨고, 살아나셨고, 모든 사람이 다 구원받기를 원하셨다. 그리고 모든 사람이 구원을 받을 수 있기 때문에 모든 사람에게로 가서 복음을 전해야 한다는 것이 메도디스트 복음주의 신학이고 실천이었다. 초대교회 이후 교회사에서 메도디스트 교회만큼 복음적인 교회(evangelical church)는 없었다.

메도디스트 설교와 찬송에서 '모든 사람'(All)은 가장 많이 나오는 단어이다. 이것은 루터주의나 칼빈주의를 따르는 교회에서는 볼 수 없는 메도디스트 신학의 특징이고 전통이다. 만인구원의 복음주의 신학은 모든 인류, 사회, 나라들과 세상을 구원하러 오신 그리스도와 이를 전파하는 사도교회와 지상교회의 사명이고, 특별히 교회사에서 이 교리를 가장 능력 있게 가르치고 전파하며 몸으로 실천하였던 사람들이 초기 메도디스트도들이었다. 그러므로 하나님께서 메도디스트들을 일으키신 목적은 이러한 복음주의 신앙과 복음전도 신학을 연구하고 가르치고 전파할 위대한 사명을 그들을 통하여 이루게 하시려는 것이었다.

7. 예정(무조건적 선택)인가? '값없이 주시는 은혜'(free grace)인가?[55]

존 웨슬리는 일평생 불타는 가슴(burning heart)으로 민족을 구원하고 성경적 성결을 온 세계에 전파하려는 복음전도의 비전을 갖고 살았던 위대한 전도자였다. 그는 신학자이기보다는 전도자요 설교자로서 살았다. 이러한 웨슬리의 복음전도와 설교신학의 근본은 보편적 은혜(universal grace)와 모든 사람의 구원(salvation for All)이었다. 앞에서 기술한 대로 웨슬리의 부흥운동의 시발적인 동력은 '믿음에 의한 칭의', 즉 '칭의하는 은혜'(justifying grace)의 체험이었다. 칭의 교리에서 종교개혁자들은 '오직 믿음', '오직 은혜'를 강조했지만 웨슬리는 그것과 함께 보편적 은혜 즉, 모든 사람을 위한 구원의 은혜(universal - saving grace for All)를 강조하였다.

하나님의 구원의 은혜가 영생을 얻도록 예정된 소수의 사람에게만 제한되고 다수의 사람들에게는 아무 상관도 없다는 제한구원의 사상은 복

---

55) 이 부분을 위하여는 웨슬리의 설교 'Free Grace'(WJWB.,3, p.542-563.)를 참고할 것.

음전도자 웨슬리에게는 가장 반성경적이고 비복음적이고 반기독교적인 교리로 여겨졌다.

특별히 그는 칼빈주의 예정론이 필연적으로 주장하는 유기론(遺棄論, reprobation)을 기독교의 가장 위험한 교리로 보았다. 하나님이, 사람들이 세상에 나기도 전에 이미 다수의 사람들을 불붙는 지옥에 던져 영원한 저주를 받도록 예정하셨다는 유기론을 가장 파괴적이고 악마적인 적그리스도의 교리로 보았던 것이다.

웨슬리는 그리스도가 선택된 자들만을 위해서 죽었다고 주장하는 자들에 강력히 반대하고 그리스도는 "모든 사람을 위해서 죽었다."(Christ died for All.), "그리스도의 속죄의 은혜는 모든 사람을 위한 것이다."라고 주장했다. 웨슬리가 자신의 "모든 사람의 구원"을 증명하기 위해 인용한 대표적인 성경구절들은 다음과 같다.

'그는 세상의 구주이시다.' (요 4:42), '그는 세상 죄를 지고 가는 하나님의 어린양이다.' (요 1:29), "이는 그를 믿는 자마다 영생을 얻게 하려 하심이니라."(요 3:15), "… 이는 그를 믿는 자마다 멸망하지 않고 영생을 얻게 하려 하심이라."(요 3:16), "하나님이 그 아들을 세상에 보내신 것은 세상을 심판하려 하심이 아니요 그로 말미암아 세상이 구원을 받게 하려 하심이라."(요 3:17), "그를 믿는 자는 심판을 받지 아니하는 것이요 믿지 아니하는 자는 하나님의 독생자의 이름을 믿지 아니하므로 벌써 심판을 받은 것이니라."(요 3:18), "그는 우리 죄를 위한 화목제물이니 우리만 위할 뿐 아니요 온 세상의 죄를 위하심이라."(요일 2:2), "…우리 소망을 살아 계신 하나님께 둠이니 곧 모든 사람을 위하여 자기를 속전으로 주셨으니 …(a ransom for men)"(딤전 2:6), '예수는 … 모든 사람을 위하여 죽음을 맛보셨도다.' (히 2:9)

웨슬리는 영국교회의 칭의 교리를 그대로 수용했다. 영국교회가 가르치는 칭의의 세 가지 근거는 첫째, 하나님의 위대하신 자비와 구원하시는 은혜, 둘째, 하나님의 정의를 그리스도가 만족시키심, 셋째, 그리스도의 공로를 믿는 인간의 믿음이다. 웨슬리는 이 교리에서 그리스도의 죽으심을 은혜의 제공이 될 뿐 아니라 모든 사람을 대신하여 하나님의 정의를 만족시킴으로 보고 있는 것이다. 즉 그리스도의 죽으심은 온 세상의 죄를 위한 충만하고 완전하고 충분한 속전(贖錢)이다. 그리스도는 그의 죽으심으로 모든 사람의 죄 값을 완전히 지불하시고 그들의 형벌까지 다 지셨다. 그리스도의 대속적(代贖的) 수난은 하나님의 정의를 만족시키고 모든 사람의 속죄를 위한 하나님의 은혜와 사랑의 완전한 계시이다. 이 은혜는 모든 사람을 위하여 값없이 주어졌고(free for All), 모든 사람 안에서 자유롭게 역사한다(free in All). 십자가에 죽으심으로써 하나님의 정의를 만족시키고 모든 사람의 죄 값의 형벌을 담당하신 그리스도는 온 인류의 대속자가 되셨다. 웨슬리의 칭의론에서 대리 형벌설(Penal Substitutionary Theory)은 핵심이 되며, 그는 이 이론을 성경적인 근거에서 평이하게 설명하고 있다. 웨슬리는 이러한 그리스도의 대리속죄의 은혜는 세상 모든 사람에게 값없이 주어지는 하나님의 선물로서 어떤 이유에서도 제한되어서는 안 된다는 성서적 복음주의를 증거했다.

웨슬리는 "온 세계를 자신의 교구라고 바라보는"(I look upon all the world as my parish!) 전도자로서 모든 사람(All)에게 은혜의 복음을 제시하고 구원의 선물을 설교하는데 걸림돌이 되는 어떤 교리도 반대하였다. 그는 당시 유행하던 신의 무조건적 선택과 창세전 이중 예정론(predestination)은 모든 인류에게 주어진 보편적 은혜(universal grace)와 공존할 수 없는 교리라고 생각하여 대항하여 싸웠다.

당시 영국에 퍼져있던 칼빈주의의 5대 강령에 반대하는 웨슬리의 견해는 다음과 같다. 웨슬리는 첫번째 교리에서만 칼빈에 동의하고 나머지 교리에서는 견해를 달리 하였다. 보통 '튤립 교리'(TULIP Doctrine)라고 부르는 칼빈의 구원론 교리와 웨슬리의 것을 비교하면 다음과 같다.

칼빈주의		웨슬리
T: 인류의 전적 타락 (Total depravity)	---------	모든 인류의 전적 타락
U: 무조건적 선택 (Unconditional election, 오직 신의 절대주권만으로 선택이 이루어짐)	◄------►	조건적 선택(회개를 포함하는 믿음을 조건으로 구원이 이루어짐)
L: 제한 구원 (Limited atonement, 하나님 구원의 은혜가 제한된 수의 사람에게만 유효함)	◄------►	무제한적 구원 또는 보편적 구원(구원의 은혜가 모든 인류에게 유효함)
I: 불가항력적 은혜 (Irresistible grace, 인간은 하나님의 은혜를 저항할 수 없음)	◄------►	가항력적 은혜(모든 인간은 구원의 은혜를 저항할 수 있음)
P: 성도의 견인 (Perseverance of the saints, 한번 선택받은 자는 최후까지 구원을 잃지 않고 지킴)	◄------►	성도의 완전성화(한번 구원의 은혜를 맛본 자라도 구원을 잃어버릴 수 있으므로 항상 하나님의 은혜에 의지하고 완전성화를 이루기까지 힘써야 함)

웨슬리는 그의 유명한 설교 '값없이 주시는 은혜'(Free Grace)56)에서 로마서 8장 32절("자기 아들을 아끼지 아니하시고 우리 모든 사람을 위하여 내주신 이가 어찌 그 아들과 함께 모든 것을 우리에게 주시지 아니하겠느냐")을 본문으로 칼빈주의의 예정론을 비판하고 '은혜에 의한 구원'(salvation by grace)과 '모든 사람의 구원'(salvation for All)을 주장하였다. 이 성경구절에 근거하여 그는 하나님의 구원하는 은혜(saving grace)는 "모든 사람 안에서 자유하고"(free in All), 또한 "모든 사람을 위하여 자유하다."(free for All)고 주장했다. 이러한 주장은 구원의 은혜가 일부 선택받은 사람에게만이 아니며, 동시에 은혜가 절대로 어느 정도라도 인간의 어떤 능력이나 공로에 의존해서 주어지는 것이 아니라는 것을 의미한다. 은혜는 인간의 선행, 의, 노력, 좋은 성격, 선한 목적, 선한 의도, 선한 마음에 따라 주어지지 않는다. 이러한 것들은 다 하나님의 값없이 주시는 은혜(the free grace of God)로부터 오는 것이다: "이것들은 다만 물줄기이지 원천이 아니며, 값없이 주시는 은혜의 열매들이지 뿌리가 아니다."

하나님의 구원의 은혜는 또한 모든 사람을 위하여 값없이 주어진다. 어떤 이들은 구원의 은혜가 영생을 누리도록 예정된 소수에게만 유효하고 다수의 인류는 탄생하기도 전에 영원한 저주에로 예정되어 있다고 주장한다. 그렇다면 이렇게 버림받은 다수 사람들에게 하나님의 구원의 은혜란 오히려 단순히 저주만을 증가시켜줄 뿐이다.

웨슬리는 이어서 칼빈주의 예정론 교리의 위험스럽고 파괴적인 해악성

---

56) 이것은 1739년에 행한 설교로서 예정론을 주장하는 조지 휫필드와의 사이에 갈등과 분열을 초래하고, 드디어 1770년의 맹렬한 논쟁의 동기가 되었다. 이것은 웨슬리의 구원론신학에 있어서 매우 중요한 위치를 차지함에도 불구하고 그의 표준설교나 어떤 설교선집에도 들어있지 않고 다만 그의 논쟁작품들 가운데 들어 있었다. 200주년 기념 웨슬리전집에는 설교번호 1100이다.(WJWB.,3, p.542-563)

을 정리한다. 이 교리는 첫째, 이 교리가 맞다면 모든 설교와 전도는 아무 소용이 없다. 왜냐하면 설교는 이미 선택된 자들이나 유기된 자들에게는 무용지물이 되기 때문이다. 예정론은 하나님의 말씀을 무효로 만들기 때문에 하나님의 교리가 아니다.

둘째, 이 교리는 하나님의 모든 예법의 목적인 성결(holiness)을 파괴한다. 왜냐하면 이 가르침은 성결하게 살고자 소망하는 처음의 동기, 곧 하나님 나라의 보상에 대한 소망, 그리고 형벌의 두려움을 모두 없애버리기 때문이다. 그것은 또한 사랑과 온유를 파괴한다. 왜냐하면 이 교리는 자연히 자신이 선택되었다고 믿는 사람들로 하여금 하나님께로부터 버림받았다고 생각되는 사람들을 경멸하고 냉대하도록 하기 때문이다.

셋째, 이 교리는 신앙적 위안을 파괴한다. 특별히 자신들이 유기된 자들(reprobate)이라고 의심하는 자들에게서 더욱 그러하다. 또한 자신들이 선택되었다고 믿는 자들까지도 때때로 미래의 구원에 대하여 무거운 회의를 갖게 한다. 왜냐하면 그들의 확신은 성령의 현재적 증거보다는 추상적 교리에 근거하기 때문이다.

넷째, 이 교리는 선행(good works)의 열심을 파괴한다. 이것은 대다수의 인류를 향한 우리의 사랑을 파괴하는 결과를 낳는다. 이는 그들의 몸을 돌보는 자비의 행위와 그들의 영혼을 구원하려는 소망을 절단시켜 버린다. 이미 지옥에 떨어지도록 운명지어진 자들을 도울 아무런 이유도, 방법도 없지 않은가? 웨슬리는 이것이 바로 예정론이 내포하고 있는 무율법주의(antinomianism)의 위험이라고 말했다.

다섯째, 이 교리는 기독교 계시 전체를 던져버릴(무시해버릴) 가능성이 있다.

여섯째, 이 교리가 사실이라면 성경을 스스로 모순되게 함으로써 그리스도의 계시는 무용지물이 된다. 이 교리는 사랑이신 하나님이 영원 전부터 유기(遺棄)된 자들(reprobate)을 증오한다고 가르친다. 이러한 해석에 의하면 그리스도가 오직 선택된 자들만을 위해서 죽으셨다는 가르침은 그리스도가 온 세상의 죄를 위한 화목제물이 되셨다는 가르침과 철저히 모순되기 때문이다.

일곱째, 이 교리는 신성모독으로 가득 차 있다. 이 교리는 그리스도를 위선자요, 사기꾼, 그리고 표리부동한 사람으로 만들고 있다. 왜냐하면 그리스도가 모든 사람이 구원받아야 한다고 말하면서 또 한편으로는 모든 죄인을 구원할 의도가 없다고 말하는 것은 그리스도가 철저한 사기꾼이라는 것을 증명하는 것이기 때문이다. 이 교리는 또한 성부의 정의와 자비와 진리를 뒤집어 버리는 결과를 낳으며, 그리스도를 악마보다도 더 거짓되고 잔인하고 불의하게 만든다.

여덟째, 이 교리는 그리스도의 모든 업적이 소용없는 일이라고 사탄에게 말하여 사탄을 즐겁게 할 뿐이다. 왜냐하면 그리스도의 모든 공로에도 불구하고 대다수의 유기된 자들은 지옥에 던져지기 때문이다.

아홉째, 이 교리는 성경의 핵심적인 가르침인 하나님의 사랑이 무엇인지를 모호하게 만든다. 왜냐하면 하나님의 무한한 사랑은 다수의 사람들을 영원한 저주에 던져버린다는 교리로는 도저히 설명될 수 없기 때문이다. 이 교리는 성경에 계시된 사랑의 하나님을 무자비한 증오의 하나님이나 흉악한 폭군으로 만든다.

웨슬리는 계속해서 예정론의 허구성과 해악성을 비판하면서 예정론의 교리와 대조되는 '진실된 교리'를 말한다. 진실된 교리는 모든 사람 앞에 생명과 죽음이 놓여져 있으며, 하나님의 사랑 안에서 모든 사람이 생명을 선택하도록 강권받으며, 생명을 선택하는 모든 사람들은 그리스도의 복음에 약속된 모든 복을 값없이 얻는다는 성경적 복음의 교리를 의미한다. 그리고 이러한 진실된 교리는 모든 선행과 모든 성결을 생산하도록 만드는 가장 강한 능력의 원천이며, 하나님의 정의와 자비와 진리를 가장 분명히 보여준다. 이러한 진실된 교리는 모든 성경의 참된 계시와 본질적으로 일치한다.

웨슬리는 칼빈주의 예정론은 '오직 은혜' 의 교리를 세우기보다는 오히려 포기하는 것이며, 모든 사람의 운명이 영원 전에 영원 속에서만 일어난다고 주장함으로써 '오직 은혜'와 '오직 믿음'의 교리를 시간 밖으로 몰아냈다고 주장했다. 웨슬리에 의하면 '오직 믿음'은 시간 속에 속하는 것이다. 웨슬리는 예정론 교리를 성경에 근거한 것이 아니라 오히려 인간의 이성에 근거한 추상적–사변적 교리로 보고 거부하였다. 그러나 그는 칼빈주의의 이중 예정은 반대했지만, 섭리적 예정은 믿었다. 그는 그리스도 중심의 예정–그리스도 안에서의 예정을 믿었다. 즉, 하나님은 그리스도를 세상에 보내시고 그리스도를 믿는 자를 선택하시고 구원하시기로 예정하셨다고 믿었다. 이것만이 하나님의 영원한 교리라고 믿었다. 또한 그는 하나님께서 하나님의 일을 위하여 그의 사역자들을 선택하신다고 믿었다. 그러나 이외의 칼빈주의 이중 예정론에 관한 웨슬리의 주장은 시종일관 그 교리의 비성서적 – 비복음적 – 반기독교적 – 반경험적인 요소에 대한 비판에 집중하면서, 그 교리 대신에 그리스도 안에서 하나님의 보편적 사랑과 은혜를 확인하는 것이다. 하나님의 선택에 관한 웨슬리의 주장은 다음과 같이 단순한 문장에 표현된다: "그리스도를 믿는 자는 모두 구원받을 것이고 믿지 않는 자는 모두 저주를 받을 것이다." 찰스 웨슬리는 그의 찬송에서 예정론 교리를 경계하고 온 인류를 위한 속죄의 은혜를 노래했다.

아담 안에서 타락한 수많은 사람들
구원을 모르고 멀리멀리 방황하였네
죄에서 죽음에서 지옥에서 구하려고
둘째 아담 예수는 죽으셨도다.
땅위에 가장 가련한 영혼들까지 피로 사셨네
사랑의 주님은 아무도 거절치 않으시네
자기 목숨을 내어주고 모두를 살리시네
구주의 사랑은 끝없이 퍼지네[57]

예수는 온 세상 속죄하였네
사랑은 어떤 사람만 위해 죽을 수 없네
사랑은 더러운 죄인 모두를 거절치 않네
캄캄한 죄악 속에 탄식하며 절망하는
온 세상 위해 예수는 죽으셨네
이토록 큰사랑 믿는 자 누구든지
값없이 의롭다 구원 얻겠네[58]
(Did Jesus for the world atone?
Love could not die for some alone,
And all the wretched rest reject:
For the whole helpless world that lay
In desperate wickedness, He died,
And all who dare believe it, may
With me be freely justified.)

---

57) PW., 10:337.
58) PW., 11:325.

전도자 웨슬리는 모든 사람이 회개하고 복음을 받고 영생을 얻을 것을 촉구하면서 이 성경구절로 결론을 낸다: "주 여호와의 말씀이니라 나의 삶을 두고 맹세하노니 나는 악인이 죽는 것을 기뻐하지 아니하고 악인이 그의 길에서 돌이켜 떠나 사는 것을 기뻐하노라 이스라엘 족속아 돌이키고 돌이키라 너희 악한 길에서 떠나라 어찌 죽고자 하느냐 하셨다 하라." (겔 33:11).

웨슬리의 이와 같은 예정론에 대한 반박은 그가 믿음의 중요성을 전적으로 강조함으로 '오직 믿음' 이 '오직 은혜' 의 자리를 박탈하게 했다고 비판받기도 한다. 그리고 이러한 사상은 구원에 있어서 하나님의 선재적 주권보다 인간의 응답을 더 중요하게 만듦으로써 소위 인본주의적 '믿음주의' (believism), 또는 '결단주의' (decisionism)에 떨어졌다고 비판받기도 한다. 그러나 웨슬리의 칭의론은 이런 것에 빠지지 않는다. 그는 '오직 은혜' 와 '오직 믿음' 을 항상 동시에 강조할 뿐 아니라 믿음도 본질적으로 선행적 은혜(先行的恩惠; prevenient grace)로부터 오는 하나님의 선물이라고 확신하였다. 그리고 구원의 원천은 우리를 의롭다 하시는 하나님의 은혜이며 믿음은 구원의 방편임을 강조하였다. 우리를 의롭다 하시는 하나님의 은혜는 모든 사람 안에서 자유롭고 모든 사람을 위하여 값없이 주어진다.(free grace in All, for All) 이와 같이 웨슬리는 예정론을 반대하는 설교에서도 구원의 근거와 원천은 창세전 예정과 신의 무조건적 선택이 아니라 하나님의 구원의 은혜(saving grace), 즉 값없이 주시는 은혜(free grace)이며 이것이 성경이 증거하는 복음적 구원이라는 것을 역설하였다.

8. '자유의지' 인가? '값없이 주시는 은혜'(free grace)인가?

앞에서 밝힌대로 웨슬리는 구원론에서 인간의 자유의지의 역할을 중요시하거나 강조한 적이 없다. 우리는 웨슬리의 구원론을 다룰 때에 한 가지 중요하게 보아야 할 점이 있는데 그것은 웨슬리가 칼빈의 이중 예정론을 반박할 때에 개별적인 이중 예정론 대신에 인간의 자유의지(free will)를 주장하지 않고 하나님의 값없이 주시는 은혜(free grace)를 주장하였다는 것이다. 칼빈주의의 이중 예정론을 반박하는 웨슬리의 유명한 설교의 제목은 '자유의지'가 아니라 '값없이 주시는 은혜'이다. 그런데도 오랫동안 웨슬리 학도들은 칼빈의 예정론에 맞서는 웨슬리의 교리는 자유의지라고 주장해왔다. 이것은 대단히 큰 왜곡이며, 이후 메도디스트 구원론이 은혜에 의한 구원보다는 인간의 자유의지에 의한 구원으로 이해되는 중대한 오류를 낳는 결과를 초래하였다.

웨슬리는 1745년 메도디스트 설교자 총회에서 '복음의 진리가 칼빈주의에 매우 가까이 있지 아니한가?'라는 질문에 대하여 "정말로 그렇다. 머리카락 하나만큼의 거리 안에 있다. 우리가 그것에 전적으로 동의하지 않았다고 해서 그것으로부터 가능한 한 멀리 도망가려고 하는 것은 어리석고도 죄악된 것이다."라고 대답하였으며, 이어서 "어떤 의미에서 우리가 칼빈주의의 가장자리에 와있지 아니한가?"라는 질문에 대하여 그는 다음과 같이 대답하였다. 첫째, 모든 선을 하나님의 은혜에 돌리는 데 있어서, 둘째, 은혜에 선행하는 모든 인간 본성의 자유의지와 능력을 부정함에 있어서, 셋째, 모든 인간의 공로 심지어는 하나님의 은혜에 의하여 행하는 것까지라도 제외시키는 데서 그렇다고 대답하였다.[59] 웨슬리는 칭의에

59) WJW., 8, p.284-285.

있어서 위와 같은 범위 내에서 칼빈과 동일하다는 것을 주장하였다. 그는 또한 1765년 칼빈주의자로서 웨슬리를 행위에 의한 칭의론자라고 비판하였던 존 뉴톤 박사에게 보내는 서신에서 자신은 지난 27년간 칭의론에서 칼빈과 머리카락 하나 차이도 없었다고 말하였다.60) 이것은 웨슬리가 구원은 어떤 경우에도 인간의 자유의지나 능력에서 나오는 것이 아니요, 오로지 하나님의 구원의 은혜(saving grace)로부터만 나오는 것임을 분명히 한 것이다. 여기서 머리카락 하나 차이가 있다는 말은 칼빈과 웨슬리 사이에 이신칭의의 구원을 말할 때에 예정론과 예정론으로부터 파생하는 모든 문제를 빼놓고는 동일하다는 사실을 의미하는 것이다. 그러나 웨슬리는 예정론에서는 칼빈과 분명히 달랐다.

웨슬리는 구원에 있어서 인간의 자유로운 의지의 결단과 믿음이 반드시 필요하다고 하였다. 이것은 인간 편에서의 믿음, 즉 회개를 포함하는 믿음이 있어야 구원이 이루어진다는 것이다. 이것은 루터와 칼빈 등 개혁자들도 부인할 수 없는 것이다. 이런 점에서 웨슬리는 루터와 칼빈과 동일하다. 이러한 하나님의 은혜에 대한 인간의 응답과 믿음, 즉 인간 편에서의 결단하는 책임과 믿음과 회개를 촉구하는 메시지는 웨슬리가 성경을 있는 그대로 인용한 것이다. 또한 이것은 예수와 사도들의 설교였고, 루터와 칼빈을 포함한 모든 복음적 설교자들의 공통된 설교이다. 모든 복음적인 설교자들이 '회개하라!', '복음을 믿으라!', '의심을 버리라!', '하나님께 나아오라!', '지금 결단하라!' '하나님께 순종하라!', '열심으로 선을 행하라!', '경건의 생활에 힘쓰라!' 고 촉구한다. 이 점에서는 개혁자들이나 웨슬리 그 누구라도 성경적인 복음을 말하는 자들은 실제에 있어서는 다같이 "회개하고 복음을 믿으라! 그러면 구원을 받을 것이다."라고 촉구

---

60) LJW., 4, p.298.

한다.

그러나 웨슬리는 구원에 있어서 자유의지나 믿음의 반응이 앞서는 것이 아니라 하나님의 은혜가 먼저 역사하고 인간이 그 은혜에 감화되고 이끌리어 믿게 된다는 것 즉, 은혜의 주도적인 역사를 강조하였다. 그리고 이러한 인간 의지의 결단과 믿음의 반응은 그리스도의 구원의 은혜와 성령의 역사에 의하여 일어나는 것이지 인간의 자유의지에 의하여 이루어지는 것이 아님을 분명히 하였다. 이신칭의의 구원에 있어서 웨슬리는 인간의 자유의지가 아니라 값없이 주시는 은혜에 집중하고 있다. 그가 구원의 문제를 다루는 복음적인 설교에서 항상 강조하는 것은 인간의 자유의지가 아니라 구원하는 은혜 즉, 값없이 주시는 은혜(free grace), 그리고 구원에 이르는 믿음(saving faith)이다. 구원은 오로지 전적으로 예수 그리스도의 값없이 주시는 은혜, 즉 구원하는 은혜에 의하여 얻는 것이다. 이것이 웨슬리의 칭의론의 핵심적인 의미이다. 그러나 메도디스트 역사에서 메도디스트 신학은 웨슬리의 값없이 주시는 은혜(free grace)로부터 인간의 자유의지(free will)로 그 중심과 강조점이 전이(transition)되었으며, 이로써 메도디스트 신학에서는 하나님의 은혜와 신앙이 약화되고 휴머니즘이 강화되는 경향을 보였다. 웨슬리는 자신의 설교 '값없이 주시는 은혜'에서 하나님의 한량없이 내리시는 은혜와 그 은혜에 대한 감격과 찬양, 그리고 전파의 소명을 노래하는 동생 찰스의 다음과 같은 긴 찬송을 인용하였다.

오라 우리 함께 저 하늘의 벗들과
우리를 구원하신 하나님을 찬양하자
영원한 사랑의 하나님을
넓으신 은혜의 하나님을

이것은 우리가 행한 공로가 아니니
하나님께서 즐겨 베푸신 은혜로다
당신의 독생자는 이 은혜를 주려고
온 인류를 위해 죽음의 잔을 마셨네

모든 사람 위해 주님은 죽으셨으니
이제 우리는 그 앞에 나아가
우리 눈으로 밝히 보며
주님의 자비를 찬양하네

이것은 우리 모두의 소망의 터전
이 샘에서 모든 선이 나오나니
모든 사람 위해 주님은 매달리시어
당신의 보배로운 피를 흘리셨도다

모든 사람 위해 대속물이 되신 주님의 피
모든 사람의 죄를 씻어 버리셨네
하늘 문 여시려고 주님은 죽으셨도다
믿는 자 원하는 자 누구나 들어갈 수 있네
주님은 모든 사람 안에 소원을 주셨으니
우리는 그 자비 헤아릴 수 없네
큰소리로 부르시는 주님의 음성
우리 모두 주님의 은혜를 받으라 하네

당신은 모든 사람을 당신께 이끄시니
은혜는 모든 영혼에 임하는구나
모든 사람 위해 베푸신 은혜는 값이 없으니
모든 사람에게 구원은 가까워졌네

당신의 은혜가 구원을 주지 못했다면,
우리는 당신을 바라지 않았을 것이네
당신의 은혜는 우리에게 구원의 길을 여시고
우리에게 구원의 소망을 불어 넣으셨나이다

본성은 죄지을 자유 밖에 없으니
우리는 선을 도무지 알지 못했네
주님이 선한 소원 주지 않으셨으면
당신의 은혜로 그 일을 하지 않으셨으면

우리가 죄 가운데 죽어 있을 때
죽음에서 일으킨 것은 당신의 은혜였네
은혜만이 놀라운 변화를 이루었으니,
오늘 우리의 받은 복은 당신의 은혜라
우리가 당신의 사랑을 의지하면
당신의 자비의 문은 닫히지 않고
은혜를 거두지 아니하셨나이다.
당신의 은혜는 우리 영혼을 살리시나이다

수만 번 우리가 넘어졌지만
당신은 여전히 더 넓은 곳으로 인도하셨나이다
우리의 잘못을 너그러이 고쳐 주시고
당신의 풍성한 은혜를 보여 주셨나이다.

당신의 은혜는 우리를 지옥에서 건지시니
오! 당신의 높으신 은혜에 내 머리를 숙입니다
그 크신 은혜로 영원히 소망에 사나니
당신의 거룩한 은혜를 찬송합니다

당신의 은혜는 죄에서 우리를 지키나니
우리의 본성은 아무것도 할 수 없나이다
언제나 당신 은혜 안에 머무는 것은
당신의 온전한 평화 깃들기 때문입니다

하나님의 자비로 지켜 주시고
믿음으로 구원의 때가 차게 하시니,
예수여, 우리는 당신의 이름 널리 펼치고
당신께 모든 영광을 돌리나이다

변함없이 날마다 은혜의 기적에 의지하여
이로써 우리는 매 순간을 살아갑니다.
은혜에, 당신의 값없는 은혜에만
우리 구원의 모든 것이 달려 있나이다

강하신 주님의 오른손에 붙들렸으니
당신의 크신 구속의 사랑을 찬양합니다
당신 은혜의 기념비를 우리가 세우리이다
당신의 값없으시고 넓으신 은혜를 기념하리다

은혜를 힘입어 우리는 매 순간 숨을 쉽니다
은혜를 힘입어 우리는 살며 기동하며 존재합니다
은혜를 힘입어 우리는 둘째 사망을 벗어납니다
은혜를 힘입어 우리는 지금 당신의 은혜를 선포합니다

선한 생각이 희미하게 비취어 오는 것도
그것을 열매 맺게 하는 은혜가 주어진 것도
이 모두 당신의 자비입니다
은혜를 힘입어 우리는 성결을 얻고
지옥을 벗어나 세상을 지나 하늘에 이르나이다

악인들의 증언 없어도 우리는 압니다
은혜, 값비싼 은혜가 참으로 값없이 주어짐을
저들은 하나님이 사랑이심을 알지 못하네
그대의 눈을 들어 나를 보시오

우리는 예수의 부름을 받고
주님 은혜 안에 모든 것 있음을 확신합니다
주님의 고난을 증거합니다

온 세상보다 더 좋은 넘치는 복을

주님은 모두에게 자비를 주시니
주님의 의의 선물을 받을 수 있네
우리 모두는 주님의 부르심에 응답할 수 있고,
은혜로 값없이 구원받게 되네

주님은 온 인류를 사랑하신다 언약하셨으니
주님의 이끄심을 우리는 느끼네
우리는 주님의 사랑의 법을 가르치고
우리는 사랑의 계명을 전파합니다

세상 죄를 지고 가는 어린양을 보라
죄인들아 오라 복음의 소리를 듣고
바라보라 예수의 이름으로 구원 얻으라
주님이 모든 사람을 위해 죽으심을 증거하노라

우리는 저 하늘의 모든 벗들과 함께
우리 구원의 하나님을 찬양하노라
영원한 사랑의 하나님을
한없는 은혜의 하나님을61)

초기 메도디스트 칭의 교리는 모든 사람이 경험할 수 있는 신앙이요,

---

61) 'Free Grace', PWJC., 3, p.93-96

모든 사람이 구원받을 수 있다는 만인구원론이요, 모든 사람을 구원할 수 있다는 복음전도이고 오직 은혜를 믿음으로만 구원 얻는다는 성경적 복음주의이고, 값없이 주시는 은혜의 교리이고, 반드시 신생을 동반하는 중생의 교리이다. 이러한 이신칭의 교리는 메도디스트 구원론의 핵심이며 메도디스트 복음전도의 원동력이다.

9. 웨슬리의 부흥운동과 이신칭의(以信稱義) 교리

웨슬리의 시대는 소위 이성의 시대라고 불릴 만큼 인간의 이성을 최대한 높이 평가하는 철학적 사상이 지배하고 있었다. 당시의 영국교회는 이러한 철학적인 조류에 합류하여 성경적인 신앙이 아니라 이신론(理神論; deism)이 부흥하는 시대를 맞이하게 되었다. 이신론은 일종의 자연신교와 같은 것으로 하나님의 섭리와 역사 없이도 역사는 자연의 법칙에 의하여 저절로 움직여 나간다는 사상이다. 이신론자들은 하나님의 자리에 인간의 자연이성을 올려놓은 셈이다. 그래서 18세기 영국교회의 경건주의 신자들은 이신론을 일종의 무신론(atheism)이라고 부르기도 했다. 이신론자들은 성경과 기독교 진리를 인간의 이성적 사고에 근거하여 해석함으로서 모든 초월적인 계시를 부인하고 기독교 신앙 즉 교리, 예배, 성례전, 기도, 경건생활 등 모든 면에서 신비적 요소를 제거하여 기독교를 이성적이고 합리주의적 종교로 만들어 버렸다. 또한 이신론자들은 하나님께 대한 신앙, 순종, 기도, 성령의 역사, 은혜의 체험, 구원의 확신, 경건생활 등을 필수적인 것으로 강조하지 않는다.

때를 같이하여 유럽대륙에서는 독일을 중심으로 합리주의 사상과 계몽주의 운동이, 그리고 프랑스를 중심으로 자연주의 사상과 낭만주의 운동이 일어났다. 합리주의는 성경을 합리적으로 해석하고 기독교를 하나의 도덕적 가치체계와 유사한 것으로 만들려고 하였다. 자연주의는 인간사회의 기존 질서에서 나타나는 모든 불의하고 부자연스런 요소를 비판하고 자연에로의 복귀를 주장하고 교육을 통한 유토피아 왕국을 자연세계에 이루는 것을 이상으로 삼았다. 따라서 기독교의 초월적인 계시가 아닌 자연계시를 중시하고 전통적인 기독교 신앙체계 자체에 가치를 두지 않았다. 이와 같이 18세기 영국은 이신론과 합리주의와 계몽주의를 내용으로 하는 인본주의(humanism)에 깊이 심취해 있었으며, 영국국교회는 이러한 휴머니즘의 영향으로 전체적으로 냉랭하고 메말라 영적으로 무기력하여 생동감을 찾아보기 어려웠다.

여기에다 당시의 영국국교회는 신학적으로 구원론에 있어 거의 모든 교회가 아르미니우스주의(Arminianism)를 따르고 있어 성경적인 복음주의 신앙을 찾아보기 어려운 상태에 빠져 있었다. 아르미니우스 신학은 화란에서 발생하여 칼빈주의를 반대하면서 많은 신학적인 논쟁과 갈등을 일으켰으며, 또한 심한 핍박을 받기도 하였다. 당시 칼빈주의는 이미 스위스와 화란에 깊이 뿌리내리고 강한 세력으로 확산된 반면에 아르미니우스(1560-1609)의 신학은 대륙에서 발전하지 못하고 영국에 건너와서 영국교회에 잘 정착하여 깊은 영향을 미치고 있었다. 아르미니우스주의는 당시 영국국교회의 구원론을 지배하는 신학으로 자리잡고 있었다. 아르미니우스주의의 구원론이란 하나님의 주권과 인간의 자유의지가 양립할 수 있으며, 자유의지의 발동과 결단으로 하나님의 은혜를 받아들이고 인간의 도덕적인 노력으로 선을 행함으로(good works) 구원을 이룬다는 교리이다. 이와 같이 아르미니우스의 구원론 사상은 분명히 하나님의 은혜와

인간의 자유의지의 역할을 동등한 위치에 놓은 것이다.62)

　웨슬리도 한때는 위와 같이 인간의 이성을 복음보다 앞세우고 이신론
과 계몽주의를 내용으로 하는, 그리고 인간의 자유의지와 도덕적 가능성
을 신앙보다 중시하는 아르미니우스의 비성경적인 인본주의를 따르다가
성경적이고 진정한 기독교 즉, 성경적인 복음주의 신앙으로 돌아왔다. 그
는 조지아 선교 경험을 통하여 인간본성에 대한 모든 도덕적 낙관주의를
버리고 인간의 원죄와 인간본성의 전적인 타락을 철저히 받아들였다. 그
리고 올더스게이트 회심의 체험을 통하여 하나님의 은혜의 복음으로 돌
아왔다. 이 때부터 웨슬리는 인간 중심(인본주의)에서 하나님 중심(신본주
의)으로 신앙과 신학의 중심을 바꾸었으며, 하나님을 두려워하지 않는 인
간의 온갖 교만한 신학사상과 성경과 복음을 경시하고 인간의 이성과 양
심을 더 중시하는 모든 자유주의 사상을 버리고 예수 그리스도의 은혜의
복음으로 돌아온 것이다. 이후 그는 복음주의 신앙의 부흥운동을 일으켜
기독교 역사에서 18세기 영국의 교회를 인본주의적 자유주의의 위기에서
구해내고 경험적이고 실제적이고 생명력이 충만한 진정한 기독교 신앙의
부흥지로 만들었다. 따라서 웨슬리는 개혁자요 인본주의의 정복자요 개
신교 복음주의의 완성자로서 인정되어야 한다.63) 웨슬리의 부흥운동은
당시의 영국국교회의 합리주의와 계몽주의와 아르미니우스주의에 대한
강력한 반동으로 일어났으며, 영국교회를 이러한 휴머니즘적 기독교로부
터 구해내 초기 개혁자들의 신앙으로 돌아오게 한 성경적-복음주의 신앙
운동이었다. 이러한 사실은 웨슬리에 관한 이차 자료만을 보아서는 알 수
없다. 이것은 웨슬리 자신의 저작 즉, 원자료를 통해서만 알 수 있다. 웨슬

---

62) The Oxford Dictionary of the Christian Church, ed., by F.L.Cross,(Oxford Univ. Press, 1957), p.91-92.
63) G. C. Cell, The Rediscovery of John Wesley,(Henry Holt and Co., 1935), p.23-25.

리의 전도여행일지, 편지, 설교, 긴 논문들, 짧은 논문들, 그리고 총회록의 교리문답을 보면 위와 같은 사실을 누구나 쉽게 인정하게 될 것이다.

웨슬리 형제는 옥스퍼드대학에서 모두 네 번 설교했다. 이 네 개의 설교들은 모두 이신론과 합리주의와 계몽주의, 그리고 아르미니우스주의에 근거한 영국교회의 휴머니즘적인 기독교를 근본부터 비판하고 당시의 옥스퍼드 신사들은 물론 영국교회 신학자들과 지도자들의 부패하고 오만한 권위주의와 차디차고 메마른 형식주의와 생명력을 상실한 신앙상태를 심판하는 폭탄과 같은 것이었다. 이 설교를 들은 옥스퍼드의 인본주의적 지성인들은 깊은 충격과 도전을 받았으며, 곧 웨슬리를 비난하고 나섰다. 이 설교 중에 세 개는 존이 행한 것으로서, '믿음으로 얻는 구원' (1738), '거의 된 듯한 그리스도인' (1741) '성경적 기독교' (1744)이고, 한 개는 찰스가 행한 '잠자는 자여 일어나라' (1742)라는 설교이다. 이 설교들은 모두 인간의 유일한 구원의 주님이신 그리스도 중심의 성경적 복음주의 신학에 근거한 진정한 기독교 신앙과 체험의 신앙을 촉구하는 강한 예언자적인 메시지였다.

웨슬리는 '메도디즘의 약사' (The Short History of Methodism)에서 메도디스트 부흥운동의 기원을 1738년 3월 6일이라고 하였다. 이 날은 그가 처음으로 이신칭의 신앙을 설교한 날이다. 여기서 그는 다음과 같이 말하고 있다. "우리가 여러 해 동안 믿음과 선행으로 구원받는다는 새로운 길(영국교회의 아르미니우스주의 교리를 지칭하는 것 – 필자 주)에서 방황하다가 2년 전(1738년 5월)에 하나님이 우리에게 믿음으로만 구원 얻는다는 옛 길을 기쁘게 보여주셨다."[64] 이것은 메도디스트 부흥운동의 신학적 기초와 동기와 능력은 바로 그리스도의 구속의 은혜(saving grace)를 통한 이신칭의 구원론이라는 사실을 명확하게 선언하는 것이다.

---

64) JJW., 2, p.354

제3장
모든 사람이 구원의 확신을 얻을 수 있다.
(All can be assured.)

웨슬리 초상화

이것은 웨슬리와 초기 메도디스트들의 성령의 증거(the witness of the Spirit)와 구원의 확신(assurance)에 관한 교리를 말하는 것이다. 이미 메도디스트 교리의 특징이 체험적이라고 지적했듯이, 메도디스트들은 구원에 대한 체험적 확신(experimental assurance)을 강조하는 신앙을 전파하였다. 웨슬리는 모든 신자는 자신이 구원받았다는 사실을 성령의 역사를 통하여 알 수 있고, 이에 대한 확실한 증거를 얻을 수 있다고 가르쳤다. 웨슬리는 정상적인 경우라면 모든 신자가 은혜를 믿음으로 죄 용서와 죄로부터 자유함을 얻고 중생하여 하나님의 자녀가 되는 분명한 증거와 표적을 보게 되는데, 모든 신자는 이것을 추구해야 한다고 믿었다.

1. 웨슬리와 확신의 교리(doctrine of assurance)의 역사

일찍이 존 웨슬리의 선조들은 이 확신의 교리를 경험하였으며, 이러한 선조들의 신앙은 웨슬리 형제에게 계승되었다. 부친 사무엘 웨슬리는 고교회(High Church) 목사이면서도 이신론(Deism; 理神論)과 합리주의가 성행하던 시대에 성령의 신비한 역사를 인정하고 중요하게 여겼다. 그는 특별히 열성적인 성례전주의자(high sacramentarian)로서 고교회 전통의 성례전 의식을 중시하면서도 성찬에서 일어나는 신비한 성령의 증거를 믿었으며, 내적인 종교(inward religion)/ 경험적인 종교를 강조하는 신앙을 갖고 있었다. 사무엘은 아들 존과 찰스에게 하나님의 은혜가 성령을 통하여 사람의 마음속에 역사하는 마음의 신앙(religion of heart) 즉, 내적인 종교의 중요성에 관하여 깊은 영향을 끼쳤다. 사무엘 목사는 1735년 임종할 때 아들 존에게 다음의 말을 남겼다.

"아들아! 마음의 증거(inward witness), 마음의 증거야말로 참된 기독교의 가장 강력한 증거이다."65)

이후로 웨슬리는 아버지의 말을 심중에 깊이 새겨 두었으며 신자가 인지할 수 있는 내적인 증거는 사도시대부터 하나님의 비상한 은사(extraordinary charismata) 중 하나라는 사실을 잊지 않았다. 그는 확증의 교리를 청교도신앙이나 모라비아교 신앙에서 영향을 받기 전에 먼저 그

---

65) John Newton, Susanna Wesley and the Puritan Tradition in Methodism, (Epworth Press, 1978), p.80. 사무엘의 유언은 다음과 같이 계속되었다. "내 아들아 마음이 흔들려서는 안 된다. 기독교신앙은 이 나라를 반드시 부흥시킬 것이다. 나는 그것을 볼 수 없으나 너희는 그것을 보게 될 것이다." 그리고 이 유언은 두 아들의 시대에 현실로 이루어졌다.

의 아버지를 통하여 영국교회의 '내적인 종교'(inward religion)의 전통으로부터 배웠던 것이다.

웨슬리의 외조부 사무엘 아네슬리 박사(Dr. S. Annesley)는 유명한 청교도 목사로서 청교도 신앙전통인 확신의 교리를 성경적이고 참된 기독교 교리로서 설교하였다. 웨슬리의 모친 수산나는 1739년 8월(그녀의 나이 70세 되던 해)에 그녀의 사위 웨슬리 홀(W. Hall, 수산나의 딸 마르다의 남편으로서 영국국교회 목사였다)이 집례하는 성찬식에 참여하여 성찬을 받는 중에 "이것은 당신을 위하여 흘리신 우리 주 예수 그리스도의 피입니다."라고 선언되는 말을 들을 때에 그녀의 마음속에 깊이 감동하였으며, 곧 그리스도의 은혜를 통하여 하나님이 나의 모든 죄를 사하셨다는 사실을 마음으로 경험하여 알게 되었다. 존 웨슬리는 일기에서 어머니의 이러한 경험을 언급하면서 성령이 우리의 영에 죄 용서와 구원의 증거를 주시는 것이 사실이며, 이것은 모든 진실한 신자들이 소유할 수 있는 보편적인 특권이라고 설명하였다.[66] 찰스 웨슬리는 어머니의 사죄 확신의 경험을 기념하여 다음과 같은 찬송시를 지어 그의 '성만찬 찬송'(Hymns on the Lord's Supper)에 넣었다.

"성부는 성자를 계시하셨고, 성령은 떼어진 빵에서 성자를 알게 하셨도다.
이제 그녀는 죄 용서 받음을 알았도다 느꼈도다, 천국의 복을 찾았도다."[67]

수산나는 약 2주 후에 아들에게 이러한 고백을 하면서 죄 용서의 확신의 교리에 대하여 진지하게 대화하였다. 존은 이 때 어머니에게 외할아버

---

66) JJW., 1, p.167.(일기 1739. 9. 3)
67) J.Wesley and C.Wesley, Hymns on the Lord's Supper, p34

지도 이와 같은 신앙을 가졌었는지 물었다. 그녀는 외할아버지도 이러한 교리를 믿었으며, 그가 임종하기 얼마 전에 지난 40년 이상 동안 자신이 자비하신 주님께 받아들여졌다는 사실에 대하여 확신을 가졌기 때문에 자신에게는 아무런 의심이나 두려움이나 어두움이 없었다고 말했다고 대답하였다. 그리고 수산나는 외할아버지와 동시대 청교도 목회자들은 이러한 확증의 교리가 '불안한 영혼들'에게 목회적 배려로서 꼭 필요한 것이었으나, 그들이 이 교리를 공개적으로 설교하기를 꺼려한 점이 있었는데, 그 이유는 이 신앙이 아주 소수의 사람들에게 특별한 경우에 주어지는 것으로 보는 경향이 있었으며, 또한 이것을 갖지 않은 사람들을 실망시키거나 참된 신자들에게 없어서는 안 될 것으로 생각하게 될 것이라는 염려 때문이었다고 했다. 수산나는 성령의 증거에 대하여 다음과 같은 고전적 청교도 신앙을 갖고 있었으며 이것을 아들에게 전해 주었다.

> "신자가 성경말씀으로 마음과 생활을 조사할 때에 성령이 그리스도 안에 있는 참된 믿음과 사랑과 양심의 증거와 마침내는 중생의 표적을 분별하도록 빛을 비추어주며, 이리하여 신자의 영혼은 하나님과 화평한 상태에서 오는 기쁨이 가득한 경험을 하게 된다."[68]

존은 어머니와의 토론을 통해서 확신의 교리가 성경과 경험에 비추어서 진정한 기독교 신앙이라고 더욱 확고히 알게 되었다. 이미 웨슬리는 1738년 1월 그의 일기에서 확신의 교리에 관하여 자신의 견해를 분명히 공언했다.

---

68) John Newton, 같은 책, p.195-197.

"내가 바라는 신앙은 그리스도의 공로를 인하여 나의 죄가 용서되었고 내가 하나님의 사랑 안에서 화해되었다는 확실한 신뢰와 확신이다. … 아무도 자기가 소유했다는 사실을 알지 못하고는 소유할 수 없는 바로 그 신앙을 나는 원한다. … 신자는 자신에게 부여된 성령을 통하여 의심에서 해방되며 자신의 마음에 주님의 사랑을 가득 차게 하며, 성령은 나 자신이 하나님의 자녀라는 사실을 나의 마음속에 증거한다."69)

웨슬리는 이미 올더스게이트 체험 이전에 '성령의 증거'와 '확신의 교리'를 받아들이고 있었으며, 그 해 5월초에 피터 뵐러(P. Boler)와 대화를 통해서 확신은 신자의 마음에 주어지는 순간적인 각성임을 믿게 되었다. 그러나 그가 실제로 이 성령의 증거에 의한 구원의 확신을 체험을 통해 얻게 된 것은 올더스게이트에서였다. 웨슬리는 '마음이 이상하게 뜨거워지는 것'(warm-heartedness)을 경험하는 동시에 자신이 모든 죄로부터 용서받았고 '죄와 죽음의 법으로부터 구원받았다는 확신'(An assurance was given me…)을 갖게 되었다.70) 올더스게이트에서 웨슬리에게 일어난 사건은 두 가지 중요한 의미를 내포하고 있다. 하나는 오직 그리스도를 믿음으로만 얻는 칭의하는 은혜(justifying grace)를 체험한 것이고 또 하나는 이와 동시에 성령의 증거를 통한 구원의 확신을 얻은 것이다.

존 웨슬리가 회심을 체험하기 3일 전(5월 21일)에 동생 찰스 웨슬리가 회심을 체험하고 속죄와 구원의 확신을 얻었다. 찰스도 존과 마찬가지로 조지아에서 돌아온 후로 영혼의 고뇌와 죄의식에 쌓여 불안하였으며 거기에다 병까지 들어 몹시 피곤한 상태에 있었다. 그러나 그도 역시 모라비

---

69) JJW.,1, p.424.
70) JJW.,1, p.475-476.

아교인들과의 교제를 통하여 신앙의 근본적인 변화를 경험하기에 이르렀다. 그도 역시 루터의 「갈라디아 주석」을 읽고 큰 감동을 받았으며, "허물의 사함을 얻는 자는 복이 있도다."(시편32:1)라는 말씀을 들을 때에 간절히 바라는 중에 성령의 역사로 말미암아 속죄의 은혜가 마음속에 임하는 것을 마침내 경험하였다. 그는 일기에서 그의 확신의 체험을 이렇게 기록하였다.

> "… 하나님의 영은 계속해서 나의 영과 싸웠으며 마침내 나의 마음속에서 불신앙의 어두움을 몰아내셨다. 이제 나는 내 속에 구원의 확신이 일어난 것을 경험하였다. 나는 어떻게 하여 그렇게 되었는지 알지 못하였고 엎드려 중보의 기도를 드렸다 … 나는 지금 나 자신이 하나님과 화평을 누리는 것을 안다. 내 마음속에는 내가 사모하는 그리스도에 대한 소망으로 가득 찼다."71)

찰스는 그 후 자신과 형 존의 회심과 확신의 경험을 그의 찬송에 표현하였다. 이후로 웨슬리 형제는 그들의 복음전도와 목회사역에서 시종일관 성령의 증거와 확신의 교리를 성경적인 교리요, 기독교의 본질적인 교리일 뿐만 아니라 메도디스트의 주요 교리, 즉 '우리의 교리'로서 가르쳤고, 그 교리의 중요성을 강조했던 것이다. 그리하여 웨슬리는 '성령의 증거 I'와 '성령의 증거 II'라는 제목으로 두 개의 설교를, 그리고 '우리 영의 증거'라는 제목의 설교를 메도디스트 표준설교에 넣게 된 것이다. 실로 이 교리는 웨슬리의 신앙전통을 따르는 교회가 강조하는 특징이며, 기독교 역사에서 이와 같은 신앙을 강조하는 교회들은 어디서나 생명력 있

---

71) JJW.,1, p.91~92.

는 신앙으로 진정한 기독교를 부흥시키는데 위대한 공헌을 했다.

2. 성령의 증거(the witness of the spirit)

웨슬리는 모든 신자가 자신이 그리스도의 구속의 은혜로 모든 죄에서 용서받았으므로 구원받아 하나님의 자녀가 되어 그리스도 안에서 새로운 생명을 살고 있다는 사실을 성령의 증거와 우리 영의 증거를 통하여 확실하게 경험할 수 있으며 알 수 있다고 설교했다. 그는 "성령이 친히 우리의 영과 더불어 우리가 하나님의 자녀인 것을 증언하시나니"(롬 8:16)라는 말씀을 그의 설교 '성령의 증거 I, II'의 본문으로 삼았으며 이외에도 확신의 교리를 뒷받침하는 성경적 근거와 자료는 많다고 하였다. 또한 이 교리가 성경이 강력하게 가르치는 성경적 교리라고 주장하면서 웨슬리는 아무도 이러한 확신의 신앙(the faith of assurance; a sure confidence)을 소유하지 않고서는 참된 그리스도인이라고 할 수 없으며 신자들은 무엇보다도 먼저 이것을 소유해야 한다고 말했다.

그는 우선 성령의 증거와 우리 영의 증거를 구분하여 설명한다. 성령의 증거는 하나님이 우리의 영혼에 직접 일으키시는 하나님 자신의 증거이다. 이와 같은 직접 증거를 통하여 태양이 빛을 내는 것을 의심할 수 없는 것처럼 우리가 하나님의 자녀인 것을 의심치 않게 된다.[72] 웨슬리는 너희는 양자의 영을 받았으므로 아바 아버지라 부르짖느니라'(롬 8:15)는 말씀과 "너희가 아들이므로 하나님이 그 아들의 영을 우리 마음 가운데 보내사 아빠 아버지라 부르게 하셨느니라"(갈 4:6)라는 말씀을 성령의 직접 증

---

72) '성령의 증거 1', SS.,1, p.205.

거를 가리키는 대표적인 성경적인 근거로 설명하면서 이러한 성령의 직접 증거에 의한 확신은 "두 세 사람이나 소수의 경험이 아니라 셀 수 없이 많은 무리의 경험이고 … 모든 시대의 구름과 같은 증인들에 의해서 확인되었다 … 성령 자신이 내가 하나님의 자녀라는 것을 나의 영에게 증거하였고, 그것에 대한 나의 확증을 주셨다. 그리고 나는 아바 아버지라고 부르짖었다."고 말하면서 자신이 성령의 증거를 경험했을 때 다음과 같은 말을 들었고 외쳤다고 간증했다.

너의 죄가 사해졌다.
너는 용납되었다;
……………………………
나는 귀를 기울였다
그 다음 나의 마음속에
하늘이 펼쳐졌다….
나는 오로지 주님의 피의 속죄의 효력을 느꼈으며,
말할 수 없는 기쁨으로 소리쳤습니다.
'당신은 나의 주 나의 하나님이십니다.' 73)

찰스 웨슬리는 자신의 회심을 주제로 지은 찬송에서 다음과 같이 확신의 은혜를 노래했다.

방황하는 내 영혼 어디서 출발하나?
저 하늘나라 어떻게 올라가나?

---

73) WJWB.,1, p.290.

죄와 사망에 묶였던 노예 구원 받았네

영원한 불 속에서 건짐 받은 부지깽이

큰소리로 외치리 승리의 노래를

내 위대하신 구원의 주를 찬양하리[74]

오랫동안 갇힌 내 영혼

죄악의 밤에 꽁꽁 묶이였었네

주님의 눈은 생명의 빛을 내게 비추어

나를 깨우고 내 영혼은 밝아졌도다.

쇠사슬이 풀리고 내 마음은 자유 얻었네

나는 일어나 앞으로 나아가 주님을 따랐네[75]

(Long my imprisoned spirit lay

 Fast bound in sin and nature's night;

 Thine eye diffused a quickening ray;

 I woke! The dungeon flamed with light!

 My chains fell off, my heart was free,

 I rose, went forth, and followed thee.)

웨슬리는 성령의 직접적인 증거를 다음과 같이 정의했다.

"영혼 위에 나타나는 내적 인상(an inward impression on the soul)으로

서 하나님의 영이 우리 영에게 우리가 하나님의 자녀인 것을 직접적으로 증

---

74) PWJC.,3, p.236.
75) PWJC.,2, p.312.

거하는 것이며, 이로써 하나님의 영은 우리 영에게 예수 그리스도께서 나를 사랑하시고 나를 위해 죽으사 나의 모든 죄를 도말하시고 그로 인해 내가 하나님과 화목하게 되었다는 사실을 성령이 나에게 증거하는 것이다."76)

웨슬리는 그 후 20년 동안 더 상고해보았지만 이러한 자신의 견해를 어느 일부라도 취소하거나 변경할 이유를 발견하지 못했다. 그리고 이것은 하나님의 영이 어떤 외적 음성으로 증거하거나 또는 반드시 어떤 성경 구절로 들려주는 것은 아니지만 우리 영혼 위에 일어나는 분명한 증거가 있다고 말했다.

"하나님께서는 직접적인 영향으로 또는 설명할 수 없지만 강한 작용으로 영혼 위에 역사하시어 폭풍과 성난 물결은 지나가고 아주 잔잔해져서 마음은 예수님의 품안에 있는 것처럼 안정되고 죄인은 하나님과 화목되며, 모든 허물의 사함을 받고 그 죄의 가리움을 받음을 분명히 확신케 하는 것이다."77)

웨슬리는 성령이 직접 증거하여 확신을 전달하는 방법은 신생과 마찬가지로 하나님의 신비로운 역사이므로 이 방법을 탐구하려는 시도를 하지 않았다. 마치 바람이 임의로 불 때 그 소리를 들으나 그것이 어디서 와서 어디로 가는지 모르는 것과 같으며 자신이 하나님의 양자되었다는 사실을 마치 태양 아래 있으면서 햇빛을 의심할 수 없는 것과 같다고 말했다. 찰스 웨슬리는 신자가 일상의 생활 속에서 경험하는 속죄의 은사를 이렇게 표현하였다.

76) '성령의 증거 1', SS.,1, p.208.
77) '성령의 증거 2', SS.,2, p.344-345.

민음으로 평화를 믿음으로 기쁨을

어디서나 순간마다 우리는 느끼네

죄에서 저주에서 죽음에서

흙에서 지옥에서 구원받은 우리는

허물어진 영혼의 집 다시 지어요

주님 예수 거기서 만날 때까지[78]

(The peace and joy of faith

We every moment feel

Redeemed from sin, and wrath,

And death, and earth, and hell,

We do our Father's house repair,

To meet our Elder Brother there.)

위와 같이 웨슬리는 성령의 증거는 하나님이 우리 영혼에 일으키는 내적 인상이며 하나님의 직접 증거라고 설명하고, 성령의 증거를 받아 우리의 구원과 하나님의 자녀 됨을 간접 증거하는 우리 영의 증거가 있다고 가르쳤다.

3. 우리 영의 증거(the witness of our own spirit)

성령의 증거를 직접 증거라고 한다면 우리 영의 증거는 간접 증거이다. 우리 영의 증거란 성령이 먼저 우리 영에게 증거하면 우리 영이 나 자신에

---

78) PW.,5, p.387.

게 같은 내용을 증거하는 것을 말한다. 웨슬리는 이 후자를 선한 양심의 증거라고도 말했다.

"완전히 같은 것은 아니지만 거의 하나님을 향한 선한 양심의 증거와 같은 것이니, 이는 우리가 우리 영 안에서 느끼는 것을 곰곰이 생각하여 행하거나 또는 이성적으로 추리한 결과에서 오는 확신이다. 엄격히 말해서 부분적으로는 우리 자신의 체험에서 얻은 결론이다. 곧 하나님의 말씀은 성령의 열매를 가지고 있는 사람을 하나님의 자녀라고 말한다. 이와 같은 체험 또는 내적인 의식은 '나는 성령의 열매를 가지고 있다. 그러므로 나는 하나님의 자녀이다.' 라고 결론짓는다."[79]

이와 같이 우리 영의 증거란 하나님께 대한 우리 선한 양심의 증거와 같은 것이며 우리의 이성으로 곰곰이 생각해서 얻은 이해와 신뢰 또는 확신에 의해서 나오는 이성적 증거이다. 즉, 그것은 우리의 영혼 속에서 느끼는 것에 대한 이성적 반영이요, 우리의 마음과 생활의 체험에서 나오는 결론 내지는 확신을 의미한다. 더욱 구체적으로 말하면 우리 영의 증거란 신자들의 삶 속에서 결실되는 성령의 열매를 통해서 얻는 증거와 확신을 의미하는 것이다. 즉, "나는 성령의 열매를 소유하고 있다. 그러므로 나는 하나님의 자녀이다."라고 이성적으로 확신하고 결론짓는 것이다.[80] 웨슬리는 신자는 자신의 칭의는 물론 성화도 성령의 증거로 알게 되며 성령의 열매로 안다고 말했다.[81]

---

79) WJWB.,1, p.287-288.
80) '성령의 증거 2', SS.,2, p.346.
81) WJW.,11, p.420.

은혜로 구원받은 신자는 반드시 그 마음과 행위 속에서 하나님의 자녀된 증거를 나타내게 되며 이것이 바로 성령의 열매인 것이다. "오직 성령의 열매는 사랑과 희락과 화평과 오래 참음과 자비와 양선과 충성과 온유와 절제니 이같은 것을 금지할 법이 없느니라."(갈 5:22-23) 이것은 하나님이 성령을 통하여 우리의 영 위에 직접 역사하시어 우리 영이 우리의 양자됨을 증거하는 것이다. 그러므로 성령의 증거는 우리 영의 증거에 선행하며 성령은 우리 영과 공동으로 증거(joint testimony)하는 것이다.[82] 이와 같이 성령의 즉각적이고 내적인 열매는 사랑, 기쁨, 평화, 자비, 겸손, 온유, 절제, 인내이고 외적인 열매는 모든 사람에게 선을 행하고 악을 행치 아니하는 것이다. 그것은 빛 가운데 걷는 것, 곧 열심히 하나님의 모든 계명을 한 가지 마음으로 순종하며 지키는 것을 의미하는 것이다. 전자는 내적 증거(inward witness), 후자는 외적 증거(outward witness)로 분류될 수 있으며, 또한 내적 증거는 내적 성결(inward holiness), 외적 증거는 외적 성결(outward holiness)이란 뜻으로 설명될 수 있다. 즉, 성령의 증거는 신자가 하나님의 자녀의 성품을 받았다는 것을 우리 영을 통하여 그 현실적 열매로서 증거하는 것을 의미한다. 신자가 마음과 뜻과 힘을 다하여 하나님을 사랑하고 이웃을 사랑하는 것은 그가 하나님의 자녀라는 강력한 증거이다. 또한 웨슬리는 누구든지 성령의 증거에 의한 구원의 확증에 있어서 분명하고 현실적인 성령의 열매와 분리된 어떤 가상적인 느낌이나 가상적 열매에 근거를 두어서는 안 된다고 경고했다.[83] 웨슬리는 '새로운 탄생'이라는 설교에서 신자가 마음속에 역사하는 은혜를 마음속에 느끼는 것이 정상이며 누구든지 참된 믿음을 가진 자는 이것을 경험한다는 사

---

82) SS.,2, p.345-346.
83) '우리 영의 증거', SS.,2, p.358.

실을 역설하면서 다음과 같이 말하였다.

"그는 하나님의 영이 자신의 마음속에 일하시는 은혜를 내적으로 느낍니다. 그는 모든 인간의 지각을 초월하는 평화를 경험하고 느끼고 있습니다. 그는 말할 수 없는 영광으로 가득 찬 하나님 안에서의 기쁨을 자주 느낍니다. 그는 자신에게 주어진 성령에 의하여 자신의 마음 전체에 부어진 하나님의 사랑을 느낍니다. 그리고 그의 모든 영적 감각들(spiritual senses)은 하나님의 영적인 선한 은사를 분별하고 악을 분별하는 데 익숙하게 되었습니다. 그는 날마다 자신의 내면에 세워진 하나님 나라를 지키는 데 필요한 모든 은사를 공급하시는 하나님을 아는 지식에서 자라가는 것입니다."[84]

이와 같이 웨슬리는 성령의 증거가 신자의 일상생활에서 경험하는 실제적인 하나님의 사랑과 보호이며, 일상생활 속에서 모든 진실한 신자가 하나님과 실제적이고도 신비한 연합(practical-mystical union)을 경험하는 것으로 설명하고 있다. 성령의 내적 증거는 찰스 웨슬리의 많은 찬송 속에 '강하고 영속적이며 분명한' 신앙의 확신으로 표현되어 있다.

죄 용서 받음을 어떻게 아는가
내 이름 천국에 기록됨 어떻게 아는가
하나님이 성령을 주시고
성령이 내 안에 계셔서 내가 아네
내 안에 증거가 있으니
성령의 모든 열매를 내가 보네

---

84) WJW.,6, p.70.

나 위해 죽으신 사랑을 내가 느끼네
하늘의 평화를 내가 누리네
십자가 피의 능력이 나를 살리네
내 영혼아 일어나 기쁨으로 즐거워하라
하나님의 영광이 나를 둘렀네

온유하고 겸비한 주님의 마음이
내 안에 주의 형상 이루시네
아담의 본성이 변하여 하늘의 형상을 입었네
성령의 증거와 내 영의 증거는

내 안에 천국의 확실한 표일세
성령이 내 안에 내가 성령 안에서
완전한 사랑을 보증하도다
내 죄를 씻으시고 하늘에 받으신
크고도 놀라운 영원한 은혜로
천국에 새겨진 내 이름 증거해[85]

웨슬리는 확신의 교리에서 성령의 주요한 직능이 하나님의 자녀들의
양자됨을 확신시키고 하나님의 거룩한 성품을 받아 소유하고 있다는 것
과 동시에 하나님 아버지의 사랑을 경험케 하며 우리에게 하나님 나라의
영원한 상속이 진실하다는 것을 증거하는 것이라는 점을 강조하고 있다.
그는 우리가 그리스도의 은혜로 구원받은 사실과 하나님의 자녀가 된 사

---

85) PW., 5, p.363.

실을 성령 안에서 확실히 증거하고 결코 의심 가운데 버려두지 않는다고 확신시켰다. 칼빈주의자들이 믿음이 약한 사람들 또는 세상의 환란과 시련 가운데서 영혼의 어두운 밤을 맞이한 신자들에게 구원의 확신과 위로를 주기 위해서 창세 전 선택과 예정 그리고 성도의 견인(perseverance of the saints, 한 번 선택을 받은 성도는 최후까지 결코 구원을 잃어버리지 않고 지키게 된다는 교리)을 강조한 반면에, 웨슬리는 그러한 교리 대신에 성령의 증거와 우리 영의 증거에 의한 구원의 확증을 강조했던 것이다. 이렇게 하여 웨슬리는 구원에 대한 추상적이고 형이상학적인 교리를 반대하고 내재적이고 현실적 증거, 즉 마음과 생활 속에 나타나는 구체적인 증거를 진정한 기독교의 강력한 증거요 그리스도인의 확실한 증거이며, 이것이 성경이 가르치는 기독교신앙의 본질적인 교리라고 주장했다.

4. 증거의 내용

지금까지 살펴 본대로 성령의 증거란 성령께서 우리가 하나님의 자녀된 것을 의심 가운데 버려두지 않으신다는 것을 핵심으로 하고 있다. 그러므로 이 교리의 목적은 구원의 실제성 즉 구원의 현실적인 증거를 중시하는 것이다. 그리고 이러한 증거는 단 한 번으로 끝나는 것이 아니라 계속적인 것으로서 그 범위는 칭의에서 성화와 완전에 이르기까지 구원의 전 과정에서 일어나는 것이다.[86] 웨슬리는 성령은 먼저 우리에게 하나님의 사랑과 예수 그리스도의 속죄를 증거한다고 말한다. "우리는 성령이 우리의 영혼에게 그의 속죄의 사랑을 증거하기까지는 그것을 알지 못한다. 이

---

86) SS.,2, p.344, 359.

러한 성령의 증거는 하나님의 사랑과 모든 성결보다 앞서기 때문에 또한 우리의 내적 의식이나 이것에 대한 우리 영의 증거보다 앞선다."[87]

다음으로 웨슬리는 성령과 우리의 영은 우리의 칭의와 신생과 양자됨을 증거하며, 우리의 성화됨을 증거한다고 말하면서 이것에 관한 질문에 대하여 다음과 같이 설명하였다.

> 질문: 사람이 성결의 은혜 곧 내적인 부패로부터 깨끗함을 얻었다는 것을 어떻게 알 수 있는가?
>
> 대답: 우리는 이를 성령의 증거와 그 열매에 의하여 알 수 있다. 우리가 의롭다 함을 얻었을 때 성령께서 우리의 죄가 용서받았다고 증거한 것처럼, 우리가 성결의 은사를 받았을 때에 성령께서는 우리의 죄를 씻기신 것을 증거한다.[88]

웨슬리는 확증의 정도를 3단계로 나누어 설명한다. 첫째는 신앙의 분명한 확신(clear assurance of faith)의 단계로서 이것은 구원의 믿음은 있지만 불완전하여 아직도 의심과 두려움이 섞여있는 상태를 말한다. 둘째는 신앙의 충만한 확신(full assurance of faith)의 단계이다. 이것은 의심과 두려움이 없이 죄 용서의 은혜에 대한 확신이 마음속에 있는 상태이다. 셋째는 소망의 충만한 확신(full assurance of hope)의 단계이다. 이 땅에서의 구원은 물론 장차 영광 중에 하나님과 함께 있을 것에 대한 완전한 확신을 의미한다.[89] 웨슬리는 모든 진실한 신자는 이러한 가장 높은 단계의 충만

---

87) SS.,1, p.208; ENNT., 롬 8:16 주해.
88) '그리스도인의 완전에 대한 평이한 해설', WJW.,11, p.420.
89) LJW.,5, p.358-359; 2, p.192; ENNT., 히 6:11 주해.

한 확신을 소유할 수 있으며 또 소유하기를 열망해야 한다고 가르쳤다. 찰스 웨슬리는 성령의 증거로 충만한 신자의 행복을 이렇게 노래하였다.

우리는 아름답고 복된 길에 서서
믿음으로 그리스도를 얻네
진실로 주를 믿는 우리는
온 마음으로 주님을 순종해
주님 밖에 다른 길 전혀 없으니
우리는 영원히 주님을 붙드네
믿음을 통하여 은혜로 구원받으니
사랑으로 역사하는 믿음이어라

(Stand we in the good old way,
We Christ by faith receive,
Heartily we must receive,
If truly we believe:
Other way can none declare
Than this from which we never will move:
Saved by grace through faith we are,
Through faith that works by love.

성자들과 순교자들 밟고 걸어간
천국 길 순례하는 우리들
믿음으로 값없이 의로움 얻고
하나님과 평화를 누리네

평화! 말할 수 없는 평화

믿는 자 마음속에 평화 느끼고

성결의 은사를 느끼는 도다

다음엔 영광의 안식 얻겠네[90]

(Walking in this heavenly path

By saints and martyrs trod,

Freely justified by faith,

We now have peace with God;

The faithful feel in their breast,

Then the rest of holiness,

And then the glorious rest!)

5. 확신의 교리에 따를 수 있는 몇 가지 오해에 관하여

첫째, 웨슬리는 성령의 증거와 열매가 구원의 근거나 조건이라는 오해
를 경계했다. 성령의 증거는 구원의 결과이지 근거가 아니다. 구원에 필요
한 유일한 근거는 우리 대신 죽으신 그리스도의 은혜뿐이고 구원의 조건
은 그리스도를 믿는 믿음뿐이다. 성령의 열매를 통한 증거는 구원의 자원
이나 근거가 절대로 아니며, 또한 구원의 조건도 아니다. 다만 구원에 따
르는 자연적이고 필연적인 결과이다.

둘째, 웨슬리는 성령의 증거에 의한 확신은 구원에 절대적으로 필수적
이라는 오해를 경계했다. 이 오해는 첫번째 오해에서 파생되는 것이다. 모

---

90) PW.,10, p.15.

든 사람이 이러한 증거와 확신을 경험할 수 있으나 예외가 있을 수 있으며 인간이 인지하지 못하는 방식으로도 하나님의 구원은 분명히 일어난다는 것을 웨슬리는 인정하였다. 즉 정상적인 경우가 아닌 특별한 경우에는 예외가 있다는 것이다. 웨슬리는 모든 신자에게는 구원의 확실한 증거가 나타나며, 이것은 신자의 특권이지만 이것이 절대적이고 필수적이라는 것은 성경과 경험에 맞지 않는다고 설명했다.

셋째, 웨슬리는 증거와 확신에 관하여 인간의 감정의 변화에 의존하는 것을 경계했다. 그는 인간의 감정이 구원의 사실 여부를 인지할 수 있는 근거나 표준이 아니므로 인간의 경험은 성경과 이성에 의하여 그 진실성이 검증되어야 한다고 말하면서, 인간의 경험을 성경적 근거와 이성적 성찰로부터 분리하여 인간의 약하고 가변적이고 불완전한 감정에 지나치게 의존하는 열광주의나 신비주의 등 모든 주관주의의 위험을 경계하였다.

웨슬리는 성령의 증거와 우리 영의 증거 그리고 확신에 대한 우리의 모든 경험은 성경의 가르침에 근거해야 하며 선한 양심의 증거와 이성에 비추어 그 진실성이 검증되어야 한다고 말하면서 우리 영의 증거에 관한 성경적 표적(marks)을 다음과 같이 정리했다.

첫째, 참회 또는 죄에 대한 각성
둘째, 위대한 변화, 즉 어두움에서 빛으로, 사탄의 권세에서 하나님께로, 죽음에서 생명에로의 변화
셋째, 하나님께 대하여 우리의 삶 속에 사랑, 희락, 화평, 오래 참음, 자비, 양선, 충성, 온유, 절제 등 성령의 열매를 맺음
넷째, 외적 생활의 새로워짐
다섯째, 진실로 하나님을 사랑하고 이웃을 사랑함으로 하나님의 뜻을 이 땅

위에 이루기 위해 분주한 것91)

6. 생명력 있는 기독교(Vital Christianity)의 교리

웨슬리는 현재적 구원의 확신의 교리가 신자의 특권이며, 만약에 이 은 혜를 못 받았다면 열심히 구해야 한다고 시종일관 설교했고 강조했다. 그 리고 확신의 범위는 죄 용서의 확실성뿐만 아니라 신생의 결과로서 일어 나는 신자의 마음과 생활 속에 성령의 내주하심(indwelling)의 확실성을 포 함한다고 하였다. 그는 이 교리가 메도디스트 설교자들이 설교하는 내용 의 본질에 속하며, 아무도 이 은혜를 경험하기까지는 진정한 그리스도인 이라고 말할 수 없다고 주장했다. 그는 계속해서 신자들은 어떤 위험이 따 른다고 하더라도 이 교리의 중대한 의미를 인식해야 하며, 이 은사를 얻기 위하여 어떤 어려움도 당하는 것이 이 은사를 소유하지 못하고 잠든 상태 에 있다가 지옥에서 깨어나는 것보다 낫다고까지 역설하였다.92) 웨슬리 는 어떤 비난과 공격이 따른다고 해도 이 교리에 대하여 취소하거나 변경 할 수 없다고 말하면서 다음과 같이 역설하였다.

"아무도 그의 마음을 의와 평화와 기쁨과 사랑으로 충만케 하는 성령의 역 사하는 증거가 없이는 진정한 그리스도인이 될 수 없다. 그가 이 사실을 인 식하든지 아니하든지 그러하다."93)

그는 이 은사를 경험하고 인식하는 것은 대부분의 신자에게 정상적이

91) SS.,1, p.215.
92) LJW.,2, p.63–64.
93) LJW.,2, p.64.

며 특별한 경우에는 예외가 있다고 말했다. 그러므로 그는 이 교리에 대하여 비판하는 사람들에게 나는 참된 기독교가 마치 이 교리에 의존하는 것처럼 부지런히, 열심히 이 교리를 계속 설교할 것이라고 주장하였다. 그는 또 이 교리가 기독교의 생명적 요소이며, 모든 사람들에게 이 교리를 가르쳐주는 것은 하나님이 메도디스트들에게 맡겨 주신 하나의 위대한 사명이기 때문에 메도디스트들은 이 교리를 확실히 이해하고 설교하고 방어할 것이라고 말하였다. 그는 이 교리가 오랫동안 기독교가 소홀히 여기거나 잃어버리고 있었던 위대한 복음적 진리이며 오늘에 와서 메도디스트들이 다시 찾은 생명 있는 기독교(vital Christianity)의 교리라고 주장했다.94)

확신의 교리에 따르는 오해와 위험 요소에도 불구하고 이 교리는 초기 메도디스트 신앙과 부흥운동에 있어서 결정적인 역할을 차지하였다. 즉, 웨슬리는 이 교리를 통하여 진정한 기독교 신앙(true Christianity)을 추구하였다. 진정한 신앙은 내적으로나 외적으로 반드시 체험되고 증명될 수 있어야 한다는 것이며 이것은 형식적인 신앙, 생명 없는 죽은 신앙, 실천과 열매 없는 신앙을 경계하고 이름만 가진 그리스도인(nominal Christian)이 아니라 마음과 생활에 성결의 증거를 나타내는 진정한 그리스도인(real Christian)을 요청하고 생산하고자 하는, 생명 있는 기독교를 추구하는 초기 메도디스트 교리이다. 이 교리는 완전성화론과 함께 메도디스트들이 기독교 신학과 교회의 영성 생활 속에 끼친 중대한 공헌 중의 하나로 평가된다.95) 이와 같이 웨슬리는 성령의 증거와 우리 영의 증거를 통한 마음속에 경험하는 마음의 신앙(religion of heart)을 중시했으

---

94) 'The Witness of the Spirit', SS.,2, p.343-344.
95) Skevington Wood, The Burning Heart, (Paternoster, London, 1967), p.252.

며, 특별히 신자의 마음에 경험되는 성령체험을 중시하였다. 동시에 그는 마음의 경험과 사회적 경험 사이의 조화와 균형을 유지하였다. 그러나 후대의 메도디스트 신학자들이 경험보다는 오히려 이성을 더 강조하고 경험을 말할 때에도 마음의 경험을 경시하면서 사회적 경험에 더 치우치는 경향을 띤 것은 분명히 웨슬리의 의도에서 벗어난 것이다. 이것은 웨슬리 사후의 메도디스트 신학이 계시(말씀의 계시와 성령의 계시)로부터 이성으로 전이(轉移)한 것과 같은 변화라고 할 수 있다. 찰스 웨슬리는 성령의 증거로 인하여 일어나는 마음 체험의 신앙, 즉 생명력 있는 신앙을 다음과 같이 표현하였다.

값없이 의롭다 함 얻고
예수 안에 거하는 우리는
성령의 증거를 나타내 보이고
진실한 경험 안에서 자라네
날마다 은혜를 받아 마시고
더욱더 예수를 닮아 사네.96)
(But freely justified
In Jesus we abide,
The Spirit's fruits we show,
In true experiences grow;
Daily the sap of grace receive,
And more and more like Jesus live.)

---

96) PW.,12, p.20.

내 안에 능력의 성령을 보내소서
타고난 죄를 정복하는 성령의 능력을
오랫동안 날 얽어맨 슬픔 고통
죽음의 어둠에서 끌어내소서

내 맘에 당신의 음성 듣게 하소서
내 영에 성령의 증거를 밝히소서
내 삶에 성령의 열매로 채우소서
의와 사랑과 평화, 하늘의 기쁨을

내 맘에 내적 증거 보여주시고
내 삶에 외적 증거 나타내소서
거룩한 인증을 내 맘에 새기시고
성령의 빛으로 날 밝혀주소서97)

---

97) PW.,1, p.267.

제4장
모든 사람이 완전성화를 얻을 수 있다.

(All can be sanctified to the uttermost.)

웨슬리 초상화

1. 칭의는 성화를 낳을 수 있다.

성화란 칭의와 신생에 따르는 마음의 성결과 생활의 성결(Holiness of heart and life)을 의미한다.[98] 신자는 그리스도에게 나타난 하나님의 구원의 은혜를 믿음으로 의롭다 인정받는(칭의: justification) 동시에, 하나님 안

---

[98] 웨슬리는 sanctification(성화)과 holiness(성결)를 별로 차이 없는 같은 의미의 용어로 사용하였다. 그러나 다만 전자는 라틴어에서 나온 것이고 후자는 영어에서 나온 용어이다. 메도디스트 역사에서 보수적인 교회는 holiness(성결)를 즐겨 쓰고 진보적인 교회는 sanctification(성화)을 즐겨 쓰고 있는 경향이 있다. 한국에서도 보수적인 교회는 '성결'을 진보적인 교회는 '성화'를 더 잘 사용하는 경향이 있다.

에서 새로운 생명으로 다시 태어나는 신생(新生: new birth)을 경험한다. 그리고 신생한 그리스도인은 하나님의 은혜 안에서 그리스도의 마음과 생활을 닮아 거룩하게 변화하는데, 이것을 성화라고 한다. 신자는 그리스도의 속죄의 은혜를 빌고 의롭다 함을 받아 이미 구원받은 하나님의 자녀가 된 것이다. 그리스도의 속죄의 은혜를 믿어 하나님에게 의롭다 함을 받은 사람은 이미 영생을 얻은 것이요 천국을 허락 받은 것이다. 그리고 진정으로 그리스도의 은혜를 믿음으로 구원받은 자는 신생을 경험하고, 계속하여 그의 마음과 생활이 그리스도를 본받아 거룩하게 변화하게 되는데 이것을 성화(聖化: sanctification) 또는 성결(聖潔; holiness)이라고 한다.

이와 같은 성화의 은혜는 어린 아이가 세상에 나와 어른으로 성장하는 것과 같은 것이다. 이것은 하나님의 은혜의 능력이고 구원받은 자에게서 나타나는 하나님의 은혜의 결과이다. 웨슬리는 이 결과를 강조했다. 만약에 어떤 사람이 구원을 받았다고 주장하더라도 성화의 증거가 없다면, 그는 진정으로 예수 그리스도의 은혜로 구원받지 못한 사람일 수도 있는 것이다. 또한 누가 칭의의 은혜는 받았으나 성화의 은혜와 능력을 믿지 않거나 반대한다면, 그도 진정으로 그리스도인이라고 할 수 없을 것이다. 웨슬리는 진정으로 그리스도를 믿음으로 구원받은 자는 다음과 같이 성결의 삶을 즐거워한다고 말했다.

"그리스도 안에 있었던 마음을 품고 그리스도가 걸으셨던 길을 걸어가면서, 마음의 성결과 생활의 성결을 이루기 위해 즐거운 마음으로 쉬지 않고 기도하며, 범사에 감사하며, 항상 기뻐하며 모든 일에서 하나님의 말씀을 순종하고, 몸과 마음, 그리고 삶 전체를 드려 하나님을 사랑하는 것이다."99)

99) WJW.,11, p.432.

웨슬리는 칭의에서 신생으로 신생에서 성화로 발전하는 과정과 결과를 강조하였다. 그러므로 칭의는 회개하고 믿음으로 구원받아 하나님의 자녀의 신분을 얻는 것이요, 신생은 구원받은 하나님의 자녀가 새로운 생명으로 태어나 거룩한 생활을 시작하는 것이요, 성화는 하나님의 구원을 실제로 누리고 즐거워하는 복된 삶이다. "회개가 신앙의 현관(porch)에 들어서는 것이라면 믿음은 신앙의 문(door)을 여는 것과 같고, 성결(holiness)은 신앙의 안방에 들어와 사는 신앙의 생활 자체이다."100)라는 웨슬리의 말은 위와 같은 성화의 의미를 잘 나타내고 있다.

신자는 칭의를 받는 동시에 새로운 생명으로 탄생한다. 그러므로 칭의와 신생은 시간적으로 동시적이지만 개념적으로는 칭의가 앞선다. 즉 신자는 믿고 회개하여 칭의를 얻으면 새로운 생명으로 탄생하고 이 때부터 성화의 길(과정)을 걸어간다. 그리고 성화의 목표는 완전이다. 그리고 세상에서의 완전은 상대적이고 불완전한 완전이므로 죽음 너머의 하나님 나라에서 영화(榮化; glorification)를 입게 되는 것이다. 그러므로 칭의는 원칙적이고 관계적인 신분의 변화(relative change)이나, 성화는 실제적인 변화(real change)를 의미한다. 실제로 은혜 안에서 성장하면서 하나님의 형상을 회복하고 하나님의 자녀로서 성결의 마음을 소유하고 성결의 생활을 하면서 구원의 복을 누리는 실제적인 변화를 뜻하는 것이다.101)

믿음이 칭의를 낳는다. 선행(善行)은 칭의를 이루지 못하며, 칭의 이전의 성화는 없다. 칭의는 반드시 성화를 낳아야 한다. 올더스게이트 회심의 체험 이전의 웨슬리는 성화를 먼저 이루어야 의인을 얻는다고 믿었으나, 회심의 체험을 통해서 성화와 칭의의 순서를 바꿔서, 먼저 믿음으로 칭의

---

100) LJW.,2, p.267-268.
101) WJW.,11, p.420.

를 얻고 그 다음에 성화가 따라온다는 사실을 깨닫게 된 것이다. 한편 웨슬리는 다만 칭의의 열매로서 사랑과 선행은 '시간적인 거리를 두고서…' (…it's fruits are only remotely necessary; necessary in order to faith;…), 즉 시간적인 간격을 두고서 필요하다고 말함으로서 칭의의 조건은 오로지 믿음뿐이라는 것과 동시에 선행은 믿음의 결과요 칭의에 따라오는 열매라는 것을 오해 없도록 확고하게 선언했다. 그리고 믿음의 열매로서 선행은 시간적 거리를 두고, 즉 시간과 환경이 허락되는 한에서 조건적으로 필요하다는 것을 분명하게 설명하였다.102) 왜냐하면 진정으로 예수 그리스도의 구원의 은혜를 믿는 믿음은 반드시 사랑과 선행을 낳는 믿음이요 성화를 동반하는 믿음이어야 하기 때문이다. 우리는 오직 믿음으로 구원을 얻지만, 선행/성화를 낳지 못하는 믿음으로가 아니라, 선행/성화를 낳는 믿음으로만 구원을 얻는다.(We are saved by not faith which can not produce good works, but by only faith which can produce good works.)

그러나 성화가 이루어지는 시간은 일률적이지 않고 사람에 따라서 다양하다. 웨슬리가 분명히 설명하고 있는 것처럼 아주 드물게 어떤 사람은 죽기 오래 전에 또는 몇 달이나 몇 년 전에 완전성화를 경험하지만 대부분의 사람들은 죽기 직전이나 죽음의 순간에 경험한다. 웨슬리는 진정으로 중생한 신자라면 이 땅의 생명이 끝나기 전에 언젠가는 죽음 직전에라도 죄의 완전한 소멸이 이루어지는 때가 있어야 한다고 주장했다.

그러므로 그리스도에게 나타난 구원의 은혜(saving grace)를 믿음으로 얻는 칭의는 반드시 신생을 체험하고 성화를 낳아야 한다는 것이 웨슬리의 지속적인 강조점이다. 신생은 칭의와 동시적인 구원의 사건이요 성화는 칭의에 따르는 열매이다. 신생과 성화를 동반하지 않는 칭의는 정상적

---

102) SS.,2, p.452.

이고 진정한 경우라면 있을 수 없는 것이다. 그러므로 웨슬리에게서 구원의 단계적 순서는 다음과 같이 설명된다. 칭의는 구원의 근거이며 동시에 신생의 사건이며 성화의 동기이다. 신생은 칭의와 동시적 사건으로서 칭의의 현실적 증거와 결과이며 성화의 시작이다. 성화는 칭의의 결과이며 완전을 향하여 나아가는 신생의 발전 과정이다. 완전은 성화가 충만하게 이루어진 상태를 의미한다. 영화(榮化)는 구원의 완성에 이른 것이다. 믿음(회개)- 이신칭의- 신생- 성화- 완전성화- 영화는 신약성경과 사도적 전통의 구원론 신학에서 말하는 구원의 순서(order of salvation)이다. 종교개혁 이후 개신교는 '오직 믿음'(sola fide)의 교리에 압도되었고, 가톨릭주의에 대한 극단적인 반대의식 때문에 이러한 구원의 순서를 거의 말하지 않으려는 경향을 보여 왔다. 그러나 웨슬리는 성경이 가르치고 자신이 기독교회의 전통과 경험을 통해서 발견한 성경적이고 진정한 기독교의 구원론으로서 구원의 순서를 다시 붙들고 새롭게 조명하여 가르치고 실천하였다. 그리고 이것이 웨슬리와 메도디스트들의 위대한 공로이며 우리가 받은 믿음의 유산이다.

그러나 여기서 한 가지 주의해야 할 문제가 있다. 즉 우리는 믿음 – 회개 – 칭의 – 성화 – 완전 – 영화라는 구원의 과정을 말할 때에 반드시 현세에서 완전성화의 단계까지 올라가야만 구원을 받고 하나님의 자녀가 되는 것이라고 단정하지 말아야 한다. 우리의 구원은 이미 칭의에서 받은 것이다. 우리는 이미 칭의에서 죄와 죽음의 법으로부터 건짐을 받고 하나님의 자녀가 된 것이다. 칭의는 원칙적으로 구원받은 것을 의미한다. 이제부터 칭의를 얻은 신자는 자신의 삶 속에서 구원의 행복을 누리는 성화의 길, 즉 실제적 구원의 길을 걸어가는 것이다. 신자는 칭의에서 속죄의 은사를 얻고 천국과 영생을 선물로 얻은 것이다. 만일 누군가 현세에서 완전성화를 이루어야만 하나님의 자녀의 구원을 얻는 것이라고 주장하거나 그런 방식으로 구원을 설명한다면, 그것은 우리를 깊은 혼돈에 빠뜨리는 것이다. 왜냐하면 실제로 현세에서 완전성화를 이루는 사람이 극히 소수에 불과하기 때문이다. 다시 말해서 구원의 완성을 향하는 순례를 성공적으로 마친 사람만이 구원을 받은 것이라고 한다면 과연 몇 사람이나 구원받을 수 있을까? 그것은 오히려 율법주의에 떨어지고 은혜의 종교에서 벗어나는 결과를 초래하는 것이다. 그것은 마치 웨슬리를 올더스게이트 이전으로 돌려놓는 격이 되고 만다.

웨슬리는 완전성화를 간절하게 사모하는 신자들에게 칭의에서 얻은 구원의 은혜에 굳게 서서 칭의의 기쁨을 잃지 말고 그 기쁨을 꼭 마음속에 간직하고 감사하면서 구하라고 권면하였다. 완전성화는 신자의 신앙생활의 목표요 이상이다. 그러나 실현 불가능한 것이 아니라 실현 가능하다는 것이 웨슬리의 성화론이다. 말하자면 칭의는 원칙적인 구원이며, 성화는 실제적인 구원이다. 또한 칭의는 천국에 들어갈 권리를 얻은 것이요 성화는 천국에 들어갈 품격을 얻은 것이라고 할 수 있다.

즉 성화는 구원의 즐거움을 누리며 사는 '생활 속의 구원'을 뜻하는 것이다. 신자는 은혜로 구원받은 후에 실제 생활에 있어서는 구원의 즐거움을 잃어버리고 맛보지 못하는 경우도 많다. 그러나 진정으로 칭의의 은혜로 구원받은 신자라면 누구나 구원의 즐거움을 맛보아야 하는 것이다. 다만 정도의 차이가 있을 뿐이다. 칭의를 받으면 다 같은 하나님의 자녀이지만 실제 생활에 있어서는 어떤 사람은 그 복을 많이 누리고 어떤 사람은 그 구원의 복을 덜 누리는 것이다. 그러므로 성화의 과정과 정도는 각 사람에 따라서 다른 것이다. 다만 구원받은 신자는 자신이 구원받은 사실을 분명하게 경험하고 그 진실성을 밖으로 내보이기 위해서 노력해야 한다. 하나님의 구원은 성령의 도우심으로 증명이 가능한 것이기 때문이다.

그럼에도 불구하고 때로 일부 웨슬리 학도는 웨슬리의 구원론을 오해하는 경우가 있다. 구원은 성화를 다 이루어야만 받는 것이 아니라, 구원은 죄인이 오직 은혜로 받으며 은혜 안에서 천국의 복을 얻는 것이다. 신자는 그리스도를 통하여 그리스도 안에서 속죄와 성화와 천국을 모두 다 오직 은혜로 얻는 것이다. 이신칭의에서 구원의 복된 삶은 이미 시작된 것이다. 그 다음으로는 구원의 복을 누리는 과정과 정도와 단계가 있는 것이며, 이것을 성화라고 하는 것이다. 그러므로 신자가 완전성화를 다 이루지 못했다고 해서 그가 아직도 구원을 받지 못한 것은 아니다. 그는 이신칭의에서 이미 구원을 받았으며 하나님의 자녀의 신분을 얻은 것이다. 이러한 웨슬리의 구원의 도리는 사도 바울이 이것에 관하여 분명히 말씀한 것과 같다. "그러나 여러분은 하나님께로부터 나서 그리스도 예수 안에 있습니다. 그는 우리에게 하나님으로부터 오는 지혜가 되시고, 의롭게 하여 주심과 거룩하게 하여 주심과 같습니다."(고전 1:30) 이미 밝힌 대로 성화라는 것은 구원받은 그리스도인의 생활이다. 즉 은혜로 구원받은 신자는 그 구원의 진실을 자신의 실생활 속에서 나타내 보여야 하는 데 바로 이것을 성화라고 하는 것이다. 그리고 이러한 신자의 성화에는 단계와 정도가 있다는 것이다.

웨슬리는 칭의와 성화를 분명히 구분하면서도 칭의의 은혜와 성화의 은혜를 모두 동시에 강조하였다. 인간은 칭의의 구원과 성화의 구원을 모두 받아야 한다. 칭의만 얻고 성화를 얻지 못하는 것은 어린 아이가 출생하였지만 자라지 못하고 어린 아이 상태에 계속 머물러 있는 것과 같은 것이다. 그런 사람은 구원의 행복을 알지도 못하고 누리지도 못한다. 그러므로 우리는 칭의와 성화의 구원을 모두 받아야 한다. 웨슬리가 가르친 대로 회개와 믿음을 통한 칭의는 구원의 집의 문을 여는 것이며 성결은 구원의 집의 안방에 사는 것과 같기 때문이다. 웨슬리가 가르친 구원은 칭의, 신생, 성화, 완전성화 그리고 영화를 모두 포함하는 것이다. 그리고 이런 구원의 순서의 과정은 하나님의 전적인 은혜와 인간의 참여로 이뤄지는 것이다.

2. '그리스도인의 완전'(Christian perfection) 교리의 형성

존 웨슬리는 어린 시절부터 아버지 사무엘 웨슬리로부터 영국 고교회(high church) 전통의 경건주의에 깊은 영향을 받으며 자라났다. 그는 교회의 법과 질서를 존중히 여기며, 예배를 비롯한 모든 경건의 규칙을 지키며, 영국 교회의 예전을 사랑하여 역사상 가장 성서적이며 건강하고 아름다운 것이라는 자부심을 갖고 날마다 예전의 기도문을 외우며 특별히 모든 가능한 기회에 거룩하고 바르게 성만찬을 받는 경건의 훈련을 받으며 자라났다. 그는 이러한 영향으로 일평생 열성적인 성만찬 경건주의자(high sacramentarian)로 살았다. 이와 같이 웨슬리는 고교회 전통의 경건주의로 훈련된 생활을 통하여 '그리스도인의 완전'을 지향하는 영성의 기초를 마련하였다.

또한 웨슬리는 당대의 가장 모범적인 청교도 신앙의 소유자인 어머니 수산나로부터 엄격한 청교도 경건주의 신앙 양육을 받으며 자라났다. 그는 어머니로부터 하나님을 두려워하고 절대 복종하며 일정한 시간표와 철저한 행동 규칙(rules)에 따라서 생활하는 훈련을 받았다. 특별히 수산나는 웨슬리에게 어머니 이상의 영성생활 지도자(spiritual tutor)로서 역할을 하였다. 그래서 웨슬리는 어머니에게 죄를 고백하고 어머니를 통하여 용서와 교정을 받았다. 그는 어머니를 통하여 거룩한 마음과 거룩한 생활의 훈련을 받으며 하나님 앞에 도덕적으로 완전하도록 노력하면서 자라났다. 이러한 청교도 전통의 경건 훈련은 웨슬리의 영성 형성(spiritual formation)에 가장 깊은 영향을 미쳤다. 어머니로부터 배운 경건의 규칙에 따른 훈련된 생활(disciplined life) 습관은 웨슬리의 일생 동안 계속되었다. 이러한 규칙적인 경건의 훈련은 웨슬리의 내적 성결(inward holiness)과 외적 성결(outward holiness)을 이루는 방편이 되었고, 이것은 곧 웨슬리가 그리스도인의 완전을 삶의 목표로 삼고 정진하도록 하였다.

웨슬리는 자신이 '그리스도인의 완전'(Christian perfection)을 믿기까지의 동기와 과정을 이렇게 설명하였다. 그는 1725년 22세 되는 해에 테일러(Jeremy Taylor) 주교의「거룩한 삶과 거룩한 죽음」이라는 책을 읽고 깊은 감동을 받았다. 특히 '의도의 순수성'(purity of intention)에 관한 부분에서 더욱 그랬다. 즉 인간의 모든 생각과 언행의 동기, 의지, 태도, 그리고 목적이 하나님 앞에서 순수해야 한다는 것에 깊이 공감하고 자신의 생애 전체, 즉 생각, 말, 행위 일체를 하나님께 바치기로 결심하면서 다음과 같이 기록하였다.

"내 삶의 어느 부분만이 아니라 전부를 하나님께 제물로 드려야 한다. 그렇지 않으면 그것은 결국 마귀에게 바치는 제물이 되는 것이다. 나에게 하나님 섬기기와 마귀 섬기기의 중간은 있을 수 없다 … 진실한 사람으로서 누가 이것을 반대할 수 있겠으며, 누가 하나님 섬기기와 마귀 섬기기의 중간 길을 찾아낼 수 있겠는가?"[103]

103) JJW1, p.39(1738.5.24)

웨슬리는 1726년에는 토마스 A. 켐피스의 「그리스도를 본받아」 (Imitatio Christi)를 읽고 또한 깊은 감동을 받았다. 그는 여기서 내적 경건, 즉 마음의 종교(religion of heart)가 중요하고 절대적으로 필요하다는 사실을 깨닫고, 다음과 같이 말했다.

"나의 마음을 전체로 하나님께 바치지 않고는 나의 생애 전체를 바친다 해도 나에게 아무 유익이 없다는 것을 깨달았다."104)

웨슬리는 여기서도 역시 의도의 순수성(purity of intention)과 감정의 순수성(purity of emotion)이 자신의 언행의 하나의 목적이어야 하고 자신의 기질을 지배하여야 한다는 것, 그리고 이것 없이는 결코 하나님의 거룩한 동산에 올라갈 수 없다는 것을 깨달았다.

그 다음 1, 2년이 지난 후 윌리암 로우(W. Law)의 「그리스도인의 완전」과 「중대한 부르심」을 읽고 자신의 생애 전체를 하나님께 바친 완전한 크리스천이 되기로 결심하고서 다음과 같이 고백하였다.

"나는 내 자신이 반쯤 크리스천이 되는 것은 절대로 불가능하다는 것을 확신하였다. 나는 하나님의 은혜를 힘입어 내 생명 전체를 완전히 바치기로, 즉 나의 영혼과 몸과 모든 소유를 완전히 바치기로 결심하였다."105)

웨슬리는 옥스퍼드에서 성경 좀벌레라는 별명이 붙을 정도로 성경을 경건의 필수품으로 사용했으며, 옥스퍼드 링컨 칼리지의 신약성서학자로

---

104) JJW1, p.40(1738.5.24)
105) WJW.,11, p.366.

서 성경을 정독하며 연구하는 생활을 하였다. 1729년에 이르러서 웨슬리는 성경을 '모든 진리의 유일한 표준과 순전한 종교의 유일한 모범'으로 더욱 확고히 믿게 되었으며, 그 결과로 그는 "나는 그리스도의 마음을 품는 것과 그가 행하신 대로 걷는 것, 그것도 그의 마음의 일부가 아니라 전부를 품으며, 여러 면에서가 아니라 모든 면에서 그가 행하신 대로 행하는 것이 반드시 필요하다는 사실을 더욱더 분명하게 알게 되었다."고 고백하였다. 이 때 웨슬리는 종교란 그리스도를 한결같이 따르는 것(an uniform following of Christ)이요, 주님께 대하여 완전한 '내적인 일치'와 '외적인 일치'(an entire inward and outward conformity)를 이루는 것이라고 확신하였으며, 가장 작은 일에 있어서도 우리의 위대한 모범이신 그리스도를 본받지 못하는 것을 가장 두려워하였다.

1733년(1월 1일) 웨슬리는 옥스퍼드 대학교의 성 마리아 교회에서 행한 '마음의 할례'라는 설교에서, 할례란 영혼의 거룩한 습관으로 형성되는 성품이므로, 그것은 육체와 영혼의 모든 더러움으로부터 깨끗해지는 것을 의미하며, 진정한 기독교의 경건이란 우리의 마음이 그분의 형상으로 새로워져 하늘에 계신 우리 아버지의 온전하심과 같이 온전하게 되어 그리스도 안에 있었던 모든 덕으로 입혀지는 것이라고 역설하였다.

이와 같이 웨슬리의 완전성화의 영성은 그의 어린 시절부터 청년기를 지나 그가 성직에 입문하는 때에 형성되었으며, 그의 일생에 걸쳐서 발전되었다. 그의 신앙과 생의 목표는 마음과 생활의 성결(holiness of heart and life)을 이룸으로서 그리스도인의 완전(Christian perfection)에 도달하려는 것이었고, 이것을 위해서 일평생 모든 힘과 방법을 다하여 노력하였다.

웨슬리는 1729년부터 1735년 사이에 옥스퍼드의 링컨 칼리지의 교수

(fellow)로 있으면서 동료와 학생들로 구성된 신성회(Holy Club)를 지도하였다. 신성회란 영국교회의 지성 있고 경건한 젊은이들이 성결을 훈련하는 모임으로서 이 때 웨슬리는 신성회 회원들과 함께 모든 생활을 경건의 규칙(rules)에 따라서 기도, 묵상, 성서연구, 경건 문학 독서를 포함하는 경건의 일들(works of piety)과 가난한 사람들과 감옥의 죄수들을 돌보는 자비의 일들(works of mercy)을 함께 실천하면서 공동체 생활 속에서 완전성결을 추구하였다. 신성회 회원들이 경건의 규칙에 따라 엄격하게 훈련된 생활을 하는 것을 보고 사람들은 그들을 '규칙쟁이들'(Methodists)이라고 부르게 되었다. 신성회 회원들의 생애의 목표는 완전성화였다. 신성회 회원들은 신성회 안에서 실행하던 경건의 규칙과 거룩한 습관을 그들의 일평생 지켜 살면서 그리스도인의 완전을 추구하였다.106)

웨슬리는 1738년 5월 24일 올더스게이트에서 복음적인 회심을 체험한 이후에도 '그리스도인의 완전한 성화'에 대한 신학적 확신과 이 목표에 도달하려는 열정적인 실천은 조금도 변하지 않았다. 당시에 영국국교도가 복음적 회심을 체험한다는 것은 곧 예정론을 믿는 칼빈주의자가 되는 것을 의미하였으나 웨슬리 형제만이 유일하게 예외였다. 그들은 오직 믿음과 오직 은혜의 구원의 복음을 믿으면서도 그들에게 "성결은 여전히 그들의 중심이고 목표였다."(But still holiness was their point.) 또한 하나님이 메도디스트들을 불러 일으키신 목적은 거룩한 백성을 부르셔서 바로이 성결을 온 땅에 퍼뜨리기 위한 것이라고 하였다. 웨슬리는 1744년 총회에서 이러한 자신의 완전을 지향하는 신앙의 이상과 실천을 메도디스트들에게도 똑같이 요구하면서 그들의 영성생활에 적용시켰으며, 그의 완전성화의 신앙은 메도디스트 교리의 핵심을 이루게 되었다.

106) WJW.,11, p.366-367.

3. '그리스도인의 완전'(Christian perfection) 교리의 의미

1) 하나님을 향한 의도의 순수성이다.

이미 설명한대로 웨슬리는 자신의 영적인 순례의 과정에서 1725년부터 2-3년간에 걸쳐서 자신의 순수한 마음과 순수한 의도로서 하나님을 사랑하고 생애 전체를 하나님께 바치기로 결심하였고 이것이 그의 완전 성화 사상의 동기가 되었다고 했다. 그는 「그리스도인의 완전에 대한 평이한 해설」이란 논문에서 그리스도인의 완전의 의미를 이렇게 정의하였다.

> "… 한마디로 그것(그리스도인의 완전 – 필자 주)은 의도의 순수성이요, 우리의 순전한 마음과 삶 전체를 하나님께 드리는 것이요, 우리의 삶을 지배하는 한 가지 의도이다 …"107)

위와 같이 웨슬리에게서 완전이란 신자의 생각, 말, 뜻, 행동을 포함하는 모든 생활에서 몸과 마음과 힘을 다하여 하나님을 사랑하고 그의 뜻에 온전히 순종하여, 그분의 영광만을 나타내려는 마음속의 생각과 감정과 의도와 동기의 순수성(purity of intention)을 의미한다. 그것은 우리의 순전한 마음을 온전히 드리는 것이다. 그것은 우리가 무엇에든지 처음부터 끝까지 변함없이 우리의 마음과 행동에 있어서 하나님을 사랑하려는 순수한 의도와 순수한 마음과 순수한 태도를 소유하는 것을 의미한다. 즉 하나님과 이웃을 완전히 사랑하려는 마음의 순수성이다. 웨슬리는 그리스

---

107) WJW.,11, p.444.

도인의 완전을 이룬 사람의 상태를 다음과 같이 기술하였다.

"그의 유일한 소원은 그의 생애의 참된 목적이 이루어지는 것, 즉 자기의 뜻이 아니라 자기를 보내신 이의 뜻을 행하려는 것뿐이다. 모든 시간과 모든 장소에서 그의 유일한 의도는 자신을 기쁘게 하려는 것이 아니라, 그의 영혼이 사모하는 그분을 기쁘시게 하려는 것이다 … 그의 마음에는 하나님의 뜻과 일치하는 생각 밖에는 일어나지 않는다. 떠오르는 생각마다 하나님을 지향하고 그리스도의 법을 순종한다."108)

만약에 우리가 하나님을 향할 때에 마음의 동기와 의도부터 순수하고 완전하지 못하다면 그것은 하나님을 믿지도 사랑하지도 않는 하나님을 반역하는 무서운 죄악일 뿐이다. 그러나 신자가 무엇에든지 하나님을 향하여 하나님 앞에서 그 마음과 행동의 동기와 의도에 있어서 순수하고 완전하다면 그것은 완전한 성화의 삶을 살아가는 것이라고 할 수 있다. 누구든지 진정한 그리스도인이라면 그 내면에서부터 이러한 하나님의 요청을 받게 되며, 또한 이러한 요청에 일치하는 신앙의 삶을 사는 것이 최선의 삶이라는 것을 성령의 비치심을 통하여 알게 된다고 웨슬리는 가르쳤다.

2) 제한적 완전이다.

웨슬리는 완전의 교리에 대한 오해를 교정하기 위하여 자신이 전파하는 완전은 신자가 하나님을 향한 마음과 동기와 의도와 태도에 있어서 순

108) WJW.,11, p.441.

수성이며, 결코 인간의 원죄로부터 나오는 연약함과 무지와 결점과 실수가 없는 완전은 아니라는 사실을 지속적으로 주장하였다. 그럼에도 불구하고 웨슬리가 가르친 완전의 교리는 당시부터 많은 오해와 비난과 공격을 받아왔다. 그것은 어떻게 원죄를 지닌 인간이 완전할 수 있는가 하는 문제였다. 반대자들, 특별히 칼빈주의자들은 웨슬리가 성경에 없는 잘못된 교리를 가르치고 있다고 비난하였다.

그러나 웨슬리는 이러한 오해에 대하여 경계하면서 자신이 가르치는 완전이란 전혀 죄 없는 완전(sinless perfection)은 아니라고 강조하였다. 그것은 결코 천사가 되는 것과 같은 천사적인 완전(angelic perfection)도 아니고, 타락 이전의 아담의 상태와 같은 완전(adamic perfection)도 아니라는 사실을 그의 「완전에 대한 평이한 해설」에서 그리고 그의 설교에서 수없이 반복하여 강조하였다. 인간이 육체에 머물러 있는 한 아무도 죄 없는 완전에 도달할 수 없기 때문이다. 즉 인간의 무지, 실수, 오류, 연약함으로부터 자유로운 완전이란 이 세상에 존재하지 않기 때문이다. 즉 절대적인 완전은 없고 상대적인 완전이 있을 뿐이다. 이것은 인간의 약점과 한계를 인정하는 제한적인 완전으로서 마음의 의도와 동기와 태도에 있어서 완전을 의미하는 것이다. 웨슬리의 완전 교리는 인간의 원죄와 이에 따른 인간의 무의식적인 오류도 전혀 인정하지 않으며 죄 없는 완전을 주장하는 완전주의자(perfectionist)의 교리가 아니다. 당시 런던 신도회에 속한 평신도설교자들이었던 조지 벨(G. Bell)과 토마스 막스필드(T. Maxfield)는 이와 같은 절대적 완전/죄 없는 완전(sinless perfection)을 주장하고 인간도 천사처럼 완전할 수 있다고 가르치면서 소수의 추종자들을 모아 하나의 신도회를 결성하고 활동하였다. 이 때 웨슬리는 그들의 잘못된 신앙을 열광주의(enthusiasm)와 광신주의(fanaticism)로 분류하고 메도디스트들이 가까이 못하도록 경계하였다.109) 그는 메도디스트 신앙을 해설하고 선언하는 모든 글에서 지속적으로 완전이란 의도의 순수성을 의미한다고 역설하였다. 그는 「그리스도인의 완전에 대한 평이한 해설」에서 자신의 이와 같은 주장을 다음과 같이 반복하였다.

> "완전이란 신자의 모든 생각과 말과 모든 일이 하나님을 사랑하는 순수한 의도, 즉 순수한 사랑에 의해서 지배되는 것이며, 그러나 동시에 인간의 연약함에 의해서 나오는 무지와 실수가 전제된 것이다 … 그리고 인간이 순수한 사랑에 의해서 지배되는 것과 실수할 수 있다는 것은 모순되지 않는다."110)

이것은 바로 완전이란 순수한 동기와 의도 즉 하나님을 사랑하는 순수한 마음의 동기와 의도에 있어서의 완전이며, 동시에 인간의 연약함에 제한된 완전을 의미하는 것이다. 그러므로 웨슬리가 말하는 완전이란 영적 성장이 계속 진행 중에 있는 완전, 즉 완성을 향하여 나아가는 과정 중의 완전(perfecting perfection)을 의미하는 것이다. 사실상 웨슬리는 동방정교회 교부들의 영성신학으로부터 '완전'(perfection)이란 용어를 '완전해 가는'(perfecting perfection)이란 의미로 이해하고 지상에서 그리스도인의 신앙생활의 목표로서 이해한 것이다. 이것은 또한 웨슬리가 제한적인 완전을 주장한다고 해서 결코 성장이 닫혀진 완전, 즉 영적인 성장이 완료된 완전을 말하지 않는다는 사실을 의미하는 것이다.111) 그리고 웨슬리는 죽음 후에도 계속 더 높은 경지의 완전, 즉 하나님의 거룩하시고 완전하신

---

109) John Tyson, Charles Wesley; A Reader,(Oxford University Press, 1988), p.372.
110) WJW,11, p.394.
111) A. C. Outler, John Wesley, p.8-10.

성품에까지, 그리고 하나님의 신비하신 영광의 세계에까지 향하여 성장해 나아가는 완전을 가르쳤다.[112]

그러므로 웨슬리는 신자는 이 세상에서는 절대적 완전은 결코 얻을 수 없으며 다만 제한된 완전을 경험할 뿐이며 동시에 죽음 너머에 제한이 없는 완전, 즉 예수 그리스도의 완전을 향하여 나아가는 하나님 나라의 완전을 향한 순례자라고 가르쳤다.

3) 하나님 형상의 회복이요 그리스도의 모방(imitation of Christ)이다.

그리스도인의 완전이란 그리스도 안에 있었던 마음을 품고 그리스도가 걸으셨던 대로 걸어가는 것으로서,[113] 그리스도의 마음과 삶을 완전히 본받는 것을 말한다. 웨슬리에게서 기독교 신앙의 목적이란 아담 안에서 잃어버렸던 하나님의 형상을 그리스도를 모방함으로서 다시 찾는 것이다. 하나님의 형상을 회복하는 것은 그리스도를 본받는 것을 의미한다. 그것은 잃어버린 본래의 의와 사랑과 성결을 그리스도 안에서 회복하는 것이다. 웨슬리는 진정한 기독교 신앙의 본질적이고 궁극적인 목적은 다음과 같은 것이라고 말했다.

> "… 지속적으로 영혼을 조종하는 거룩한 습관이며, 하나님의 형상을 따라서 우리의 마음을 갱신하는 것이요, … 우리의 거룩하신 구주의 모범에 우리의 마음과 생활을 계속적으로 일치시켜 나가는 것이다."[114]

---

112) A. C. Outler, Theology in the Wesleyan Spirit, p.72–73.
113) WJW.,8, p.48, 346.
114) WJW.,11, p.444.

그는 기독교의 구원이란 그리스도 모방을 통한 하나님 형상의 회복이라는 것을 다음과 같이 설명하였다.

"… 이 세상에 사는 동안 죄로부터 건짐 받는 것이며, 우리의 영혼의 본래의 건강과 원초적 순결을 회복하는 것이며, 본래 주어졌던 거룩한 성품을 회복하는 것이며, 하나님의 형상을 따라 의로움, 성결, 정의, 자비와 진리 안에서 우리의 영혼을 갱신하는 것이다. 이것은 모든 거룩한 기질과 하늘나라의 성품(all holy and heavenly tempers), 그리고 모든 대화와 행동에서의 성결을 의미하는 것이다."[115]

웨슬리는 "너희가 본성으로는 전적으로 부패하였으나, 은혜로 말미암아 전적으로 새로워지느니라."(By nature you are wholly corrupted, by grace you are wholly renewed.)는 바울의 교리를 확신하고 특별히 강조하였다. 웨슬리에게 구원의 목적은 성화이며, 성화는 하나님의 형상을 회복하는 것이며, 그것은 곧 그리스도를 모방하는 것이다. 그리고 그리스도 모방은 완전성화를 지향하여 계속 나가는 것이다. 그리스도 모방은 그리스도의 마음 일부가 아니라 마음 전체를 품고 그리스도의 생활 전체를 따르는 삶이다. 웨슬리는

"메도디스트란 모든 면에서 그리스도의 완전한 모습을 지속적으로 모방하는 사람들이며, 특별히 정의와 자비와 진리와 보편적 사랑으로 마음을 채우고 삶을 다스려나가는 사람"[116]

---

115) WJW.,8, p.47.
116) WJW.,8, p.352.

이라고 말했다. 찰스 웨슬리는 완전성화의 신앙을 수많은 찬송에 표현하였고, 존 웨슬리는 그의 찬송을 자신의 설교와 논문에 자주 인용하였다. 존은 「그리스도인의 완전에 대한 평이한 해설」에서 완전성화를 가장 잘 표현하는 찰스의 찬송을 소개하였는데 그 가사 일부는 바로 하나님 형상의 회복으로서 완전의 의미를 다음과 같이 노래하고 있다.

성화의 영을 부으소서
나의 목마름을 적셔주소서
나의 죄악을 깨끗이 씻어주소서
나의 구주여 은혜의 소낙비 내리사
죄로부터 순결하게 하소서

내 모든 악한 생각 태워주소서
나의 우상 모두 쓸어가소서
죄로 더럽혀진 자국마다 정화하소서
흉한 죄 교만을 지워주소서

육체의 미움과 정욕 도려내시고
부드럽고 겸손한 맘 채워주소서
순결한 믿음 사랑 채워주소서
당신의 형상 내 안에 회복하소서

주님의 은혜의 역사를 믿사오니
내 영혼에 완전 성결 이루시도다

순결하고 완전한 당신의 사랑은
내 안에 당신의 형상 빛나도다.

이제 주님 내 안에 다스리시고
영혼의 질병 고통 슬픔 치료하소서
이제 완전한 건강 회복케 하소서
주님을 닮은 완전한 성결 지켜주소서[117]

웨슬리는 토마스 A. 켐피스의 「그리스도를 본받아」(Imitatio Christi)를 발췌 번역하여 「그리스도인의 모범」(The Christian's Pattern)이라는 제목으로 출판하였다. 그는 이 책 서문에서 메도디스트들에게 매일 시간을 정해 놓고 이 책을 읽도록 강권하면서, 만일 부득이한 사정으로 정한 시간에 읽지 못했을 때에는 다른 시간에 꼭 읽을 것을 권면했다. 그는 메도디스트들에게 이 책을 읽음으로써 의도의 순수성으로 마음을 준비하고, 오로지 영혼을 이롭게 하려는 한 가지 마음을 갖고, 그리스도의 마음과 삶의 모방 (Imitation of Christ)을 위한 경건의 연습을 계속할 것을 촉구하였다. 웨슬리의 메도디스트들을 위한 이러한 태도와 세심한 배려를 통해 초기 메도디스트들은 완전성화로 가는 길이 바로 그리스도 모방이라는 확신을 갖게 되었고 그리스도 모방의 영성으로 충만하게 되었다.[118]

웨슬리의 완전론의 본질은 한마디로 '그리스도와 같이 됨' (Christlikeness)이라고 할 수 있다. 웨슬리는 이태리 아시시의 성자 프란시스(St. Francis, 1181-1226)처럼 '성결에의 향수'(Homesickness for holiness)

---

117) WJW.,11, p.385-386.
118) John Wesley, The Christian Pattern, an extract of The Imitation of Christ(Wesleyan Book Club, 1756), p.5-6.

를 품고 있었다. 두 성자는 모두 완전성화를 향한 불타는 열망으로 그리스
도의 형상을 마음과 생활에서 완전히 모방하는 것을 기독교 신앙의 핵심
과 목표로 삼고 이것을 얻기 위하여 정진하며, 또한 자신의 추종자들에게
촉구하였던 것이다. 프란시스와 웨슬리 사이에는 이런 면에서 분명히 공
통점이 많다. 프란시스에게 그의 수제자 리오 형제(brother Rio)와 작은 형
제들(brothers Minor, 프란시스파 작은 형제들)이 있었던 것처럼 웨슬리에게
는 플레처(Rev. Joseph Fletcher)가 있었다. 프란시스는 리오에게 말하기를
"형제 리오여, 이 세상에 퍼져있는 작은 형제들을 통하여 숭고한 성화의
삶의 모범을 세상에 보여주어 하나님을 기쁘시게 하자."라고 하였다. 웨
슬리도 역시 "하나님은 성경적 성결을 온 세상에 전파하려고 메도디스트
들을 일으키셨다."고 말하였다. 이런 점에서 프란시스를 중세의 웨슬리라
부르고 웨슬리를 근대의 프란시스라고 부르는 것이다. 이와 같이 두 성자
는 자신이 먼저 '그리스도같이 되기' 위하여 무소유의 거룩한 가난과 완
전성화의 삶을 살면서 모든 그리스도 신자들이 세상에서 완전한 그리스
도 모방을 이루어 세상을 성화하기를 바랐으며, 이것을 위하여 전 생애를
바쳤던 것이다. 찰스 웨슬리는 1749년에 「찬송과 성시집」에 '완전한 구원
을 기다림' 이란 제목의 찬송을 넣었는데 이것이 메도디스트 찬송집 제일
처음 나타난 완전성화를 표현한 찬송이며, 그 내용의 중심은 하나님 형상
의 회복과 그리스도 모방이었다.

우리의 영혼이 예수와 연합하여
죄와 죽음의 법에서 자유했네
구주의 순결하고 흠 없는 마음
끝없는 의가 내 속에 들어오시니

하늘의 형상 하나님의 얼굴이어라

(Where the spirits to Jesus join' d

freed from the law of sin and death?

The Saviour' s pure and spotless mind?

The endless righteousness brought in?

The heavenly man, the heart renewed,

The living portrait of God?)

주여 약속하신 당신의 형상을

우리 안에 온전히 다시 지으사

사랑으로 완전한 당신의 마음

영광의 모습 닮게 하시고

우리 생명 영원히 성화하소서.119)

(Lord, we believe, and rest secure,

Thine utmost promise to prove,

To rise restored, and thoroughly pure,

In all thine image of Thy love,

Filled with the glorious life unknown,

For ever sanctified in all.)

4) 마음과 생활의 성결(holiness of heart and life)이다.

웨슬리의 완전 교리의 내용을 한마디로 표현하면 '마음과 생활의 성

---

119) John Tyson, Charles Wesley A Reader,(Oxford Univ. Press, 1988), p.374.

결'(Holiness of heart and life)이라고 할 수 있다. 이것이 메도디스트 신앙과 생활을 요약적으로 말해주는 가장 정확한 표현이며, 메도디스트의 가장 대표적인 표식이라고 할 수 있다. 웨슬리는

"성결은 구원의 조건이 아니라 구원 그 자체이며, 이러한 의미에서 구원과 성결은 동의어가 된다."[120]

고 말했다. 그는 또 '메도디스트에 대한 생각'이라는 에세이에서 "메도디스트의 본질은 마음과 생활의 성결이며, 메도디스트의 모든 일들은 이러한 성결에 집중하고 있다."[121]고 말하면서 이것은 또한 진정한 기독교의 목표와 본질이 된다고 가르쳤다. 그는 '메도디스트들에게 주는 조언'이라는 에세이에서

"메도디스트들이란 마음과 생활의 성결, 즉 모든 일에서 하나님의 계시된 뜻에 내적인 일치와 외적인 일치를 구하는 사람들…"[122]

이라고 하면서 메도디스트들이 이것을 간절히 구할 것을 촉구하였다. 찰스 웨슬리는 완전성결을 사모하는 신자들의 마음을 이렇게 노래하였다.

당신이 죄인들을 위하여 흘리신 피로서
우리 마음 가장 깊은 데까지 부으사
아담의 오염을 지워 주소서

120) WJW.,8, p.47.
121) WJW.,13, p.260.
122) WJW.,8, p.352.

나의 더러운 본성의 오물을 씻어주소서
악한 생각 한 가닥까지 태워주시어
주안에 완전한 평화 누리게 하소서

당신의 말씀에 생기 얻고 일어서오니
보혈로 씻으시고 성령으로 불사르소서
죄악을 소멸하고 온갖 은사 채우소서
당신의 사랑을 내 안에 완성하소서
내 모든 슬픔은 다시 오지 못하게
내게 비친 영광이 온 세상에 비추도록
완전히 성화되어 하나님께 살겠네[123]

웨슬리는 사도 요한의 "하나님께로부터 난 자마다 죄를 짓지 아니하나니…"(요일 3:9)라는 말씀과 "하나님께로부터 난 자는 다 범죄하지 아니하는 줄을 우리가 아노라."(요일 5:18)는 말씀 등을 근거로, "사도 요한의 가르침과 신약성서 전체의 흐름에 따라 우리는 아래와 같은 결론을 내린다. 즉 그리스도인은 죄를 짓지 않는다는 점에서 완전하다."[124]라고 주장하였다. 여기서 죄란 의도적인 죄를 말하는 것이다. 그러므로 완전성화를 얻은 그리스도인은 비고의적인 죄(involuntary sin)를 지을 수는 있지만 고의적인 죄(voluntary sin)를 짓지는 않는다고 웨슬리는 역설한다.

더 나아가서 완전이란 신자 안에서 죄의 세력을 파괴하고 새롭게 변화시키는 성령의 능력으로 죄된 생각과 악한 성품으로부터 자유케 되고 그리스도 안에서 하나님의 은사를 즐거워하는 것이라고 설명한다. 그는 소

123) PW.,10, p.12.
124) SS.,1, p.168-169.

극적인 완전이란 죄악된 기질과 그 죄악의 세력을 소멸하는 것이라고 했고, 적극적인 완전이란 그리스도가 내 안에 사는 것이며 또한 온갖 성결함과 의로움과 선함이 내 안에 가득 찬 것으로서 "이제는 내가 사는 것이 아니라 그리스도가 내 안에 사는 것이라"고 하는 사도 바울의 체험을 의미하는 것이며, 마음을 다하고 힘을 다하여 하나님과 이웃을 사랑하는 것이라고 말한다. 즉, 우리의 마음속의 죄악은 소멸되고 성결의 은사로 충만하게 되는 것을 말하는 것이다. 찰스 웨슬리의 찬송시에는 이러한 신앙이 가장 적절하고도 아름답게 표현되어 있다.

예수, 시작이요 완성이라
나의 영혼 주께로 가옵나니
주님의 역사 이루소서
나의 죄를 소멸하시고
사랑으로 완전케 하소서[125)

당신의 성화의 영 내게 부으사
영혼을 상쾌하게 몸을 정케 하소서
은혜의 소낙비를 지금 내리사
죄에서 깨끗이 나를 씻으소서

내게서 죄의 티를 모두 없이 하시고
우상을 모두 버리게 하소서
모든 악한 생각에서 정케 하소서

---

125) PW.,3, p.385.

자기중심과 교만과 더러움에서

육에 속한 모든 욕망
지금 곧 제거하소서
순결하여 믿음과 사랑 가득한
부드럽고 겸손한 마음 주소서

온갖 악한 질병과 연약함에서
당신의 은혜로 구원받았고
건강한 몸과 마음 다시 찾았네
완전한 성결을 얻었도다.126)

5) 완전한 사랑(perfect love)이다.

웨슬리는 완전 교리와 관련하여 '완전'(perfection)이란 단어의 의미와 인식 때문에 많은 오해와 비난 속에서 지루하고 귀찮은 논쟁을 해야만 했다. 원죄를 지녔으며 전적으로 타락한 인간이 완전할 수 있다고 가르치는 것은 잘못된 교리라고 주장하며 반대하는 사람들, 특히 칼빈주의자들의 심한 비난과 맞서야 했다. 이에 대하여 그는 메도디스트들이 주장하는 완전 교리는 인간의 원죄적인 무지와 오류와 연약함도 인정치 않는 절대적 완전을 주장하는 완전주의(perfectionism)가 아니라, 하나님을 향한 순수한 사랑(pure love)이요 완전한 사랑(perfect love)이라는 것과 하나님을 향한 순수한 사랑이 담긴 마음의 동기와 의도와 태도를 의미한다는 것을 모

---

126) PW.,5, p.161.

든 기회에 강조하여 설명하였다.

웨슬리는 완전성화의 본질은 '완전한 사랑' (사랑 안에 두려움이 없고 온전한 사랑이 두려움을 내쫓나니… 요일 4:18)이며, 그 특징은 "항상 기뻐하며, 쉬지 않고 기도하며, 범사에 감사하는 것"이라고 설명한다.127)

하나님과 이웃에 대한 완전한 사랑(perfect love of God and neighbors)-이것이 웨슬리가 주장하고 가르친 그리스도인의 완전(Christian perfection)의 가장 핵심적이고 구체적인 의미이다. 웨슬리는 그의 생애 약 60년 동안 완전성화에 관하여 생각하고 쓰고 가르치면서 다양하게 정의하기도 했으나, 이를 '사랑' 또는 '완전한 사랑' 이라는 용어를 사용하여 가장 자주 그리고 가장 즐겨 정의하고 가르쳤다.128)

웨슬리는 그리스도인의 완전(Christian perfection)이란 "우리의 온 마음을 다하여 하나님을 사랑하고, 우리의 모든 힘을 다하여 하나님을 섬기는 것이라고 말했다. 그리고 이와 같이 하나님을 사랑하고 섬기는 것이라는 말 이외에는 내가 완전의 의미를 더 잘 설명해 본 적이 없다."129)고 했으며, 완전에 대하여서 "내가 가르친 것은 이것 이상도 이하도 아니다."130) 라고 말했다.

그는 완전이란 "모든 성품을 조종하고 모든 말과 행동을 다스리는 겸손하고 부드럽고 인내심 많은 사랑"이라고 말했다. 또한 그리스도인의 완전의 의미를 가장 잘 보여주는 것은 고린도전서 13장의 사랑의 찬가이므로, 이 말씀을 읽고 명상하며 힘을 다하여 그 말씀을 따라 살자고 촉구했다.131) 웨슬리는 메도디스트들에게 완전성화를 향하여 나아갈 것을 촉구

127) WJW.,11, p.422.
128) WJW.,11, p.421-423.
129) LJW.,3, p.168.
130) LJW.,4, p.126.
131) LJW.,7, p.120.

하면서,

"메도디스트란 자기의 마음을 다하고 목숨을 다하고 힘을 다하여 주 하나
님을 사랑하는 사람이다. 하나님은 그 마음의 즐거움이요 영혼의 추구 대상
이시다 … '내 모든 것 되시는 나의 하나님, 당신은 내 마음의 힘이시며 나
의 영원한 분깃이십니다.' 라고 끊임없이 외치는 사람이다."

라고 말했다.[132] 그는 '성서적 구원의 길' 이라는 설교에서 완전의 교리를
설명하기 위하여 그리스도인의 완전(Christian perfection), 전적인 성화
(entire sanctification), 충만한 구원(full salvation), 위대한 구원(great
salvation) 또는 완전(perfection)이라는 표현을 사용하기도 했다. 그러나 그
는 완전이란 단어가 여러 가지 의미를 지니고 있지만, 본질적으로

"그것은 완전한 사랑(perfect love)을 의미한다. 그것은 죄를 몰아내는 사
랑(love excluding sin)이다; 마음을 가득 채우며 마음을 전적으로 포용하
는 사랑이다."

라고 말했다.[133] 1771년에 쓴 한 편지에서는

"전적인 성화 즉, 그리스도인의 완전이란 순수한 사랑(pure love)- 죄를 몰
아내고 하나님의 자녀들의 마음과 생활을 다스리는 사랑이다."

---

132) SS.,2, p.386.
133) SS.,2, p.448.

라고 말했다.134) 그는 또 조지 벨과 토마스 막스필드와 같이 인간이 죄 없는 천사같이 될 수 있다고 주장하는 과장되고 비성경적인 완전주의(perfectionism)를 경계하는 편지에서도 성경적인 의미에서 완전이란 오직 "순수한 사랑; 죄를 몰아내는 사랑이다."라고 역설하였다. 웨슬리는 사랑이 갖고 있는 신비한 구원의 효력 즉, 사랑이 모든 죄를 몰아내고 완전한 성화에까지 이끌어 가는 신비한 효력에 대하여 다음과 같이 아름다운 말로 표현하였다.

> "사랑은 인간을 살리는 생명의 약이요 무질서한 세상의 모든 악을 치료하고 모든 인간의 불행과 죄악을 치료하는 결코 실망시키지 않는 특효약이다."(… the medicine of life, the never failing remedy for all the evils of a disordered world, for all the miseries and vices of men)135)

찰스 웨슬리는 사랑이 모든 선한 것을 포용하고 생산하는 원천인 동시에, 그리스도인 생활의 기초요 정점이요 충만함이라고 기술하였다. 그는 사랑/완전한 사랑은 죄를 몰아내는 힘이요 성결의 본질이라는 사실을 다음과 같이 아름답게 표현하였다.

> 사랑은 우리를 새로운 피조물로 만들고
> 오직 사랑만이 우리를 진실하게 만드네
> 완전한 사랑은 우리 죄를 몰아내고
> 완전한 사랑은 우리 안에 계신 하나님일세136)

---

134) LJW., 5, p.224.
135) WJW., 8, p.3.
136) PW., 6, p.404.

(Love, that makes us creatures new,

Only love can keep us true,

Perfect love that casts out sin,

Perfect love is God within.)

사랑은 우리의 진실한 성결이고

사랑은 흠이 없이 순결한 성품이어라

사랑은 자유, 평화, 용서, 그리고

지금 여기에서 우리의 완전이어라

(Love our real holiness,

Love our spotless character,

Love is liberty and peace,

Pardon, and perfection here;)

사랑 아니면 이런 것 줄 수 없어라

당신의 사랑이 우리의 모든 것 되소서

그러면 우리가 당신의 형상으로 일어나고

그러면 어떤 유혹에도 빠지지 않으리[137]

(Less than this cannot suffice;

Love be thou our all in all;

Then we in Thine image rise,

Then we into nothing fall.)

---

137) PW.,7, p.346.

웨슬리는 사랑은 성화의 요약(the sum of Christian sanctification)이며,[138] 성화는 한 가지 의도와 한 가지 소원(one design and one desire)으로 하나님께 바쳐진 순수한 사랑 또는 완전한 사랑이라고 가르쳤다.[139] 완전 성화는 '사랑의 에너지로 가득 찬 믿음'(faith filled with the energy of love)의 상태이다. 왜냐하면 믿음은 하나님을 사랑하고 이웃을 사랑할 수 있는 사랑의 에너지이며, 이러한 사랑의 에너지로 가득 찬 믿음만이 진정한 믿음이요 성경적인 믿음이기 때문이다. 만일 사랑의 에너지가 결여된 믿음이라면 그것이 아무리 정통의 교리를 믿는 믿음이라도 거짓된 믿음이 아닐 수 없다고 웨슬리는 가르쳤다. 사도 바울이 말한 대로 그것은 오직 '사랑으로 역사하는 믿음'(faith working by love)이요, '사랑에 의해서 완전해지는 믿음'(faith made perfect by love)이다.[140]

'사랑', '순수한 사랑', '죄를 몰아내는 사랑', '완전한 사랑'과 같은 용어들이 웨슬리가 성화 또는 완전의 교리를 성서적이고도 실제적이고 경험적인 의미를 표현하기 위해서 가장 많이 즐겨 사용한 단어들이다. 그럼에도 불구하고 그는 이 교리의 대표적인 이름을 '그리스도인의 완전'으로 사용하여 세상에 선전하였다. 이렇게 하는 이유에 대하여 웨슬리는 성서가 그렇게 가르치고 있기 때문이라고 말하였다. 윌리암 생스터(W. Sangster)는 만약 웨슬리가 이 교리의 이름을 완전 대신 완전한 사랑이라 불렀다면 많은 사람의 오해와 비난을 받지 않아도 되었을 것이라고 주장하면서 이 교리의 이름을 완전한 사랑이라고 부르는 것이 성서적이며 가장 적절하다고 제안하였다.[141] 찰스 웨슬리는 그의 찬송시에서 이 교리를

---

138) WJW.,6, p.488.
139) LJW.,5, p.6.
140) WJW.,8, p.290.
141) William Sangster, The Path To Perfection, (Epworth Press, 1956), p.142–149.

다음과 같이 아름답게 표현하였다.

주님만이 내 마음 통치하소서.
당신만이 내 맘에 사소서.
내 마음의 모든 생각 순결하고
거룩하고 완전한 사랑으로 가득 차,
주님처럼 의롭고 순전하게 하소서.
(… and full of love divine perfect and
right and pure and good, a copy, of thine.)

당신의 이름 내 맘에 새기소서
세상에 가장 좋은 사랑의 이름
천사들처럼 당신을 섬기고
기도하고 찬양합니다.
당신의 완전한 사랑 이루기까지
(glory in thy perfect love)

당신의 새 창조 완성하소서
우리가 순결하고 흠이 없도록
당신의 위대한 구원 보게 하소서
당신 안에서 완전히 이루소서
사랑으로 나를 완전케 하소서[142]
(perfect me in love)

---

142) PW., 3, p.301.

웨슬리는 그의 논문「그리스도인의 완전에 대한 평이한 해설」에서 "그리스도인의 완전이란 무엇인가?"라는 질문에 대하여

"하나님을 사랑하되 우리의 마음과 뜻과 목숨과 힘을 다해서 사랑하는 것이다. 우리 안에 사랑에 위배되는 성품은 조금도 남아 있지 않고 우리의 모든 생각과 말과 행동이 순수한 사랑에 의해서만 지배되는 것을 의미하는 것이다."143)

라고 대답함으로써 그리스도인의 완전성화는 완전한 사랑이라는 자신의 가르침을 분명하게 나타냈다.

6) 완전한 헌신(whole dedication)이다.

완전이란 자신의 몸, 마음, 의지, 능력, 재능 등 모든 소유를 포함하여 생애 전체를 완전히 하나님께 바쳐 사는 삶이다.

"완전은 삶 전체를 하나님께 바치는 의도의 순수성이다. 그것은 온 마음을 다 하나님께 바쳐 한 가지 소원과 한 가지 의도만이 우리의 기질 전체를 지배하게 하는 것이다. 그것은 삶의 일부가 아니라 그 전부를 하나님께 제물로 바치는 것이다. 만일 하나님께 바쳐지지 않은 것이 있다면 그것은 마귀에게 바쳐진 제물이 된다. 반쯤이나 95% 또는 99% 크리스천도 아니다. 100%, 즉 전적인 크리스천이 되는 것이다."144)

---

143) WJW.,11, p.394.
144) LJW.,7, p.129.

이와 같이 완전이란 하나님을 기쁘시게 하고 하나님께 순종하려는 오직 한 가지 마음(singlemindedness: singleminded dedication)과 한 가지 소원을 가지고 마음과 생활 전체를 드리는 것(wholeheartedness: wholehearted devotion)이다. 웨슬리는 「메도디스트들에 관한 평이한 해설」이란 글에서 그리스도인의 완전성화를 이렇게 설명한다.

"이것이 곧 완전한 사람이 되는 것이니, 전적으로 거룩하여지는 것이며, 하나님의 사랑으로 온통 불타오르는 것이며, 계속하여 모든 생각과 언행을 그리스도를 통하여 하나님이 받으실만한 영적 제사로 드리는 것이며, 우리의 모든 생각, 우리 혀의 모든 말, 우리 손의 모든 행위에서 우리를 어둠에서 놀라운 빛으로 불러내신 분을 찬양하는 것이다."145)

찰스 웨슬리는 그리스도인의 완전한 헌신에 대하여 다음과 같이 노래하였다.

예수의 이름, 죄인을 치료하시고
내 마음 성결케 사랑으로 완전케 하소서.
내 모든 마음과 힘과 소유와
내 모든 것 생명까지 바치옵니다.

당신의 죽으심은 나로 하여금
주만 위해 살라 하심 아니옵니까?
나의 영혼과 몸 나 위해 죽으신

---

145) WJW.,3, p.30.

주님께 바치라하심 아니옵니까

오소서, 내 하나님, 나의 주시여

값비싼 피로 사신 날 취하소서.

님의 귀한 사랑과 진리 위하여

님의 것 이 종을 사용하소서

크신 이름 내 안에서 빛내옵소서

지금 곧 나를 받아 당신 것 삼고

속속들이 정결케 씻어주시어

당신만 위해 살게 하소서.146)

7) 하나님의 영광만을 구하는 것이다.

완전이란 무엇을 하든지 모든 일에서 오직 하나님의 영광만을 구하는 삶이라고 웨슬리는 가르친다. 그는 "먹든지 마시든지 무엇을 하든지 다 하나님의 영광을 위하여 하라"(고전 10:31)는 성구를 인용하면서 다음과 같이 말한다.

"하나님을 궁극의 목적으로 하는 것 이외에는 아무 계획도 아무 욕망도 갖지 말라 … 하나님의 이름을 찬양하기 위해서가 아니면 세상에 살려고 하지도 말라. 당신들의 모든 생각, 말, 사업은 하나님의 영광을 위한 것이 되게 하라 … 마음에 순수한 의도를 품고 모든 행동에 있어서 하나님의 영광만을 목적으로 삼으라 … 그리고 그분을 기쁘시게 하기 위하여가 아니면 아무것

146) PW.,6, p.300.

도 하지 말라."147)

웨슬리는 1739년 출판한 「찬미와 성시집」에서 동생 찰스의 찬송시를
인용하여 완전의 의미를 설명한다.

우리의 모든 행동에는

사랑이 그 인도자 되고

당신의 영광이 그 목적 되게 하소서

생명의 주인이신 당신만 섬기게 하소서

흩어진 내 생각을 당신 안에 모으시고

당신만을 모든 일에 목적 삼게 하소서

주의 사랑 영원토록 나를 덮으사

내 하는 모든 일로 주 높이게 하소서148)

8) 성결(聖潔)은 행복이다.(Holiness is happiness.)

웨슬리는 성화가 인간의 현세에서의 행복을 부정하거나 제한하는 것이
아니라, 오히려 인간이 진정한 행복(true happiness)을 얻는 유일한 길임을
강조하였다. 웨슬리는 기독교의 구원이란 우선적으로 이 세상에서 누리
는 현재적인 행복이라고 가르쳤다. "구원이란 무엇인가? … 그것은 영혼
이 천당에 올라간다든지 아브라함의 품에 안긴다든지 하는 것이 아니다.

---

147) SS.,2, p.473.
148) CHPM., p.376.

구원이란 죽음 이후의 저 세상에 있는 것이 아니다 … 당신이 구원받았다는 것은 현재의 일이다. 하나님의 자비로 말미암아 현재 이 세상 생활에서 얻는 것이다." 웨슬리에게서 기독교의 구원이란 이 세상 현재 생활에서 진정한 행복을 얻는 것이다. 웨슬리는 그러므로 "기독교는 행복이다." (Religion is happiness.)라고 가르친다.

> "만일 기독교와 행복이 사실상 동일한 것이라면 아무라도 기독교를 소유했으면서 행복을 소유하지 못했다는 것은 불가능하다. 왜냐하면 행복 없는 기독교를 가진다는 것은 이 세상에 없기 때문이다. 기독교와 행복은 어떤 경우에도 분리될 수 없이 하나이기 때문이다."149)

웨슬리의 행복론은 '오직 하나님 안에서의 행복'(Happiness is in God alone.)에서 출발한다. 왜냐하면 하나님은 인간의 현재적이고 영원한 모든 진정한 행복의 원천이며(All the springs of true happiness is in God) 공급자이기 때문이다. 웨슬리는 하나님은 모든 만물을 행복하도록 창조하셨고, 인간을 행복하도록 창조하셨으므로 인간이 하나님을 알 때 하나님 안에서 인간의 삶은 한없이 복을 받는다고 말한다. 또한 "행복은 순간에 시작되고 순간에 끝나버리는 가볍고 시시한 쾌락이 아니며, 영혼에 언제나 영원히 만족을 주는 평안(wellbeing)의 상태이다."150)라고 정의한다.

그는 그리스도인의 행복을 육체와 정신의 어떤 쾌감, 즉 세속적인 행복 같은 만족과 분명히 구분한다. 그러므로 인간이 누릴 수 있는 참되고 영원한 행복은 하나님의 아들에게 계시된 대로 하나님에 대한 지식과 사랑으

---

149) WJW.,5, p.433.
150) WJW.,7, p.497-498.

로 구성되어 있으며, 이러한 지식과 사랑은 우리로 하여금 모든 하늘의 성품(heavenly tempers)과 선행을 낳게 한다.[151] 사실상 인간의 행복은 얼마나 하늘의 성품을 갖느냐에 달려있다고 할 수 있다. 하늘의 성품은 사랑과 소망과 오래 참음과 평화와 온유와 기쁨과 겸손과 자비와 절제와 모든 하나님의 진리와 선을 즐거워하는 마음이다. 그리고 이러한 거룩한 하늘의 성품은 신자 안에 하나님의 나라(행복)를 구성한다.[152] 웨슬리는 이 행복 외에 하나님 밖에서 찾는 행복은 모두가 거짓된 행복(false happiness)이요 인간을 속이는 잘못된 행복이라고 한다.[153] 웨슬리는 인간에게 제안할

> "행복은 하나뿐인데 그것은 인간을 지으신 분과 연합하는 것이요 …, 인간이 추구할 목표는 오직 한 가지인데 그것은 시간에 있어서나 영원에 있어서나 하나님을 즐기는 것이다. 이외에 다른 것들은 이 일에 도움이 되는 한 추구하라 …, 무엇을 생각하든지 말하든지 행하든지 우리의 존재의 근원이시며 목적이신 하나님 안에서 행복이 되도록 하라 … 모든 피조물이 세상에서 추구할 최선의 목적은 하나님 안에서의 행복이다."(The best end which any creature can pursue is happiness in God)

라고 가르쳤다.[154] "모든 것 중에 가장 좋은 것은 하나님이 우리와 함께 계신 것이다."(The best of all is God with us.)라는 유명한 웨슬리의 유언은 웨슬리 자신의 고백적 행복론이라고 볼 수 있다. 웨슬리는 그리스도인의 완전성화론을 통해서 온 인류에게 진정한 행복론(eudaemonism) 또는 행

---

151) WJW., 6, p.432.
152) WJW., 5, p.294.
153) WJW., 6, p.431.
154) WJW., 6, p.432.

복학(eudaemonics)을 가르치려고 했다. 웨슬리에게 믿음은 사랑하기 위한 방편이요, 사랑은 성결을 위한 방편이요, 성결은 행복의 방편이다.155)(Faith is a means in order to love, just as love is in order to goodness, just as goodness is in order to holiness, and just as holiness is in order to happiness.) 그리고 하나님은 본래 우리를 이러한 거룩한 삶(holy living) 즉, 행복한 삶(happy living)을 살도록 만드셨으며, 언제나 이러한 삶에로 부르신다. 또한 하나님은 사랑과 평화와 기쁨으로 가득 찬 성결, 행복을 온 땅에 전파하도록 우리를 세상에 내어 보내신다.156) 웨슬리는 "성결과 행복은 하나이며 이것을 성서에서는 천국 또는 하나님의 나라라고 한다." 라고 말하면서,157) 이러한 자신의 생각을 '하나님의 나라로 가는 길' 이란 설교에서 다음과 같이 표현하였다.

"참 종교란 하나님과 사람에게 향하는 마음이며, 성결이요 동시에 행복이기 때문입니다. 그것은 다만 의로움 뿐 아니라 평화와 성령 안에서의 기쁨이기도 합니다. … 그것은 모든 고통에 찬 불안을 추방하는 평화입니다. … 또 그것은 불안과 고뇌를 주는 모든 공포, 하나님의 진노의 공포, 지옥의 공포, 악마의 공포, 특히 죽음의 공포를 추방합니다. … 하나님의 평화가 영혼 안에 확고하게 자리 잡은 곳에서는 그것과 함께 '성령 안에서 기쁨' 도 있습니다. 그것은 성령에 의하여 마음속에 만들어진 하나님의 행복입니다 … 성령의 증거로 생겨나는 평화와 확실한 기쁨이 그리스도인의 영혼에 충만케 되는 행복입니다 … 이 성결과 행복이 하나로 되어 있는 것을 성경은 '하나

---

155) Albert. C. Outler, John Wesley,(Oxford univ. Press, 1964), p.31.
156) WJW.,7, p.423.
157) SS.,1, p.154-155.

님의 나라'라고 부릅니다 … 하나님은 우리의 마음속에 왕좌를 정하시고 우리의 마음은 즉시로 의와 평화와 기쁨으로 충만해집니다. 천국이라고 불리우는 행복이 바로 우리 영혼 안에서부터 열려져 있기 때문입니다."158)

웨슬리의 행복론에서는 인간의 행복은 성화의 정도에 비례한다. 즉 행복은 성결에 의존한다. 거룩한 삶(holy life)은 행복한 삶(happy life)이다. 그리고 인간이 불행한(unhappy) 것은 거룩하지 못하기(unholy) 때문이다. 웨슬리의 완전성화론은 침울하고 억누르는 율법주의나 도덕주의가 아니며, 인간의 행복을 침해하거나 소홀히 하는 금욕주의나 염세주의, 그리고 잘못된 신비주의의 요소를 전혀 보이지 않는다. 완전성화론은 인간의 행복을 경시하는 과도한 엄격주의나 우울한 경건주의가 아니다. 그것은 인간의 진정한 행복을 얻는 길을 가르치는 최선의 행복론이다. 웨슬리와 초기 메도디스트들은 성서적 행복론자들 (eudaemonists)이었다. 그러므로 "성경적 성결을 온 땅에 전파한다."는 말은 "성경적 행복을 온 땅에 전파한다."는 말과 같은 뜻이다. 찰스 웨슬리는 그리스도인이 경험하는 완전성화/완전한 사랑의 은사에 관하여 수많은 아름다운 찬송을 지었다.

나의 주님 내 안에 계심을 느끼네
내가 소리쳐 주의 은혜를 노래하네
내 모든 죄악이 다 깨어지고
내 마음과 모든 것 새로워졌네

내 떨리는 손으로 주의 손잡으니

---

158) 'The Way to the Kingdom of God', SS.,1, p.151.

이 손 영원히 놓지 않으리
하늘에 이르는 그날까지
주님의 모든 은사가 내 안에 가득하네

주님의 완전한 사랑 내 속에 가득해
내 생명에 거룩한 양식을 날마다 먹이시네
온전하고 아름답고 강하여라
완전한 자유 성령의 은사여
예수의 사랑 완전한 성결의 씨
내 마음에 심겨지고
내 발걸음 확실하고 내 길이 환하다
전능의 하나님과 연합이로다

예수의 피로 씻어 정결케 되고
내 안에 거룩한 불 사랑의 불이 타올라
내 속에 더러운 것 모두 태우고
정결한 당신의 성소를 만드시네

성령이여 오소서
불타는 성령이여 오소서
나의 육체를 태우시고 내 영혼을 밝히시어
내 생명 전부를 성결케 하소서

물과 성령으로 거듭났으니

내 눈은 날마다 천국을 보고

내 안에 주님의 완전한 사랑 있어

내 발걸음은 완전한 행복이어라159)

웨슬리는 「메도디스트의 특징」(The Character of a Methodist)이라는 에세이에서 메도디스트의 특징 중의 하나는 하나님 안에 언제나 행복한 것이라고 말하였다.

"그러므로 그는 하나님 안에서 언제나 행복합니다. 그렇고말고요. 그는 언제나 행복합니다. 마치 자신의 마음속에 영원한 생명의 샘물이 솟아나는 것처럼, 그리고 평화와 기쁨이 그의 영혼에 넘쳐흐르는 것처럼 행복합니다 … 그는 항상 기뻐합니다. 모든 일을 만나든지 영원히 주안에서 기뻐합니다."160)

9) 두번째 복(the second blessing)이다.

웨슬리는 칭의(justification)는 첫번째 복(the first blessing)이고 완전성화(perfect sanctification)는 두번째 복(the second blessing)이라고 가르쳤다. 이런 의미에서 그는 이원론적 구원론을 가르쳤다고 볼 수 있다. 칭의는 원칙적 구원으로서 원죄와 과거의 모든 죄로부터의 용서와 하나님 자녀의 신분을 얻는 복이고, 성화는 실제적이고 현실적 구원으로서 하나님 자녀의 신분을 갖고 그리스도의 모범을 따라 구원의 즐거움을 맛보며 하나님의 형상을 마음과 생활 속에 회복하는 그리스도인의 실제 생활의 복

---

159) CHPM.,1, p.328.
160) WJW.,8, p.342.

을 말한다. 웨슬리는 첫번째 복인 칭의를 받은 데에 머물러 있지 말고 두 번째 복인 완전성화를 향하여 계속 전진하라고 촉구하였다. 또한 그는 완전성화의 은혜(sanctifying grace)를 추구할 때에는 의롭다 하시는 은혜(justifying grace)를 받을 때에 얻은 첫번째 복을 간직하고, 즉 의롭다 하심을 받아 하나님의 자녀가 된 확신과 감격을 잊지 말고 감사와 기쁨 중에 추구하라고 가르쳤다.161)

웨슬리는 진정한 그리스도인은 누구나 완전성화의 높은 이상(lofty ideal)을 바라보며, 정상적인 그리스도인이라면 완전성화의 거룩한 목표와 비전을 가지고 나아간다고 끊임없이 강조하였다. 그는 완전성화를 그리스도인의 위대한 구원(great salvation) 또는 충만한 구원(full salvation)이라고 부르면서 메도디스트들에게 그리스도인의 최상의 복을 추구할 것을 격려하였다. 초기 메도디스트들은 칭의에 만족치 않고 두번째 복인 완전성화의 선물을 얻기 위하여 특별히 가능한 한 빠른 순간에 완전한 사랑(perfect love)의 은사를 얻기 위하여 성령의 불세례를 구하였다. 즉 모든 인간의 본성에 있는 하나님을 온전히 사랑하지 못하는 죄악을 뿌리째 뽑아버리고 하나님과 이웃을 완전한 사랑으로 사랑하는 완전한 성결을 신앙의 높은 이상과 거룩한 목표로 삼고 기도하고 경건의 훈련을 계속하였다.

10) 성경적인 교리이며 주님의 교리이다.

웨슬리는 완전의 교리가 웨슬리 자신이 발명한 웨슬리의 교리가 아니라, 구약과 신약에서 명백히 가르치는 성경적인 교리라고 주장한다. 그것

---

161) WJW.,11, p.457.

은 "하늘에 계신 너희 아버지의 온전하심 같이 너희도 온전 하라."고 명하신 우리 주님의 교리 즉 예수 그리스도의 교리일 뿐 아니라, 그것은 사도 바울의 교리요 사도 야고보의 교리요 사도 베드로와 사도 요한의 교리이며 모든 순수하고 온전한 복음을 전하는 모든 사람의 교리라고 역설한다. 그는 이 교리가 성경적인 교리라는 사실을 그의 논문 '그리스도인의 완전에 대한 평이한 해설'에서 시종일관 증명하고 주장하였다. 웨슬리가 이 교리의 성서적 근거로서 제시하는 대표적인 성구들은 다음과 같다.

> "너는 이스라엘 자손의 온 회중에게 말하여 이르라 너희는 거룩하라 이는 나 여호와 너희 하나님이 거룩함이니라."(레 19:2)
> "너희는 나에게 거룩할지어다 이는 나 여호와가 거룩하고 내가 또 너희를 나의 소유로 삼으려고 너희를 만민 중에서 구별하였음이니라."(레20:26)
> "그가 이스라엘을 그의 모든 죄악에서 속량하시리로다."(시 130:8)
> "맑은 물을 너희에게 뿌려서 너희로 정결하게 하되 곧 너희 모든 더러운 것에서와 모든 우상 숭배에서 너희를 정결하게 할 것이며 … 내가 너희를 모든 더러운 데에서 구원하고…"(겔 36:25, 29)
> "네 하나님 여호와께서 네 마음과 네 자손의 마음에 할례를 베푸사 너로 마음을 다하며 뜻을 다하여 네 하나님 여호와를 사랑하게 하사…"(신 30:6)
> "하늘에 계신 너희 아버지의 온전하심과 같이 너희도 온전하라."(마 5:48)
> "네 마음을 다하고 목숨을 다하고 뜻을 다하여 주 너의 하나님을 사랑하라 하셨으니 이것이 크고 첫째 되는 계명이요 둘째도 그와 같으니 네 이웃을 네 자신 같이 사랑하라 하셨으니 이 두 계명이 온 율법과 선지자의 강령이니라."(마 22:37-40)
> "곧 내가 그들 안에 있고 아버지께서 내 안에 계시어 그들로 온전함을 이루

어 하나가 되게 하려 함은…"(요 17:23)

"평강의 하나님이 친히 너희를 온전히 거룩하게 하시고 또 너희의 온 영과
1) 혼과 몸이 우리 주 예수 그리스도께서 강림하실 때에 흠 없게 보전되기
를 원하노라 ."(살전 5:23)

"이 약속을 가진 우리는 하나님을 두려워하는 가운데서 거룩함을 온전히
이루어 육과 영의 온갖 더러운 것에서 자신을 깨끗하게 하자"(고후 7:1)

그 외에도 요한일서 3:8, 에베소서 5:25-27; 3:14, 로마서 8:3-4, 디도
서 2:11-14, 누가복음 1:69, 요한일서 4:17 등이 있으며, 성서 전체가 완전
성화를 요구하고 있다고 주장했다.

웨슬리는 1756년 자신의 완전의 교리를 비성경적이라고 비판하는 옥
스퍼드의 다드 박사(Dr. Dodd)에게 보내는 편지에서 "나는 지난 27년간 성
경 연구를 나의 가장 중요한 것으로 여기고 연구한 결과 그리스도인은 모
든 마음을 다하고 힘을 다하여 하나님을 사랑하고 섬기도록 부름을 받는
다는 사실을 발견하였으며, 그러므로 완전의 교리는 성경에서 나온 용어
이다 … 당신은 내가 이 교리를 고대이든지 현대이든지 다른 권위에 세우
는 것이 아니고, 성경 위에 세우고 있다는 사실을 쉽게 인정할 수밖에 없
을 것"이라고 역설하였다.162)

11) 완전성화는 영화(榮化; glorification)를 소망한다.

이 땅 위에서 완전성화라는 것은 어디까지나 원죄의 뿌리로부터 나오
는 무지와 실수와 연약함을 지닌 제한적이고 상대적인 것일 뿐 아니라, 다

---

162) WJW.,11, p.449.

시 잃어버릴 수 있는 임시적인 것이지 영원히 보장된 것이 아니다. 그러나 영화란 이러한 세상적이고 육체적인 모든 한계로부터 자유한 절대적 완전의 상태를 말하는 것이다. 이러한 절대적 완전 즉 죄와 죽음의 세력으로부터의 완전한 구원은 우리가 죄악의 본성을 지닌 육체를 떠나 영원한 천국에 갈 때에만 가능한 것이다. 즉, 사도 바울의 말처럼 죄를 짓거나 죄의 유혹을 당하는 상태로부터 완전히 자유한 상태로, 죽을 몸이 죽지 않을 몸으로, 썩을 몸이 썩지 않을 몸으로 변화하는 것이다. 이는 주 안에서 잠자는 자들이 예수 그리스도의 재림의 날에 부활하여 예수 그리스도의 부활의 생명을 입고 신령한 몸 즉, 예수 그리스도의 영광의 몸과 같이 변화하는 영원한 복을 의미하는 것이다. 이러한 영화는 영원하신 삼위일체 하나님과 함께 내세의 천국에서 영원히 사는 삶이다. 웨슬리는 '죽은 자의 부활' 이라는 설교에서 다음과 같이 말한다.

> "부활의 때에 우리가 소유할 몸은 죽지 않고 썩지 않을 것입니다. … 이것은 죄가 세상에 가져온 육체의 모든 악으로부터 우리가 완전히 자유로울 것이라는 사실과 우리들의 몸은 질병이나 고통 또는 우리가 매일 당하는 그 어떤 불편함에 종속되지 않을 것이라는 사실을 의미합니다. 이것을 성경은 '우리 몸의 구속' 이라고 합니다 … 우리가 대면하여 씨름해야 하는 그 모든 연약함과 비참함에 종속하는 그런 몸을 우리가 다시는 입지 않을 것입니다 … 우리의 몸은 영광 중에 일으킴을 받을 것입니다. '그 때에 의인들은 그들의 아버지의 나라에서 해와 같이 빛날 것입니다.' 이와 비슷한 것을 우리는 모세가 산에서 하나님과 대화하고 있을 때 그의 얼굴에 나타난 광채에서 봅니다."163)

163) WJW.,7, p.479-481.

웨슬리는 이와 같이 신약성경에 계시되고 사도들의 케리그마에 나타난 주의 재림과 죽은 자의 부활과 심판과 형벌과 상급, 그리고 천국에서의 영원한 영화의 삶을 믿었으며 설교하였다. 웨슬리에 있어서 완전성화를 구하는 신앙은 본질적으로 이와 같은 영화를 소망하는 것이다. 바로 이러한 영화야말로 구원의 절대적 완성인 것이다. 웨슬리는 '성경적 구원의 길'이란 설교에서는 현재적 구원을 강조했지만 여러 편의 설교에서 미래적이고 초월적이고 내세적인 구원에 관하여 진지하게 설명하였다. 어떤 신학자들은 웨슬리가 현세적인 구원만을 말하고 내세적인 구원에 관해서 별로 관심이 없다고 하는데 그것은 사실이 아니다. 웨슬리는 여러 종류의 설교에서 종말의 날/주의 날에 하나님의 의로운 심판과 형벌 그리고 영원한 복과 상급에 관하여 분명하게 말하고 있다.164)

"인자가 영광 중에 오셔서 각 사람에게 상을 주실 때에 그 보상은 분명히 다음과 같이 분배될 것입니다. (1) 우리 자신의 내적 성결; 우리가 얼마나 하나님의 형상을 닮았는가에 따라서, (2) 우리의 선행에 따라서, (3) 우리의 주님을 위한 고난에 따라서 될 것입니다. 그러므로 시간 안에서 당신이 무슨 고난을 받든지, 그것은 영원 안에서 당신에게 말할 수 없는 유익이 될 것입니다. 당신의 수많은 고난은 지나가고 이제 당신의 기쁨이 다가옵니다. 위를 바라보시오. 사랑하는 친구여, 위를 바라보시오. 그리고 당신에게 씌어질 당신의 면류관을 보십시오. 잠시 후에 당신은 하나님 오른 편에서 영원히

---

164) 웨슬리가 이와 같은 영화에 관련된 종말론을 다룬 설교들은 '최후의 심판'(48번), '영원에 관하여'(54번), '선한 천사들에 관하여'(71번), '악한 천사들에 관하여'(72번), '지옥에 관하여'(73번), '중대한 문제'(84번), '부자와 나사로'(112번), '예복에 관하여'(120번), '죽은 자들의 부활에 관하여'(137번), '산상수훈 7'(27번), '산상수훈 11'(31번) 등이며, 그 외 여러 설교들에서도 부분적으로 언급하였다. 그리고 신약성서 주해에서도 종말론에 관련된 부분에서 영화에 관하여 설명하고 있다.

흐르는 기쁨의 강물을 마시게 될 것입니다."165)

웨슬리는 세 가지 차원의 하나님 나라 즉, 인간의 심령 속에 이루어지는 하나님 나라와 지상의 사회에서 실현되는 하나님 나라와 내세에서 이루어지는 하나님 나라에 관하여 여러 곳에서 설명한다.

"하늘나라와 하나님 나라는 동일한 것에 관한 두 개의 용어이다. 그것들은 하늘에서 누릴 수 있는 상태로서 인간의 심령 속에 있는 하늘의 영광스런 상태이다. 이것은 또한 지상에서 실현되는 복음의 시대에서 하나님의 자녀들이 모아서 하나님께 드리는 그의 백성들의 나라를 의미하는데, 먼저 지상에서 이루어지고 그 다음으로는 영광 중에 하나님과 함께 있게 될 것이다. 성경에는 이와 같은 하나님 나라가 지상의 것으로 표현되기도 하고 또한 천상의 영화로운 상태로 표현되기도 하나 사실은 둘 다 포함하는 것이다."166)

웨슬리는 '새로운 창조' 라는 설교에서 하나님은 아담이 에덴에서 누리던 것보다 훨씬 더 탁월하고 순수한 성결과 행복을 인간을 위해 만들어 주셨다고 말하면서 이것은 하나님의 자녀들을 위해서 새롭게 창조하신 영화의 나라라고 설명했다.

"하나님은 아담이 낙원에서 향유한 것보다 훨씬 월등한 성결과 행복을 주신다. 사도는 이것을 매우 아름답게 묘사하였다: 하나님은 그들의 눈에서 모든 눈물을 씻어주실 것이요 다시는 죽음이 없을 것이요 슬픔도 고통도 없

---

165) LJW.,8, p.251.
166) ENNT., 마3:2, 22.

으며 더 이상 어떤 고통도 없을 것이다. 이제 이 모든 고통은 끝났기 때문이다 … 이제부터는 하나님과의 깊고 친밀하고 영원한 교제만이 있으며, 삼위일체 되신 하나님과 그에 속한 모든 피조물들이 다 함께 한량없이 영원한 기쁨으로 충만할 것이다."167)

이와 같이 구속받은 하나님의 자녀들은 장차 모든 죄와 죄의 고통에서 완전한 자유를 얻어 완전한 사랑과 완전한 성결로서 하나님을 섬기면서 하나님께 감추어졌던 모든 하나님 나라의 영원한 복을 누리는 것이다. 이것은 인간이 바라는 구원의 완성이요 이것은 전능하신 하나님의 초월적인 세계에서만 이루어지는 것이다. 웨슬리는 이것을 영화(榮化)라고 가르쳤으며, 모든 신자들이 영화의 믿음과 소망 중에 순례자의 여정을 걸어갈 것을 격려하였다. 찰스 웨슬리는 신자의 영화의 복을 다음과 같이 표현하였다.

오! 행복한 영혼이여, 그대의 수고는 끝나고
그대의 싸움도 다하고 달려 갈 길을 마쳤으니
승리한 그대여 이제는 평안히 쉬어라
그대 이제 여기서 사랑 안에서 완전해졌고
천국의 가족과 연합하였으니
영원히 복 받은 자들과 기쁨 중에 거하도다

그대의 태양은 다시는 어두움에 덮이지 않고
그대의 달도 다시 빛 잃지 않네

---

167) WJW.,6, p.248.

주님 예비하신 처소들은 빛나고

하나님 손으로 지으신 집들은

어린양의 영광으로 빛나네

그대 영존하시는 주와 함께 여기 거하라

하늘의 상급을 얻는 그대여

약속하신 낙원을 기다렸노니

우리 모두 영화를 입는 이 때를

천사들은 우리를 하늘 위 하늘로 이끄네

예수의 영광 이제 우리가 입네

부활의 영광 우리가 입도다.[168]

12) 성화의 은사는 어떻게 얻는가?[169]

(1) 믿음으로 얻는다.

웨슬리는 성화도 칭의와 같이 믿음으로 얻는다고 확고하게 주장한다. 웨슬리는 칭의는 믿음으로 얻지만 성화는 행위로 얻는다고 말하는 사람들의 주장에 분명한 반대를 선언하면서, 자신은 믿음으로 의롭다 하심을 얻는 것과 같이 성화도 믿음으로 얻는다고 언제나 어디서나 증거해 왔다고 공언했다. 그는 칭의도 성화도 우리를 구원하시는 하나님의 은혜를 믿음으로 이루어지는 것이다. 그리스도를 통한 구속의 은혜는 우리를 하나

---

168) PW.,3, p.156–157.
169) 필자는 이 부분에서 '기독교 타임즈'에 연재된 김홍기 교수와 이선희 교수와의 웨슬리의 구원론 논쟁 중에 상반하는 이견, 즉 "신자의 성화는 오직 믿음으로만 얻는가? 아니면 믿음과 함께 사랑/선행으로 얻는가?"하는 문제에 대하여 웨슬리 자신의 대답을 제시하고자 한다.

님께로 나아가게 하는 은혜(preventing grace)요, 의롭다 인정하는 은혜 (justifying grace)요, 성화하는 은혜(sanctifying grace)이기 때문이다. 웨슬리는 '성경적 구원의 길'이란 설교에서 다음과 같이 말한다.

"우리가 믿음으로 의롭다 하심을 받는 것과 꼭 마찬가지로 우리는 믿음으로 말미암아 성화됩니다. 그러므로 믿음이 성결의 조건입니다. 칭의에서 그랬듯이 성화되는데 있어서도 이 믿음이 유일한 조건(only condition)입니다. 믿는 자가 아니면 아무도 성화되지 않습니다. 믿음 없이는 성화도 없습니다. 믿음만이 성화되는 데 유일하고 충분한 조건입니다. 그리고 믿는 자는 누구나 성화됩니다. 다시 말해서 믿기까지는 아무도 성화되지 못하며 누구든지 믿을 때에는 성화되는 것입니다."[170]

그는 구원의 의미에 대하여 설명하는 글에서도 성결은 구원의 조건이 아니라 구원 그 자체이며, 이러한 구원(성결)의 유일한 조건은 믿음이므로 믿음이 없이는 이와 같은 구원을 얻을 수 없다고 역설하면서 그러나 믿는 자는 누구든지 이러한 구원(성결)을 얻을 수 있다고 말했다.[171] 1744년 처음 메도디스트 설교자 총회에서도 "믿음이 성화의 조건과 도구입니까?" 라는 질문에 대하여 웨슬리는 명백히 그렇다고 대답하고

"우리가 믿기 시작하면 바로 그 때부터 성화가 시작됩니다. 그리고 우리의 믿음이 증가함에 따라서 우리의 성화도 증가하며, 우리가 완전히 새로운 창조를 입을 때까지 증가합니다."[172]

---

170) SS.,2, p.452–453.
171) WJW.,8, p.47.
172) WJW.,8, p.279.

라고 설명하였다. 여기서 그는 성화는 믿음으로 얻어지는 것이며, 동시에 믿음과 성화는 본질적으로 함께 있는 것이며 함께 증가하는 것이라는 점을 분명히 하였다. 그래서 웨슬리는 진정으로 믿는 사람은 누구나 성결의 은사를 받지 못하는 사람이 없으며, 아무도 믿기 전에는 성결의 은사를 받지 못하나 믿을 때에는 성결의 은사를 받는다고 주장하였다. 웨슬리의 이러한 주장은 고린도전서 1장 30절에 "너희는 하나님으로부터 나서 그리스도 예수 안에 있고 예수는 하나님으로부터 나와서 우리에게 지혜와 의로움과 거룩함과 구원함이 되셨으니"라는 말씀에 근거한 것이다. 신자는 그리스도를 믿음으로 그리스도 안에서 칭의와 성화와 천국을 은사로 얻는 것이다.

(2) 성령의 역사(役事)를 통하여 얻는다.

웨슬리는 칭의는 물론 성화도 믿음을 통하여 성령의 능력으로 얻는다고 시종일관 주장한다. 성화의 은사를 믿음으로 얻는다는 말은 결국 인간이 죄악을 소멸하고 성결을 이루는 것은 인간의 힘으로가 아니라 하나님의 능력으로 된다는 말이다. 그러므로 웨슬리 형제는 완전성화는 성령의 역사(the operation of the Holy Spirit)로 이루어진다고 가르쳤다. 그는 "누구든지 성령을 받기 전에는 세상에서 하나님 없이 사는 자이며, 성령이 그에게 하나님을 계시하기 전까지는 하나님에 관해서는 무지하며 성령의 영감이 없이는 성결이나 하늘의 성품을 얻을 수 없다."[173]고 말하였다. 즉 인간의 마음속에 있는 죄악의 뿌리와 온갖 요소들을 소멸하는 것은 성령의 역사(the work of the Holy Spirit)이기 때문이다. 웨슬리는 참된 기독교 신앙은 내적 성결(inward holiness)과 외적 성결(outward holiness)을 목표

---

173) WJW.,8, p.106.

로 하며, 신자의 완전성화는 성령의 능력에 의하지 않고는 결코 이루어지지 않는다고 역설하였다.[174]

> "하나님의 영을 거룩하신 영(Holy Spirit)이라고 부르는 것은 그분의 본성이 거룩하심을 나타낼 뿐 아니라, 또한 그 분이 우리를 거룩하게 하시기 때문이다. 그러므로 성령은 성결의 위대한 원천이시다. 모든 은혜와 덕은 성령으로부터 나오는데 그로 인해서 신자의 죄책이 정결케 되고 신자는 거룩한 성품으로 새로워지고 창조주의 형상을 회복하게 된다. 하나님을 닮는 것과 신자의 의지와 정성이 하나님의 뜻과 일치하는 것이 곧 성결인 것이다. 그리고 바로 이 성결을 신자 안에 이루시는 것이 성령의 사역의 목적이요 계획이다."[175]

또한 이것은 물세례에 비교되는 성령의 세례 또는 죄악을 태워 소멸하는 성령의 불세례를 의미하는 것이다. 그래서 웨슬리는 메도디스트들에게 점진적인 성화뿐 아니라 성령의 역사로 얻어지는 순간적 성화를 더욱 사모하고 구하라고 촉구하였다. 그는 자신의 생애 말년에 이르러 메도디스트들의 신앙이 느슨해지는 것을 보면서 점진적 성화에만 의존하지 말고 더욱 전적으로 성령의 능력으로 일어나는 순간적 성화를 사모하라고 역설하였다.

오소서 성령이여, 내 마음 감동하사
내가 중생한 것 확증하소서

---

174) WJW.,13, p.259.
175) WJW.,7, p.486, 496.

오소서, 성령의 불세례 내려 주소서

(Come, and baptize me now with fire,)

죄악의 집을 헐고 성령의 집 지으소서

성령의 모든 열매 내 안에 채우소서

아니면 내 모든 것 헛되옵니다.

나는 죄에 다시 머물 수 없으니

진실로 내 안에 천국 이뤄 주소서

(I cannot rest in sin forgiven;

Where is the earnest of my heaven?)

"나의 천국 확증토록 의심 없이 인 치소서

능력의 인증 내가 느끼고 싶어요

주의 손이 써주신 거룩한 사랑의 서명

오 주님! 그것을 내 맘에 부으소서

사랑으로 가득히 성령으로 가득히

천국으로 가득히 하나님으로 가득히[176]

(Where the indubitable seal

That ascertains the kingdom mine?

The powerful stamp I long to feel,

The signature of Love Divine;

O, shed it in my heart abroad,

Fullness of love, of heaven, of God!)

---

176) PW.,1, p.308.

왜냐하면 인간의 마음속에 있는 죄의 세력은 근본적으로 인간 스스로의 힘으로는 이길 수도 없고 파괴할 수도 없으며, 이것은 오로지 하나님의 은혜, 즉 성령의 능력으로만 가능한 것이기 때문이다. 존 웨슬리만이 아니라 찰스 웨슬리도 완전성화가 성령의 은사요 성령의 순간적인 역사로 이루어진다는 사실을 확신하였다. 찰스는 메도디스트 부흥운동이 급속하게 불붙어 전국적으로 번져나갈 때 북부지방의 여러 신도회를 방문하면서 설교하였다. 그는 수많은 신자들이 완전성화의 은사를 사모하고 성령의 불세례를 체험하는 모습을 보고서 이와 같은 찬송을 지어 메도디스트들이 부르게 하였다.

구주여 크신 자비를 내 맘에 채우사
당신의 성결의 은사 내려 주소서

불같은 성령 임하사 내 맘을 밝히고
심령의 죄 육체의 정욕 다 태워주소서

저 연단하실 성령의 불 날 정결케 하시고
내 영혼에 내리사 완전한 성결 이루소서

일평생 나의 소원은 주 예수뿐일세
성령의 세례로 나 완전케 하소서[177]

이와 같이 성화는 신자 안에서 일하는 성령의 역사이고 성령을 통해서

---

177) PW.,3, p.223.

신자의 마음과 생활 속에서 이루어지는 하나님의 선물이다.178) 성령은 신자 안에서 죄악의 세력을 파괴하고 변화시켜 거룩한 하나님의 성품으로 완전히 채운다.179) 성령은 하나님이 신자 안에서 역사하여 하나님을 기쁘시게 못하는 거룩하지 못한 모든 기질을 소멸하고 하나님을 기쁘시게 하는 거룩한 기질(holy disposition)로 변화시켜 그의 마음과 생활을 거룩한 성품(holy temper)으로 가득 차게 한다. 이렇게 하여 성령은 신자들을 성령의 열매로 가득 채워 완전한 성화를 이루게 한다. 그러므로 완전이란 이와 같이 성령의 능력으로 변화된 거룩한 성품 즉 사랑, 기쁨, 평화, 인내, 친절, 양선, 충성, 온유, 절제(갈 5:16), 겸손, 감사 등의 성령의 열매로 가득 찬 삶이다. 찰스 웨슬리는 신자를 성결케 하는 성령의 역사를 이렇게 노래하였다.

성령의 은사를 나에게 채우사
주의 사랑 본받아 살게 하소서

성령의 은사를 나에게 채우사
정결한 마음 가지고 행케 하소서

성령의 은사를 나에게 채우사
추한 욕심을 다 태워 주소서

성령의 은사를 나에게 채우사

178) SS.,1, p.119; SS.,2, p.276, 476.
179) LJW.,11, p.64; SS.,1, p.304.

완전한 성결 이루고 살게 하소서

성령의 은사를 나에게 채우사
영원히 주의 나라에 살게 하소서180)

(3) 경건의 행위와 사랑의 행위를 통하여 얻는다.

다음으로 성화는 경건의 행위/경건의 훈련(works of piety)과 사랑의 행위/자비의 행위(works of mercy)를 통하여 얻을 수 있다. 이 두 가지 행위는 성화의 통로이며, 성화를 얻는 방편이다. 즉 성화의 은혜(sanctifying grace)를 얻기 위한 은혜의 방편(means of grace)이다. 믿음은 구원의 유일한 조건이며 선행(경건의 행위와 사랑의 행위)은 구원의 길(way)이라는 것이다. 이 두 가지 통로를 통과하지 않고는 아무도 성화를 얻을 수 없다. 하나님의 은혜는 성화의 원천이고 신자의 행위는 성화를 이루는 통로와 방편이다. 여기서 경건의 행위란 신자가 하나님과의 관계를 바르게 하고 충실하게 하기 위한 방편으로서 기도, 성경 연구, 가족예배와 공중예배, 성례전, 금식, 그리고 특별히 속회(Class meeting)와 반회(Band meeting) 등 은혜의 방편(the means of grace)을 의미한다.181) 성화는 이러한 경건의 행위(은혜의 방편)를 적극적으로 사용하는 경건의 훈련을 통하여 이루어진다. 즉 신자의 성화는 지속적으로 기도하며, 하나님의 모든 말씀에 순종하며, 계명을 지키며, 끊임없는 자기부정과 날마다 십자가를 지는 생활을 계속하며, 하나님의 모든 예법(ordinances)을 지키므로 이루어지는 것이다.182) 물론 신자의 성화는 죄로부터 구원하는 은혜(saving grace)를 믿음으로 그

---

180) PW.,5, p.173.
181) WJW.,8, p.322–324.
182) WJW.,7, p.60.

리고 죄의 세력까지 파괴하고 그리스도의 형상을 따라 우리를 새롭게 변화시키는 성령의 능력으로 이루어지지만 이러한 은혜와 성령의 능력을 힘입기 위해서는 우리가 적극적으로 경건의 행위라는 은혜의 방편을 사용해야 하는 것이다. 그는 1745년 총회에서 "우리가 완전성화의 약속이 이루어지기를 어떻게 기다려야 하는가?"라는 질문에 대하여 다음과 같이 대답하였다.

> "전적인 순종으로; 모든 하나님의 계명을 지키면서; 우리 자신을 부정하면서; 매일 자기 십자가를 짐으로서. 이것들이 하나님이 우리로 하여금 성화의 은혜(sanctifying grace)를 얻도록 제정하신 일반적인 방편들이다. 이 중에도 특별히 중요한 것들은 기도와 성경연구와 성만찬과 금식이다."183)

이와 같이 경건의 행위(훈련)는 성화의 은사를 얻는데 필수적인 방편이다. 경건의 행위 없이 신자의 성화는 불가능하다는 말이다. 웨슬리는 「완전에 대한 평이한 해설」에서 반복해서 완전에 대한 오해를 경계하면서,

> "메도디스트들은 하나님의 모든 예법에 참여하지 않고도(dispensation from attending all the ordinances of God) 얻을 수 있는 성화는 이 세상에 없다는 사실을 기쁘게 인정하며 또한 계속적으로 선포한다."184)

고 주장하고, 완전을 향하여 성장하기 위해 부지런히 모든 하나님의 예법에 참여할 것을 강조하면서 다음과 같이 말하였다.

---

183) WJW., 8, p.286.
184) WJW., 11 p.383.

"모든 공중예배와 기도회, 그리고 성만찬을 받으며, 성경에서 하나님의 뜻을 탐구하며, 절제와 금식하며, 육체의 정욕을 쳐서 복종시키며, 무엇보다도 은밀하게 또는 공동으로 영혼을 쏟아 붓는 기도가 필수적이다."185)

그는 특히 완전성화를 얻기 위한 방편으로서 기도를 강조하고 자신이 메도디스트 설교자들에게 "당신은 완전을 얻기 위해서 항상 간절히 기도하는가?"라고 물었으며, 동시에 설교자들에게 이것을 모든 신자들에게 묻고 촉구하도록 하였다. 신자는 경건의 훈련을 통해서 모든 불경건한 요소와 세속적 욕망을 버리고 죄에 대하여 죽고 은혜 안에서 성장하여 마침내 성령의 능력으로 말미암아 완전한 성결에 이른다고 했다. 이것은 복음서의 증언이며,("찬송하리로다 주 이스라엘의 하나님이여 그 백성을 돌보사 속량하시며 … 종신토록 주의 앞에서 성결과 의로 두려움이 없이 섬기게 하리라 하셨도다."눅 1:68,75) 사도들의 신앙(모든 사람에게 구원을 주시는 하나님의 은혜가 나타나 우리를 양육하시되 경건하지 않은 것과 이 세상 정욕을 다 버리고 신중함과 의로움과 경건함으로 이 세상에 살고"딛 2:11-12)이라고 역설하였다. 그리고 그렇게 함으로써 신자에게는 그리스도 안에 있었던 마음과 그리스도가 걸으셨던 길을 걷는 성결을 향한 열망과 실행이 반드시 있어야 한다는 것을 강조하였다.186)

또한 웨슬리는 완전을 얻는 방법에 대한 오해를 교정하는 가운데 모든 은혜의 방편의 적극적 사용과 선행을 경시하거나 불필요한 것으로 여기는 정적주의자(靜寂主義者; quietists)들과 열광주의자(熱狂主義者; enthusiasts)들의 '오직 믿음주의'(solifidianism)를 주의하라고 가르쳤다.

---

185) WJW.,11, p.383.
186) WJW.,11, p.390.

이들은 마음과 생활의 성결을 얻기 위해서 울부짖지도 않으면서, 오로지 "믿으라, 믿으라!"고만 소리친다고 비판하였다.[187] 웨슬리는 성화를 얻기 위해서 항상 모든 경건의 행위/은혜의 방편을 사용하고, 지속적으로 자기 부정에 힘쓰며, 매일 자기 십자가를 지는 신자의 노력이 필수적이라고 가르쳤다.

웨슬리는 성화를 얻기 위해서는 경건의 행위와 동시에 자비의 행위 (works of mercy)가 필수적이라는 것을 강조하면서, 완전을 얻는 방법에 대한 또 하나의 중대한 오해를 경계하였다.

"메도디스트들은 우리가 사는 동안 모든 사람들에게 선을 행하지 않고도 (dispensation from doing good) 얻는 성화는 이 세상에 없다는 사실을 인정할 뿐 아니라 힘을 다하여 주장한다."[188]

이어서 그는 성결을 얻는 데 있어서 '생략하는 죄'(sin of omission)를 주의하라고 하면서, 신자의 성화에 있어서 선행의 중요성을 다음과 같이 강조하였다.

"언제 어디서나 어떤 일에든지 선을 행할 기회를 놓치지 말라. 선을 행하는 데 열심을 내라. 선행, 즉 경건이든지 자비이든지 의도적으로 피하지 말라. 이웃의 몸과 영혼을 위해서 네가 할 수 있는 모든 선을 행하라."[189]

---

187) WJW.,11, p.431.
188) WJW.,11, p.383.
189) WJW.,11, p.432.

웨슬리는 메도디스트의 특징 중에 하나는 모든 사람에게, 즉 모든 이웃과 나그네와 친구와 심지어 원수에게도 선을 행하는 것, 모든 방법을 다하여 선을 행하는 것이라고 말하면서, 이와 같은 선행은 첫째는 이웃의 영혼을 위해 선을 행하는 것(doing good to all men's souls)과 둘째는 이웃의 몸을 위하여 선을 행하는 것(doing good to all men's bodies)이라고 하였다. 이웃의 몸을 위한 선행은 배고픈 자를 먹이는 일, 헐벗은 자를 입히는 일, 나그네를 대접하는 일, 갇힌 자와 병든 자와 고난당하는 자를 돌보는 일 등이며, 이웃의 영혼을 위한 선행은 무지한 자를 바른 길로 인도하는 일, 어리석은 죄인을 깨우치는 일, 잠든 영혼을 깨우는 일, 방황하는 영혼을 돌아오게 하는 일, 마음이 약한 자를 위로하는 일, 유혹에 넘어진 자를 구하는 일, 복음을 전하든지 어떤 방법으로든지 죽음으로부터 구원하는데 힘쓰는 일 등이라고 하였다.190) 경건의 행위가 하나님께로 향한 거룩한 의무로서 개인적이고 내적인 것이라면, 자비의 행위는 세상과 이웃을 향한 사랑과 선행(good works)으로서 신앙의 사회적 실천을 의미하는 것이다.

이와 같이 웨슬리에게서 신자의 성화란 본질적으로 그리고 필연적으로 선행과 사랑의 행위를 생산하는 것이다. 성화는 믿음으로 얻어지고 믿음이 증가함에 따라서 성화도 증가하는데, 이 믿음은 사랑을 포함하는 믿음이며 또한 믿음이 증가할 때 사랑도 함께 증가하는 것이므로 신자의 성화는 본질적으로 믿음과 함께 선행(사랑의 행위)을 실천함으로서 이루어지고 증가하는 것이다. 웨슬리는 '24개 교리' 중에 제10조 '선행에 관하여' 에서 이러한 구원에 있어서 선행의 의미를 분명하게 표현하였다.

---

190) 'The Character of A Methodist', WJW.,8, p.345-346; 6, p.51.

"선행은 믿음의 열매이며 칭의에 따라오는 것이다. 또한 선행은 우리의 죄를 없애지 못하며 하나님의 엄위한 심판을 감당하지 못한다. 그러나 선행은 그리스도 안에서 하나님이 받으실만하고 기뻐하시는 바요, 진실되고 살아 있는 신앙에서 나오는 것으로서, 그 열매를 보아 그 나무를 아는 것같이 살아있는 신앙의 증거가 된다."

여기서 웨슬리는 선행과 구원의 관계에 대하여 세 가지를 말하고 있다. 첫째, 선행은 칭의를 얻지 못한다. 둘째, 선행은 칭의에 필연적으로 따르는 열매이다. 셋째, 선행은 하나님이 기뻐 받으시는 참된 신앙의 증거이다. 칭의의 열매를 맺는다는 것과 '진실되고 살아있는 신앙'이라는 것은 신자의 성화를 의미한다. 즉 칭의의 목적은 성화이며, 동시에 성화는 하나님과 이웃에 대하여 사랑/선을 행하는 생활을 본질로 하고 있는 것이다. 그러므로 사랑/선행은 성화의 필수요건이라고 할 수 있다. 왜냐하면 칭의의 열매를 맺는 진실되고 살아있는 신앙 없이 얻을 수 있는 성화는 없기 때문이다.

웨슬리의 성화론에서 한 가지 분명히 해야 할 문제가 있다. 즉 사랑/선행이 성화의 결과라고 해야 하느냐 아니면 성화의 조건이라고 해야 하느냐 하는 물음이다. 웨슬리는 이 문제에 대하여 처음부터 성화의 조건은 오직 믿음뿐이라고 대답하였다. 우리는 여기서 오직 믿음으로 성화된다는 말의 포괄적이고 전체적인 의미를 생각해야만 한다. 포괄적인 의미란 첫째로 성화는 오직 하나님의 은혜로(성령의 역사로) 얻으며, 둘째로 하나님과 이웃에 대한 사랑/선행(good works)을 본질로 하며, 셋째로 반드시 경건의 행위와 사랑의 행위를 통하여 얻는 것이라는 점이다. 그러므로 인간의 사랑/선행 그 자체는 인간을 의롭게 하지 못하는 것처럼 성화하지도 못한다. 다만 인간이 경건을 행하고 사랑을 행할 때 성령의 은혜가 역사함으로서 성화가 이루어지는 것이다. 다시 말하면 성화의 능력은 하나님께로부터 오는 것이며, 칭의와 마찬가지로 성화도 하나님의 은혜로 되는 것이다. 그러나 신자의 성화는 경건의 행위와 사랑의 행위라는 은혜의 방편(means of grace)을 통해서만 오는 것이다. 그러므로 사랑/선행은 성화의 결과이며 동시에 성화에 꼭 필요한 조건이다. 그러나 분명한 구분은 있다. 즉 은혜와 믿음은 성화의 원천으로서 조건이요, 경건의 행위와 사랑의 행위는 통로와 방편으로서 조건이다. 하나님은 성화의 유일한 원천이시다. 그리고 인간의 행위(경건의 행위와 사랑의 행위)는 성화를 이루는 통로이며 방편(수단)이다. 신자의 성화는 오직 하나님의 은혜를 믿음으로/성령의 역사로 얻어지며, 동시에 경건의 행위와 사랑의 행위라는 통로와 방편(수단)을 사용함으로써 얻어지는 것이다.

성화의 능력은 인간에게서 나오지 않고 오직 하나님으로부터 나온다. 하나님만이 성령의 역사로 인간을 성화하신다. 그러나 신자는 이러한 성화의 은혜를 얻기 위하여 믿음으로 경건의 행위(works of piety)와 사랑의 행위(works of mercy)를 통과해야만 하는데, 이것이 성화의 조건이다. 그러므로 이런 의미에서 이 두 가지 행위는 성화의 통로이며 동시에 조건도 된다고 말할 수 있다. 왜냐하면 이 두 가지 행위가 없는 곳에서 하나님은 역사하시지 않기 때문이다. 그러므로 웨슬리가 성화는 오직 믿음으로 얻는다(성화의 조건은 오직 믿음이다.)는 말과 하나님의 모든 예법을 지키지도 않고 또 선을 행하지도 않고 얻을 수 있는 성화는 세상에 없다고 하는 말은 서로 모순되지 않는다. 왜냐하면 성화는 오직 믿음으로 얻지만, 그것은 반드시 경건의 행위와 사랑의 행위라는 방편을 사용함으로서, 즉 이 두 가지 행위의 통로를 지나야만 얻을 수 있기 때문이다. 즉 성화를 이루는 믿음은 이 두 가지 통로를 지나는 믿음을 의미한다. 웨슬리는 1745년 총회에서 이 두 가지 행위가 모든 신자들이 성화의 은사를 얻는데 필수적인 방편(the general means of sanctifying grace)이라는 사실을 분명하게 가르쳤다.[191]

그렇기 때문에 웨슬리는 완전의 교리의 의미를 설명하는 가장 좋은 말은 '하나님과 이웃에 대한 완전한 사랑'(perfect love of God and neighbor)이라고 하였으며, 이것이 완전 교리의 가장 핵심적이고도 명쾌한 의미라고 하였다. 그러므로 성화의 본질은 사랑이며, 완전한 성화는 완전한 사랑이다. 정상적이고 진실한 경우라면 신자는 믿음 없이 성화될 수 없으며 동시에 하나님과 이웃을 향한 사랑 없이 성화될 수 없다. 그는 1746년 '믿음으로 얻는 구원'의 의미를 다음과 같이 설명하였다.

"(1) 용서(구원)는 선행을 생산하는 믿음으로 받는다. (2) 성결은 사랑으로 역사하는 믿음이다 … 그리고 이것이 곧 기독교의 생명이요 본질이다."[192]

그러므로 웨슬리에게서 사랑 없는 믿음이나 구원은 생각할 수도 없는 것이며, 따라서 그가 가르치는 성화의 본질은 '사랑을 행하는 믿음', 즉 '믿음으로 행하는 사랑/선행'에 있다. 이것은 곧 믿음이 있으면 반드시 사랑도 있어야 하며, 믿음이 자라면 반드시 사랑도 자라는 것이며, 믿음이 충만하면 사랑도 충만한 것이라는 말이다. 만일 경건의 행위와 사랑의 행위가 보이지 않는다면 그것은 진정한 그리스도인의 믿음도 아니고 성화라고도 할 수 없는 것이다. 웨슬리는 "… 항상 복종하여 두렵고 떨림으로

---

191) WJW.,8, p.287.
192) WJW.,8, p.290.

너희 구원을 이루라 너희 안에서 행하시는 이는 하나님이시니 자기의 기쁘신 뜻을 위하여 너희에게 소원을 두고 행하게 하시나니"(빌 2:12-13)라는 성경을 본문으로 '우리 자신의 구원을 이룸에 관하여' 라는 설교에서 인간이 하나님과 협력하여 자신의 성화/행복을 이루어가기 위해서는 경건의 행위와 사랑의 행위가 필수적임을 역설하였다. 그는 "우리 없이 우리를 만드신 하나님은 우리 없이 우리를 구원하지 않으신다."라는 어거스틴의 말을 인용하면서 다음과 같이 말하였다.

"그는(하나님은) 우리 자신이 이 삐뚤어진 세대로부터 우리 자신을 구원하지 않는다면, 우리 자신이 믿음의 선한 싸움을 싸우지 않는다면, 영원한 생명을 붙들지 않는다면, 좁은 문으로 들어가기를 힘쓰지 않는다면, 우리 자신을 부인하고 날마다 우리의 십자가를 지지 않는다면, 그리고 모든 가능한 방편을 다하여 우리의 부르심과 선택받음을 확실하게 하기 위하여 힘쓰지 않는다면 우리를 구원하지 않으실 것입니다. 그러므로 형제들이여 멸망할 육체를 위해서가 아니라 영원히 있을 양식을 위하여 힘쓰시오."[193]

그러므로 칭의는 오로지 믿음으로, 그리고 전적으로 은혜로 되지만 성화는 믿음과 경건의 훈련과 사랑의 실천을 통하여 되는 것이다. 이런 의미에서 성화는 신인협동(synergism)적이라고 할 수 있다. 그래서 웨슬리는 메도디스트들을 향하여 지속적으로 "완전을 향하여 전진하라!"(Go on to perfection!)고 촉구하였다. 이 말은 부지런히 경건의 훈련과 사랑의 훈련(실천)을 통하여 완전성화에로 나아갈 것을 촉구하는 것이다. 웨슬리는 반복해서 완전을 얻는 방법에 대한 여러 가지 오해를 철저히 경계하면서 경

---

193) WJWB.,8, p.208-209.

건의 행위(은혜의 방편)와 사랑의 행위(선행) 없이 얻는 성결은 세상에 없다는 것과, 동시에 인간의 연약함과 무지와 실수가 없는 죄 없는 완전/천사와 같은 완전도 세상에 없다는 점을 분명히 하였다.

이러한 경건의 구조는 웨슬리가 초대교회의 사회적 사랑의 실천에서 발견한 중요한 전통이라고 할 수 있다. 그는 기독교의 신앙이 고독한 신비주의나 은자의 생활이 되는 것을 경계했다. 또한 사랑의 행위를 강조함으로서 기독교 신앙에서 균형과 조화를 지켰으며, 이웃사랑과 실제 생활의 개혁을 통하여 기독교 신앙이 본질적으로 사회적 성결(social holiness)을 이루는 것임을 가르쳤다. 신자는 하나님을 사랑하는 동시에 이웃을 사랑하도록 부름 받았고, 동시에 하나님과 이웃을 완전한 사랑으로 사랑하도록 하나님에 의하여 요청받는다. 이와 같은 경건의 행위와 사랑의 행위는 1743년 발표된 '연합신도회 총칙'과 메도디스트 총회에서 메도디스트 설교자들을 위해서 만들어 놓은 '은혜의 방편'(Means of grace)에 잘 나타나 있다. 연합신도회의 총칙은 크게 세 부분으로 되어 있는데, 첫째는 남을 해롭게 하는 모든 종류의 악을 피할 것, 둘째는 모든 기회에 모든 사람에게 모든 선을 행할 것, 셋째는 하나님의 모든 예법을 지킬 것이라고 하였으며, 각 부분에는 신자들이 행할 자세한 규칙들이 들어있다.194)

웨슬리는 하나님께서 완전성화의 은사를 주실 것을 믿음으로 부지런히 구하고, 믿음을 가지고 노력해야 받을 것이라고 하였으며, 동시에 경건의 행위와 사랑의 행위를 부지런히 실천하라고 촉구하였다. 왜냐하면 웨슬리가 말하는 믿음이란 가만히 앉아서 기다리기만 하는 수동적인 것이 아

---

194) 김진두, '웨슬리의 실천신학',(도서출판 KMC, 2004, p.91-129), 제3장 '은혜의 방편'을 참고할 것.

니라, 부지런히 추구하고 노력하는 능동적인 것을 의미하기 때문이다. 이 믿음은 필연적으로 거룩한 생활을 향한 열심과 사랑의 역사를 생산하는 생명 있는 믿음이다. 웨슬리에게 믿음은 본질적으로 사랑과 선행을 포함하는 것이며, 믿음과 사랑은 언제나 본질적으로 하나이다. 웨슬리에게 성화는 믿음과 성령의 역사를 통하여 얻어지는 것이며, 동시에 경건의 행위와 사랑의 행위는 성화를 이루는 데 필수적인 방편이다. 이 두 가지가 없이 성화는 불가능하다. 이러한 의미에서 웨슬리가 가르치는 성화론은 하나님과 인간이 협동함으로 이루어지는 것이다. 웨슬리는 '우리가 어떻게 완전을 기다려야 하는가?' 라는 질문에 다음과 같이 대답하였다.

"부주의한 무관심이나 게으르게 아무것도 하지 않으면서가 아니라, 적극적이고 전적인 순종으로, 열심히 모든 계명을 지킴으로서, 늘 깨어서 영적 전투를 견디면서, 자기 자신을 부정하면서 매일 자기 십자가를 짐으로서, 동시에 진지한 기도와 금식, 그리고 모든 하나님의 예법에 충실하게 참여함으로서 기다려야 합니다. 만일에 어떤 사람이 이러한 방법 외에 다른 방법으로 얻으려고 꿈이라도 꾼다면 그는 곧 자신의 영혼을 속이는 것입니다. 우리가 성결을 단순한 믿음으로 얻는다는 것은 진실입니다. 그러나 우리가 하나님이 정하신 방식대로 그 믿음을 모든 부지런함으로 구하지 않는다면 하나님은 그 믿음을 주시지 않으실 것입니다."195)

(4) 교회(성도의 교제)는 성화의 장(場)이다.

웨슬리는 신자의 성화를 이루는 데 성도의 교제가 필수적이라는 사실을 지속적으로 강조하였으며, 그 중요성에 대하여 다음과 같이 말하였다.

---

195) WJW.,11, p.402-403.

"성경은 고독한 종교(solitary religion)에 대하여는 아무것도 알지 못한다
… 기독교란 본질적으로 사회적인 종교(social religion)이다. 이것을 고독
한 종교로 돌려놓는 것은 기독교를 파괴하는 것이다 … 그리스도의 복음은
사회적인 종교 밖에 다른 종교는 알지 못한다. 그것은 사회적인 성결(social
holiness) 밖에 다른 성결을 알지 못한다."196)

그는 신자가 신앙의 공동체(성도의 교제)에서 떠나는 것은 곧 칭의와 성
화의 은사를 다 포기하는 것이며 잃어버리는 것이라고 주장하고, 신자가
하나님의 거룩한 은사를 보존하는 길은 지속적으로 성도의 교제 안에 머
물러 있는 것이라고 역설하였다. 웨슬리는 칼빈주의자들의 무조건적 선
택과 이에 의한 '성도의 견인'(堅忍; perseverance of the Saints)의 교리에
반대하면서 성도의 교제 안에서 경건의 훈련을 더욱 강조하였다. 그는 성
도의 교제가 성화의 길을 순례하는 신자에게 필수적이라는 사실을 지칠
줄 모르고 강조하였다.

"새로운 예루살렘을 향하여 가는 순례자는 동료 순례자들을 반드시 가져야
하며, 그것은 지상에서 큰 행복입니다. 만일 당신이 아직 아무도 찾지 못했
다면 당신은 꼭 동료 순례자들을 만들어야 합니다. 왜냐하면 아무도 그 길
을 혼자서 갈 수 없기 때문입니다. 하늘 가는 그 길에서 서로의 수고로 말미
암아 당신은 온전한 그리스도인이 될 것입니다."197)

메도디스트들은 신도회, 속회, 반회, 애찬회, 계약예배 등을 통하여 성

---

196) WJW.,5, p.296; WJW.,7, p.593.
197) LJW.,8, p.158.

화를 추구하고 경험하였다. 당시 메도디스트들은 모두 주일에는 자기들이 소속한 국교회의 교구교회에 나가서 주일예배를 드리고, 주간에는 자신들의 모임을 가졌다. 메도디스트들의 모든 모임의 가장 높은 목적은 신도 상호간의 영적 성장을 도우면서 완전성화를 추구하는 것이었다. 특별히 속회(Class)와 반회(Band)와 선발 신도반(Select Band)은 메도디스트들이 완전성화의 은사를 단계적으로 경험할 것을 기대하고 함께 모여 상호 고백과 상호 영적인 지원을 통한 성화 훈련을 목적으로 고안된 제도였다. 웨슬리는 메도디스트 신앙공동체 안에서 일어나는 이러한 은혜의 역사를 이렇게 기술하였다.

"쇠사슬이 끊어졌으며, 결박된 것들이 다 풀렸습니다. 죄악은 더 이상 그들을 지배하지 못합니다. 많은 사람들이 유혹에서 그리고 멸망으로 가는 길에서 구원받았습니다. 그들은 이제 지극히 거룩한 신앙 안에서 새로이 건축되었습니다. 그들은 주 안에서 풍성한 기쁨을 누리고 있습니다. 그들은 사랑 안에서 강해지고 더욱 많은 사랑과 모든 선을 행하도록 서로를 격려하고 있습니다."[198]

메도디스트들은 이러한 신앙훈련 모임 안에서 칭의, 신생, 성령의 증거, 구원의 확증, 성화, 완전성화를 점진적으로 또는 순간적으로 그리고 도약적으로 경험하였으며, 경험한 것을 서로 고백과 간증을 통해서 나누었다. 그들은 함께 모여서 그리스도 안에서 친밀하고 마음 뜨거운 형제의 사랑을 경험하였으며, 이러한 마음 뜨거운 사랑의 역사는 메도디스트 공

---

198) WJW.,8, p.346.

동체로부터 세상 속으로 퍼져 나가 사회적인 성화와 민족의 성화로까지 확장되었던 것이다. 교회 안에서 성도의 교제를 통한 경건의 훈련과 사랑의 실천은 신자의 성화에 필수적인 요소이며, 교회를 떠나서는 칭의는 물론 성화도 얻을 수 없는 것이다.(이 말은 교회 밖에는 구원이 없다는 말과 같다.) 그러므로 웨슬리에게 교회(성도의 교제)는 성화의 장(locus of sanctification)이며, 신자의 성화는 교회 안에서 성도의 교제를 통한 경건의 훈련 없이는 얻을 수 없는 것이다. 웨슬리는 "하나님을 아버지로 모시는 신자들에게 교회는 어머니와 같다. 따라서 교회를 어머니로 모시지 않는 신자는 하나님을 아버지로 모실 수 없다."는 고대 교부 시프리안(St. Cyprian)과 어거스틴(St. Augustine)의 가르침을 따랐던 것이다. 웨슬리에게 교회는 신자들의 성화를 위해 양육하고(nourishing) 훈련하는(discipline) 어머니로서의 기능을 가진 하나님의 거룩한 기구이다. 찰스 웨슬리는 메도디스트들이 험한 세상에서 인생 순례의 길을 걸어가면서 친밀한 영적인 교제와 사랑의 교제 속에서 거룩한 삶을 살면서 완전성화의 은사를 사모하며 열심히 구하는 모습을 다음과 같이 노래하였다.

오랜 고난과 실망 중에도 주님을 따르고
기도하고 금식하고 주의 말씀을 듣네
정성으로 교회의 모임에 나아가고
힘을 다하여 주님의 제단에 가까이 가네

나는 약하고 내 길이 험할 때에도
십자가의 예수 부활의 예수를 바라보네
나의 힘과 소망과 기쁨이신 주를 붙드니

주안에서 성결과 참된 행복을 얻네

완전한 사랑을 명하시는 주님의 음성
내 마음속에 부드럽게 들리옵니다
나는 기도와 찬송을 드높이며
평생에 나의 주님을 섬기렵니다

당신 앞에 엎드려 기도하며 자비를 구하며
거룩한 당신의 교회 안에서 거룩한 교제 속에서
주님의 자비를 구하며
주님의 거룩한 식탁에서 떡을 떼면서
완전한 성결의 은사를 기다립니다

여기에서 주님이 약속하신 방법대로
주님의 뜻을 알려고 기다리네
조용히 주님의 얼굴 앞에 서서
주님의 하시는 말씀을 듣네
'너희는 가만히 있으라
가만히 있어 네 하나님을 알지어다'

주님의 진리와 마음을 알기를 원하네
주님의 완전한 사랑 닮기 원하네
하나님을 향하여 이웃을 향하여
사랑 안에 완전케 하소서

주 안에 영원히 살기 원하네

내 영혼이 완전히 소생하여
주님의 형상 보기 원하네
당신의 마음 당신의 얼굴을 닮기 원하네
완전한 성결 완전한 사랑이여 내게 오소서

주의 은혜에 무릎 꿇고 나아가
날마다 기도하고 찬송합니다
세상 만인에게 주의 사랑 전하며
은혜의 방편을 의지하리라
완전한 사랑을 얻는 날까지199)

13) 성화의 단계

(1) 초기의 성화

이미 앞에서 밝힌 대로 신자는 회개하고 그리스도의 속죄의 은혜를 믿음으로 값없이 의롭다 인정(이신칭의)을 받으며, 칭의와 동시적으로 하나님의 자녀로서 새로운 생명으로 탄생한다. 웨슬리는 칭의와 함께 이 신생(新生; new birth)의 사건을 중요시했다. 신생은 중생(regeneration)의 체험을 의미하는 것이다. 신자는 중생을 경험하는 시간부터 그의 마음과 생활이 변화되고 성화되기 시작하는데 웨슬리는 바로 이 단계를 초기의 성화(initial sanctification)라고 말한다. 즉 중생은 성화의 시작이요 이제 비로

---

199) PW.,1, p.233.

소 그리스도인의 거룩한 삶을 시작하는 성화의 문을 여는 것이다. 이 때부터 신자는 성령의 역사로 죄의 세력이 파괴되고, 또한 성령의 은혜를 힘입어 날마다 죄를 이기는 초기의 성화를 경험하게 된다.200) 이런 의미에서 신생이나 중생은 초기의 성화와 같은 말이라고 볼 수 있다. 초기의 성화는 이미 신생에 관한 부분에서 충분히 설명하였다.

(2) 점진적 성화-(순간적 성화)-완전한 성화

초기의 성화를 출발한 신자는 은혜 안에서 점진적으로 성화의 길을 간다. 웨슬리는 완전성화를 얻는 시간에 대하여 점진적인 성화(gradual sanctification 또는 progressive sanctification)와 순간적인 성화(instantaneous sanctification)를 모두 인정하였다. 이것은 하나님의 은혜의 본질상 필연적인 것이다. 만약에 칭의의 구원을 받았다고 하나 성화를 향하는 점진적인 성장이 일어나지 않는다면 그것은 진정으로 구원받았다고 할 수 없는 것이다. 정상적인 경우에 신자는 점진적으로 성화되어간다. 그렇지 않은 경우라면 비정상이며 진실성이 의심스러운 것이다. 웨슬리는 완전성화는 점진적인 동시에 순간적이라는 것에 관하여 다음과 같이 말하였다.

"그것(완전한 성화의 변화)은 점진적이며 순간적이다. 우리가 칭의를 얻는 순간부터 점진적인 성화가 시작되며, 은혜 안에 성장하고, 하나님에 대한 지식과 사랑 안에서 매일 진보한다. 그리고 만일 죄가 죽음 이전에 소멸하는 것이라면, 그러한 사실의 성격상 순간적인 변화가 있어야만 한다. 죄가 끝나는 순간이 있어야 한다 … 그러므로 우리는 두 가지를 모두 설교해야

---

200) WJW.,5, p.66-70.

한다. 확실히 우리는 점진적인 성화를 계속적으로 성실하게 주장해야 한다. 그리고 우리가 순간적인 성화를 주장하지 말아야 하는 어떤 이유가 있는 가? … 우리는 모든 신자들로 하여금 순간적인 성화를 기대하도록 격려해야 한다 … 우리가 더욱 진지하게 순간적인 변화를 구할수록 하나님의 점진적 역사는 더욱 신속하고 꾸준하게 이루어진다; 즉 더욱 죄짓지 않으려고 깨어있고, 더욱 건강하게 은혜 안에 성장하고, 더욱 선행에 열심을 내고, 더욱 하나님의 예법에 참여하는 데 시간을 잘 지킨다 … 그러므로 누구든지 신자들이 점진적으로 성화되기를 바란다면 순간적인 성화를 강하게 촉구해야만 한다."201)

이와 같이 웨슬리는 우리의 죄가 죽음 이전에 소멸된다면 본질상 어느 한 순간에 우리의 죄가 소멸되고 완전성화(entire sanctification)되는 즉각적인 변화, 즉 순간적인 성화가 있어야 한다고 주장했다. 신자는 점진적으로 성화되어 가는 과정에서 어느 순간에 고차원적인 도약을 하며 고양되는 단계, 즉 완전한 성화에 도달할 수 있다는 것이다. 다시 말해서 신자는 초기의 성화로부터 은혜 안에서 점진적으로 성화되어 가다가 어느 순간에 믿음으로 성령의 역사에 의하여 완전한 성화를 얻을 수 있다는 것이다.202) 이것은 신자가 죄에 대하여 죽고 죄로부터 정결함을 얻으며 성령의 역사로 말미암아 순전한 사랑으로 충만한 상태를 의미한다. 그리고 이러한 완전성화는 성경에서 하나님이 요구하시는 모든 신자의 기도와 신앙과 삶의 목표이어야 하며 동시에 이것은 신자가 이 땅위에서 하나님께로부터 받는 가장 좋은 복이라고 주장하였다.203)

201) WJW.,8, p.329.
202) WJW.,11, p.387-390.
203) WJW.,11, p.367-368.

이러한 도리를 위해서 웨슬리가 주로 인용하는 성경은 다음과 같다. "모든 사람과 더불어 화평함과 거룩함을 따르라 이것이 없이는 아무도 주를 보지 못하리라."(히 12:14) "하나님의 뜻은 이것이니 너희의 거룩함이라 곧 음란을 버리고."(살전 4:3) "하나님이 우리를 부르심은 부정하게 하심이 아니요 거룩하게 하심이니."(살전 4:7) 웨슬리 형제는 완전에 대하여 다음 과 같이 일치한다고 말하였다.

"(1) 완전이란 모든 죄로부터 구출을 의미하는 것으로서, 하나님과 이웃을 순수한 사랑으로 사랑하는 것이다. (2) 이것은 오로지 믿음으로만 얻어진 다. (3) 그것은 어느 한 순간에 즉각적으로 주어진다. (4) 우리는 그것을 죽 음의 순간에 기대해서는 안 되며, 매 순간에 지금 당장에라도 얻기를 기대 해야 한다."204)

그리고 웨슬리는 완전성화는 죽음 직전이나 또는 영혼이 육체를 떠나 는 죽음의 순간에 오는 것이 일반적이지만 반드시 그런 것은 아니고, 죽기 10년, 20년, 혹은 40년 전에 이뤄질 수도 있다고 믿었다. 또한 그것은 의 롭다 함을 받은 지 5개월이나 5년 후에 올 수도 있다고 했으며, 죽기 전 몇 시간, 몇 일, 몇 달, 몇 해가 될 수도 있다는 것을 시사했다.205) 또한 '그리스도인의 완전에 대한 소고'란 짧은 에세이에서 완전을 얻는 방식에 관하여 설명하면서 그것은 언제나 단순한 믿음에 의하여 영혼 속에 이루 어지는 것이라고 말하였다. 따라서 그것은 한 순간에 얻어지는 것이면서, 동시에 점진적인데, 그것을 얻는 순간 이전이나 이후에 점진적이라고 설

204) WJW.,11, p.446.
205) 'Brief Thoughts on Christian Perfection', WJW.,11, p.447.

명하였다.206)

그러므로 웨슬리는 점진적인 성화만이 아니라 순간적인 성화를 기대하고 죽기 전에 이러한 복된 변화가 가능하다면 신자들로 하여금 그것을 기대하고 열망하도록 고무해야 한다고 역설했다. 그는 죽음 후에나 죽음 직전에만이 아니라 죽기 전 현세에 사는 동안 가능한 조속히 완전성화 되기를 바래야 한다고 가르쳤다. 1745년 2차 총회에서 웨슬리는 성화의 시간에 대한 구체적인 질문에 대하여 자세하고 분명하게 설명하였다. 그는 성화는 칭의되는 순간에 시작되며 모든 성화의 씨가 영혼에 심겨지는 순간부터 신자는 죄에 대하여 죽고 은혜 안에서 자라난다. 그러나 신자의 영과 혼과 몸 전체가 성화되기까지 죄는 여전히 신자 안에 뿌리가 남아있다고 하였다. 또한 완전성화되지 않고 죽으면 어떻게 되느냐는 질문에 대하여 그는 진실하게 그것을 추구하는 자는 아무도 그것을 얻지 못하고 죽지 않으며, 죽음의 순간에라도 그것을 얻을 것이라고 말하였다. 죽음의 순간에나 완전성화를 얻는 것이 정상이냐는 질문에 대하여 그는 더욱 일찍이 얻기를 기대하고 구하는 자들은 죽음의 시간보다 훨씬 이전에 얻는 것이 가능하다고 하면서, 신자들은 가능한 한 일찍이 완전성화되기를 간절히 구해야 하며 그렇게 일찍이 성화되어 하나님과 이웃을 완전히 사랑하는 것이 진정한 행복이라고 가르쳤다.207)

이와 같이 성화는 점진적일 뿐 아니라 순간적으로 이뤄지는 은사이므로 두 가지를 모두 강조하는 것이 웨슬리의 일관된 주장이었다. 그리고 신자는 언제나 완전성화의 은사를 얻기 위하여 간절히 사모하고 열심히 기도해야 하며, 그렇게 하는 중에 신자는 성령의 역사에 의하여 점진적으로

---

206) WJW.,11, p.446.
207) WJW.,8, p.285.

성화된다. 그리고 점진적으로 성화되는 과정에서 또한 성령의 역사로 말미암아 순간적 완전성화를 얻게 되는 것이다. 초기 메도디스트들은 이러한 순간성화를 성령의 세례(baptism in the holy spirit) 또는 성령의 불세례라고 불렀으며, 이러한 성령의 세례로 말미암아 일어나는 순간성화를 기대하고 기도에 전념하였다. 웨슬리는 부흥운동이 활발하게 일어나고 메도디스트들의 수가 증가해 가면서 더욱 순간성화를 강조하고 가능한 한 일찍 성화되기를 구하라고 촉구하였다.208)

이러한 성결운동(holiness movement)은 미국에서 18세기 후반부터 19세기 초반까지 약 반세기 동안 활발하게 일어난 대중 부흥운동과 천막 부흥운동(camp revival movement)과 더불어 함께 일어났다. 이 운동의 대표적인 선구자는 칼빈주의자로서 장로교 전도인 찰스 피니(C. Finney)였다. 그는 웨슬리의 영향을 받아 웨슬리의 완전성화 교리를 설교하고 성령의 역사에 의한 순간성화를 주장하였다. 또한 피니의 영향을 받은 메도디스트 여성설교자인 푀베 파머(Phoebe Palmer)가 나타나 이 운동을 주도하였다. 이 운동은 지역적으로 이동하면서 약 1주일씩 수백에서 수천의 사람들에게 성령의 놀랍고 신비한 역사를 경험하게 하였는데 많은 사람들이 이 운동을 통해 성령의 세례에 의한 순간성화의 은사를 체험하였다. 이 운동은 19세기 초 영국으로 번져서 영국에서도 전국적으로 메도디스트 설교자들이 이끄는 천막부흥운동이 일어났고 순간성화를 강조하는 성결운동이 활발하게 일어났는데 영국에서 이 운동을 주도한 것은 원시 메도디스트 교회(Primitive Methodist Church)였다.

메도디스트 교회의 역사를 보면 점진적인 성화를 주로 강조할 때는 경건이 식어갔으며, 순간적인 성화를 강조할 때는 경건이 살아있었다는 것

208) WJW.,8, p.322-324.

을 알 수 있다. 또한 웨슬리 전통의 본래적인 경건신앙을 지키려는 보수적인 메도디스트 교회는 순간적인 성화를 강조하였고 진보적이고 자유주의 신학에 가까운 교회는 순간적인 성화를 말하지 않거나 부인하고 점진적 성화만을 말하였다. 현대의 메도디스트 교회는 대체로 이러한 성결신앙의 전통에 대하여 잘 알지 못할 뿐 아니라 순간성화에 관하여는 말하기를 꺼리는 경향이 있다.

성화의 단계는 신자의 신앙 성숙의 발전 단계를 의미한다. 초기의 성화에서 점진적 성화로 나아가고 점진적인 성화의 과정에서 순간적 성화를 경험하고 마침내 완전한 성화에 이르게 되는 것이다. 그리고 이 모든 성화의 과정은 우리를 성화케 하는 은혜(sanctifying grace) 즉 성령의 역사(operation of the Holy Spirit)에 의하여 이루어진다. 그러나 신자가 이러한 성령의 역사를 힘입기 위해서는 기도와 말씀 등 각양 은혜의 방편을 적극적으로 이용하고, 자신의 성화를 확인하고 그 증거를 밝히 보이기 위해서 경건의 행위를 훈련하고 사랑의 행위, 즉 선행(good works)을 부지런히 생산하여야 한다. 찰스 웨슬리는 신자가 초기의 성화에서 점진적인 완전성화로 나아가는 복 받은 모습을 이렇게 표현하였다.

위로부터 오신 주님
하늘의 정결한 불로서
내 마음 작은 제단에
거룩한 사랑의 불 밝히소서
(O, Thou camest from above
The pure celestial fire to impart,
Kindle a flame of sacred love
On the mean altar of my heart!)

주의 영광 위하여

영원히 타오르게 하소서

주님을 사랑해 떨리는 내 마음

겸손히 기도하고 뜨겁게 찬송하리

(There let it for Thy glory burn

with inextinguishable blaze;

And trembling to its source return,

In humble prayer and fervent praise.)

내 마음의 소망 주님 위하여

생각하고 말하고 일 하겠네

내 마음에 거룩한 불 붙이시어

당신의 은사를 깨우소서

(Jesus, conform my heart's desire

To work, and speak, and think for Thee;

Still let me guard the holy fire,

And still stir up Thy gift in me.)

주님의 온전한 뜻을 위하여

믿음과 사랑을 바치옵니다.

내 평생 끝없는 주의 사랑 의지해

완전한 희생을 바치오리다.209)

(Ready for all Thy perfect will,

209) CHPM., p.473–474.

My ants of faith and love repeat,

Till death Thy endless mercies seal,

And make the sacrifice complete.)

14) 교회 일치의 신학이다.

마틴 루터는 '오직 믿음'(sola fide)과 '오직 은혜'(sola gratia)의 교리에 집중하고 존 칼빈 역시 '오직 믿음'과 이중 예정론 교리에 압도되어 의인의 교리를 강조하는 반면에 성화를 경시하는 위험과 약점을 지니고 있다고 할 수 있다. 그러나 웨슬리는 '오직 은혜'를 '믿음으로만' 구원받는다고 가르치면서 동시에 성결(holiness)을 낳지 못하는 믿음으로는 구원받지 못하며, 오직 선행을 낳을 수 있는 믿음으로만 구원받는다고 가르침으로서 '오직 믿음'(sola fide)과 거룩한 생활(holy living)이라는 성서적 교리를 둘 다 온전히 붙들었다. 그는 믿음과 생활 둘 중 어느 것 하나도 경시하지 않으며 또한 어느 것 하나에도 편중되지 않았고, 이 둘을 균형있게 종합함으로서 극단적인 개신교주의도 아니고 극단적인 가톨릭주의도 아닌 제 3의 길(the third alternative)을 선택하였다.210) 이리하여 웨슬리는 개신교의 '오직 믿음'(sola fide)의 교리와 가톨릭의 '거룩한 생활'(holy living)의 교리를 일치시켰다.211)

믿음에 의한 칭의(justification by faith)의 교리와 성화(또는 그리스도인의 완전)의 교리는 16세기 개신교와 가톨릭 두 진영 사이에서 일어난 갈등 속에서 운명적으로 분리되었었다. 그러나 두 가지 교리는 웨슬리의 포용 정

---

210) Albert C. Outler, Theology in the Wesleyan Tradition,(Nashiville, 1974), p.35, 54.
211) 같은 책, p.53-54.

신(comprehensive spirit)에 의해서 적절히 균형 잡힌 종합의 형태로 재결합을 이루게 되었다. 웨슬리는 가톨릭 전통에서는 신앙의 목표인 완전성화를 그리고 개신교에서는 완전을 이루는 신앙의 동력(dynamics)을 찾아 이 둘을 결합하여 구원의 전체성을 되찾게 했다.212)

웨슬리는 죄와 믿음에 의한 구원의 교리에 있어서 루터와 칼빈으로부터 '머리카락 하나 차이'(a hair's breadth)도 없었다. 그러나 그는 여기에다가 가톨릭 전통의 완전성화를 결합시켰는데 이것은 루터와 칼빈이 주장하던 예정론 교리를 대신하는 것이었다. 실로 웨슬리는 이 두 가지 교리-믿음에 의한 구원, 즉 의인의 교리와 마음과 생활의 성결을 이루는 그리스도인의 완전성화의 교리-믿음의 적절한 균형과 조화를 유지하면서 두 가지를 동등하게 강조하였다. 조지 셀(G. Cell)이 역설한대로 웨슬리는 "개신교의 은혜의 윤리와 가톨릭의 성결의 윤리의 필수적인 종합"(a necessary synthesis of the Protestant ethic of grace with the Catholic ethic of holiness)을 이루어냈던 것이다.213)

웨슬리는 또한 초대교회 동방 정교회의 교부들 즉 마카리우스(Egyptian the Macarius)와 그레고리(Gregory of Nyssa) 그리고 에브라임 사이루스(Ephraem Syrus)의 동방 정교회의 완전성화를 지향하는 목적론적 구원론에 깊은 영향을 받았다. 이들 교부들은 기독교 구원의 목적을 하나님의 성품을 완전히 본받는 신화(divinization) 즉 완전성화에 두고 이 목표를 향하여 끊임없이 나아가는 과정으로 보았다. 웨슬리는 이들을 통하여 그리스도인의 완전에 대한 영성신학을 배웠던 것이다.214) 웨슬리의 완전론은 개신교회와 가톨릭 교회 그리고 동방 정교회와의 교회 일치를 이룰

---

212) John Peters, Christian Perfection in American Methodism(Abingdon Press, 1956), p.211.
213) G. C. Cell, 같은 책, p.359-362.
214) WJW.,6, p.45-46; Outler, ed., John Wesley(Oxford Uni. Press, 1964), p.8-10.

수 있는 가장 중요한 신학적 토대가 되며, 이런 의미에서 웨슬리의 성화론은 계속 세계에 흩어진 교회의 일치를 위한 에큐메니칼 운동의 중심 신학으로 공헌할 것이다.

15) 메도디스트들의 사명이다.

앞에서 기술한대로 웨슬리는 1725년 이미 자신의 전 생애를 하나님께 바쳐 완전성화의 삶을 살 것을 결심하였다. 그리고 이 결심과 목표를 향한 노력은 일평생 변함없이 계속되었다. 이것은 그가 1738년 올더스게이트에서 복음적인 회심을 체험한 이후에도 조금도 변하지 않았다. 18세기 당시 영국에서 일반적으로 고교회 성직자나 심지어 평신도라도 복음적인 회심을 체험한다는 것은 곧 칼빈주의적 예정론자가 된다는 것을 의미하였다. 그러나 웨슬리 형제만은 특이하게 예외였다. 그들은 오직 은혜를 믿음으로만 구원받는다는 복음적인 회심을 체험한 후에도 여전히 완전성화를 신앙의 목표로 붙들고 이 목표에 도달하기 위하여 모든 가능한 노력을 다했다.[215] 웨슬리는 1744년 첫 메도디스트 총회에서 "메도디스트는 어떻게 발흥하였는가?"라는 질문에 다음과 같이 대답하였다.

"1729년 두 젊은이가 성경을 읽다가 성결(聖潔; holiness)이 없이는 구원을 받을 수 없음을 깨닫고 그것을 추구하였으며, 다른 사람들도 그렇게 하도록 고취하였다. 1737년 그들은 성결이 믿음으로부터 오는 것임을 알았고, 또한 인간이 성화되는 것보다 칭의되는 것이 먼저라는 것도 알았다. 그러나 성결은 여전히 그들의 주요 관심사와 목표였다.(But still holiness was

---

215) Henry D. Rack, 존 웨슬리와 메도디스트의 부흥,(김진두 역), p.388.

their point.) 그리고 하나님은 그들을 격려하사 세상으로 내어보내 성결한 백성을 일으키게 하셨다."[216]

　그러므로 성결은 처음부터 메도디스트들의 신앙이고 사명이었다. 하나님께서는 성서적 성결 즉 거룩한 마음과 거룩한 생활을 온 세상에 퍼뜨리기 위하여 메도디스트들을 불러 세우셨다는 것이 웨슬리와 초기 메도디스트들의 확신이었다. 메도디스트의 목적은 "교회와 민족을 개혁하고 성서적 성결을 온 땅에 퍼뜨리는 것"[217]이었다.(… to reform the nation and to spread the scriptural holiness throughout the land.) 웨슬리는 1790년 한 편지에서 "이 교리는 하나님께서 메도디스트들이라 불리우는 사람들에게 맡기신 위대한 보화이다. 하나님께서는 이 교리를 세상에 전파하시기 위하여 메도디스트들을 불러 일으키셨다."[218] (This doctrine is the grand depositum which God has lodged with the people called Methodists;…)고 역설하였다. 완전의 교리는 하나님의 그의 백성들을 향한 요구이며, 예수 그리스도의 명령이며, 그리스도인들은 이 교리를 세상에 전파하도록 부르심을 받았다.
　메도디스트들의 완전성화를 위한 기도와 신앙은 메도디스트들이 새해를 출발하면서 거룩한 삶을 결단하는 계약예배의 계약기도문에 잘 나타나 있다.

　나는 더 이상 나의 것이 아니오 주님의 것이옵니다.

---

216) WJW., 8, p.300.
217) WJW., 8, p.299.
218) LJW., 8, p.238.

주님이 원하는 것을 나로 행하게 하소서.

나에게 주님의 일을 맡기시고, 주님을 위해 고난도 당하게 하소서.

주님을 위해 사용되게 하시고, 주님을 위해 복을 받게 하소서.

주님을 위해 낮아지게도 하시고, 주님을 위해 높아지게도 하소서.

주님 안에서 다 비워 주시고, 또한 주님 안에서 가득 채워 주소서.

주님 안에서 모든 것을 버리게 하시고, 주님 안에서 모든 것을 얻게 하소서.

나는 정성을 다하여 주님을 섬기며 기쁨으로 내 삶의 모든 것을 주님께 맡기오며,

주의 영광을 위하여 내 모든 것을 영원히 드리나이다.

이제부터 영원토록, 주님은 나의 모든 것 되시고 나는 주님의 것입니다.

우리가 땅 위에서 맺은 계약이 하늘나라에서 확증 받기를 원합니다.219)

16) 완전을 향하여 전진하라!(Go on to perfection!); 완전은 정상적인 그리스도인의 이상이요 선교적 사명이다.

웨슬리는 완전성화는 모든 정상적이고 진정한 그리스도인의 실제적인 이상이요 바라는 바 희망과 기도의 목표라고 지속적으로 가르쳤다. 그는 또 이 교리는 성경적인 교리이며, 예수 그리스도의 교리이고, 사도들의 교리이고, 모든 정통교회의 교리라고 말하면서, 누구든지 죄로부터 완전히 구원받고 하나님과 이웃을 완전히 사랑하려는 소원을 갖고 완전성화의 은사를 열망하는 것을 반대한다면 그것은 기독교를 파괴하는 것이라고 말했다.220) 웨슬리는 이와 같은 완전의 교리를 1725년부터 평생토록 가

---

219) 김진두, 웨슬리의 실천신학, p.215.
220) LJW.,4, p.245.

르치며 설교했다.

그러나 1763년 웨슬리의 설교자들 중에 막스필드(Thomas Maxfield)와 벨(George Bell)이 열광주의에 빠져 완전주의(perfectionism)를 주장하며 메도디스트 공동체에 큰 타격을 주며 혼란을 일으켰다. 이 때 많은 웨슬리의 평신도설교자들이 웨슬리에게 이 교리의 설교를 중단해야 한다고 요청하기도 했다. 또한 칼빈주의자들로부터는 끊임없이 비난과 거친 공격을 받았다. 그러나 웨슬리는 이런 것들이 이 땅에서 완전의 교리를 몰아내려는 악마의 계략이라고 하면서 조금도 흔들리지 않고 이 교리의 중요성을 더욱 강조하였다.[221]

웨슬리는 메도디스트의 부흥은 오히려 이 교리를 충실히 설교하고 실행하는 데 달려 있다고 확신하면서, 이 교리가 가르쳐지지 않는 곳에서는 신자들의 신앙이 차가워지고 죽어버리기 때문에 이 교리의 설교가 중단되어서는 안 되고 계속되어야 한다고 역설하였다. 그는 설교자들에게 이 교리를 담대하게 설교하라고 촉구했고, 만약 이 교리를 설교하지 않거나 반대하는 설교자가 있다면 그의 설교자로서의 자격을 박탈하였다. 매년 총회에서 심사과정을 통과한 자들을 설교자로 받을 때에는 일정한 분량의 기도와 금식 후에 제일 먼저 다음과 같은 세 가지 질문이 행해졌다. "당신은 완전을 향해 전진하고 있는가?"(Are you going on to perfection!); "당신은 이 세상에서 '사랑 안에서' 완전하게 되는 것을 바라고 있는가?"; "당신은 완전을 열망하는가?" 이 질문들은 메도디스트 목회자가 모든 메도디스트들에게 완전성화의 표본이 되어야 할 것을 요청하는 것이었다. 완전성결은 메도디스트 목회의 시종일관된 비전이요, 동시에 모든 메도디스트들이 추구하여야 할 신앙 최대의 복이었다. 웨슬리와 메도디스트

---

221) LJW.,4, p.245.

목회자들은 모든 메도디스트들에게 "완전을 향하여 전진하라!"(Go on to perfection!)고 촉구하였다.222) 1776년 웨슬리는 론세톤 구역의 신도회를 방문했을 때 그곳 신도회의 신앙이 부흥하지 못하는 이유가 설교자가 완전의 교리를 설교하지 않는 데 있다고 하면서, 그들이 다만 그 교리를 소개할 뿐 "완전을 향해 전진하라!"고 촉구하지 않는 것이 문제라고 지적했다. 그리고 완전성화의 교리가 진지하게 가르쳐지는 곳에서는 어디에서나 하나님의 사업이 부흥한다고 말하고 신자들은 매 순간 완전성화의 은사 얻기를 열심히 구해야 한다고 역설하였다.223) 실제로 초기 메도디스트들은 생전 이신칭의의 은혜를 얻은 후 두번째 복으로 완전성화 얻기를 사모하여 열심히 기도하였던 것이다. 많은 경우에 주로 물질적인 번영과 현세적인 성공을 빌기 위해 열심을 내어 모이는 수많은 한국 교회의 신앙과 개교회 성장 주의에 비교하면 이것은 얼마나 순수하고 위대한 신앙인가?

알버트 아우틀러(Albert C. Outler)는 역사적으로 완전성화의 교리가 메도디스트 신앙의 핵심이고 목표이고 왕관과 같은 영광스런 은사이지만, 역사적으로 많은 오해와 경시를 받아 오면서 마치 신발 속에 돌멩이(pebbles in the sandals)처럼 귀찮은 것으로 여겨져, 메도디스트 선교의 걸림돌 같이 취급되어 거의 포기되어 왔다고 지적했다. 이것은 메도디스트회가 저지른 결정적인 과오였다. 웨슬리의 말대로 이것은 아기를 목욕시킨 후 물과 함께 아기까지 버리는 어리석은 실수였던 것이다.

"모든 사람이 완전한 성화를 얻을 수 있다."는 것이 메도디스트 신앙과 교리인 동시에 기도이고 선교적 사명이었다. 이것은 "온 인류가 성화될 수 있다." 또는 "온 세계가 성화될 수 있다."(salvation for the world)는 구

222) WJW.,8, p.325; 11, p.441.
223) JJW.,5, p.313.(1776. 8. 16. 일기)

원의 희망을 의미하는 것이며, 개인의 성화뿐 아니라, 민족과 온 인류 사회의 성화, 그리고 구원의 역사는 모든 식물과 동물의 구원과 지구 환경의 성화, 즉 우주적인 성화로까지 발전한다는 것을 의미하는 것이다. 이것이 '모든 사람의 구원'(Salvation for All)을 목표로 하는 메도디스트 교리이며 선교적 사명과 비전이다.

메도디스트 신학의 전이

(轉移, Theological Transition of Methodism)

제 1 장

선행적 은혜의 교리는 웨슬리의 구원론에서 얼마나 중요한가?

웨슬리 형제가 탄생하고 자라난 엡웟 목사관(현재 이 집은 박물관으로 되어 있어 많은 순례객들이 찾고 있다.)

1. 웨슬리는 선행적 은혜에 대하여 무엇이라고 말하는가?

선행적(先行的) 은혜란 영어로는 'prevenient grace' 또는 'preventing grace' 라고 하며, 그 어원은 라틴어의 'pre'(before)와 'venio'(come 또는 go)가 합한 말로서 '먼저 오다' 또는 '먼저 가다' 라는 의미를 갖고 있다. 이것은 인간 편에서 하나님께로 향하는 어떤 행동이 있기 전에 타락한 인간에게 먼저 오는 하나님의 은혜로서, 우리가 하나님을 믿기도 전에 이미 우리에게 와 있거나 또는 오는 은혜라는 뜻이다. 이것은 모든 인간에게 보편적으로 임하는 은혜이다. 웨슬리는 이러한 선행적 은혜를 자유로운 의지와 양심을 통한 인간의 도덕적인 능력으로 이해하였으며, 이성(理性)도 선행적 은혜에 포함시키는 것 같다. 그리고 이 선행적 은혜는 모든 사람에게 보편적으로 주어지고 값없이 주어진다고 이해하였으며, 이로써 타락으로 인하여 전적으로 파괴된 하나님의 형상이 부분적으로나마 회복되었다고 믿었다. 이렇게 보면 인간의 자유로운 의지나 양심이나 이성이 다 하나님의 은혜이며, 모든 인간은 죄인임에도 불구하고 언제나 하나님의 은혜 아래 있다는 것이다. 다만 불신자는 이 모든 것이 하나님의 은혜라는 것을 알지도 못하고 인정하지도 않으며 감사치도 않는데 이것이 신자와 불신자의 다른 점이다.

웨슬리의 선행적 은혜론은 존 칼빈의 일반 은혜론과 유사하다고 볼 수 있다. 다른 점은 칼빈이 말하는 일반 은혜는 인간의 구원에 있어서 인간은 아무런 참여를 하지 못하지만 웨슬리의 선행적 은혜는 구원에 인간이 어떤 방식으로든지 어느 정도 참여한다는 것이다. 그러므로 웨슬리에게서 구원은 전적으로 하나님의 은혜에 의존하면서 동시에 인간에게도 어느 정도 책임이 있다. 그리고 구원의 은혜는 모든 사람을 위한 것이므로 복음 전도가 긴급히 필요한 것이다. 여기서 중요한 문제는 과연 선행적 은혜가 인간의 구원을 이루는 데 있어서 어느 정도의 역할을 하느냐 또는 얼마나 중요한 몫을 차지하느냐 하는 것이다.

웨슬리가 실제로 선행적 은혜의 교리를 얼마만큼 중요하게 취급하느냐 하는 것은 메도디스트 신학의 성격을 규정하는데 있어서 대단히 심각한 문제이다. 서그덴(Edward H. Sugden)은 선행적 은혜의 교리는 웨슬리의 신학에서 전적으로 중요한 위치를 갖는다고 주장했다.[1]이것은 오랫동안

---

1) SS.,2, p.214.

메도디스트 교회와 그밖에 다른 교회에 잘 알려진 유명한 상식적 이론이다. 그렇지만 이러한 상식과 전통은 오해에서 비롯된 것이며, 오히려 실제는 그 반대였다. 놀랍게도 그의 일기나 편지를 읽어보면 극히 드물게 선행적 은혜에 대해 언급되고, 그의 44개의 표준설교에서도 결코 중요하게 취급된 곳이 없다. 더군다나 정확히 선행적(prevenient 또는 preventing)은혜라는 용어가 사용된 곳은 불과 서너 곳 밖에 없으며,[2] 그것도 1738년 직후에 쓰여진 설교에서만 나타난다. 53개 설교 모음집의 부가된 설교에서는 약 4번 나타나지만, 이러한 언급도 그 교리의 중요성을 강조하기 위함이 아니라, 그냥 지나가는 말이나 부수적인 언급에 불과하다.[3]

표준설교에서 지나가는 말로 사용된 대표적인 예를 들어보면, "은혜의 방편이란 선행적인 은혜(preventing grace)와 칭의하는 은혜(justifying grace) 그리고 성화하는 은혜(sanctifying grace)를 사람들에게 전달하는 평범한 통로들"[4]이라고 하는 부분과 '마음의 할례'(표준설교 13번)라는 설교에서 "그분(하나님)만이 홀로 하나님께 대하여 죄로 죽은 자들을 일으킬 수 있고, 그들의 그리스도인으로서의 생활에 생명력을 불어넣을 수 있고, 또한 그렇게 하여 이 은혜(구원하는 은혜: saving grace - 필자 주)로서 그들을 지켜주고(prevent) 동행하며 인도할 수 있다…"[5]라는 부분이다. 이와 같이 웨슬리는 선행적 은혜가 복음의 은혜로부터 추출된 별개의 것도 아니고 '오직 은혜', '오직 믿음'과 긴장관계에 있는 것도 아니며, 그것은 어떤 경우에도 인간의 구원에 독립적으로 작용할 수 없다는 것을 분명히 하고

---

2) SS.,1, p.242(The Means of Grace); p.373,(표준설교 8번; 산상설교 3번); p.312,(The Great Previlege of those that are born of God); p.276,(The Circumcision of the Heart).

3) SS.,2, p 359; 445; 455; 477; 394.

4) SS.,1, p.242.

5) SS.,1, p.276.

있다. 웨슬리는 같은 설교에서 "우리의 복음은 믿음 이외에 또는 그리스도를 믿는 믿음 이외에 어떤 다른 선행(善行:gook works)의 기초를 알지 못하는 것처럼, 그리스도께서 우리의 믿음과 행위의 창시자 되심과 성령이 고무자와 완성자 되심을 부인하는 한 우리는 그의 제자가 아니라는 것을 명백히 가르친다."[6]라고 말한다.

그 외에도 선행적 은혜에 관련된 몇 개의 언급이 더 있다. '속박과 양자 삼음의 영'이라는 설교에 나오는 다음과 같은 설명이 그 중 하나이다.

> "… 사람들은 너무 속히 죄에 빠져 잠자고 있지만, 그러나 그들은 때로 다소간 깨어있습니다 … 그들은 죄의 짐을 느끼며 다가올 저주로부터 피하려는 진지한 소원을 갖고도 있습니다. 그러나 그것은 오래가지 못합니다. 그들은 정죄의 화살이 그들의 영혼 속으로 깊이 들어가는 고통을 거의 당하지도 않습니다. 그들은 하나님의 은혜를 재빠르게 질식시켜버리고 맙니다. 그리고 수렁에 빠져 뒹구는 데로 다시 돌아가 버립니다."[7]

위와 같은 선행적 은혜의 교리에 대한 웨슬리의 설명은 주로 그의 초기의 복음전도적인 설교에서 사용한 것으로서 우리는 다음과 같은 선행적 은혜에 대한 웨슬리의 의도를 발견하게 된다.

첫째, 은혜에 있어서 하나님이 주도권을 취하신다.

둘째, 선행적 은혜는 자신의 죄와 무력함을 깨닫게 하는 역할을 한다.(즉, 선행적 은혜는 인간이 의인이 아니라 오직 죄인일 뿐임을 보여준다.)

셋째, 선행적 은혜는 죄인이 하나님께로 나아가게 하지만 본래적으로

---

6) SS.,1, p.276
7) SS.,1, p.196.

허약하기 때문에 쉽게 질식돼 버린다.

또한 웨슬리는 또 다른 설교에서 "인간의 마음에 쓰여진 율법은 죄로 인해서 거의 지워져 버렸으나 그리스도의 화해의 역사를 통해서 죄인들의 마음에 하나님의 율법이 다시 새겨진다."라고 말함으로써 인간의 마음에 율법의 다시 쓰여짐을 그리스도의 구속(atonement)의 결과로 강조하고 있다. 그는 이어서 "하나님의 율법이 하나님을 알지 못하는 자들에게 알려졌습니다." 그러나 "이것으로는 충분치 않습니다. 이것으로는 사람들이 하나님의 율법의 높이, 깊이, 길이 그리고 넓이를 이해할 수 없습니다. 하나님 홀로 그의 성령으로 이것을 계시할 수 있고 진실로 믿는 모든 사람에게 그렇게 하십니다."라고 선행적 은혜에 관련된 설명을 하고 있다.[8] 이러한 설명을 통해서 우리는 선행적 은혜에 대한 웨슬리의 견해를 이렇게 정리할 수 있다.

첫째, 선행적 은혜는 항상 쉽게 저지를 받는다. 원죄의 세력이 너무나 강하기 때문에 인간본성의 본래상태로 되돌아가고 만다. 인간은 보통 어느 정도 선행적 은혜를 보유하지만 원죄의 세력은 이 은혜를 질식시킨다.

둘째, 선행적 은혜는 인간에게 하나님의 의에 대한 부분적인 지식만 주기 때문에 인간에게 죄책감을 갖게 한다.

셋째, 선행적 은혜는 선(善)을 행하려고 노력하지만 언제나 속히 무지와 무능력의 한계에 부딪치고 그 선행(善行)의 의지는 곧 질식되고 만다. 그것은 인간은 쓰여진 율법(성경)없이는 성령의 역사에 대해서 알지 못하고, 믿음이 없이는 완전한 율법을 이해 못하기 때문이다. 그러므로 선행적 은혜의 약점은 복음을 통해서 오는 은혜의 능력과 분명히 대조된다.

넷째, 선행적 은혜는 인간을 중생에 이르게 할 수 없고, 중생을 일으키

---

8) SS.,1, p.43-44.

는 데는 성령의 역사가 필수적이다.

다섯째, 선행적 은혜는 인간을 구원할 힘이 전혀 없다.

웨슬리는 '원죄'라는 설교에서 "인간에게 어떤 선이 악과 함께 또는 빛이 어두움과 함께 섞여있지 않은가?"라고 스스로 질문하고, "아니다. 전혀 그렇지 않다."고 스스로 대답한다. 그리고 모든 사람이 마음속에 선을 품고 있다고 주장하여 이것을 부인할지라도 "하나님은 인간의 마음의 모든 생각까지도 온통 악하다고 판단하셨다. … 인간의 육체 속에는 선이 없으며, 인간의 본성은 순전히 악할 뿐이다."라고 역설한다.[9]

그럼에도 불구하고 서그덴(E. H. Sugden)은 이와 같은 인간의 자연적 본성의 상태에 관한 표현에서 웨슬리가 선행적 은혜를 소홀히 취급하거나 무시하고 있다고 비판하고, "아무도 본성적 양심이라고 부르는 것을 완전히 결여한 인간은 없다 … 우리가 아는 대로 성령의 은사는 확실히 인간 본성 안에 있는 요소이다."[10]라고 주장하였다. 이것은 웨슬리로부터 근본적인 이탈이다. 여기서 서그덴의 이탈은 초자연적 은혜를 자연적 은혜로 바꾸어 놓았다. 이러한 서그덴의 수정은 본래 웨슬리에게 있지도 않는 선행적 은혜에 대한 강조를 웨슬리에게 부과하였고, 이어서 이것은 웨슬리에게 생소한 자연신학의 방향으로 가는 기초를 놓게 된 것이다.

1767년에 쓰여진 '성령의 증거'라는 설교에는 웨슬리의 선행적 은혜에 대한 더욱 성숙된 사상이 나타나는데, 이 설교에서 웨슬리는 성령의 증거 없이 성령의 열매라고 상상되는 것에 의존하지 말 것을 경고하면서 "때로 거짓된 것이 아닌 진정으로 하나님께로부터 오는 기쁨, 평화, 사랑을 성령의 증거 이전에 미리 맛볼 수 있고 … 그림자만이 아닌 하나님의 선행적

9) SS.,2, p.213-214.
10) SS.,2, p.213(Note 4)

은혜에 의하여 오는 어느 정도 진실한 인내, 자비, 양선, 충성, 온유, 절제는 우리가 하나님께 용납되기 전에도 있을 수 있습니다 … 그러나 결코 거기에 의존하지 마시오. 그것은 우리 영혼을 위험에 처하게 합니다."라고 역설한다.[11] 이러한 웨슬리의 주장에서 중요한 점은 다음과 같다.

첫째, 선행적 은혜는 표준설교에서 우연적으로 언급되고 있다.

둘째, 선행적 은혜의 열매에 속지 말 것과 만족하지 말 것을 경고한다.

셋째, 선행적 은혜는 인간을 하나님의 자녀 되게 못한다. 선행적 은혜의 열매와 성령의 증거를 혼동하는 것은 '영혼의 위험'이라고 한다.

넷째, 웨슬리는 선행적 은혜를 구원의 사역에 포함시키려는데 주저하고 있다.

그러므로 선행적 은혜는 오늘날 메도디스트 신학에서 인식되어 있는 것처럼 웨슬리에게서 중요한 위치를 갖지 않으며, 따라서 이것이 웨슬리가 가르친 원죄와 전적 타락의 교리를 실질적으로 수정하지 않을 뿐 아니라, 복음의 은혜와 독립적으로 움직이는 자유의지에 대한 인본주의적 교리를 형성하는 신학적 출발점이 되지도 않는다.

웨슬리가 사실상 선행적 은혜를 가장 자세히 다루는 것은 '우리 자신의 구원을 이룸에 관하여'라는 그의 설교에서이다. 그는 여기서 다음과 같이 증언한다.

"인간이 하나님의 영을 져버리지 않는 한 하나님의 은혜의 역사 밖에 있는 사람은 아무도 없습니다. 살아 있는 사람 몸에 자연적 양심을 안 가지고 있는 사람은 없습니다. 그러나 양심이란 것은 자연적인 것이 아닙니다. 이것은 좀 더 정확히 말하면 선행적 은혜(preventing grace)입니다. 모든 인간

---

11) SS.,2, p.358-359.

은 많든 적든 이 선행적 은혜를 갖고 있습니다 … 그리고 좋은 열매 맺기 전에 없애버리는 사람이 많다고 해도 이 선행(善行)의 의욕이 모든 사람에게 있다는 것은 움직일 수 없는 사실입니다. 인간은 누구나 이르든 늦든 또는 많든 적든 세상의 모든 사람을 비추어주는 어느 정도의 빛(some measure of that light), 즉 희미하게 반짝이는 광선(some faint glimmering ray)을 갖고 있습니다 … 그러므로 사람은 은혜가 없어 죄짓는 것이 아니라 이미 갖고 있는 은혜를 활용하지 않기 때문에 죄를 짓는 것입니다."[12]

위 설교의 내용은 웨슬리의 선행적 은혜의 교리를 설명할 때 가장 권위 있는 근거로서 가장 많이 인용하는 부분이다. 그러나 이 부분은 웨슬리가 비교적 선행은혜에 관하여 자세하고 명백한 견해를 말하고 있는 것이지만, 이 설교의 핵심내용이 아니다. 그 이전에 웨슬리는 다음과 같은 역설적인 전제를 제시하고 있다.

"여기저기에서 반짝이는 하나님을 아는 '지식의 빛'이 있음에도 불구하고 온 세상은 어두움으로 덮여 있습니다. 의의 태양이 떠오르고 밤의 어두움을 쫓아낼 때까지 그렇습니다."[13]

이 설교에서 오히려 그리스도 안에서의 계시의 명백함과 대조하여 선행적 은혜의 허약함을 드러내려는 의도가 더 강하게 보인다. 또한 웨슬리는 계속해서 선행적 은혜의 의미와 역할에 대하여 다음과 같이 설명한다.

---

12) '우리 자신의 구원을 이룸에 관하여', WJW., 6, p.512.
13) WJW., 6, p.509.

"구원은 보통 부르는 선행적 은혜(preventing grace)로부터 시작합니다. 이것은 하나님을 기쁘시게 하려는 최초의 소원과 그 분의 뜻에 대한 최초의 관심, 그리고 지은 죄에 대한 조금이나마 최초의 각성을 갖는 것입니다. 이런 것들은 어느 정도로 생명과 구원을 지향하는 어떤 경향을 의미하는 것이며, 하나님과 그의 하신 일에 대한 무감각하고 어두운 마음에서 해방되기 시작하는 것입니다 … 이후에 우리는 실질적인 그리스도인의 구원을 경험합니다. 우리는 은혜로 말미암아 믿음으로서 구원을 받습니다. 우리의 구원은 두 개의 큰 지체인 칭의와 성화로 이루어집니다. 우리는 칭의에 의하여 죄의 가책에서 구원되고 하나님의 총애를 회복합니다. 또한 우리는 성화에 의하여 죄의 권세와 뿌리에서 구원되고 하나님의 형상으로 회복됩니다."14)

여기서 웨슬리는 선행적 은혜에 대한 자신의 생각을 가장 적극적으로 표현했다고 볼 수 있다. 첫째로 그는 선행적 은혜가 인간의 구원의 동기가 됨을 말하고 있다. 특별히 선행적 은혜가 모든 인류, 특별히 그리스도를 알지 못하는 사람들에게 있어서 구원의 동기가 된다는 사실을 말하고 있다. 선행적 은혜의 역할은 어느 정도(some degree) 조금이나마(slightly) 인간이 자신의 죄를 깨닫고 하나님을 찾으며 자신의 구원을 갈망하도록 하는 것이다. 즉 웨슬리는 선행적 은혜에 의하여 인간 구원의 길은 항상 열려 있다는 사실을 말하는 것이다. 선행적 은혜에 대하여 웨슬리가 말하는 가장 긍정적인 의미는 선행적 은혜로 말미암는 인간구원의 가능성이다. 그러나 웨슬리는 이것이 어느 정도 조금이나마 구원의 순서에 포함은 되지만 실질적인 그리스도인의 구원은 오직 그리스도의 구속의 은혜(saving grace)로만 이루어지는 칭의와 성화임을 분명히 밝히고 있다. 구원이 선행

---

14) WJW.,6, p.509.

적 은혜로부터 시작한다는 말의 의미는 선행적 은혜가 우리를 우리 자신에 대한 절망에로, 그리고 그리스도를 신뢰하는 데로 인도하는 은혜의 방편이라는 사실에 집중되고 있다.

계속해서 웨슬리는 자신의 구원을 이루어 내는(work out) 인간의 책임에 관해서 다루고 있다. 그는 "… 항상 복종하여 두렵고 떨림으로 너희 구원을 이루라"(빌 2:12). 그리고 "그러므로 형제들아 더욱 힘써 너희 부르심과 택하심을 굳게 하라 너희가 이것을 행한즉 언제든지 실족하지 아니하리라"(벧후 1:10)는 성경 두 구절을 근거로 하여 자기 자신의 구원을 이루는(work out) 인간의 책임을 다루면서, "그러므로 하나님이 일하시므로 이제 당신들도 자신의 구원을 이루어 낼 수 있습니다."라고 결론을 맺는다.

지금까지 많은 웨슬리 학도들은 이러한 웨슬리의 논지를 해석할 때 마치 '인간은 선행적 은혜(preventing grace)의 은사를 통해서 자신의 구원을 이룰 수 있다'는 의미로 추론해 왔다. 그러나 선행적 은혜에 대한 이러한 논의보다 앞서는 대전제를 중시해야 한다. 즉, 여기서 웨슬리의 주요 강조점은 "하나님이 너희 안에서 일하시기 때문에 너희도 일할 수 있고 또 일해야 한다. 그렇지 않으면 너희가 너희 자신의 구원을 이루는 것이 불가능하다"라는 전제에 있기 때문이다. 즉, 하나님이 너희 안에서 일하신다는 사실과 그렇기 때문에 너희도 일할 수 있다는 사실을 대전제로 한 것이다. 인간은 하나님이 그를 "죽은 자들 가운데서 살려내시고 … 죽은 영혼을 생명에로 부르시기 전까지는 죄 가운데서 나올 수도 없고 하나님께로 향하여 조금도 움직일 수 없고, 아무런 의도 행할 수 없기" 때문이다. 웨슬리는 이 설교에서 '자신의 구원을 이룸'(working out your own salvation)이라는 그리스도인의 중생(regeneration)을 설명하고 있는 것이 분명하다. 그리고 중생케 하는 은혜는 선행적 은혜가 아니며, 오히려 선행적 은혜의 힘은 너무나 약해서 인간의 구원을 이룰 수 없으며, 인간이 칭의와 중생을 얻기 위해서는 더 위대한 은혜 – 복음을 통하여 역사하시는 성령의 은사 – 를 필요로 한다는 것이 이 설교에서도 똑같이 강조되고 있다.

웨슬리의 신학에서 선행적 은혜는 전통적으로 알려진 것처럼 구원론의 중심이나 강조점이 아니며 지금까지 현대 감리교회에 알려진 것처럼 그렇게 중요하지 않다. 특히 그의 구원론을 주제로 하는 설교에서 칭의보다 앞서서 나타난다는 선행적 은혜는 그렇게 특별한 비중을 차지할 만큼 중요성을 갖지 않는다. 인간의 구원에 있어서 다만 '희미하게 반짝거리는 빛'(faint glimmering ray)에 불과한 선행적 은혜의 최선의 역할은 그것의 쉽게 소멸되는 연약성 때문에 복음을 통해서 오는 더욱 능력 있는 은혜를 갈망하고 필요성을 갖게 하는 것이며, 칭의 뿐 아니라 궁극적으로 그리스도인의 생활의 전체과정, 즉 성화에서 하나님의 은혜에 응답하고 보조하는 수단이 된다는 것이다.

이 설교의 끝 부분에서 웨슬리는 어거스틴으로부터, "인간 없이 인간을 창조하신 하나님은 인간 없이 인간을 구원하지 않으신다."라는 말과 그리스도인의 생활에서 성화를 향한 인간의 노력을 촉구하는 성경의 여러 구절을 인용하면서 "하나님께서 여러분 안에서 지금도 일하고 계심을 생각하고 …" 하나님과 함께 자신의 구원을 이루기 위하여 하나님과 함께 일할 것을 권면한다. 웨슬리의 이러한 표현은 언제나 메도디스트 신학의 구원론에서 그 유명한 신인협동론(synergism)의 대표적 근거로서 인용되어 왔다. 웨슬리는 여기서 신인협동론을 설명하고 있는 것이 분명하다. 그러나 간과하지 말아야 할 세 가지 중요한 점이 있다.

첫째, 웨슬리는 시종일관 구원의 능력이 선행적 은혜(prevenient grace)에서 나오는 것이 아니라, 그리스도의 속죄의 은혜(atoning grace) 즉, 구원하는 은혜(saving grace)에서 나온다고 주장한다는 점이다.

둘째, 여기서 말하는 신인협동은 칭의에 관한 것이 아니고 성화에 관한 것을 의미한다. 즉, 웨슬리는 여기에서 네가 구원받은 사실을 너의 일함을 통해서 밖으로 내어 보이라는 뜻으로 말한 것이다. 다른 말로 하면 너의 구원을 증명해 보이라는 뜻이다. 그러므로 웨슬리의 칭의론을 신인협동론(神人協同論; synergism)이라고 단정하여 말하는 것은 성경적 구원의 의미와 웨슬리의 구원론을 바르게 이해하지 못한 결과라고 할 수 있다.

셋째, 인간 편에서 복음의 은혜를 믿고 받아들이는 책임적인 반응을 촉구하고 있는데, 이것은 웨슬리만이 아니라 루터와 칼빈을 포함하는 모든 성경적이고 정상적인 복음전도자들의 공통된 메시지요 실천이다. 이러한 사실은 웨슬리에 관한 해석과 2차 자료만 보아서는 알 수 없다. 웨슬리 자신이 저작한 원자료 전체에 걸쳐서 조사해보면 오히려 웨슬리는 그가 인간의 본성에 대하여 그랬던 것처럼 선행적 은혜, 즉 인간의 양심이나 자유의지의 역할에 대하여 루터와 칼빈을 비롯한 개혁자들보다 더 긍정적이지 않을 뿐 아니라 때로는 더 부정적이다.

린드스트롬은 웨슬리의 설교에서 선행적 은혜의 교리가 매우 드물게 나타나는 것은 지금까지의 메도디스트 신학 전통과는 판이하게 다른 놀라운 사실이라고 말하면서, "웨슬리는 죄로 인해 죽은 자연적 인간과 은혜로 살아난 인간 사이의 구별에 너무도 심취하기 때문에 그의 관심은 온통 칭의와 신생(new birth)에서 역사하는 '구원하는 은혜'(saving grace)에 바쳐지고 있다."고 역설하였다.15) 이런 사실에도 불구하고 메도디스트 신학은 미국에서 19세기말부터 웨슬리안 정통(Wesleyan orthodoxy)으로부터 이탈하여 자유주의(liberalism)에로 기울어지면서 구원론에서 선행적 은혜

---

15) H. Lindstrom, Wesley and Sanctification,(Francis Asbury Press, 1980), p.45.

를 웨슬리보다 더욱 긍정적으로 해석하게 되었고, 복음의 구원하는 은혜 (saving grace)보다도 선행적 은혜를 더 중요한 위치에 두면서, 메도디스트 신학은 그 본래의 중심과 강조점이 '값없이 주시는 은혜' (free grace)로부 터 '자유의지' (free will)로 전이(transition)해 갔다.16) 그리고 이러한 강조 의 전이는 구원론에서 언제나 더 많은 것을 인간 편에 돌리게 하였으며, 성경과 복음에 대한 신앙보다는 인간의 자유의지의 결단과 인간의 이성 적 각성, 그리고 도덕적 능력에 더 많이 의존하는 경향을 낳게 되었다. 그 러면서 메도디스트 신학에서 신앙과 복음전도와 경건생활은 약해지고 대 신 휴머니즘이 더욱 발전하고 우세하게 되는 경향을 보여 왔다.

2. 인간의 양심은 얼마나 선한가?

이미 앞에서 언급했듯이 웨슬리는 양심을 선행적 은혜와 동일한 의미 로서 정의하고 설명한다. 인간의 양심이란 각자의 교육이나 환경에 따라 서 다양하지만 세상에 태어난 인간에게 보편적으로 부여된 것으로서, 인 간의 본성이 아니라 '하나님의 초자연적인 은혜' (A supernatural gift of God)라고 웨슬리는 설명한다. "세상에 태어난 사람치고 자연적 양심을 갖 고 있지 않은 사람은 없습니다. 그러나 양심이란 자연적인 것이 아닙니다. 좀 더 정확히 말하면 선행적 은혜입니다. 모든 인간은 많든 적든 이 선행 적 은혜(prevenient grace)를 소유하고 있습니다. … 누구든지 선행(good works; 善行)의 의욕을 갖고 있습니다."17) 양심의 능력은 선과 악을 구별하

---

16) Robert Chiles, Theological Transition of American Methodism 1790~1935,(Abingdon Press, 1965), p.144~185.
17) 'On Concsience', WJWB.,3, p. 481~482.

는 것이다. 즉 인간의 모든 행위에서 무엇이 선이고 무엇이 악인지를 아는 능력이다. 이러한 인간의 양심의 구체적인 역할은 첫째, 자기 자신을 아는 것이다. 즉, 자신의 생각과 말과 행동을 알아서 자신의 성품이나 생활의 어떠함을 분별하는 것과 둘째, 모든 개별적인 상황에서 자신의 행동을 지시하는 규범의 틀이 되는 것과 셋째, 자신의 생각과 말과 행동이 규범에 맞는가 안 맞는가를 가르쳐주는 것이다.18)

그러나 웨슬리는 인간의 양심은 스스로의 능력으로는 이 세 가지 역할을 온전히 수행하지 못한다고 주장한다. 왜냐하면 인간의 양심은 언제나 이와 같은 일들을 온전히 수행할 수 있는 '선한 양심'(good conscience)이 아니기 때문이라는 것이다. 그는 인간의 양심을 세 가지 수준으로 구분하여 설명한다. 첫째, 위와 같은 능력을 갖춘 '선한 양심'이 있고, 둘째, 우리의 생각과 말과 행동이 하나님의 말씀과 맞지 않으면 즉각적으로 죄책감을 느끼는 '부드러운 양심'(tender conscience)이 있다. 그러나 이 수준의 양심은 스스로 회개하고 구원에 이르지는 못한다. 셋째, 하나님의 말씀을 불순종하고 죄악을 행하면서도 죄책감도 없고 하나님을 두려워하지도 않는 '완악한 양심'(hardened conscience)이 있다. 이것은 가장 위험한 상태의 양심이다. 인간의 양심이 첫째 수준의 '선한 양심'이 되는 것은 성령의 도우심이 없이는 불가능하며 성령의 기름부음을 받아야만 한다고 웨슬리는 역설한다.19)

이와 같이 웨슬리는 인간의 양심 홀로는 인간을 하나님의 법을 온전히 알지도 못하고 인간을 구원에로 이끌지도 못한다는 사실을 역설한다. 인간은 타락하여(양심을 포함하여) 하나님의 형상(Imago Dei)이 전적으로 더럽

---

18) WJW.,3, p.485.
19) WJW.,3, p.485.

혀졌기 때문이다. (그러나 인간성의 모든 면에서 전가적(轉嫁的)으로 더럽혀진 것이지 완전히 지워진 것은 아니다. 모든 사람은 자신을 알고 하나님을 알만한 '희미하게 반짝이는 빛'을 가지고 있다.) 그러므로 인간의 양심의 온전한 회복은 그리스도의 속죄의 은혜를 통한 중생에 의해서만 가능한 것이다. 왜냐하면 "세상에 태어난 사람을 밝히는 것은 본능이 아니라 참 빛이신 하나님의 아들"이기 때문이다. 이것이 웨슬리가 자신의 신학과 설교에서 지속적으로 강조한 사실이다. 어떠한 경우에도 웨슬리는 인간의 구원에 있어서 선행적(先行的) 은혜(자연적 은혜이든지 초자연적 은혜이든지)를 그리스도를 통한 구원의 은혜(saving grace)보다 더 강조한 적이 없다. 왜냐하면 복음전도자로서 그의 최우선적이고 가장 중대한 관심은 그리스도의 속죄하는 은혜(redemptive grace), 즉 구원하는 은혜(saving grace)이기 때문이다.

3. 자유의지(free will)는 얼마나 믿을 만한가?

웨슬리는 분명히 이중예정론과 불가항력적 은혜의 교리를 강하게 반대하고, 어느 정도의 자유의지가 초자연적으로 죄인에게 회복되었다고 생각했다. 그러나 그는 인간에게 어느 정도 회복된 자유의지에 대하여 긍정적으로 말하는 경우는 거의 없으며, 언제나 소극적이고 부정적으로 평가한다. 그는 인간에게는 자유가 주어졌다는 것에 관하여 다음과 같이 말한다.

"나는 나 자신의 본성이 전적으로 부패했기 때문에 나 자신의 마음을 다스릴 절대적인 힘을 갖고 있지는 않습니다. 그렇지만 나를 구하시는 하나님의 은혜를 입어서 나는 선을 …선택하고 행할 수 있는 능력을 갖게 됩니다. 나는 내가 누구를 섬길 것인지를 선택할 자유가 있습니다. 그리고 내가 보다 나은 것을 선택했다면 거기에 계속해서 머물 수 있는 자유도 갖고 있습니다 ..."20)

웨슬리는 '예정론에 대한 숙고'라는 자신의 논문에서 자신은 웨스트민스터 신앙고백에 나타난 칼빈주의자들이 주장하는 대로의 '본성적인 자유의지'(natural free will)의 개념에 동의하지 않는다고 고백하면서 다음과 같이 말하였다.

"나는 이제까지 자유의지를 주장하지 않았다. 인간의 현재 상태에서 볼 수 있는 자연적인 자유의지를 나는 알지 못한다. 나는 다만 세상에 태어나는 모든 사람에게 비추는 초자연적인 빛과 함께 모든 사람에게 초자연적으로 회복된 어느 정도의 빛이 있다고 주장할 뿐이다."21)

또 다른 곳에서 그는 인간의 자유의지에 관하여 다음과 같이 말한다.

"플레처와 웨슬리는 다 같이 인간의 자연적인 자유의지를 철저히 부인한다. 우리 모두는 인간의 자유의지가 본성적으로 오직 악을 행할 자유 밖에 없음을 끊임없이 주장한다. 그렇지만 우리 모두는 모든 인간은 은혜에 의하여 회복된 자유의지라는 수단을 갖고 있음을 믿는다."22)

"아담이 타락하기 전에 그는 의지의 자유 같은 것을 갖고 있어서 선이나 악

---

20) 'What is man?', WJW.,7, p.228-229.
21) WJW., 10, p.229-230.
22) WJW., 10, p.392.

을 선택할 수 있었으나, 타락 이후에는 인간의 자녀 중에 누구도 진정으로 선한 것을 선택할 수 있는 자연적인 능력을 소유하고 있지 못한다고 믿는다. 그렇지만 사람은 작은 일들에서는 의지의 자유를 여전히 갖고 있다는 것을 나는 알고 있다."23)

또한 웨슬리는 분명히 영국교회의 '39개 교리' 중에 '자유의지에 관하여'(On Free Will)라는 주제가 붙은 제 10조의 교리의 중요한 의미를 분명히 인식하고 있었다.

"아담의 타락 이후의 인간의 상태는 이와 같으니, 즉 인간은 자신의 본성적 힘이나 선행에 의하여 하나님께 대한 믿음으로 돌아갈 수 없으며, 하나님을 부를 수 없다. 왜냐하면 인간은 인간이 선한 의지를 갖도록 예비하실 (preventing)뿐 아니라 또한 인간이 그러한 선한 의지를 가질 때에 우리 안에서 일하시는 그리스도를 통한 하나님의 은혜 없이는 하나님이 기뻐하시고 받으실만한 선을 행할 수 없기 때문이다."24)

이와 같이 인간의 자유의지에 관한 웨슬리의 신학적 사상은 근본적으로 부정적이다. 그럼에도 불구하고 자유의지에 관한 이와 같은 웨슬리의 언급은 마치 중생하지 않은 인간이 선행은혜를 통하여 자유의지의 행위로써 주어진 은혜에 응답할 수 있고 또한 능동적으로 협력할 수 있다는 의미로 너무나 쉽게 잘못 해석되어 왔으며, 바로 이 때문에 메도디스트 신학은 웨슬리가 본래 의도했던 것보다 훨씬 더 많은 비중을 자유의지에 실어

---

23) WJW., 10. p.392.
24) 본서의 부록 9, '24개 교리' 참조.

주어 결국 웨슬리의 사상을 왜곡하게 된 것이다. 웨슬리는 구원에 있어서 하나님의 은혜의 전적인 선도권(先導權)과 효력을 강조한 다음, 이어서 구원의 필요성과 열망을 갖고 하나님의 은혜를 받아들이는 인간의 책임 사이의 긴장관계를 기술하려고 한 것이지만, 웨슬리 해석자들은 선행적 은혜의 기초 위에서 인간은 하나님의 뜻을 자유롭게 선택하고 행할 수 있을 뿐 아니라, 선행적 은혜의 기초 위에서 인간이 하나님의 의지를 발동시킬 수 있으며 하나님의 인간 구원을 결정할 수 있다는 식으로 자유의지에 대하여 지나치게 긍정적이고 낙관적인 견해를 갖게 된 것이다. 이것이 바로 20세기 초반부터 메도디스트 신학에서 해석하고 가르쳐온 구원론이다.

위에서 밝힌 대로 웨슬리의 선행적 은혜의 교리의 주요 목적은 인간으로 하여금 하나님의 뜻을 행할 수 있게 하는데 있다고 하기보다는 오히려 철저한 자기인식, 인간의 죄와 무능력에 대한 각성을 일으키고, 인간 자신에 대한 절망 속에서 하나님이 인간의 삶 전체를 주관하도록 내어 맡기게 하는 것이다. 웨슬리에 의하면 자연적 인간은 어떠한 선도 행할 수 없을 정도로 의롭지 못하며, 선행적 은혜를 사용하더라도 결국 자신을 스스로 구원할 모든 자기노력을 포기할 수밖에 없다. 웨슬리의 구원론에서 '구원하는 은혜'(saving grace) 즉, '값없이 주시는 은혜'(free grace)는 결정적 범주이며, '오직 은혜로만 얻는 구원'의 교리를 의심케 할 만한 어떤 요소도 없다. 웨슬리의 선행적 은혜의 교리를 인간의 자유의지를 중심으로 하는 자연신학의 근거로 만드는 것은 웨슬리를 거꾸로 놓는 것이다.

웨슬리가 '값없이 주시는 은혜'라는 설교에서 칼빈주의의 이중예정론을 반대하면서, 동시에 이중예정론을 대신하여 주장하는 교리는 인간의 자유의지가 아니라, 예수 그리스도 안에서 모든 사람에게 '값없이 주어지는 은혜'(free grace)의 교리였다. 그는 결코 인간의 구원에 있어서 인간의 자유의지를 강조한 적이 없다. 오히려 웨슬리의 설교의 전체적인 메시지는 인간의 자유의지는 인간을 구원하지 못하며, 결국 인간은 자유의지의 무능함에 의하여 절망하고 만다는 것을 강조하고 있다. 그러므로 구원은 값없이 주어지는 은혜를 믿음으로 받는 것이며, 그 이상도 그 이하도 아니다.

4. 웨슬리의 칭의론(稱義論)은 신인협동론(神人協同論)인가?

인간의 구원에 있어서 회개를 포함하는 믿음이 꼭 필요하지만 그것이 구원을 이루는데 참여하는 인간의 공로라고 할 수 있는가? 인간 편에서의 회개와 믿음을 가지고 인간의 자신의 구원을 위해서 하나님과 협동했다고 말할 수 있는가? 여기에 대한 대답은 다음과 같이 간단하다. 여기서 인간의 역할은 다만 값없이 은혜의 선물을 받아들이기만 하는 것인데 이 받아들이는 믿음을 인간의 공로라고 할 수 없으며, 자기의 죄를 회개하는 것을 인간의 공로라고 할 수 없다. 만일에 인간 편에서 믿고 받아들이는 것과 자신의 죄를 뉘우치는 것을 가지고 하나님과 협동했다고 이해한다면 그런 의미에서는 웨슬리의 구원론은 신인협동론(synergism)이다. 그러나 하나님의 무한히 크신 사랑의 선물을 받기만 하는 인간의 믿음을 가지고 인간이 하나님과 협동한다고 말하는 것은 자신의 죄도 모르고 하나님의 은혜도 알지 못하여 결국은 구원의 의미를 진실로 알지 못하는 것이다. 이것은 마치 죄 값으로 말미암아 영원히 죽게 된 인간이 완전한 용서와 죽음에서 구해주시는 하나님의 값없이 주시는 구원의 은혜를 받을 때에 인간 자신이 그 은혜를 믿고 받아들이겠다는 자유로운 의지의 결단에 대하여 인간 자신의 공로라든지 인간이 하나님과 협력해서 구원이 이루어졌다고 말할 수 없는 것과 같다. 예를 들면 어떤 사람이 큰 죄를 짓거나 큰 빚을 지어서 수천억 원의 돈을 지불하지 않으면 죽게 되는 처지에 놓였는데, 어떤 성자가 와서 그 모든 돈을 거저 주어서 그 사람은 그 돈을 받아 가지고 가서 모든 빚을 지불하여 살게 되었다면, 그 사람이 내가 나의 자유의지로 그 돈을 받기로 결단하고 내 손으로 받아 가지고 가서 그 빚을 갚은 행위를 가지고 이것이 나의 공로라든지 내가 그 성자의 호의에 협동함으로서 살게 되었다고 할 수 없는 것에 비유할 수 있을 것이다. 또한 어떤 사람이 물에 빠져서 죽게 된 것을 건져주었다면 건짐 받은 사람이 건져준 사람의 손을 꼭 잡고 끌려 나온 것을 가지고 내가 나를 물에서 건져준 사람과 협력하여 살았다고 말할 수 없는 것과 같다. 인간이 하나님의 은혜로 구원받은 것은 마치 강도 만난 사람이 거의 죽게 된 것을 선한 사람이 구해준 것과 같다. 강도 만난 사람이 살아난 후에 내가 사마리아 사람의 도움을 거절하지 않고 내 의지로 받아들이기로 동의하고 협력하여 내가 살아났다고 말하지 않고 전적으로 사마리아 사람의 은혜로 살았다고 말하는 것과 같다.

믿음이나 회개는 공로도 아니며 협동도 아니다. 그것은 다만 전적으로 하나님의 은혜를 받아들이는 것일 뿐이다. 만일 누구라도 은혜를 받아들이는 믿음과 자기 죄를 회개한 것을 가지고 그것도 하나님과 협력한 것이라고 이해한다면 이런 의미에서는 신인협동론(synergism)을 말할 수 있다. 그러나 과연 하나님의 은혜를 받아들이는 믿음이나 자신의 죄를 회개하는 것을 가지고 내가 하나님과 협력하여 나의 구원을 이루었다고 말한다면 그것은 자신의 죄도 하나님의 은혜도 알지 못하며, 구원의 의미를 진실로 이해하지 못한 것이라고 할 수 있다. 은혜를 받아들이는 믿음이나 자기 죄를 회개하는 것은 절대로 공로도 아니고 협력이라고 말할 수도 없는 것이다. 나를 죄에서 구원하시는 하나님의 은혜를 진실로 경험한 신자는 누구나 나의 구원은 전적으로 하나님의 은혜로 된 것이라고 고백할 수밖에 없는 것이다. 죄인이 자기 죄를 회개하고 값없이 주시는 구원의 은혜를 받아들이는 것을 가지고 하나님 앞에서 결코 자랑치 못하는 것과 같은 것이다. 죄인의 구원이란 "아무 육체도 하나님 앞에서 자랑하지 못하게 하려 하심이라."(고전 1:29), "행위에서 난 것이 아니니 이는 누구든지 자랑하지 못하게 함이라."(엡 2:9), "그러나 내게는 우리 주 예수 그리스도의 십자가 외에 결코 자랑할 것이 없으니 …"(갈 6:14)라는 성경말씀이 가르치는 '오직 은혜로 얻는 구원' 이기 때문이다. 이와 같이 웨슬리는 칭의의 구원론에서 은혜와 믿음을 말하면서 동시에 은혜의 주도적이고 압도적인 역할을 강조함으로서 인간의 자유의지를 더 중시하는 펠라지우스적-아르미니우스적 인본주의에 떨어지지 않는다. 웨슬리는 칭의론에서 '오직 은혜로' (sola gratia) 그리고 '오직 믿음으로' (sola fide) 받는 구원을 주장한다.

근대 메도디스트 신학은 지난 1세기 동안 인간의 응답은 선행적 은혜에 의존하며, 이 선행적 은혜의 기초 위에서 인간은 하나님과 협동하여 자신의 구원을 이룰 수 있다고 말하는 저 유명한 '복음적 신인협동론' (evangelical synergism), 그리고 인간의 구원에 있어서 하나님이 주도권과 선취권을 갖고 역사하시는 은혜에 인간이 자유롭게 응답한다는 뜻에서 '복음적 아르미니우스주의' (evangelical arminianism)라고 일컫는 교리를 강조하고 발전시켜 왔다. 그러나 이미 밝힌 대로 웨슬리가 예정론과 신의 무조건적 선택론을 반대하고 인간 편에서의 회개를 포함하는 믿음을 주장한 것을 가지고 신인협동이요 아르미니우스주의라고 한다면 그렇다고 할 수도 있다. 그러나 인간의 구원에서 하나님의 은혜를 받아들이는 믿음을 하나님과 협동한 인간의 역할로 이해하거나, 혹은 인간의 역할을 하나님의 역할과 동등한 것으로 이해하여 하나님의 은혜와 인간의 자유의지가 같은 수준에서 협동하는 것이라고 말하는 것은 옳지 않다. 그것은 분명히 인간 편의 역할을 과대평가하는 것이다.

웨슬리에게서 신인협동이란 인간의 구원 여부가 손상을 입지 않은 대로 순수하게 유지된 인간의 자유의지의 결정에 의존한다고 주장하는 펠라지우스주의적 인간 중심의 구원론도 아니고, 가톨릭 교회가(1545-1563년 트렌트 공의회 Council of Trent에서 선언한 대로) 주장하는 바와 같이 자연인이 하나님과 협동할 수 있는 능력을 가졌다고 하는 의미에서의 협동이 아니다. 그리고 또한 구원을 이루는 역할에 있어서 하나님 절반 인간 절반이라고 하거나, 하나님 100% 인간 100%라는 방식의 협동이라고 말해서는 안 된다. 그것은 인간의 의지가 성령의 역사에 수동적으로 협동함으로서, 하나님의 주도적인 은혜의 역사에 전적으로 이의 없이 협동하는 것이라고 할 수 있다. 스타르키(L. Starkey)는 웨슬리의 이러한 입장을 펠라지우스주의나 원래의 아르미니우스와 구별하기 위해서 복음적인 신인협동론(evangelical synergism)이라고 명명하였고,[25] 레오 콕스는(Leo G. Cox) 하나님 단독적 역사 안에서의 협동론(synergism born of the monergism)이라는 용어로 설명하였다.[26] 웨슬리에게서 구원은 전적으로 하나님의 은혜로 이루어지는 것이다. 다만 인간 편에서는 하나님의 은혜를 받아들이는 믿음이 필요한 것이다. 인간은 하나님의 은혜에 힘입지 않고는 아무것도 할 수 없는 것이다. 웨슬리는 그의 표준설교 '마음의 할례'에서 이 같은 사실을 밝혀주고 있다.

---

25) Lycurgus Starkey, The Work of the Holy Spirit,(Avingdon Press, 1962), p.116.
26) Leo G. Cox, John Wesley's Concept of Perfection, (Bicon Hill Press, 1964), p.74.

"우리는 우리 자신을 도울 수 없다. 우리는 하나님의 도움이 없다면 죄에 죄를 더할 뿐 아무것도 할 수 없다. 우리로 하여금 선한 것을 소원하게 하든지 행하게 하는 이는 그의 전능하신 능력으로 역사하시는 하나님뿐이시다."27)

아마도 스타르키나 콕스의 설명은 웨슬리의 의도에 가장 가까이 접근하는 설명이 될 수도 있을 것이다. 그러나 웨슬리의 칭의의 구원론은 복음적 아르미니우스주의나 신인협동론 또는 복음적 신인협동론이나 신의 단독주의 안에서의 협동론이라고 말하는 것보다는 오히려 단순히 성경적 구원론 또는 복음적 구원론 즉, 성경이 증언하는 복음의 은혜에 대한 믿음과 그 믿음을 통한 구원을 말하는 것이라고 보는 것이 좋다.

그러나 메도디즘의 역사에서 신인협동론적 구원론에 대한 해석은 차일즈(Robert Chiles)가 주장하는 대로 구원에 있어서 웨슬리가 의도했던 것보다 훨씬 더 많은 것을 인간 편에 돌리고 있다. 웨슬리의 일기, 편지, 논문들 특히 설교를 살펴보면 이러한 사실은 쉽게 증명된다. 그리고 이러한 현대 감리교회의 신인협동론적 구원론 교리는 웨슬리 정통(Wesleyan Orthodoxy)의 복음주의 교리인 '값없이 주시는 은혜'(free grace)의 자리에 '자유의지'(free will)를 대치시켜 놓았으며, 이런 결과로 메도디스트 신학은 모든 면에서 복음주의적인 은혜 중심에서 인본주의(humanism)적인 자유의지 중심에로 신학적 전이(theological transition)를 해왔다고 볼 수 있다. 웨슬리는 조직신학자가 아니라 복음전도자요 목회자로서, 인간의 구원에 있어서 하나님은 모든 것을 행하시며, 인간은 자신의 구원에 책임이 있다는 두 가지를 함께 강조한 것뿐이며, 여기서 더 비약하여 해석하고 말

---

27) SS.,1, p.268

하는 것은 웨슬리의 사상을 왜곡하는 결과를 초래하기 쉬우므로 조심해야 한다.[28] 그러나 모든 신학도들은 인간의 구원에 있어서 하나님의 은혜와 인간의 자유의지가 각각 어디까지 얼마만큼 기여하는지의 문제는 칼빈 또는 웨슬리 그 누구도 정확히 설명하거나 결론을 내릴 수 없는 신비에 속하는 것이라는 사실도 잊지 말아야 한다.

5. 웨슬리의 선행적 은혜에 대한 요점

웨슬리 신학에서 신인협동론과 선행적 은혜의 역할에 관한 질문은 언제 누구에게나 만족스러운 대답을 주기 어려운 난해하고 조심스러운 신학적 문제라고 할 수 있다. 다만 우리는 웨슬리의 자유의지에 관한 사상을 다음과 같이 요약할 수 있을 것이다.

첫째, 하나님과의 모든 협력은 오직 은혜로만 이루어진다.

둘째, 선행적 은혜는 인간 구원의 동기가 되며 구원의 가능성을 열어준다. 즉 인간은 선행적 은혜의 역할로 말미암아 자신의 죄와 비참함을 조금이나마 깨닫고 뉘우치며, 어느 정도 선을 행하려고 하며 구원의 길을 찾으며 갈망할 수 있다.

셋째, 그러나 선행적 은혜는 약하고 쉽게 저지된다. 그것은 인간을 구원에로 이끄는데 본질적으로 무능하다. 웨슬리의 구원론에서 거의 모든 강조는 원죄와 전적 타락에 대한 성경적 교리와 복음의 설교를 통한 값없이 주시는 은혜(free grace), 또는 구원의 은혜(saving grace)를 믿는 구원에 이르는 믿음(saving faith), 그리고 성령의 역사(the operation of the Holy

---

28) R. Chiles, 같은 책, p.151-152.

Spirit)를 통하여 죄를 각성케 하고 회심케 하는 은혜(convincing grace)와 칭의하는 은혜(justifying grace), 그리고 성화하는 은혜(sanctifying grace)의 긴급하고 절대적인 필요성에 집중한다.

넷째, 선행적 은혜의 주요 기능 중 한 가지는 인간을 자기노력의 포기와 자신에 대한 절망에로 이끄는 것이다.

다섯째, 진정으로 자연적 인간은 아무도 없다. 왜냐하면 모든 인간이 전적으로 부패했기 때문이고, 또한 선행적 은혜, 즉 초자연적 은혜를 받기 때문이다.

웨슬리는 초지일관 오직 '구원하는 은혜'(saving grace)와 이 은혜를 믿는 믿음, 즉 '구원에 이르는 믿음'(saving faith)으로만 구원을 받는다고 주장하였으며, 인간의 자유의지의 결단으로 구원받는다고 주장한 적이 없다. 또한 만일에 인간의 자유의지가 구원에 참여한다고 해도, 그것은 인간의 자유의지가 하나님의 구원하는 은혜의 역사로 말미암아 감동되고 변화되고 이끌리어 하나님께 복종하고 의지하는 것이므로 자유의지의 결단과 작용도 하나님의 은혜에 의한 것이다. 그러므로 웨슬리의 구원론에서 인간의 자유의지는 하나님의 구원하는 은혜의 역사에 이끌리어 복종하고 의지하며, 예수 그리스도의 십자가의 사랑과 부활의 능력에 응답하고 참여한다. 웨슬리는 칼빈주의자들과의 논쟁에서도 구원의 은혜는 모든 사람에게 값없이 주어진다는 것과 모든 믿는 자를 구원하시는 하나님의 보편적인 사랑을 강조하고 있으며, 인간의 구원을 말할 때에 웨슬리의 모든 강조는 인간의 자유의지보다는 복음과 은혜에 집중하고 있다. 즉, 웨슬리는 인간의 자유의지가 적극적으로 작용할 때에도 역시 인간의 구원은 '오직 은혜', '오직 믿음'으로만 가능하다고 주장하는 것이다. 왜냐하면 모든 사람은 원죄로 인하여 전적으로 타락했고, 영원한 멸망으로 떨어지기 때문이다. 이와 같이 인간은 구원받아야만 할 긴급한 위기상황에 처해있으며, 긴급하게 구원의 은혜를 필요로 한다는 것이다. 웨슬리의 이신칭의 구원의 교리는 구원의 유일한 길로서 그리스도 안에 나타난 구원의 은혜를 명백하게 제시하고 인간의 믿음을 긴급하게 요청하는 데 집중되어 있다. 인간의 구원에 있어서 웨슬리는 그리스도의 구속의 은혜에 중심을 두고서 인간의 믿음을 강조하는 방식을 취하고 있다. 또한 동시에 웨슬리는 인간의 구원은 전적인 은혜로 이루어지는 사실을 고백하고 설교하였다.

그럼에도 불구하고 인간의 구원에 있어서 하나님의 은혜와 인간의 자유의지가 각기 어느 정도로 어떻게 작용하느냐 하는 문제가 여전히 인간의 이성으로는 완전한 이해가 불가능한 신학적 신비로 남는다. 따라서 웨슬리에게서 신인협동론과 선행적 은혜의 참여와 역할에 대한 질문은 완전한 설명이 불가능한 부분이다. 웨슬리는 조직신학자가 아닌 복음전도자로서 이 문제를 체계적으로 논하지 않고 있다. 또한 하나님이 인간을 구원하는 모든 영역에까지 다 들여다보고 말하려고 하는 것은 인간에게 허락된 것이 아닌 하나님의 신비에 속한 것이기 때문이다. 다만 그 어떤 사람이라도 자신이 복음을 믿고 자신의 죄를 회개하여 구원받은 것은 오로지 전적으로 하나님의 은혜로 된 것뿐이라고 고백할 수밖에 없는 것이다. 역사적으로 18세기 영국과 19세기 미국, 그리고 그 외의 곳에서 칼빈주의자들과 웨슬리안들의 구원론 논쟁, 즉 인간의 구원에 있어서 하나님의 무조건적 선택이냐 인간의 자유의지의 결단이냐 하는 양극단으로 갈라졌던 신학적 대결은 인간에게는 허락되지 않은 하나님의 신비까지 들여다보려는 인간의 지나치고도 무리한 시도였으며 완전한 대답을 얻을 수 없는 질문과 논쟁이었다고 할 수 있다.

제2장
선행(善行)은 구원의 완성을 위한 조건인가?

웨슬리 형제의 고향 엡웟장터에 세운 웨슬리의 야외설교 기념비(존 웨슬리는 이곳에서 자주 설교하였고 이곳에 전도하러 올 때마다 바로 맞은 편 Lion Inn에서 묵었다.)

　　앞에서 밝힌 대로 웨슬리의 구원론은 이원론적이다. 즉 칭의와 성화로 분명히 구분된다. 그런데 웨슬리의 구원론에서 칭의를 얻기 위해서는 오직 회개를 포함하는 믿음만이 필요하다는 데에는 보편적으로 동의하고 있으나, 성화를 얻는 필수 요건에 대해서는 서로 다른 해석이 나오고 있다. 어떤 사람들은 성화를 얻는 데에도 오직 믿음만 필요하다고 주장하고, 또 다른 사람들은 성화를 얻기 위해서는 믿음과 선행(good works)이 모두 필요하다고 주장한다. 이러한 상반된 주장은 최근 한국 감리교회의 일부 웨슬리 해석자들 가운데서 하나의 뜨거운 논쟁이 되어왔다. 이 문제에 답을 얻기 위해서 우선 웨슬리 자신의 사상과 표현을 분명하게 이해하여야 한다.

그는 그가 1745년에 쓴 「이성적이고 종교적인 사람들에게 보내는 두번째 호소」라는 약 205쪽에 달하는 긴 논문에서 우선 칭의의 의미와 성격에 관하여 자세하게 다루면서 자신의 입장을 그의 비판자들에게 호소하였다. 그는 여기서 자신의 칭의론은 기본적으로 영국교회의 입장(39개의 교리와 표준설교집에 나타난 대로)을 따르는 것이라고 하면서, 처음부터 칭의의 유일한 조건은 믿음뿐이며, 선행은 이 믿음에 따르는 결과이지 결코 칭의보다 앞설 수 없으며, 또한 우리의 믿음과 구원의 주권자는 오로지 하나님이시며, 우리로 하여금 믿게 하시며 행하게 하시는 분도 하나님이시며, 하나님만이 모든 은사의 부여자이시며, 모든 선행의 유일한 주권자이시므로 우리의 구원을 위한 공덕(功德; merit)은 인간에게는 전혀 없으며, 오직 그리스도 안에만 있다는 성경적이고 복음적인 교리에 대한 확고한 자신의 신앙을 호소하고 있다. 이어서 그는 선행은 칭의 후에 따르는 열매이며, 결코 선행은 칭의의 근거나 원인이 될 수 없으며, 오로지 진실하고 살아있는 믿음으로부터 나오는 것이며, 이와 같이 좋은 나무는 그 열매를 보아서 알 수 있는 나무처럼 진실하고 살아있는 믿음은 그 열매를 보아서 알 수 있는 것이며, 어떤 경우에도 인간의 선행이 칭의보다 먼저 와야 한다고 생각하는 것은 나무가 있기도 전에 열매가 먼저 있어야 된다고 생각하는 것과 같다고 주장하였다.[29] 웨슬리는 이 논문에서 영국교회의 교리와 표준설교집과 예문 전체를 살펴보면서 칭의론의 핵심을 네 가지로 요약한다.

첫째, 칭의보다 앞서는 선행은 없다.

둘째, 어떤 정도의 성화도 칭의 전에 있을 수 없다.

---

29) 'A Farther Appeal…'., WJWB,11, p.105-116.

셋째, 칭의를 이루는 공덕은 오로지 그리스도의 삶과 죽음뿐이며, 칭의의 조건은 믿음이요 처음부터 끝까지 믿음뿐이다.

넷째, "내적이고 외적인 성결은 이 믿음에 따르는 결과이며, 동시에 최후의 칭의를 위하여 보편적으로 정해진 조건이다."(… the ordinary, stated condition of final justification.) (이어서 그는 "성결함이 없이는 아무도 주를 볼 수 없다."(히 12:14)는 성경을 인용하면서 우리가 성결(holiness)이 하나님의 우리에 대한 최후의 용납(the final acceptance)의 조건이라는 것을 성경적으로나 경험상으로 볼 때에 어떻게 부인할 수 있느냐고 반문하면서 그럴 수 없다고 말한다.)30)

웨슬리는 '최후의 칭의'(final justification)라는 용어를 다른 곳에서는 '최후의 구원'(final salvation)이라는 말로 바꾸어서 사용하는 데, 마태복음 25장의 '양과 염소의 비유'에 대한 주석에서도 소자를 돌보는 선행이 최후 구원의 조건이 된다고 말한다. 그리고 미스터 힐(Mr. Hill)과의 대화에서도 자신은 최후 구원은 행위로 이루어지며, 선행은 최후 구원을 위한 조건(….final salvation is by works as a condition.)31)이라고 믿는다고 하면서, 두 가지 종류의 칭의가 있는데, 첫번째 칭의는 오직 믿음으로 되는 것이고 두번째 칭의는 행위로 되는 최후의 칭의로서 최후 구원을 위한 조건이라고 말한다.32) 그는 또 미스터 처치(Mr. Church)와의 대화에서도 "선행은 칭의 이전에는 구원의 조건이 아니지만 최후 구원을 위해서는 조건(a condition of final salvation)이 된다."33)고 말했다. 그는 미스터 잉함(Mr. Ingham)과 두 가지 사항에 동의했다고 말했는데, 그 합의란 첫째, 기회 있는 대로 모든 선을 행하지 않는 사람은 아무도 구원을 받지 못하며, 둘째,

---

30) 같은 책, p.115.
31) WJW.,10, p.432.
32) WJW.,10, p.430-431.
33) WJW.,8, p.388.

이신칭의된 후에 기회 있는 대로 선을 행하지 않으면 그는 받은 은혜를 잃어버릴 것이며, 만일 그가 그것을 회개도 하지 않고 선을 행하지 않으면 영원히 멸망한다는 것이다.[34] 웨슬리의 이 교리는 요약하면 현재적(첫번째) 칭의에는 오직 믿음이 조건이지만 최후의 칭의 즉 두번째 칭의(완전성화)를 위해서는 선행이 필수적인 조건이라는 것이다.[35] 그리고 그는 이 최후의 칭의를 최후의 구원이라고 말하였다. 위와 같은 웨슬리의 주장들을 다시 한번 요약하면 다음과 같다. 웨슬리는 두 가지 칭의를 말하고 있다. 그는 믿음에 의한 칭의(justification by faith)와 동시에 최후의 칭의(final justification) 또는 최후의 구원(final salvation)이라는 용어를 사용하여 두 가지 칭의를 말하고 있다. 그는 처음의 칭의를 위해서는 오직 믿음만을 필요로 하지만 두번째 칭의를 위해서는 믿음과 함께 선행(good works)을 통한 내적 성결(inward holiness)과 외적 성결(outward holiness)이 필수 조건이라고 주장한다. 두번째 칭의는 사실상 성화를 의미하는 것이다. 웨슬리가 말하는 '최후의 칭의'의 진정한 의도가 무엇인지를 알기 위해서 다음과 같은 분석적이고 비판적인 정리가 필요하다고 생각한다.

첫째, 웨슬리는 여기서 선행이 구원을 이루는 공로라고 말하지 않으며(not as a merit), 다만 구원의 조건이라는(only a condition)점을 강조한다. 이것은 무엇을 의미하는가? 처음부터 끝까지 구원의 유일하고도 완전한 공덕은 오직 그리스도뿐이라는 것이요, 우리의 선행은 조건부로 필요하다는 것이다. 웨슬리는 이점이 오해될 소지가 있음을 염려하여 선행은 어떤 정도에서도 구원을 이루는 데 공로가 아니라는 점을 반복하여 강조해 왔다. 선행은 그리스도의 공로와 같은 의미에서 필요한 것이 아니며, 공로

---

34) WJWB., 19, p.208.
35) WJW., 8, p.47-49.

로서가 아니라 증거와 결과로서 필요한 조건이라는 사실을 분명히 말하는 것이다.[36] 즉 최후에 가서는 우리의 선한 행위를 믿음의 증거로서 보여야 한다는 말이다. 은혜로 구원받은 신자는 '시간과 기회가 있는 한' 최후에 가서는 믿음의 열매로서 선행을 보여야 한다. 즉 은혜에 대한 감사와 응답으로서 헌신(희생)의 제물을 드려야 하는데, 이것이 조건이라는 것이다. 다시 말하면 신자는 이런 선을 행하는 것을 조건으로 구원받았다는 것이다. 하나님이 우리를 구원하시고 부르신 목적은 하나님이 원하시는 선을 행하여 하나님의 뜻을 실현하는데 있다는 말이다. 이것은 사도 바울의 말한 바와 같다.

"우리는 하나님의 작품입니다. 선한 일을 하게 하시려고, 하나님께서 그리스도 예수 안에서 우리를 만드셨습니다. 하나님께서 이렇게 준비하신 것은, 우리가 선한 일을 하면서 살아가게 하시려는 것입니다."(엡 2:10)

"그리스도께서는 우리를 위하여 자기 몸을 내어 주셨습니다. 그것은 우리를 모든 불법에서 속량하시고 깨끗하게 하셔서 선한 일에 열심을 내는 당신의 백성이 되게 하시려는 것입니다."(딛 2:14)

웨슬리가 말하는 조건이라는 것은 선행이 구원을 이루는 원인이나 근거나 공로가 아니라 구원의 목적이요 꼭 필요한 결과라는 것을 의미하는 것이다. 즉 구원은 선행 때문에 받는 것이 아니라 오직 그리스도의 공로 때문에 받는다는 사실을 명백히 주장하면서도 우리는 반드시 선행을 보여야 하는 의무를 조건으로 구원받는다는 말이다. 그리스도 안에서 우리

36) WJW.,8, p.337.

가 이루는 선행은 하나님이 우리를 구원하시는 궁극적인 목적이다. 우리는 여기서 웨슬리가 사용하는 '조건'(condition)이라는 용어를 오해해서는 안 된다. 왜냐하면 이것은 만일에 선행을 보여야 하는 조건을 충족시키지 못할 때는 구원을 얻지 못한다고 말하는 것으로 오해될 수 있기 때문이다. 성경에는 선행의 조건을 충족시키지 못한 경우도 오직 믿음만으로도 최후의 용납을 얻고 구원을 얻은 경우가 있기 때문이다. 이 점에서 우리는 '시간과 기회가 있는 경우에는' 선행이 최후의 구원에 조건이 된다는 웨슬리의 말을 명심해야 한다. 이것은 선행이 구원에 따르는 의무적인 조건이며 구원받은 신자는 반드시 선행의 열매를 맺어야 한다는 사실을 강조하는 동시에 하나님이 값없이 주신 구원의 은혜(saving grace)에 대한 신자의 마땅하고도 필수적인 의무를 강조하는 것으로 이해해야 한다. 웨슬리는 당시의 논쟁적인 상황에서 무율법주의(antinormianism)와 정적주의(stillness; quietism)의 위험을 최대한 경계하고 선행(good works)을 포함하는 구원을 확보하기 위해서 최대한 적극적인 표현으로서 '조건'이라는 용어를 사용했다고 본다.

둘째, 따라서 '내적인 성결과 외적인 성결이 최후의 칭의(최후의 구원)를 위해서 꼭 필요한 조건'이라는 웨슬리의 주장은 '선행은 시간과 기회가 있는 한 필요한 조건'이라는 의미에서 타당하다. 선을 행할 수 있는(성화를 이룰 수 있는) 시간과 기회가 있었음에도 불구하고 아무런 선행을 보이지 못했다면 그런 믿음은 진정한 믿음도 아니고 구원에 이르는 믿음은 그런 믿음이 아니기 때문이다. 진정으로 그리스도의 속죄의 은혜를 믿어 구원을 얻은 사람이라면 반드시 성결을 이루게 된다는 것을 부인할 수 없다. 왜냐하면 우리는 성결을 낳지 못하는 믿음으로 구원받는 것이 아니라 성결을 낳는 믿음으로 구원받기 때문이다. 그리스도의 속죄의 은혜는 칭의하는 은혜인 동시에 성화하는 은혜이다. 그리고 속죄의 은혜를 의지하는 믿음은 사랑의 에너지와 성결의 에너지로 가득 찬 믿음이요 사랑으로 역사하는 믿음이다. 그리고 그러한 믿음은 경건의 행위(works of piety)와 사랑의 행위(works of mercy)를 통하여 완전한 성화의 길을 걸어감으로서 보존되고 성장하기 때문이다. 이것은 행함이 없는 믿음은 이미 죽은 믿음이라는 야고보서의 말씀(약 2:14-26)과 일치하는 것이며, 또 이러한 성경의 가르침 이하도 이상도 아니다. 이런 의미에서 내적인 성결과 외적인 성결은 최후의 구원을 위해서 필수적인 조건이라는 웨슬리의 말은 옳으며 강조되어야 한다.

셋째, 그러므로 웨슬리가 사용하는 '최후의 칭의'와 '최후의 구원'이라는 용어를 오해해서는 안 된다. 이것은 그가 행위에 의한 구원을 주장한다는 오해를 낳을 수 있는 표현이다. 만일 웨슬리의 구원론이 결론적으로 이와 같이 행위에 의한 구원이라면 그것이야말로 근본적인 문제를 일으키는 것이며, 그가 주장하는 진정한 기독교/성경적 기독교와 복음적인 기독교 신앙은 모두 혼돈에 빠지고 말 것이다. 더구나 선행이 최후의 구원을 위해서 필요한 조건이라고 하는 말이 행위에 의한 구원을 의미하는 것이라면 그리스도의 십자가와 부활을 통한 구원의 은혜가 불완전하기 때문에 우리 인간이 행위를 더하여 우리의 구원을 완성시켜야 한다는 말이 된다. 이것은 성경이 말하는 복음이 아니다. 구원의 완성자는 오직 삼위일체 하나님이시다. 그러므로 웨슬리의 위와 같은 표현은 오해를 낳을 수 있는 가능성이 있다.

만일 최후에 가서 인간이 선행을 보태면 구원이 이루어지고 그렇지 못할 때에는 구원을 잃어버린다는 의미로 해석한다면 이것은 진정 웨슬리의 의도가 아닐 것이다. 현재 믿음으로 얻은 칭의는 최후까지도 완전한 칭의이지 어떤 의미에서든지 불완전한 것이라고 여겨서는 안 된다. 왜냐하면 칭의는 인간의 행위로서가 아니라 전능하신 하나님의 사랑으로, 즉 그리스도의 완전한 속죄의 은혜(saving grace)로 된 것이기 때문이다. 그리스도의 속죄가 어떤 의미에서도 결코 불완전한 것이 아니요 완전한 것이기 때문이다. 우리가 믿음을 버리지 않는 한 현재적인 칭의는 최후까지 유효하고 완전한 것이지, 최후에 가서 또 다시 우리의 행위를 더해야 한다거나 행위로서 우리의 칭의를 완성시켜야 하며, 이렇게 하여야만 최후의 칭의를 얻고 최후의 구원을 받는다는 것은 성경이 말하는 복음이 아니다. 이러한 생각과 표현은 결국 웨슬리가 은혜에 의한 구원이 아니라 행위에 의한 칭의와 행위에 의한 구원을 가르친다는 오해를 받게 할 소지가 있다. 또한 이것은 기독교를 율법주의 종교로 바꾸고, 신약으로 시작했다가 다시 구약으로 돌아가며, 복음을 폐기해버리는 것이 될 수 있는 위험에 떨어질 수 있다. 이러한 사상은 펠라지우스주의요, 다시 올더스게이트 이전의 상태로 되돌아가는 것이다. 그러므로 그가 사용한 '최후의 칭의'와 '최후의 구원'을 위해서 선행 또는 성결이 필수적 조건이라는 말을 인간의 행위의 공로로 구원받는 말로 오해하지 말아야 한다. 인간이 아무리 많은 선행을 쌓는다고 해도 구원은 그리스도의 은혜로 받는 것이지 그가 쌓은 선행 때문에 받는 것이 아니기 때문이다. 진정으로 자신의 죄악을 회개하고 그리스도의 구원의 은총을 경험한 신자라면 수많은 선을 행하고도 "나는 다만 멸망할 죄인이며 무익한 종일뿐이요 그리스도만이 나의 구원자이시다."라고 고백하는 것이다.

넷째, 그럼에도 불구하고 이와 같은 최후의 칭의/최후의 구원에 대한 사상은 결코 웨슬리의 구원론의 중심도 아니며, 그의 지속적이고 핵심적인 강조점도 결코 아니라는 사실을 알아야만 한다. 더욱이 그의 설교에는 이러한 사상과 용어가 강조된 적이 없으며 단 한 번 나타난다. 그는 '성경적 구원의 길'이란 설교에서 구원은 오직 믿음으로만 받으며, 선행은 시간적으로 거리를 두고 조건적으로(시간과 기회가 있는 한) 필요하다고 말하면서, 선행이 어떤 의미에서 최후의 구원을 위해서 필요하다고 말한다. 그러나 이러한 사상은 결코 웨슬리의 구원론에서 시종일관된 강조점도 아니고 초기 메도디스트들에게 보편적으로 강하게 인식되지도 않았던 것이다. 그러므로 웨슬리가 이와 같은 비복음적인 구원론을 가르쳤다고 성급히 결론짓는 것은 바람직하지 않다. 아마도 선행(사랑)의 열매없는 믿음, 즉 성화없는 칭의를 철저히 경계하려는 그의 주도면밀한 관심이 그로 하여금 이와 같은 표현을 사용하게 했다고 생각한다.

다섯째, 웨슬리가 이 문제를 다루는 논문 「두번째 호소…」전체에 걸쳐서 주장하는 핵심적 사상은 최후의 칭의/최후의 구원이 아니라, 오직 믿음으로 얻는 칭의/구원, 그리고 진실되고 살아있는 믿음의 증거와 칭의 후에 따르는 열매로서 선행을 강조하는 단순한 교리이다. 그는 이러한 믿음을 '사랑으로 역사하는 믿음'이요 '선행을 생산하는 믿음'이라고 하였으며, 오직 이러한 믿음으로만 칭의되고 구원받는다는 사실을 강조하려는 것이었다.

우리는 웨슬리의 모든 설교와 논문을 통해서 행함이 없는 믿음을 경계하면서 오직 행함있는 믿음을 강조하고, 동시에 행위로 얻는 구원을 경계하면서 믿음으로 얻는 구원을 강조함으로서 믿음과 행함이 결코 분리되지 않고 일치하는 구원론을 세우려고 모든 노력을 다하는 그의 마음을 읽어야 할 것이다. 최후의 칭의(구원)라는 사상도 이러한 의도에서 나온 것이라는 점을 이해해야 한다. 그는 당시에 칼빈주의자들과 모라비아교 추종자들을 통해서 유행하던 '오직 믿음 제일주의'(solifidianism)와 '반 율법주의'(antinomianism)와 '정적주의'(quietism)를 피하려는 경계심과 우려에서 최후의 칭의를 말하게 된 것이다. 그러므로 우리는 선행이 최후의 칭의에 필수 조건이라는 웨슬리의 표현 하나에만 매달려서 이것을 문자적으로나 단편적으로 받아들이거나 이것을 가지고 웨슬리의 구원론 전체를 이해하려고 하지 말아야 할 것이다. 이렇게 하는 것은 자칫 웨슬리가 자신의 구원론에서 의도한 핵심적인 의미를 놓치고 웨슬리를 오해하는 실수를 범하게 될 것이다.

필자는 웨슬리가 현재적 구원도 최후의 구원도 모두 믿음으로 얻는다고 주장하고 행위로 얻는 구원을 주장하지 않는다는 것을 의심하지 않는다. 다음의 인용문은 의심할 수 없는 웨슬리의 성경적이고 복음적인 구원의 교리를 대표하는 것이라고 확신한다.

"우리는 이제 하나님 앞에서 살아있을 때나 죽을 때에나 혹은 심판 날에도 우리의 칭의와 구원을 위한 신뢰와 확신을 오로지 우리의 주님이시오 구주이신 예수 그리스도의 공덕으로부터만 얻으며, 그밖에는 어디서도 얻지 못한다고 엄숙하게 선언합니다."(1770년 메도디스트 설교자들의 총회의 선언문에서)37)

"그러므로 믿음은 현재적 구원은 물론 장래의 구원의 뿌리요 구원에 관한 모든 것의 뿌리입니다. 우리는 모든 죄인들에게 이렇게 말합니다. '주 예수 그리스도를 믿으라 그러면 구원을 얻을 것입니다' : 이제도 구원을 받을 것이요 영원히 구원받을 것입니다: 이 땅에서도 또한 하늘에서도 구원받을 것입니다. 주님을 믿으시오 그러면 당신의 믿음이 사랑으로 일할 것입니

37) WJW.,8, p.337.

다."(표준설교 제25번; 산상설교 제10번)38)

웨슬리는 세상을 떠나기 3일 전 다음의 말을 반복하였다. "나는 죄인 중에 괴수이지만 예수는 나를 위해 죽으셨도다."(I the chief of sinners am, but Jesus died for me.) 웨슬리의 생애 마지막 날들 동안 웨슬리를 간호하며 가장 가까이 있었던 리치 양(Miss Ritchie)이 이 말을 듣고서 "지금 하신 말이 당신 자신의 말이십니까?"라고 물었을 때에 웨슬리는 다음과 같이 대답하였다. "그리스도가 모든 것입니다. 주님이 모든 것입니다."(Christ is all. He is all.)39)

이와 같은 웨슬리의 신앙고백적인 말들은 웨슬리가 믿음에 의한 칭의와 믿음에 의한 구원에 대하여 전혀 의심이 없으며, 최후의 칭의(구원)에 대한 그의 말들이 결코 그의 구원론의 중심이 아니며, 반드시 선행(성화)있는 구원을 확고히 지키고 강조하기 위해서 사용한 표현이었던 것을 알 수 있다.

여섯째, 선행에 대한 이해에 있어서 또 한 가지 중요한 것은 웨슬리가 선행(good works)을 상급(reward)의 의미로 이해한다는 것이다. 그는 여러 곳에서 이와 같이 말하였다.

"우리는 우리의 행위에 따라서, 우리의 행위 때문에 상급을 받습니다."40)

웨슬리는 '타락한 인간에 대한 하나님의 사랑'이라는 설교에서 선을 행하는 분량과 행복으로 주어지는 상급이 정비례하는 상관관계를 다음과

---

38) SS.,1, p.531.
39) Luke Tyerman, Life and Times of John Wesley, vols.,3, p.651.
40) WJW.,8, p.337.

같이 역설하였다.

"모든 세상의 즐거움은 속히 시들어가도 선을 행하는 기쁨은 증대하도다. 선을 행하라는 계명을 지키는 곳에 위대한 상급이 있다. 우리가 시간이 있는 한 모든 사람에게 선을 행합시다. 모든 힘을 다하여 모든 종류의 선을 행합시다. 따라서 우리가 더 많은 선을 행할수록 우리는 더욱 많이 행복할 것입니다. 배고픈 사람에게 우리의 빵을 더 많이 나누어주고, 헐벗은 사람에게 더 많이 입혀주고, 나그네를 더 많이 구제하고, 병든 사람과 갇힌 사람을 더 많이 돌보고, 여러 가지 인간의 악에 눌려 고통하는 사람에게 더 많은 친절을 베풀수록 우리는 현재에도 더 많은 위로를 받을 것이며 장래에도 더 많은 상급을 받을 것입니다."41)

상급은 분명히 구원과 다른 것이다. 구원은 전적으로 하나님의 은혜로 얻지만 상급은 개인의 행위와 노력에 따라서 차별될 수밖에 없는 것이다. 성화도 마찬가지로 상급의 개념으로 이해하여야 한다. 칭의는 순전히 은혜를 믿음으로만 받으며 칭의에서는 모든 사람이 똑같은 구원의 선물을 받지만 성화에 있어서는 각자의 성화의 정도에 따라서 얻는 상급이 다른 것이다. 왜냐하면 우리의 선행은 우리를 의롭게 하지는 못하지만 하나님께서 기뻐하시고 받으실만한 믿음의 열매이기 때문이다. 이 상급이라는 것은 신자가 하나님의 은혜에 응답하고 협력하는 행위에 따르는 것으로서 두 가지로 구분할 수 있는 것이다. 하나는 신자가 생활 속에서 누리는 상급으로서 이 세상에서 얻는 복(행복)이라고 할 수 있으며, 다른 하나는 세상을 떠난 후에 천국에서 받는 상급이다. 그러므로 칭의의 은혜로 구원

41) WJWB.,2, p.430-431

받은 신자라도 이 세상에서 누리는 구원의 복(상급)은 각자의 성화의 정도에 따라서 다르며, 또한 죽음 후에 영원한 나라에서 받을 상급도 각자의 선행(성화)의 정도에 따라서 다른 것이다. 아마도 웨슬리가 선행(성화)이 최후의 칭의의 조건이 된다는 말도 이런 상급을 의미한다고 볼 수 있다.

우리는 이제 '선행이 구원의 완성을 위한 조건인가?'라는 질문에 대하여 다음과 같이 결론을 내릴 수 있다. 선행은 칭의의 원인도 아니고 조건도 아니다. 칭의는 오직 은혜를 믿음으로만 이루어진다. 선행은 성화의 원인은 아니지만 칭의 이후 '시간적으로 거리를 두고서' 즉 '시간과 기회가 있는 한' 필수적인 조건이 된다. 그러나 선행은 칭의의 당연하고도 필수적인 열매이며, 이 칭의의 열매가 곧 성화이다. 선행은 성화의 '시간과 기회가 있는 한' 필수적인 조건이지만 원인은 아니다. 이 말은 결코 선행은 구원의 원인이 될 수 없다는 것을 뜻하며, 또한 진정으로 예수 그리스도의 속죄의 은혜로 칭의된 신자는 성령의 이끌림 속에 성화의 길을 갈 수밖에 없다는 뜻이다. 우리는 하나님이 명하신 모든 선을 행함으로서 하나님이 기뻐하시고 받으실만한 감사와 희생의 제물이 되도록 우리 자신을 하나님께 드려야 하는 것이며, 이런 헌신이 없이는 성화를 이룰 수 없으며, 이러한 선행을 드리는 헌신의 길을 가지 않고는 성화에 도달할 수 없기 때문이다. 그러므로 우리는 선행은 칭의의 결과이며 성화로 가는 통로(길)라고 주장할 수 있다. 앞에서 이미 설명한대로 경건의 행위와 사랑의 행위가 없이 성화는 있을 수 없다. 그러나 선행이 우리의 최후의 칭의/최후의 구원에 조건이 된다는 말은 다소 오해의 소지가 있으므로 주의 깊게 해석해야한다. 이러한 표현은 마치 우리의 선행이 구원을 완성하는 데 필요한 공덕이라는 오해를 낳을 수도 있기 때문이다. 웨슬리는 무율법주의와 정적주의를 피하고 믿음과 선행, 그리고 칭의와 성화를 모두 포함하는 진정한 구원의 도리를 가르치려는 노력에서 이러한 표현을 사용하였다. 칭의는 물론 성화도 오직 하나님의 은혜로(믿음으로) 된다. 하나님의 은혜는 우리를 칭의하는 은혜(justifying grace)일 뿐 아니라, 또한 성화하는 은혜(sanctifying grace)이다. 예수 그리스도의 구원의 은혜(saving grace)를 믿는 우리의 믿음은 사랑과 선행을 포함하는 믿음이며, 사랑과 선행을 생산치 못하는 믿음이 아니라 생산하는 믿음, 즉 사랑으로 역사하는 믿음이다. 선행은 칭의의 증거와 결과이며 성화의 방편(means of sanctification)이요 성화로 가는 길(통로)이다. 신자는 칭의(구원)의 열매를 맺기 위해서 선행(경건의 행위와 사랑의 행위)의 방편을 사용하고 선행의 길을 걸어가야 한다. 그리고 이러한 의미에서 선행은 성화의 필수적인 조건이라 할 수 있으며, 또한 성화는 하나님과 인간이 협동함으로서 이루어지는 것이다. 진실로 신자는 시간과 기회가 있는 한 부지런히 모든 선을 행함으로서 성화의 길을 걸어가야 한다. 선행은 신자가 일평생 걸어야 하는 길이며 삶의 방식이다. 또한 선행은 신자가 하나님으로부터 부여받은 의무이며 특권이요 행복이고 상급이다. 그럼에도 불구하고 여전히 우리의 구원의 완성자는 오직 삼위일체 하나님뿐이시다. 하나님은 구원의 원천이시고, 예수 그리스도는 구원의 성취자시요, 성령은 구원을 우리에게 적용시키는 분이시다.

그러므로 웨슬리의 최후의 칭의/최후의 구원에 대한 사상을 문자적으로나 단편적으로 받아들여 오해를 일으켜서는 안 된다. 웨슬리는 조직신학자가 아니므로 이러한 사상을 체계적으로 논하지 않고 다만 논쟁적인 상황에서 말하는 것이며, 뜨거운 논쟁의 과정에서 그와 같은 설명을 하였다. 그러므로 웨슬리의 이러한 말은 그의 구원론 전체와 그의 설교와 신학논문 전체와 그의 신앙고백적인 말 전체의 빛에서 해석의 오해없이 그 진정한 의미가 이해되어야 한다.

우리가 웨슬리를 연구하는 목적은 웨슬리 자신을 알기 위한 것이라기 보다는 그를 통해서 진정한 기독교를 배우기 위한 것이다. 즉 웨슬리가 목적이 아니라 하나님이 목적이다. 웨슬리는 다만 역사적으로 우리가 따를 만한 성경과 기독교에 대한 하나의 위대한 해설자에 불과하다. 그가 결코 모든 면에서 일체의 오류도 없는 완전한 해설자일 수는 없다. 우리는 웨슬리를 배우되 웨슬리를 모든 신학적 문제에 대하여 정확하고 완전한 대답을 주는 사람으로 여겨서는 안 된다. 그러므로 우리는 웨슬리의 모든 말은 전적으로 완전한 것이라고 생각하는 '오직 웨슬리주의'에 빠지는 것을 조심할 필요가 있다. 그럼에도 불구하고 웨슬리는 교회사 전체를 통해서 볼 때에 보기 드물게 오류가 적은 가장 훌륭한 '진정한 기독교'의 해설자 몇 명 중에 하나라고 할 수 있다.

제3장
메도디스트 신학의 전이

(轉移; Theological Transition of Methodism)[42]

옥스퍼드의 크라이스트처치 대학의 성 메어리 교회(크라이스트처치 대학은 AD 1,000년경에 세워진 영국 최초의 대학이다. 웨슬리 형제는 이 대학에서 공부하였으며 신성회(Holy Club) 운동을 시작하였다.)

1. 전이의 역사

메도디스트 신학은 웨슬리 사후 영국은 물론 특히 미국에서 큰 변화를 겪어 왔다. 존 웨슬리와 찰스 웨슬리의 신학, 즉 웨슬리 정통주의 (Wesleyan Orthodoxy)는 약 200년을 지나는 동안 시대마다 다양한 사상,

---

42) 필자는 이 부분에서 Robert Chiles의 책 'The Theological Transition in American Methodism'에 주로 의존하였으며, Thomas Langford의 두 책 'Methodist Theology' (Epworth Press, 1998)와 'Practical Divinity'(Abingdon Press, 1983)를 참고하였음을 밝힌다. 이 책들은 메도디스트 신학의 역사적 발전과정에 관한 가장 좋은 자료들이다.

즉 신학과 철학과 인문학을 비롯해 발전하는 과학과 급변하는 문화적 환경 속에서 변화를 겪으면서 오늘에 이르렀다. 이제 그 변화의 역사와 내용을 간략하게 기술하면서 본래의 웨슬리 신학과 그동안 우리에게 익숙해진 메도디스트 신학을 비교해봄으로서 웨슬리 신학의 본래 모습을 명확하게 확인할 수 있을 것이다.

1) 웨슬리로부터 왓슨으로(1790-1840)

이 시기에는 오로지 존 웨슬리는 모든 메도디스트 교회의 영적 아버지로 여겨졌으며, 그의 저작은 찰스 웨슬리의 찬송과 존 플레처의 논문과 함께 메도디스트 교회의 신학적 판단과 신앙의 표준을 제공하였다. 그러나 시간이 흐름에 따라 웨슬리의 권위는 조금씩 줄어갔고 아주 조심스러운 수정이 나타났다. 이 시기의 웨슬리를 계승하는 제 1세대의 대표적 신학자들은 조셉 벤슨(J. Benson, 1749-1821), 아담 클라크(A. Clark, 1762-1832), 그리고 리차드 왓슨(R. Watson, 1781-1833)이었다.

벤슨은 웨슬리의 제자이며 플레처(John Fletcher)의 친구이다. 그는 성서학자로서 웨슬리를 계승하였다. 그의 대표작은 그의 성경주해 「Notes, Critical, Explanatory and Practical, 5vols., 1811」이다. 이 주석은 웨슬리의 복음주의 신학의 원칙과 경건주의에 입각하여 쓰여진 가장 권위있는 메도디스트 성경주해로서 영국과 미국에서 오랫동안 읽혀졌다.

아담 클라크는 당시 가장 학식이 많고 존경받는 웨슬리의 계승자이며, 성경주해학자로서 수많은 책을 쓰고 번역하고 편집했다. 그의 대표적인 저작은 여덟 권의 「성경주해」(1826)와 「기독교 신학」(Christian Theology, 1835)이다. 두 학자의 성경주해는 당 시대 메도디스트 신학과 설교에 웨슬리적 원칙과 동력을 제공하여 메도디스트 부흥운동과 선교를 지속시키는데 공헌을 하였다. 그는 저작과 설교를 통하여 웨슬리 복음주의 신앙의 메시지를 당 세대에 강력하게 전달하였다. 그는 마치 프란시스 애즈베리가 미국에서 웨슬리를 대신했던 것처럼 영국에서 웨슬리의 진정한 계승자로 인정받았다.

이 세대에 메도디스트 신학을 대표하는 가장 중요한 신학자는 역시 리차드 왓슨이다. 16세부터 설교를 시작한 열정적인 설교자로 출발하여 위대한 메도디스트 신학자로 웨슬리 사후 가장 강력한 영향을 끼치는 업적을 남겼다. 그의 대표적 저작은 최초의 메도디스트 교회교의학이라고 할 수 있는 「신학강요」(The Theological Institutes: Or a View of the Evidences, Doctrines, Morals and Institute of Christianity, 1829)와 「성경과 신학」(Biblical and Theological Dictionary, 1831)이다.[43] 특별히 그의 「신학강요」는 반세기 이상 메도디스트 신앙과 교리를 해설하는 사실상 가장 권위있는 메도디스트 교회교의학이요 신학의 교과서로 인정되었다. 이 책에서 왓슨은 성경적이면서 웨슬리적 복음주의 진리에 대한 정확하고도 포괄적인 해설을 하면서, 동시에 각개 교리의 실제성에 대한 증거를 제시하는 데 집중하였다. 왓슨 신학의 특징은 다음과 같다. 첫째, 명료하고 통일성있는 성경적 해석으로 일관한다. 둘째, 웨슬리 사상을 본래대로 계승하는 논리로 전개되었고 웨슬리 사상을 교정하거나 비판하려는 흔적이 없다. 셋째, 웨슬리의 원자료로부터 정당하고 권위있는 인용과 해석으로 가득하다. 넷째, 웨슬리의 신학적 근거 위에서 칼빈주의와 펠라지우스주의를 반박하는 신학적 논쟁을 섬세하게 다루면서 자신의 신학은 웨슬리를 그대로

---

43) 리차드 왓슨은 지극히 분주한 생활 중에서도 수많은 책과 논문과 설교와 편지를 써냈다. 토마스 잭슨은 1837년에 13권의 왓슨 전집을 편집해냈다. 여러면에서 왓슨은 진정한 웨슬리의 아들이요 후계자로 평가된다. T. Langford, Methodist Theology,(Epworth Press, 1998), p.20-24.

계승하는 것임을 피력하려고 노력하였다. 이런 의미에서 왓슨의 신학은 웨슬리안 정통주의(Wesleyan Orthodoxy)라고 할 수 있다. 그러나 왓슨은 성경적 진리와 웨슬리 신학의 본질을 보유하면서 동시에 믿음 그 자체보다는 믿음의 외적증거를 찾으려는 진지한 의도와 목적에 압도되었고, 이어서 스콜라 철학의 요소가 메도디스트 신학에 스며들기 시작했다. 그래서 왓슨은 웨슬리와 달리 인간의 자연적 이성 역할을 강조하려는 경향을 띠게 되었다.

2) 왓슨으로부터 밀리로(1840-1890)

19세기 후반의 이 시기는 과학이 발달하고 특히 뉴톤의 과학과 다윈의 진화론이 일반적으로 보급되었고, 실용주의 철학이 유행하였고, 산업화와 도시화가 가속화되고 있었다. 또한 부쉬넬(Bushnell)의 사회복음주의와 조셉 버틀러(Butler)의 이신론과 윌리엄 페일리(Paley)의 자연신학이 다시 읽혀지고, 레이드(Reid)와 스튜어트(Stewart)와 쿠진(Cousin)의 상식주의 철학(common-sense philosophy)이 메도디스트 신학에 영향을 주면서 성서적 계시에 대한 철학적 통찰과 또한 종교의 목적을 도덕성에 두는 도덕주의와 인간의 자유와 책임을 강조하는 휴머니즘과 자연신학의 직관적 현실주의가 신학적 해석에 결정적인 역할을 하였다. 이와 함께 성서비평이 보급되어 성서의 권위가 상대화되고 종교의 권위와 영역이 상대적으로 축소되는 상황을 맞게 되었다. 이러한 시대조류 속에서 메도디스트 신학은 전통을 포기하느냐 아니면 두 가지를 절충하느냐 하는 갈림길에 서게 되면서 크게 변하고 있었다.

이 시기에 메도디스트 신학을 대표하는 가장 중요한 신학자는 윌리암

버트 포프(William Burt Pope, 1822-1903)와 존 밀리(J. Miley, 1813-1895)이다. 포프는 왓슨을 계승하는 당시 영국에서 메도디스트 신학의 가장 중요한 해설자 역할을 하였다. 그의 대표작인 「기독교신학 개요」(Compendium of Christian Theology, Biblical, Dogmatic, Historical, 3vols.)는 부제목과 같이 전체 내용이 세 부분으로 구분되어 있는데 마지막 부분에서만 메도디스트 신학의 특징을 다룰 뿐 대부분 웨슬리에 관하여 언급하지 않으며, 보편적인 기독교교리를 다루고 있다. 포프는 메도디스트 신학이란 영국국교회의 신학적 전통과 종교개혁의 교리를 유지하면서, 가장 좋은 의미에서 보편적(catholic in the best sense)이라고 말했다.44) 그러나 그는 전통적인 교리를 당 시대의 과학, 철학, 심리학, 더 나아가서는 비교종교학에 깊이 연관시키고 조명하면서 해설하고 있다. 성경적-전통적 교리들의 타당한 증거를 찾고 해설하는 데 있어서 성경과 교부신학과 웨슬리신학보다도 과학과 철학의 자료에 의존하려는 포프의 신학방법론은 영국에서 웨슬리안 정통주의의 퇴조를 초래하였다.

동시대에 미국 메도디스트 신학자로서 밀리의 대표작은 「그리스도의 속죄」와 「조직신학」이었는데 이것은 당시 메도디스트 신학을 자유주의 신학으로 전이시키는 최초의 결정적인 교과서가 되었다. 밀리는 아르미니우스적 웨슬리신학의 기초 위에서 기존의 메도디스트 신학을 당대의 새로운 신학사조의 빛에서 재해석하면서, 동시에 웨슬리신학과 새로운 시대의 사상을 통합하였다. 그는 전통적인 어거스틴의 원죄의 교리를 수정하여 도덕적 손상이나 연약함으로 재해석하고, 전통적인 인간론과 구원론에서 모든 비윤리적인 요소를 제거하고, 인간의 자유의지와 윤리적 책

---

44) Kenneth Cracknell, Our Doctrines; Methodist Theology as Classical Christianity,(Cliff College Publishing Co., 1998), p.8-9.

임을 극대화하면서 메도디스트 신학을 복음주의적 입장에서 인간학적이고 윤리학적인 면을 더 강조하는 자유주의 신학으로 방향을 바꾸게 하였다. 밀리는 웨슬리신학의 아르미니우스적 요소를 더욱 적극적으로 해석하여 포용하면서 메도디스트 신학의 중심으로 만들어 놓았다. 밀리는 자신의 이러한 신학방법론을 윤리적 아르미니우스주의라고 명명했다. 밀리는 자유로운 개인의 반응을 우선적으로 강조하고 개인의 책임을 더 중시하면서 결국은 값없이 주시는 은혜(free grace)와 자유의지(free will)에 대한 웨슬리적 질서와 균형을 깨는 형식으로 나갔다. 이 때부터 메도디스트 신학에서는 웨슬리의 복음주의신앙보다는 아르미니우스의 자유의지와 윤리적 책임을 더 강조하는 중심의 전이가 일어나면서 구원론에서 웨슬리보다 아르미니우스가 더 중요한 자리를 차지하게 되었으며, 웨슬리 저작으로부터의 인용은 꼭 필요한 경우에만 나타났다. 이 때부터 메도디스트 신학은 웨슬리안 정통주의에서 떠나 자유주의적 복음주의 신학으로 방향을 전환하였다.

3) 밀리로부터 늣슨으로(1890-1935)

이 시기는 서구세계에 인간의 과학적 사고가 상식화되고 찰스 다윈의 진화론이 창조설을 대신하게 되어 기독교전통의 신 이해에 심각한 변화를 가져왔으며, 성서비평학이 자유롭게 보급되면서 성서의 권위가 위축되었다. 지그문트 프로이드의 심리학이 모든 학문에 깊은 영향을 미치면서 성서적 인간이해에도 큰 변화를 초래하였으며, 알브레흐트 리츨의 윤리신학과 아돌프 하르낙과 쉴라이에르마허의 종교신학 그리고 칸트와 헤겔의 역사철학이 영향을 미치면서 자유주의신학은 이제 전통적인 신학의 자리를 완전히 대신하게 되었다. 산업화와 도시화가 급속히 진행되면서 급변하는 사회문화의 충격과 세속화의 물결이 밀려오기 시작하였다. 메도디스트 안에서 웨슬리안 정통을 지키려는 보수적인 그룹이 있었으나 이미 결정된 방향을 돌려놓을 수 없었다. 이 당시에 메도디스트 신학은 자유주의 신학자들에 의하여 '진보하는 과학'으로 취급되고 있었다.

이 시기에 활동하던 중요한 신학자들은 일톤 테리, 윌버 틸렛, 올리온 커티스, 헨리 쉘돈, 해리스 프랭클린, 에드윈 루이스, 알버트 늣슨 등이다. 이들은 보스톤대학을 중심으로 메도디스트 신학에서 교리적 신앙보다는 생활 속의 윤리적 실천을 더 중시하는 소위 '인격주의적 이상주의' (Personal Idealism) 또는 '기독교 인격주의'(Christian Personalism)를 형성하였으며, 보스톤 인격주의는 당시 미국 메도디스트 신학과 거의 동의어로 인정될 정도였다. 이 세대 중에 가장 영향력 있는 신학자는 알버트 늣슨(Albert Knudson, 1873-1953)이고, 그는 바로 이 기독교 인격주의의 대표자였다. 그의 대표적 저작은 「The Doctrine of God」(1930)과 「The Doctrine of Redemption」(1933)이다. 이 두 책은 당대 메도디스트 신학의 방향을 결정짓는 역할을 하였다. 늣슨의 인격주의는 신앙에서 인간의 인격적 주체를 강조하고, 구원론에서 하나님의 은혜보다는 인간의 자유의지의 주체적 결단을 중시하는 방향으로 나가면서, 메도디스트 신학은 웨슬리안 복음주의신학에서 벗어나 기독교적 인간학이나 윤리학에 중점을 두는 신학으로 변화하였다. 이와 같은 인격주의는 신학에서 철학, 종교학, 심리학, 사회학, 과학, 윤리학, 교육학의 중요성을 점점 더 증대시켰고, 대신 성경의 권위와 중요성을 축소시켰다. 당연히 웨슬리신학은 자유롭게 재해석되고, 웨슬리의 저작으로부터의 직접 인용은 거의 사라지게 되었다. 사실상 인격주의 신학은 성서적 기독교로부터 시작하지도 않으며 성서적 기독교로 돌아가지도 않는다. 그것은 인간자아와 세계에 대한 사변적 개념으로부터 시작하고 하나님에 대한 가설로 끝난다. 인격주의는 기독교를 인간의 자연이성과 도덕적 능력과 자유의지의 결정 위에 올려놓으려고 시도하였는데, 이것은 웨슬리의 복음주의 신학에서 분명하게 보였던 성서적 인간이해로서 원죄와 진적인 타락 속에 왜곡된 인간본성의 모습을 충분히 보지 못하며, 신앙의 궁극적 권위의 원천으로서의 성경을 이성의 표준에 종속시키는 심각한 오류를 범했으며, 따라서 웨슬리 복음주의의 중심을 벗어났다. 또한 이 시대에 메도디스트 신학은 이전의 자유주의적 복음주의에서 복음주의적 자유주의로 전이했다고 볼 수 있다.

이 때 소수의 웨슬리 복음주의자들이 이러한 자유주의에 반발하여 일어나 당시의 메도디스트 신학이 성경과 복음을 버리고 세속사조를 따랐으며, 웨슬리 정통주의를 휴머니즘을 택했다고 비판하였으나 이미 형성된 대세를 바꾸지 못하였다. 그리고 이들은 메도디스트 교회 안에서 웨슬리 전통의 성경운동을 일으키기도 했으며, '성결 종파'(Holiness Sect)로 분리해 나가 나사렛교회(The Church of The Nazarene)를 만들었다. 이러한 과정을 겪으면서 메도디스트 신학은 미국에서 완전히 자유주의로 굳어졌으며, 이러한 미국의 자유주의 신학은 일찍이 한국에 온 일부 선교사들과 일부 한국인 신학자들을 통하여 선교초기부터 한국에 들어왔으며, 한국 메도디스트 교회의 신학의 중심과 성격이 되어 왔다. 이런 의미에서 한국 메도디스트 교회는 웨슬리 정통주의(Wesleyan orthodoxy)를 잘 배워보지 못한 채로 미국 메도디스트 교회의 자유주의 신학을 일찍이 연습하고 따르게 되었다.

2. 전이의 방향

1) 계시(revelation)로부터 이성(reason)으로

웨슬리 신학의 기초와 내용과 성격이 얼마나 성경적인가 하는 것은 이미 충분히 설명하였다. 웨슬리는 메도디스트 교리가 진정으로 성경적이고 경험적인 기독교의 본질이라고 주장하였으며, 성경은 하나님의 계시이며, 진정으로 무오한 신앙과 실천의 유일한 최고의 규범으로서 하나님의 영감으로 된 것이며, 모든 진실한 신학의 최우선적 원천이며, 이러한 성경의 신성한 권위는 기독교의 생명과 같이 필수적인 것이라고 믿었으며, 그의 메시지는 성경에 정당한 근거를 밝히는 성경의 인용과 해설로 짜여진 성경적 문법과 같았다. 그러나 왓슨은 엄격한 의미에서 성경과 계시는 하나라고 역설하면서도 성경의 권위의 정당성을 찾으려는 노력 즉, 합리적인 증거를 찾으려는 태도를 보였으며, 밀리는 성경적 계시의 과학적 확실성을 추구하였다. 더 나아가 늣슨은 인격적 이상주의의 방법으로 계시와 신앙을 합리적으로 설명하였다. 점차로 메도디스트 신학에서 계시로서의 성경의 절대적 독립적 권위가 부인되고, 계시와 계시에 대한 신앙보다는 이성과 이성적 이해 그리고 자연신학과 철학적 논증에 우선순위와 중요성이 주어지게 되었다. 이로서 메도디스트 신학의 중심과 강조는 하나님의 계시에서 인간의 이성으로 전이해 갔다.

2) 죄인(sinful man)으로부터 도덕적 인간(moral man)으로

웨슬리의 복음주의 신학의 근거와 출발은 인간의 성경과 사도들과 초대교부들이 증거하는 원죄와 전적 타락의 교리이다. 이미 밝혔듯이 웨슬리는 이신론자 존 테일러의 원죄에 대한 합리주의적 수정에 전적으로 반대했다. 웨슬리는 죄란 단지 완전히 치유될 수 있는 질병이나 상처, 뽑아낼 수 있는 썩은 이, 제거될 수 있는 악성 종양, 씻어질 수 있는 오염 정도가 아니라, 그것은 하나님과의 관계에서 거꾸로 되고 왜곡된 근원적으로 잘못된 관계이며 모든 고통과 온갖 불행의 뿌리로서 인간은 이것 때문에 결국 영원한 멸망과 사망에 이른다고 하는 성경적인 인간이해를 주장했다. 그래서 웨슬리는 인간이해에서 '죄로 가득 찬 인간'(sinful man)을 강조하며 이것은 결코 양보할 수 없는 성경적 인간이해라고 역설한다. 그러나 이러한 웨슬리의 성경적이고 고전적 인간이해는 그의 후계자들에 의하여 인간의 자유로운 도덕적 기능이라는 용어로서 죄의 개념이 재정의됨으로서 상당한 변화를 겪게 된다.

밀리는 원죄의 죄책감에 대하여 회의적이었고, 늣슨은 원죄와 타락의 유전을 부인했다. 그들은 웨슬리가 선행은혜에 돌렸던 실재를 인간의 피조된 본성에 통합된 것으로 보았고, 하나님으로부터 분리된 인간의 소외와 절망과 비참함을 직시하지 못했다. 이제 죄는 더 이상 하나님께 대한 반역이나 인간 행동의 뿌리가 아니라 알려진 도덕적 의무를 위반하는 의지적인 행위에 불과한 것으로 이해했다. 죄를 원죄로부터가 아니라 도덕적 결핍이나 손상 또는 의지의 약함으로 정의했다. 이로써 메도디스트 신학에서 인간의 본성에 대한 철학적이고 도덕적인 낙관주의가 깊이 자리잡게 되었으며, 인간이해는 죄인(sinful man)에서 도덕적 인간(moral man)으로 전이하였다.

3) 값없이 주시는 은혜(free grace)로부터 자유의지(free will)로

이것은 하나님의 은혜는 모든 사람을 위하여 모든 사람 안에서 자유하며(Grace is free for all and free in all.), 은혜만이 구원의 원천이라고 가르치는 웨슬리의 은혜의 교리가 본래 웨슬리의 의도와는 다르게 자유의지로 전이된 것을 가리킨다. 왓슨에서 밀리로, 밀리에서 늣슨으로 시대를 거치면서 꾸준히 구원의 성취에 있어서 하나님의 은혜보다는 인간의 자유 즉, 자유로운 결단과 자유로운 의지의 행동에 더 많은 부분이 돌려졌다. 구원에 관하여 설명할 때에 구원을 베푸시는 하나님의 역할보다는 도덕적 주체로서 인간의 역할에 집중하였다. 그리하여 메도디스트 신학은 회개와 믿음이라는 것이 웨슬리가 말한 대로 하나님의 행동이나 선물이나 은혜라기보다는 인간의 자유로운 의지의 결단과 행동이라고 보았다. 이렇게 하여 구원이 하나님의 은혜로부터가 아니라 하나님과 인간의 협력 또는 그 이상으로는 인간 자신의 공로라는 오해까지 나올 수 있는 여지를 만든 것이다.

이리하여 메도디스트 신학은 구원론에서 우선순위와 중심과 강조점이 '값없이 주시는 은혜'(free grace)로부터 자유의지(free will)로 전이(轉移)하였으며, 이러한 신학은 메도디스트 교회의 신앙, 경건, 예배, 전도가 허약해지는 결과를 가져왔다. 그리고 이러한 신앙의 약화는 교인수의 감소를 포함한 교세 약화의 한 가지 중요한 요인으로 작용하였다. 교인수의 감소는 반드시 이러한 신학적 전이만이 이유는 아니지만 세대적-문화적 요인과 함께 근본적인 요인 중에 하나라고 할 수 있다. 이러한 메도디스트 교회의 신앙과 교세의 약화는 교회의 죽음으로 가는 질병으로까지 표현되기도 한다.

필자는 이와 같이 전이된 현대의 메도디스트 신학보다 본래 웨슬리의 정통신학(Wesleyan Orthodoxy)이 진정한 기독교의 본질이요 성경적인 기독교의 복음으로서 인간 영혼의 구원과 교회개혁과 사회성화와 민족과 세계의 구원을 위해서 훨씬 더 능력있다고 확신한다.

메도디스트 교리의
영구한 장점

맺는 말
메도디스트 교리의 영구한 장점

존 웨슬리와 찰스 웨슬리 형제
(엡웟 웨슬리기념교회의 강단 창문에
새겨진 웨슬리 형제의 초상화)

웨슬리와 초기 메도디스트들은 분명히 기독교의 실천과 함께 교리를
중요시했고, 성서적이고, 역사적인 정통교리를 엄격하게 지키고 가르쳤
다. 웨슬리는 진정한 기독교(True Christianity)의 근본이 되는 본질적인 교
리를 확고히 지켰으며, 초기 메도디스트들은 '우리의 교리'를 생명력있는
기독교(Vital Christianity)의 교리로 가르쳐 지키게 함으로써 잃어버린 영
혼들의 구원과 교회와 사회 개혁, 그리고 민족 구원을 이루어냈다. 초기
메도디스트들은 교리를 결코 소홀히 여긴 적이 없다. 처음 메도디스트들
은 진정으로 성경적인 교리에 대한 신앙과 실천을 통해서 진정한 기독교
를 추구했다. 메도디스트 교리의 영구하고도 현대적인 장점을 정리해 보

면 다음과 같다.

첫째, 메도디스트 교리는 성경적이고 경험적인 진정한 기독교의 본질을 명쾌하게 선포한다. 웨슬리는 기독교 신앙의 본질적이지 않은 것을 말하지 않으며, 본질이 되는 것을 명확하고 평이하고 간결하고 힘 있게 말한다. 이것은 다양하고도 급변하며 때로는 혼란한 현대적 상황 가운데서 진정한 기독교의 본질을 지키려는 데 진지하고 성실하다는 뜻이다.

둘째, 메도디스트 교리는 생명력있는 신앙을 추구한다. 웨슬리는 '우리의 교리'를 통하여 생명력있고 생동력있는 기독교를 추구하는 것을 목적으로 한다. 웨슬리는 정통신앙(orthodoxy)과 정통경험(orthopathy)과 정통실천(orthopraxy)을 통합하는 교리를 가르쳤다. 그러므로 메도디스트 교리는 기독교가 오로지 냉랭한 교리 체계와 메마른 제도의 형태로 전락해가는 것으로부터 구하고, 또한 그렇게 되는 교회를 개혁하고 살리는 능력있는 교리이다. 웨슬리는 이와 같은 기독교 신앙을 보기 원하는 자신의 마음을 이렇게 표현하였다.

"나는 메도디스트라 불리우는 사람들이 유럽이나 아메리카나 그 어디서나 사라지는 것을 두려워하지 않습니다. 그러나 나는 메도디스트들이 다만 신앙의 능력은 없이 신앙의 형식만 남은 마치 죽은 교파로 되어버리는 것을 두려워합니다. 만일 메도디스트들이 맨 처음 출발 할 때에 그들이 가졌던 대로 교리(doctrine)와 성령(spirit; 성령의 증거와 체험 – 필자 주)과 경건의 훈련(discipline; 경건의 규칙에 따르는 신앙의 실천 – 필자 주)을 확고하게 붙들지 않는다면 그들도 역시 생명없는 종파로 남게 되는 그런 똑같은 경우가 될 것입니다."1)

1) '메도디스트에 대한 생각', WJW.,13, p.258.

이와 같이 웨슬리가 가르치고 초기 메도디스트들이 믿고 실천한 교리는 오늘의 교회를 개혁하고 살리는 생명있는 교리이다. 헨리 랙이 "메도디스트의 독특한 것은 그 교리나 신학에 있는 것이 아니라 그 독특한 역사, 즉 메도디스트들의 삶에 있다고 한 말은 바로 메도디스트 교리의 이러한 생명력과 생동력 있는 신앙을 가리키는 심히 적절한 말이다.2)

셋째, 메도디스트 교리는 교리와 실천, 믿음과 사랑, 신앙과 생활을 균형있게 강조한다. 교회사에 나타난 어떤 교리나 신학, 또는 어떤 교회가 둘 중에 하나에 치우쳐 다른 하나를 경시하는 실수를 범하기도 했으나 웨슬리는 그와 같은 오류를 철저히 피하고 둘을 모두 하나의 본질로 포용하고 두 가지가 일치하고 온전히 균형잡힌 진정한 성경적인 기독교로 가르쳤다. 그러므로 이는 현대의 모든 교회들에게, 특별히 아직도 둘 중에 하나에 치우쳐 다른 하나를 소홀히 하여 기형의 신앙을 보이고 있는 모든 교회들에게 모범이 되고 있다.

넷째, 메도디스트 교리는 성경적 복음주의 신앙의 요약이며, 또한 그것은 긴급하고 실제적인 복음전도의 메시지이다. 그러므로 누구나 이 교리를 배우는 사람은 이러한 복음을 믿을 뿐 아니라 복음전도의 소명을 경험하고 실천하게 된다. 그러므로 메도디스트 교리는 쇠퇴하는 현대 교회 부흥의 원동력이 될 수 있다.

다섯째, 메도디스트 교리는 만인구원론을 그 궁극적인 목표로 삼는다. 그러므로 그것은 개인과 사회, 민족들과 세계인류, 동식물, 지구 환경의 구원을 선포하고 실현하는 선교의 비전과 동력을 제공한다.

여섯째, 메도디스트 교리는 신학적 논쟁을 피하며, 갈등과 불화를 치유하고 분열된 현대교회들의 일치를 위하여 '브릿지 교회'(Bridge Church)의

---

2) 헨리 D. 랙, '존 웨슬리와 감리교의 부흥', 김진두 역, (감신대출판부, 2002), p.655.

역할을 하기에 가장 좋은 요소들을 지니고 있다. 웨슬리는 한 번도 새로운 교회나 어떤 종류의 특정한 교회를 세우려는 생각을 가져 본 적이 결코 없었다. 그는 메도디즘(Methodism)이라는 것이 어떤 새로운 종파가 아니라 "옛 종교요 성경의 종교요 초대교회의 종교요 영국교회의 종교이다."3)라고 말하면서 '메도디스트 신도회'(Methodist Society)는 어떤 특별하고 새로운 교회가 아니라 성경적이고 사도적이며 초대교회적이고 보편적이고 평범한 기독교 신앙공동체라는 것을 강조했다. 웨슬리는 어떤 교파의 교리/신학을 결코 추구하지 않았으며, 성경적이고 사도적이며 복음적이며 진정한 기독교 즉, 진정한 가톨릭 교회(진정으로 하나의 신앙으로 일치하는 하나의 교회)의 신앙을 추구하였다. '우리의 교리'는 메도디스트 교리 이전에 성경적이고 사도적이며 복음적인 보편적인 교리로서 진정한 가톨릭 교회의 교리이다. 메도디스트 교회는 기독교의 본질을 지키는 동시에 신앙의 본질이 되는 주제들의 조화와 균형을 지키면서, 신학적 견해에 있어서는 자유와 다양성을 인정하고 일치와 협력 정신을 강조한다. 메도디스트 교회는 교리적인/신학적인 논쟁이나 갈등이나 경쟁과 불화를 거부하고 모든 면에서 대화와 이해와 조화와 일치와 연합과 협력과 서로를 배우기를 좋아하고 추구한다. 이것이 웨슬리로부터 물려받은 유산이요 은사이다. 웨슬리는 한 로마 가톨릭교도에게 보내는 편지에서 자신의 교회일치 정신에 관하여 다음과 같이 말하였다.

"나의 친애하는 친구여, 나는 당신의 생각을 버리거나 바꾸도록 설득하려고 하지 않으며, 다만 하나님에 대한 경외심과 사랑을 함께 추구하자고 말하는 것입니다. 하나님에 대한 경외심과 사랑이 없이는 모든 종교는 헛된

---

3) WJW., 7, p.423.

것이기 때문입니다 … 만일 우리가 아직 모든 면에서 똑같이 생각하지 않는 다고 하더라도 적어도 우리가 똑같이 사랑할 수 있다는 사실을 생각합시 다."4)

그는 또한 '보편적 정신'(A Catholic Spirit)이라는 설교에서 그리스도인 들이 서로의 의견이나 생각하는 방식이 다를지라도 사랑의 봉사와 선행 에서 얼마든지 일치할 수 있음을 다음과 같이 말하였다.

"비록 우리가 똑같이 생각하지 않는다고 해서 똑같이 사랑할 수 없단 말입 니까? 우리의 의견이 같지 않다고 해서 하나의 마음을 가질 수 없단 말입니 까? 결코 그렇게 못할 이유가 없습니다. 여러 가지 작은 의견들에서 차이가 있더라도 하나님의 자녀들은 얼마든지 일치하고 연합할 수 있습니다. 이러 한 차이들을 그대로 지니면서도 우리는 사랑과 선행에서 함께 같은 길을 가 며 전진할 수 있습니다."5)

찰스 웨슬리는 그리스도인들의 일치에 관하여 아름답고도 장엄한 찬송 을 많이 지었다. 다음은 "그리스도로부터 모든 복이 흘러나옵니다."라는 말로 시작하는 찰스의 찬송가 가사의 일부이다.

사랑은 죽음처럼 강하여서
모든 장벽을 한꺼번에 파괴하고
모든 차이점들을 무효로 만드네

---

4) WJW.,3, p.10.
5) WJWB.,2, p.82.

이름들, 분파들, 교파들을

떨어뜨리고 하나로 만드시는 그리스도여

당신은 모든 것의 모든 것 되시도다.[6]

(Love, like death all destroyed,

Rendered all distinctions void;

Names, and sects, and parties fall:

Thou, O Christ, art all in all.)

메도디스트는 서로의 차이점에 집중하는 교리적인 고집쟁이가 아니라, 서로의 공통점을 찾고 일치를 추구하는 데 모범이 된다. 메도디스트 교리는 교파주의나 종교적 배타주의를 극복하고 세계 인류의 평화와 구원에 공헌하는 선교의 지평을 열어 갈 것이다. 실로 메도디스트 교리는 수백 년 간 갈라진 채로 때로는 갈등을 겪으면서 살아오는 교회들 간에 친밀한 교제와 대화와 협력과 일치를 돕는 진정한 '브릿지 교회'(Bridge Church)의 역할을 하기에 가장 좋은 요소를 지니고 있다. 메도디즘은 기독교의 본질적인 교리에 온전히 충실하면서도 동시에 비본질적인 교리나 신학사상에서는 언제나 보편주의 내지는 관용주의의 입장을 취하고 있다. 이와 같이 메도디스트 교회의 신학적 입장을 복음적 에큐메니즘(evangelical ecumenism)이라고 부르는 것이 적절하다고 생각한다. 메도디스트 교회는 지금까지 에큐메니칼 운동에 중요한 공헌을 해왔고 앞으로 더욱 그럴 것이다. 찰스 웨슬리는 1755년과 1770년 두 번에 걸쳐서 출판한 '보편적 정신'(A Catholic Spirit)이라는 웨슬리의 설교에 다음과 같은 '보편적 사랑'(A Catholic Love)이라는 시를 지어 붙였다.

---

6) PWJC.,5, p.274.

끝없이 말많은 논쟁은 지치게 하고

온갖 이론과 학설도 소용이 없네

당신께만 길과 진리 생명 있으니

당신의 사랑만이 내 마음에 불 밝히니

거룩한 가르침에 나 하늘을 나네

당신의 진리 안에 마음 모으고

당신 안에 하나 되어 살고 지고[7)]

(Weary of all this wordy strife,

These notions, forms, and modes, and names,

To thee, the Way, the Truth, the Life,

Whose love my simple heart inflames,

Divinely taught, at last we fly,

With thee and thine to live and die.)

일곱째, 메도디스트 교리는 평이하고 단순하고 실제적이며, 그 표현이 부드럽다. 그것은 실로 평민의 신학(folk-theology)이다. 그러므로 그것은 신학자들만의 전유물이 아니고 평신도들도 쉽게 배우고, 더 나아가서 비기독교인들과 타종교인들도 가까이 할 수 있는 평범한 기독교를 추구한다.

기독교 역사에 완전한 교리도 완전한 신학도 없다. 성경만이 완전한 교리의 원천이라고 말할 수 있을 뿐이다. 웨슬리 형제가 주도한 메도디스트 전통의 교리도 결코 완전하다고 할 수 없다. 그러나 메도디스트들이 고백하고 실천한 교리 특히 '우리의 교리'는 그 시대의 진정한 기독교의 효력

---

7) WJWB.,2, p.80.

을 확실하게 나타낸 역사적으로 증명된 교리이다. 세계에 흩어진 메도디스트들은 선조들로부터 물려받은 신앙을 잘 지키며 그 신앙의 실천에 헌신해 왔으며, 복음전도와 사랑의 봉사를 통해서 인류구원의 사역에 위대한 공헌을 해왔다. 그러나 때로 그들은 실망과 실패를 경험하였으며, 오늘날에는 더욱 큰 시련과 위기를 맞고 있다. 현대 사회의 종교적-철학적-과학적-문화적-환경적으로 다양하게 급변하는 삶의 정황 속에서 메도디스트 교회는 흔들리고 있다. 서구의 메도디스트 교회는 다른 교회들과 같이 신앙의 쇠퇴와 교인수의 급격한 감소 심지어는 교회의 존폐의 위기를 느끼고 있는 실정이다. 이러한 교회의 텅비어가는 상태에 대하여 여러 가지 신학적 해석이 따르고, 어떤 교회들은 좌절하고 어떤 교회들은 생존하기 위해서 안간힘을 쓰고 그 중에 어떤 교회들은 잘 견디고 여전히 부흥하고 있기도 하다. 그러나 대체로 자신감을 잃어가고 있다.

현재 서구의 교회들과 신학자들의 한 가지 진지하고 우울한 관심은 이렇게 급속하게 텅비어가는 교회가 나중에 어떻게 될 것인가 하는 물음과 전통적인 기독교 신앙이 쇠퇴하고 나면 과연 어떤 형태의 기독교가 남을 것인가 하는 문제이다. 최근에 들어서 관심을 모으고 있는 '예수 세미나'에 참여한 어떤 신학자들은 전통적인 기독교를 대신할 수 있는 새로운 기독교, 어떤 또 다른 기독교를 모색해야 한다고 서슴없이 주장하고 있다. 정말로 이제 우리는 디트리히 본회퍼의 '종교 없는 기독교와 비종교적인 기독교인 말하자면 익명의 기독교인이 가능한 것이며 또 그렇게 되는 것이 하나님의 시대적인 뜻인가?' 라고 자문하는 상황을 맞이하고 있다.

그러나 영국의 복음주의 신학자 알리스터 맥그래스(A. McGrath)는 이러한 전통적인 기독교 신앙을 포기하고 새로운 다른 기독교를 추구하는 노력 자체가 오히려 기독교의 죽음을 초래하고 그러한 새로운 기독교 해

석이나 새로운 기독교는 필요없다고 말한다. 왜냐하면 전통적인 기독교
는 아무 문제가 없으며, 다만 현재 기독교의 쇠퇴는 기독교 자체의 문제가
아니라 인간의 영적인 무지와 물질주의적 세계관과 지적인 교만 그리고
하나님 없이 살려고 하는 불신앙과 죄에서 야기된 문제요 이에 대한 하나
님의 심판이기 때문이다.[8]

신학의 사명은 하나님을 비판하고 교회를 비판하는 것이 아니라 성경
에 계시된 하나님의 진리를 성실하게 해석하고 인간실존의 모습을 성경
의 빛에서 밝히 비추어주고 교회의 사명인 인간구원의 메시지를 그 시대
에 효과적으로 전달하는 것이다. 이러한 일에는 진보나 보수나 다름이 없
다. 신학은 언제나 이 사명에 성실해야 한다. 그리고 신학은 다시 항상 성
경으로 돌아가 하나님의 말씀을 겸손히 듣고 들은 것을 말해야 한다. 인간
의 구원은 세상 끝날까지 인간으로부터 나오지 않고 하나님께로부터-하
나님의 말씀으로부터 나오는 것이다. 오늘의 교회는 성경의 기독교 신앙
과 예수 그리스도의 십자가와 부활의 복음 그리고 사도들의 신앙에로 돌
아갈 때에만 시대의 변화를 이기고 언제나 살아계셔서 인류를 구원하시
는 하나님의 거룩한 능력있는 도구가 될 것이다. 찰스 웨슬리는 예수 안에
신앙으로 세상의 온갖 시련을 이기고 다시 살아 구원의 완성을 기뻐하는
신자의 승리에 찬 찬송을 불러 온 세상에 울려 퍼지게 하였다.

그래도 아직 우리는 살았노라
서로의 얼굴을 지켜보노라
구원의 은혜를 예수께
영광을 돌리고 찬송을 부르세

8) Alister McGrath, The Future of Christianity,(Blackwell Publishers, 2002), p.120-155.

충만한 구원을 여기서 얻으니

거룩한 능력이 이루심이라

또 다시 모여서 예수를 찬송해

(And are we still alive,

And see each other's face?

Glory and praise to Jesus gives

For his redeeming grace!

Preserved by power divine

To full salvation here,

Again in Jesus's praise we join,

And in his sight appear.)

무슨 고난 보았던지 무슨 시련 당했던지

지난 모임 이후 싸우고 두려웠건만

예수의 사랑 여기까지 우리를 도우셨네

아직도 주 예수 우리 편에 계시고

위로부터 지키시고 영원히 숨기시니

그의 앞에 다시 모여 하나로 묶였네

(What troubles have we seen!

What conflicts have we passed!

Fightings without, and fears within,

Since we assembled last.

But out of all the Lord

Hath brought us by his love;

And still he help afford,

And hide our life above.)

우리를 살리신 주의 능력을

목소리 높여서 온 세상 전하세

다시 죄 안 짓고 완전한 구원

이루는 그날을 기다리면서

면류관 받아쓰는 그날까지

십자가를 지고 예수를 따르리

잃어버린 모든 것 기뻐하는 자

예수 안에서 더 좋은 것 모두 얻겠네9)

(The let us make our boast

Of his redeeming power,

Which saves us to the uttermost,

Till we can sin no more;

Let us take up the cross

Till we the crown obtain,

And gladly reckon all things loss

So we may Jesus gain.)

오늘날 메도디스트들은 아직도 살아있는가? 웨슬리 형제와 초기 메도
디스트들은 죽이는 것이 아니라 살리는 교리/신학을 전파하고 노래하고
실천하였다. 메도디스트 교리는 죽은 자를 살리는 하나님의 능력이다. 웨

---

9) CHPM., No.,478.

슬리와 초기 메도디스트들은 진정한 기독교/성경적인 기독교의 본질적인 교리들 중에도 '우리의 교리'를 강조하여 전파하고 실천함으로서 영혼을 구원하고 교회를 개혁하고 사회를 성화하고 민족과 세계를 구원하는 위대한 역사를 이루어냈다. 메도디스트들이여, 깨어 일어나 '우리의 교리'를 확신하고 고백하고 전하고 실행함으로 죽은 자를 살리자! 교회를 살리자! 민족을 살리자! 성경적 성결을 온 세상에 전파하자!

1. 사도 신조(A.D 33-300년)

전능하사 천지를 만드신 하나님 아버지를 내가 믿사오며,

그 외아들 우리 주 예수 그리스도를 믿사오니,

이는 성령으로 잉태하사 동정녀 마리아에게 나시고,

본디오 빌라도에게 고난을 받으사, 십자가에 못 박혀 죽으시고,

장사한지 사흘 만에 죽은 자 가운데서 다시 살아나시며,

하늘에 오르사, 전능하신 하나님 우편에 앉아 계시다가,

저리로서 산 자와 죽은 자를 심판하러 오시리라.

성령을 믿사오며,

거룩한 공회와 성도가 서로 교통하는 것과,

죄를 사하여 주시는 것과,

몸이 다시 사는 것과,

영원히 사는 것을 믿사옵나이다.

- 아멘 -

2. 니케아 신조(A.D 325년) - 김진두 역

(니케아신조란 A.D 325년 니케아 회의에서 만들어진 것이다. 그러나 현재 우리가 사용하는 니케아신조는 A.D 381년 콘스탄티노플 회의에서 만들어지고 A.D 451년 칼케돈 회의에서 공인된 것이다. 역사적으로 서방교회들은 사도신조를 사용하는 반면 동방교회들은 니케아신조를 사용해왔다. 그러나 동방교회 뿐 아니라 로마가톨릭과 영국국교회, 그리고 개신교회들도 니케아신조를 정통의 신조로 존중하며 사용하고 있다. 특별히 존 웨슬리는 사도신조보다 니케아신조를 더 애용하였으며 성만찬식에서는 반드시 니케아신조를 사용하라고 하였다. 한국교회들도 앞으로 이 신조를 사용할 필요가 있다.)

우리들은 아버지이시며, 전능자이시며, 천지창조자이시며, 만물의 전체이시며, 보이지 아니하시는 한 분이신 하나님을 믿습니다.

우리들은 독생자이시며, 아버지 하나님으로부터 보내심을 입은 분, 또한 하나님께로부터 하나님께로 오신, 빛으로부터 빛으로 오신, 참 하나님으로부터 참 하나님으로 오신, 보내심을 입은 피조물이 아닌 아버지와 같으신 존재이신 한 분이신 예수 그리스도를 믿습니다. 그를 통하여 모든 만물이 창조되었고, 그 분이 하늘로부터 오심으로 우리들 인간은 구원을 얻었고, 성령의 능력으로 동정녀 마리아에게서 성육신 하셨으며, 인간이 되셨음을 믿습니다. 우리의 죄 때문에 본디오 빌라도 아래에서 십자가의 형벌을 받으셨으며, 고난을 받으신 후 죽으시고 매장되셨습니다. 그는 제 삼일에 성경대로 죽음 가운데서 다시 살아나셨고, 하늘에 오르사, 하나님 우편에 앉아 계십니다. 우리는 영광 중에 죽은 자와 산 자를 심판하러 다시 오실 주님을 믿습니다. 하나님의 나라는 영원한 나라입니다.

우리들은 주님이시요 생명을 주시는 분이신, 성부와 성자를 통하여 나오시는 성령을 믿습니다. 성부와 성자와 함께 성령은 경배를 받으시옵고 영광을 받으시옵니다. 성령은 예언자들을 통하여 우리에게 말씀하셨습니다.

우리들은 하나의 거룩한 보편교회와 사도교회를 믿습니다.

우리들은 세례를 받음으로 모든 죄가 용서받음을 믿습니다.

우리들은 죽은 자의 부활과 장차 올 새로운 세계의 삶을 갈망합니다.

– 아멘 –

3. 콘스탄티노플 신조(A.D 381년)

우리는 모든 일을 주관하시며 하늘과 땅과 보이는 것과 보이지 않는 모든 것의 창조자이시며 유일하신 하나님 아버지를 믿으며, 오직 한 분이신 주 예수 그리스도는 하나님의 독생자이시며, 모든 세대에 앞서서(Pro panton ton aionon) 아버지에게서 나신 분이며, 빛으로부터 나신 빛이며, 참 하나님으로부터 나신 참 하나님이시며, 피조자가 아니고 성부와 동일한 본질을 공유하시고, 그분으로 말미암아 만물이 창조된 것을 믿으며, 우리 인간을 위하여, 또 인간의 구원을 위하여 하늘에서 내려오셔서 성령과 동정녀 마리아로부터 사람이 되시고(anthropesant), 우리를 위하여 본디오 빌라도 아래서 십자가에 못 박히시고 고난을 받고 묻히시고 사흘 만에 부활하셔서 승천하시고, 성부의 오른편에 앉아 계시며, 산 자와 죽은 자를 심판하시기 위하여 영광스럽게 다시 오실 것이며, 그의 왕국은 끝없을 것을 믿으며, 주이시며 생명을 주시는 성령을 믿으니, 그는 성부로부터 나오시고 성부와 성자와 함께 예배와 영광을 받으시며, 예언자들을 통하여 말씀하셨으며, 오직 하나의 거룩한 공동의 사도적 교회를 믿으며, 우리는 죄를 사하는 한 가지 세례를 믿습니다. 우리는 죽은 자의 부활과 내세의 생명을 인정합니다.

4. 아다나시우스 신조(A.D 420~450년)

구원 받으려는 사람은 누구든지, 우선 그리스도교의 정통신앙(正統信仰)을 가지는 것이 필요합니다. 누구든지 이 신앙을 완전하고 순결하게 지키지 않으면, 틀림없이 영원한 멸망을 받을 것입니다. 이 정통 신앙이란 이런 것입니다. 곧 삼위(三位)로서 일체(一體)이시고, 일체 가운데 삼위이신, 유일하신 하나님을 믿는 것입니다.

이 삼위를 혼동하거나 한 본질을 분리함 없이 성부의 한 위(一位)가 계시고 성자의 다른 한 위가 계시고, 또 성령의 다른 한 위가 계십니다. 그러나 성부와 성자와 성령은 다 하나이시며, 그의 영광도 같으며, 그의 존엄도 동일하게 영원하십니다.

성부께서 계신 것같이 성자도 그러하시며 성령도 그러하십니다. 곧 성부께서 창조함 받지 않으신 것 같이 성자도 창조함 받지 않으셨으며 성령도 창조함 받지 않으셨습니다.

성부께서 다 이해할 수 없는 분이신 것 같이 성자도 다 이해할 수 없는 분이시고 성령도 다 이해할 수 없는 분이십니다.

성부께서 영원하신 것 같이 성자도 영원하시며 성령도 영원하십니다. 그러나 그들은 세 영원한 분들이 아니시며, 한 영원한 분이십니다.

이와 같이 성부도 전능하시고 성자도 전능하시고 성령도 전능하십니다. 그러나 세 전능자(全能者)가 아니라 한 전능자이십니다. 이와 같이 성부도 신이시며 성자도 신이시며 성령도 신이십니다. 그러나 그들은 세 주(主)가 아니시며 한 주 이십니다.

우리가 그리스도의 진리에 의하여 삼위의 각 위(位)가 신이시며 주이심을 인증(認證)하지 않을 수 없는 것 같이 세 신(神) 세 주가 있다는 것은 그리스도의 정통신앙에 의하여 금지되었습니다.

성부는 만들어지지 않으셨으니 곧 창조함 받지도 않으시고 나지도 않으셨습니다. 성자는 성부에게서만 나시며 만들어지셨거나 창조되신 것이 아니고 낳으신 것입니다. 성령은 성부와 성자에게서 생기셨으며 만들어지셨거나 창조되셨거나 나신[生]것이 아니고 나오[出]신 것입니다. 그러므로 한 성부이시고, 세 성부가 아니시며, 한 성자이시고, 세 성자가 아니시며, 한 성령이시고, 세 성령이 아니십니다. 그리고 이 삼위에 있어서 어느 한 위가 다른 한 위의 선(先)이나 후(後)가 될 수 없으며, 어느 한 위가 다른 한 위보다 크거나 작을 수도 없습니다.

삼위는 모두 동일하게 영원하시며, 모두 동등하심으로 상술(上述)한 것과 같이 모든 것에 있어서 삼위로서의 일체와 일체로서의 삼위가 예배를 받으시는 것입니다. 그러므로 구원을 받으려는 이는 삼위일체에 관하여 이와 같이 믿지 않으면 안 될 것입니다. 동시에 영원한 구원을 위하여 우리 주 예수 그리스도의 성육신을 정확히 믿는 것이 필요합니다.

바른 신앙이란 하나님의 아들이신 우리 주 예수 그리스도께서 신이시며 동시에 인간이신 것을 믿고 고백하는 것입니다. 그는 성부의 본질에서 나신 신이시며, 온 우주보다 먼저 계시며, 인간으로서는 성모 마리아의 본질로부터 나셔서 세상에 오신 것입니다. 또한 그는 이성 있는 영과 인간의 육신으로서 생존하시는 완전한 인간이십니다.

그는 신성에 있어서는 성부와 동등하시며, 인성에 있어서는 성부보다 낮은 것입니다. 그는 신이시며 동시에 인간이시지만 둘이 아니시며 한 분 그리스도이십니다.

그 분의 하나 됨이란 그의 신성이 육신화(肉身化) 함으로써가 아니며, 그의 인성을 신성안에 받는 것이며, 온전히 하나인데 본질의 혼동으로써가 아니라 품격의 통일입니다.

이성있는 영과 육신이 한 사람인 것처럼 신이시며 인간이신 그 분도 한 그리스도이십니다. 그는 우리의 구원을 위하여, 고난을 받으시고, 음부에 내리신지 삼일 만에, 죽은 자 가운데서 다시 살아나셨고, 하늘에 오르사, 전능하신 하나님 아버지 우편에 앉아 계시다가, 저리로부터 산 자와 죽은 자를 심판하러 오실 것입니다.

그가 오실 때, 모든 사람들은, 그들의 몸으로서 부활할 것이며, 각자가 행위와 그 연고(緣故)를 자세히 진술할 것입니다.

선을 행한 사람은 영원한 생명에 들어갈 것이나 악을 행한 사람은 영원한 불[火]에 들어갈 것입니다. 이것이 곧 정통 신앙입니다. 이를 진실되고 굳게 믿지 않는 사람은 구원을 받지 못하는 것입니다. 아멘.

5. 칼케돈 신조(A.D 451년)

우리는 교부들을 따라서 모든 사람이 한 분이신 유일한 성자, 우리 주 예수 그리스도를 고백하도록 가르치는 일에 하나가 되었습니다. 그는 하나님으로서, 또한 사람으로서 완전하시며(teleion), 실제로 하나님이시며 동시에 실제로 사람이시며, 합리적인 영혼(Psyches logikes)과 몸을 가지고 계십니다. 그의 신성에 관한 한 그는 성부와 동일한 본질을 타고 나셨고 또 그의 인성에 관한 한 그는 다만 죄를 제외하고는 모든 면에서 우리와 같으십니다. 시간이 시작하기 전에 그의 신성은 성부에게서 독생하셨으며, 그의 인성은 우리의 본질을 타고 나셨습니다. 이처럼 다만 죄를 제외하고는 그는 모든 면에서 우리와 같으십니다. 시간(aionon)이 시작하기 전에 그의 신성은 성부에게서 독생하셨고 그리고 지금 마지막 날에 와서 우리와 우리의 구원을 위하여 그는 동정녀 마리아에게서 나셨으니, 마리아는 인성(anthropoteta)면에서 하나님의 어머니(theotokos)이십니다.

우리는 이 한 분, 그리스도, 주님, 두 가지 본성(physesin)을 타고 나신 독생자를 인정하며, 이 두 가지 본성이 혼동(asunkutos)되거나, 한 본성이

다른 본성으로 변하거나(atrepotos), 두 다른 분리된 범주로 갈라지거나
(adiaretos), 양성의 영역과 기능에 따라 각각 대립(achoristos)되지 않는 것
을 인정합니다. 각 성의 특징은 연합으로 인하여 무효가 되지 않습니다.
오히려 양성의 고유성(idiotetos)이 보존되고 양성이 한 품성(prosopon)과
한 자질(hypostasis)로 일치를 이룬다. 양성은 갈라지거나 두 가지 품성으
로 분리될 수 없고 오로지 연합하여 하나님의 한 분이시며 유일하게 독생
하신 로고스, 주 예수 그리스도가 되셨습니다. 예언자들도 이렇게 증거하
였고 예수 그리스도도 우리에게 이렇게 가르치셨고 교부들의 신조도 이
렇게 우리에게 전달(paradedoke) 되었습니다.

6. 아우구스부르그 신앙고백(1530년)

(이 신조는 독일의 루터교회가 개혁자 마틴 루터의 종교개혁 정신과 신학을 이어받아
서 1530년에 체계화한 것이다. 총 2부, 27조로 구성되며 제 1부는 슈바하신조들을 중심으
로 하는 신앙에 관한 것들로 뷔텐버어그 신학자들이 쓴 것이다. 제 2부는 교회의 폐단을
취급하고 있는데 이것은 아우그스부르그 국회에 대비하여 쓴 토르가우 신조들이다. 본 부
록에서는 이 신앙고백의 제 1부만을 기록하였다. 세계의 모든 루터교회는 이 신앙고백을
자신들의 신앙과 신학전통으로 삼고 있으며, 모든 개신교회들과 더불어 우리 메도디스트
교회도 이 신앙고백을 성서적이고 복음적인 교리로서 존중하고 공유하고 있다.)

제 1 부 신앙과 교리
제 1조 하나님

우리는 니케아 공회의 교령에 따라 참된 하나님이라 불리는, 바로 참된
하나님이신 한 신적 본질이 있으며, 이 하나님의 신적 본질에는 능력이 동
등하며 다같이 영원한 세 품격(品格, persona)이 있으니, 곧 성부 하나님,

성자 하나님, 성령 하나님을 이의(異議)없이 믿으며 가르치는 바이다. 이 세 품격은 동일한 신적 본질이시니 영원하시고, 분열이 없고, 끝이 없고, 무한한 능력과 지혜와 선을 가지시며, 보이는 것과 보이지 않는 모든 것의 창조자이시며 보존자이시다. 품격(persona)이라는 말은 교부들이 이 교리에 관련하여 사용한대로 어느 한 다른 품격의 일부이거나 혹은 특질이 아니고 오직 각 품격 자체가 고유한 것으로 이해되어야 한다.

그러므로 이 신조에 반대되는 모든 이단들은 배격되어야 한다. 이단들 가운데 마니교도들이 있는데 그들은 선신과 악신의 두 신이 있다고 주장한다. 또 이단에는 발렌티니안들(Valentinians)과 아리안들과 유노미안들(Eunomians)과 모하메드 교도들이 있고, 또 그와 비슷한 다른 이단들도 있다. 또 사모사타인들(Samosatenes)의 이단들이 옛날처럼 오늘날에도 있어서 주장하기를 품격은 오직 하나뿐이며 다른 두 품격, 즉 말씀과 성령은 반드시 구별된 품격이 아니고 말씀은 육신을 통하여 들려진 말 또는 소리이며, 성령은 피조물 안에서 유발되는 운동이라는 궤변을 주장한다.

제 2조 원죄

아담의 타락 이후로 자연적 과정을 통하여 태어난 모든 사람은 죄 가운데서 잉태되는 것을 우리들이 가르치고 있다. 즉 누구나 다 모태에 있을 때부터 악한 정욕과 범죄의 성향이 있어서 자연히 하나님을 참으로 두려워하거나 참된 신앙을 가질 수 없었다. 더구나 이 생득의 질병과 유전적 죄는 실제로 죄가 되기 때문에 세례와 성령을 통하여 새로 나지 않는 사람은 모두 하나님의 영원한 진노를 받게 된다.

이 문제와 관련하여 펠라기안들(Pelagians)과 그 밖에도 원죄를 죄 아니라고 하는 사람들이 배격을 받아야 하는데 그 까닭은 그들은 자연 그대로의 인간이 자기 자신의 힘으로 의롭게 된다고 주장함으로써 그리스도의 고난과 공로를 훼손하기 때문이다.

제 3조 하나님의 아들

하나님의 아들이 처녀 마리아에게서 나시고 그의 신성과 인성의 두 본성이 한 품격 안에 분리될 수 없을 만큼 연합되어서 한 분 그리스도, 곧 참하나님이시며 참 사람이며 실제로 탄생하시고 고난을 받고 십자가에 못박혀서 죽으셨고, 그리고 묻히셔서 원죄만이 아니고 다른 모든 죄를 위하여 희생제물이 되시고, 또 하나님의 진노를 그치게 하셨음을 우리들이 가르친다. 이 그리스도가 또한 실제로 지옥에 내려가셨고 삼일 만에 죽음에서 살아나셔서 승천 하셔서 하나님 우편에 앉아서 영원히 통치하시고 모든 피조물을 지배하시며 자기를 믿는 사람들을 성령을 통하여 성화하시며 정화하시며 힘을 주시며 위로하시며 또 그들에게 생명과 모든 은혜와 축복을 주시며, 또 그들을 악마와 죄로부터 보호하여 주신다. 이 주(主) 그리스도는 사도신조에 기록된 대로 산 자와 죽은 자를 심판하시러 공연(公然)하게 재림하실 것이다.

제 4조 의인(義認)

우리는 우리 자신의 공로와 행위와 보상(補償) 행위로써는 죄의 용서를 받거나 하나님 앞에서 의로워질 수 없고 오직 그리스도가 우리를 위하여 고난을 받으셨기 때문에 우리의 죄가 용서를 받으며 의로움과 영생이 우리에게 주어진 것임을 우리가 믿을 때 이 신앙을 통하여 그리스도의 공로를 통한 은혜로써 죄의 용서를 받고 하나님 앞에서 의로워 진다고 가르친다. 바울이 로마서 3장 21-26절과 4장 5절에서 말한 대로 하나님이 이 신앙을 의롭다고 여겨주시며 인정하신다.

제 5조 목회직책

이러한 신앙을 얻도록 하나님이 목회의 직책을 세우셨으니 곧 복음과 성례전을 주셨다. 이러한 것을 방편으로 하여 그는 자기가 원하시는 때와 장소에서 복음을 듣는 사람들 안에서 신앙을 일으키는 성령을 주신다. 복음은 우리가 이것을 믿을 때 우리 자신의 공로가 아니고 그리스도의 공로에 의하여 우리가 은혜로운 하나님의 구원을 얻는다고 가르친다.

성령은 우리 자신의 준비와 생각과 행위를 통하여 우리에게 오신다든지 또는 복음의 선포되는 말씀 없이도 역사하신다고 가르치는 재세례파 교도들은 정죄되어야 한다.

제 6조 새로운 복종

이러한 신앙은 선한 열매와 선한 행위를 낳아야 하며 또 하나님이 명령하신 대로의 이러한 온갖 선을 행해야 하지만 그러나 우리는 선행을 하나님을 위하여 할 것이지 마치 그것이 하나님의 호의를 살만한 공로가 되는 것처럼 그것에 의지해서는 안 됨을 가르친다. 그 까닭은 그리스도 자신이 너희가 너희에게 명령된 모든 것을 행하였을지라도 너희가 여전히 할말은 "우리는 보잘 것 없는 종에 지나지 않습니다."(눅 17:10)고 말씀하신대로 우리는 그리스도 안에서 믿음을 통하여 죄의 용서와 의롭다 하심을 받기 때문이다. 교부들도 또한 이렇게 가르쳤으니, 암브로즈(Ambrose)도 "누구든지 그리스도를 믿는 사람은 구원될 것을 하나님이 작정하셨으며 그는 우리의 행위가 아니고 우리의 신앙만을 보시고 우리의 죄를 용서하실 것이다."라고 말하였다.

제 7조 교회

우리는 하나의 거룩한 그리스도의 교회가 영원히 살아남을 것을 가르친다. 이 교회는 복음이 순수하게 선포되고 그 복음에 일치되게 성례전이 거행되는 모든 신자들의 모임(assembly)임을 가르친다. 왜냐하면 복음의 순수한 이해에 일치되게 복음을 전하고 또 하나님의 말씀에 일치되게 성례전을 거행하면 이것은 그리스도의 교회의 참된 일치(unity)를 얻는데 충족하기 때문이다. 사람들이 제정한 의식(儀式)을 모든 곳에서 획일적으로 거행하는 것이 그리스도의 교회의 참된 일치를 위하여 반드시 필요한 것이 아니다. 이것은 에베소서 4장 4–5절에서 바울이 말한 대로이니 "몸도 하나이며 성령도 하나입니다. 이와 같이 하나님께서 여러분을 당신의 백성으로 부르셔서 안겨 주시는 희망도 하나입니다."

제 8조 교회가 무엇이냐

다시 말하면 교회는 모든 신자들의 모임이지만 현세에 있어서는 거짓 그리스도인들과 가식하는 사람과 공인된 죄인들까지도 경건한 신자들 사이에 많이 끼여 있고 또 성례전을 거행하고 있으니, 그리스도가 친히 말씀한대로 "바리새파 사람들이 모세의 자리를 잇고 있다"(마 23:2). 따라서 이 교훈과 반대되는 견해를 가진 도나투스파(Donatists)와 다른 모든 사람들은 정죄되어야 한다.

제 9조 세례

우리는 세례가 필요하며 은혜가 그것을 통하여 오는 것을 가르친다. 유아들도 세례를 받아야 하는 이유는 그들도 세례를 통하여 하나님께 드려지고 용납될 수 있게 되기 때문이다. 그러므로 유아세례를 옳지 않다고 가르치는 재세례파는 배격되어야 한다.

제 10조 주의 만찬

우리는 주의 만찬예식에서 떡과 포도주의 형태 아래 그리스도의 몸과 피가 실제로 임재 한 채 배찬 되어 받는 것을 가르친다. 그러므로 이것과 반대되는 교리는 배격을 받는다.

제 11조 고백

우리는 개인적인 사죄선언이 보존되어야 하되 오용되지 않도록 가르친다. 그러나 고백할 때 지은 모든 죄와 허물을 열거할 필요는 없으니, 그것은 불가능하기 때문이다. 시편 19편12절에 기록된 대로 "누가 제 허물을 다 알리이까?"

제 12조 회개

세례를 받은 후에 범죄한 사람도 언제든지 뉘우치면 용서를 받을 수 있고 그러한 사람에게 사죄선언이 거부되어서는 안 될 것을 우리는 가르친다. 바로 말하면 참된 회개는 죄 때문에 참회하고 슬퍼하고 공포를 느끼는 것 외에 다른 것을 말하지 않으며 동시에 복음과 사죄선언(이를테면, 그리스도를 통하여 죄가 용서 되고 은혜가 주어졌다는 내용)을 믿어야 하며, 이 신앙은 신자가 마음에 위로를 얻고 다시 한 번 평안을 얻게 한다. 이후에 생활의 개선과 죄의 용서가 곧 따르게 되나니 이러한 것이 회개의 열매임에 틀림이 없다. 요한이 말하듯이 "회개했다는 증거를 행실로써 보이시오"(마 3:8) 한 번 경건하게 된 사람들은 다시 타락하지 않는다고 가르치는 사람들은 배격되어야 한다. 반면에 세례 받은 후에 범죄한 사람에게는 사죄선언을 거부해야 한다는 노바티안들(Novatians)은 정죄되어야 한다. 또한 죄의 용서는 믿음을 통하지 않고 사람이 일삼는 보상행위를 통하여 얻는다고 가르치는 사람들도 배격되어야 한다.

제 13조 성례전의 사용

성례전은 사람들이 그리스도인 됨을 외부적으로 증명할 수 있게 하는 표지로만 제정된 것이 아니고 성례전은 신앙을 각성시키고 강화시키기 위한 하나님의 뜻의 표시이며 증거라고 우리는 가르친다. 그러기 때문에 사람들에게 믿음을 요청하는 것이니, 그들이 믿음을 가지고 또 믿음의 강화를 위하여 성례전을 받을 때에 그것이 바로 집행되는 것이다.

제 14조 교회의 직제

우리는 누구도 정식으로 부름을 받지 않고 공적으로 가르치거나 선교하거나 성례전을 집례 할 수 없음을 선포한다.

제 15조 교회의 관습

사람들이 만든 교회의 관습은 우리가 죄를 짓지 않고 지킬 수 있는 것들과 또 어떤 거룩한 날들과 축제와 그 밖에 그와 유사한 날들 가운데서 교회의 평화와 질서에 공헌할 수 있는 것들은 지켜야 한다고 가르친다. 그러나 우리는 이러한 것이 구원을 받는데 필요하다는 생각 때문에 양심에 거리낌을 받지 말아야 한다는 교훈을 주면서 지키게 한다. 더구나 하나님의 진노를 피하고 은혜를 얻을 목적으로 사람들이 만든 모든 제도와 전통들은 복음과 그리스도를 믿는 신앙에 상반된다고 우리는 가르친다. 은혜를 얻고 죄의 보상을 받을 생각으로 만든 수도원의 서약과 그 밖에 음식물이나 특정한 날과 그 밖의 그것과 비슷한 전통들은 복음에 반대되는 것이다.

제 16조 정부와 공민생활

우리는 세상에 있는 모든 정부와 또 세워진 모든 규칙과 법들이 다 선한 질서를 위하여 하나님이 제정하시고 인정하신 것이며, 또 우리 그리스도인들이 죄 없이 국가의 직책들을 맡으며 군주와 재판관으로서 봉사하며, 제국과 그 밖의 기존 법률에 따라 결정을 내리거나 선고하며, 무력으로 악행자를 벌하며, 정당한 전쟁에 참전하며, 군인으로 복무하며, 사고팔며, 필요한 서약을 하며, 재산을 소유하며, 결혼을 하며, 그 밖의 모든 시민생활을 해야 한다고 가르친다.

이러한 것이 하나도 그리스도적인 것이 아니라고 가르치는 재세례파는 정죄되어야 한다.

또한 그리스도인이 완전하게 되기 위해서는 집과 가정과 처와 자식들을 저버려야 한다거나 위에서 언급한 활동들을 포기해야 한다고 가르치는 사람들도 정죄되어야 한다. 복음은 외부적이고 일시적인 것이 아니라 영원한 생명을 얻는 길과 내적인 의로움을 가르치고 있기 때문에 실제로 진정한 완전은 하나님을 올바르게 두려워하며 하나님을 진실하게 믿는 데에만 있다. 복음은 정부와 국가와 결혼제도를 전복시키지 않고 하나님의 참된 질서로써 이 모든 것이 준수되어야 할 것과, 또 각자가 자기 자신의 소명에 따라 자기의 생업에 있어서 그리스도인의 사랑과 순전한 선행을 실천할 것을 요구한다. 따라서 그리스도인들은 국가의 권위에 순종하며 죄짓지 않고 명령과 법을 이행할 수 있는 것은 다 지킬 수밖에 없다. 그러나 죄를 짓지 않고서는 순종할 수 없는 국가의 명령일 경우는 우리는 사람보다는 하나님께 복종해야 한다(행5:29).

제 17조 그리스도의 재림과 심판

우리는 또한 우리 주 예수 그리스도가 산 사람과 죽은 사람을 심판하시기 위하여 마지막 날에 오셔서 신자와 선택된 사람에게는 영생과 영원한 기쁨을 주시되 불경한 사람들과 악마에게는 지옥과 영원한 벌을 주시기 위하여 오실 것을 가르친다.

그러므로 악마와 정죄된 사람들이 영원한 고통을 받지 않을 것이라고 가르치는 재세례파는 배격되어야 한다. 또한 어떤 유대인들의 견해가 지금도 나타나서 죽은 사람들의 부활에 앞서서 신도들과 경건한 사람들이 세상의 왕국을 소유하여 불경한 사람들을 다 진멸할 것이라고 가르치는 것을 배격해야 한다.

제 18조 의지의 자유

우리는 또한 사람이 의지의 자유를 어느 정도 가지고 있어서 자기의 외부적인 생활을 영예롭게 영위하며 이성이 이해하는 것들 가운데서 선택할 수 있게 하는 것임을 가르친다. 그러나 성령의 은혜와 도움과 역사 없이는 사람이 하나님을 경외하거나 자신을 하나님에게 용납되게 하거나 자기의 온 정성을 바쳐서 하나님을 믿거나 자기 마음으로부터 타고난 악한 정욕을 제거할 수 없다. 이러한 일은 하나님의 말씀을 통하여 허락된 성령의 힘으로 이룩될 수 있는 것이니, 바울이 고린도전서 2장 14절에서 말한 대로 자연에 속한 사람은 하나님의 성령의 은사를 받지 못한다.

이 교훈이 이상한 것이 아니며 확고한 진리임을 밝히기 위해서 자유의지에 관한 아우구스티누스의 분명한 말을 그의 저서 히포그노스티콘(Hypognosticon)의 제 3권에서 인용할 필요가 있다. "모든 사람이 자연적이며, 생득의 이해력과 이성을 가지고 있기 때문이다. 그러나 사람들이 이것으로써 하나님에 관한 것(정성을 다해서 하나님을 사랑하거나 그를 경외하는 일 따위)을 알 수 없나니, 그들이 선과 악을 선택할 자유를 갖는 것은 현세에서 외부적인 행동에 있어서 만이기 때문이다. 내가 선이라고 말하는 것은 사람들이 자연의 본성으로 할 수 있는 것, 즉 밭에서 일을 하든 말든, 먹고 마시든 말든, 친구들 방문하든 말든, 옷을 입든 말든, 집을 짓든 말든, 아내를 취하든 말든, 장사를 하든 말든, 그 밖에 어떤 것을 하든지 간에 좋고 유익한 것이다. 이러한 것 중의 어느 한 가지도 하나님 없이 존재하는 것이 아니고 모든 것이 하나님께로부터, 하나님을 통하여 존재하는 것이다. 반면에 사람은 자기 자신의 선택으로 악도 행하는데 이를테면 우상 앞에 무릎을 꿇거나 살인 등등을 행하는 것들이다."

제 19조 죄의 원인

전능하신 하나님이 자연을 창조하시고 여전히 보존하시지만 아직도 모든 악행자들과 하나님을 멸시하는 사람들의 타락된 의지 때문에 죄가 생겨나고 있다고 우리는 가르친다. 이것은 악마와 모든 불결한 사람들의 의지이다. 하나님이 자기의 도움을 중단하시면 곧 의지는 하나님에게서 떠나서 악으로 향하게 될 것이다. 그리스도가 요한복음 8장 44절에서 말씀하신 대로 "악마가 거짓말을 할 때마다 자기 자신의 본성을 드러냅니다."

제 20조 신앙과 선행

우리는 우리 교회의 교사(Doctor)들이 선한 행위를 금지한 것처럼 잘못된 규탄을 받았었다. 십계명에 관한 그들의 가르침과 그 밖의 저서에서 그들은 그리스도인들의 참된 사회생활과 행위들에 관하여 선하고 이로운 설명과 교훈을 주었다. 과거에는 설교의 대부분이 사람들이 묵주를 센다든지 성자축제의식이라든지 수도원 생활이라든지 순례행위와 일정일(一定日)의 금식과 축제일과 형제애 등등의 유치하고 불필요한 행위들에 관한 것이었기 때문에 이러한 것을 가르치거나 강해하는 일이 거의 없었다. 우리를 반대하는 사람들도 이제는 과거처럼 이러한 불필요한 행위들을 찬양하지 않으며, 그들도 전에는 전혀 설교하지 않던 신앙에 관하여 말하는 것을 배웠다. 그들은 우리가 우리의 행위만으로 하나님 앞에서 의롭게 되는 것을 설교하지 않고 그리스도를 믿는 신앙을 첨가하여 신앙과 행위가 하나님 앞에서 우리를 의롭게 만든다고 말하게 되었다. 이러한 설교는 우리가 우리의 행위에만 의존한다는 설교보다 조금 더 위안을 줄 수 있을 것이다.

그리스도인의 생활에서 주요한 신앙조항인 믿음에 관한 가르침이(누구나 인정하듯이) 오랫동안 등한시 되고 반면에 행위만을 설교하였기 때문에 우리 교인들은 다음과 같이 교훈을 받고 있다.

우리가 행위를 통하여 하나님과 화목하거나 혹은 우리를 위한 은혜를 얻을 수 없다는 것부터 가르치기 시작하는 까닭은 다만 믿음만을 통하여, 즉 하나님 아버지와 화목시키시는 유일의 중보자되신 그리스도의 공로로 우리 죄가 용서 받을 수 있기 때문이다. 이것을 행위로써 이룩할 수 있다거나 혹은 은혜를 받을 만한 공로를 세울 수 있다고 생각하는 사람은 누구를 막론하고 그리스도를 무시하며 복음에 위배되게 자기 힘으로 하나님께 나아가는 길을 찾는 것이 된다.

바울은 이와 같은 진리를 여러 곳에서, 특히 에베소서 2장 8-9절에서 가르치고 있다. "여러분이 구원을 받은 것은 믿음을 통해서 된 것이며 하나님의 은총으로 말미암은 것이다. 이 구원은 여러분의 힘으로 얻은 것이 아니고 하나님께서 주신 선물이다. 그것은 사람의 공로로 이루어지는 것이 아니기 때문에 아무도 자기 자랑을 할 수 없을 것이다."

이것은 어떤 새로운 해석이 아니며, 이미 아우그스티누스가 밝혀놓은 것이다. 즉 그는 철저한 연구와 토론을 거쳐서 그리스도를 믿는 믿음을 통하여 은혜를 얻고 하나님 앞에서 의롭게 되는 것이지 행위를 통한 것이 아니라고 가르쳤다. 그는 "영과 육"(De Spiritu et litera)이라는 그의 저서에서 이것을 설명하였다.

이 진리를 체험하지 못한 사람들은 이 진리를 멸시하였으나, 연약함과 두려움에 사로잡힌 수많은 사람들이 이 진리를 체험하고 큰 위안과 유익을 얻었다. 행위가 아니라 믿음을 통하여 안식과 평안을 얻을 수 있으며, 그리스도를 통하여 우리의 양심이 하나님의 자비를 얻을 수 있다. 이것은 바울이 로마서 5장 1절에서 말한 대로, 우리가 믿음으로 의롭다 함을 받았으므로 우리는 하나님과 더불어 화평하게 되었다.

과거에는 이 위안을 설교에서 들을 수 없었으므로 가련한 양심들이 자기들 자신의 노력에 의존할 수밖에 없었으며, 온갖 종류의 행위를 시도하였었다. 어떤 사람은 양심에 이끌려서 수도원에 들어가서 수도 생활을 통하여 은혜를 얻을 만한 공적을 쌓기를 희망 하였다. 또 어떤 사람은 다른 종류의 행위로써 은혜를 얻고 죄의 용서를 위한 보상을 치르려 했다. 그러나 많은 사람들이 이 방법으로는 마음의 평안을 얻지 못했다. 그러므로 우리는 그리스도를 믿는 믿음에 관한 교리를 가르쳐서 그것을 열심히 응용해서 공로없이 믿음만을 통하여 하나님의 은혜를 얻을 수 있음을 알게 해야 한다.

또 우리는 여기서 말하는 믿음이란 그리스도의 고난의 역사와 그의 부활을 믿는, 악마와 불경건한 사람들도 가지고 있는 정도의 믿음이 아니고 오직 그리스도를 통하여 은혜와 죄의 용서를 얻는 것을 믿는 정통의 믿음을 가르치고 있다.

누구든지 그리스도 안에서 하나님의 은혜를 얻으면 그는 참으로 하나님을 알며 하나님의 이름을 부르며, 이방인처럼 하나님이 없는 자가 되지 않는다. 왜냐하면 악마와 불경건한 사람은 죄의 용서에 대한 이 항목을 믿지 않으며 따라서 그들은 하나님과 원수가 되며 그를 부르지 못하며 그에게서 선한 것을 얻을 희망도 없다. 그러므로 이미 말한 대로 성서가 믿음에 대하여 말하지만 악마와 불경건한 사람들이 가지는 그러한 지식을 의미하지 않는다. 히브리서 11장 1절에서 믿음은 단순히 역사적 사건들에 대한 지식이 아니고 하나님을 신뢰하며 그의 약속의 성취를 믿는 믿음이다. 아우그스티누스도 성서에 있는 "믿음"이라는 말을 하나님에게 두는 신뢰, 즉 하나님은 우리에겐 은혜로우시다는 확신을 의미하는 것이고 악마가 가지고 있는 따위의 역사적 사건들에 관한 단순한 지식을 말하지 않음을 우리에게 상기시켜 준다.

우리는 또 선한 행위를 힘써 행해야 하는데 그것은 하나님의 호의를 얻기 위한 것이 아니고 우리가 하나님의 뜻을 행하며 그를 영화롭게 하기 위함이라고 가르친다. 은혜를 이해하며 죄의 용서를 얻는 것은 언제나 믿음만이다. 믿음을 통하여 성령을 받으면 마음이 감동되어서 선한 행위를 하게 된다. 그 이전에 성령을 받지 못하는 때는 마음이 너무 약하다. 더구나 악마는 가련한 인간을 많은 죄 가운데로 이끌어 간다. 우리는 이러한 경우를 영예롭고 흠이 없는 생활을 영위하려는 철인들에게서 볼 수 있다. 즉 그들은 이것을 성취하는 데에는 실패하고 오히려 크고도 널리 알려진 많은 죄에 빠진다. 이런 일은 사람이 참된 믿음과 성령 없이 살면서 자기 자신의 인간적인 힘만으로 자기를 다스리려 하는 때에 생긴다.

그러므로 믿음에 관한 이 진리는 선한 행위를 금하는 것으로 규탄 되어서는 안 되며 오히려 선행의 실천을 가르치며 선행의 방법을 도와주는 것이므로 찬양을 받아야 할 일이다. 왜냐하면 믿음과 그리스도 없이는 인간 본성과 인간의 힘은 너무 약해서 선을 행하거나 하나님을 찾거나 고난을 견디거나 이웃을 사랑하거나 부르심을 받은 직업에 열심히 종사하거나 순종하거나 정욕을 피하거나 그 밖의 여러 가지 일들을 할 수 없다. 이러한 위대하고 순수한 행위들이 그리스도의 도움 없이 이뤄질 수 없으니 그가 요한복음 15장 5절에서 친히 말씀하신 것과 같다. "나를 떠나서는 너희가 아무것도 할 수 없다."(공동번역)

제 21조 성자숭배

우리는 또한 성자들이 받은 은혜와 그들이 믿음으로 살아간 방법을 알 때 우리의 믿음이 강화될 것을 바라고 성자들을 기억해야 한다고 가르친다. 더구나 그들의 선한 행위는 우리 각자의 소명을 실천하는데 있어서 우리에게 유익한 모범이 되어야 한다. 황제도 터어키에 대항하여 전쟁하는 것은 건전하고 경건한 모양으로 다윗왕의 모범을 본 것이니, 두 왕이 다 자기들의 국민을 보호할 왕의 직책의 의무수행자이다.

그러나 우리가 성자들에게 호소하거나 그들에게서 도움을 구해야 한다는 것은 성서에서 그 증거를 찾을 수 없다. "그 까닭은 하나님과 인간 사이의 중보자는 오직 예수 그리스도이다"(딤전2:5). 그가 유일한 구주이며, 대제사장이며, 보혜사이며, 하나님 앞에 우리를 위하여 간구하시는 분이시다.(롬 8:34) 그 분만이 우리의 기도를 들으시기로 약속하셨다. 더구나 성서에의하면 언제나 이 예수 그리스도를 찾고 부르는 것이 최상의 예배이다. "만일 누구가 죄를 범하더라도 우리는 하나님 앞에 성실한 대언자를 가지고 있으니 그가 곧 의로운 예수 그리스도이시다"(요일 2:1)

7. 하이델베르그 교리문답 - 김진두 역

(이 신조는 울리히 쯔빙글리와 존 칼빈이 주도하였던 종교개혁의 신앙과 신학 전통을 이어받아 스위스 개혁교회가 1563년에 작성한 총 129개의 방대한 교리문답이다. 세계의 모든 개혁교회(The Reformed Church)는 이 교리문답을 웨스트민스터 신앙고백과 함께 자신들의 신앙전통이 가장 명확하게 표현된 역사적인 신조로서 삼고 있으며, 우리 메도디스트 교회도 이 교리문답의 신앙전통을 존중하며 다른 개신교회들과 함께 공유하고 있다.)

문 1. 살아서나 죽어서나 무엇이 유일한 위로인가?

[답] 몸과 영혼을 가진 내가 살아서나 죽어서나 내 것이 아니고 나의 신실하신 구주 예수 그리스도에게 속하나니, 그는 그의 값진 피를 흘려서 나의 모든 죄를 완전히 속량하시고 나를 악마의 모든 권세로부터 구하여 주셨고, 또 하늘에 계시는 아버지의 뜻이 아니면 나의 머리카락 하나도 내 머리에서 떨어지지 않게 나를 보존하시니, 실로 모든 것이 나의 구원을 위하여 유익하도록 역사하신다. 또 그의 성령에 의하여 그는 또한 나에게 영생을 확신시켜 주시며 내가 마음을 다하여 기쁜

마음으로 그를 위하여 살게 해 주신다.

문 2. 당신이 이 위로를 받아 살며 또 행복하게 죽을 수 있기 위하여 필요한 것을
얼마나 알아야 하느냐?

[답] 세 가지이다. 첫째는 나의 죄와 비참이 얼마나 큰지, 둘째는 내가 나
의 모든 죄와 비참으로부터 어떻게 구속되었는지, 셋째는 이러한 구
원에 대하여 내가 하나님께 어떻게 감사해야 할 것인지이다.

제 1부 인간의 비참함에 관하여

문 3. 당신은 당신의 죄와 비참함에 대하여 어떻게 아느냐?

[답] 하나님의 율법을 통하여 안다.

문 4. 하나님의 율법이 무엇을 요구하는가?

[답] 그리스도가 이것을 요약적으로 가르치신다. 즉 마태복음 22장에서
"네 마음을 다하고 목숨을 다하고 뜻을 다하여 주 너희 하나님을 사랑
하라. 이것이 가장 크고 첫째가는 계명이고 네 이웃을 네 몸 같이 사
랑하라는 둘째 계명도 이에 못지않게 중요하다. 이 두 계명이 모든 율
법과 예언서의 강령이다."

문 5. 당신은 이 모든 것을 완전하게 지킬 수 있느냐?

[답] 아니요, 나에게는 본래부터 하나님과 내 이웃을 미워하는 경향이 있다.

문 6. 하나님이 이처럼 사람을 악하고 왜곡되게 지으셨는가?

[답] 아니요, 하나님은 의롭고 거룩한 자기 형상대로 사람을 지으셔서 사
람이 자기의 창조주 하나님을 올바로 알고 진심으로 사랑하여 그를
찬양하며 영광되게 하기 위하여 그와 함께 영원한 축복 가운데서 살
게 하셨다.

문 7. 그러면 이 타락이 어디로부터 왔느냐?

[답] 우리의 최초의 부모인 아담과 이브가 낙원에서 타락하고 불순종함으로써 우리의 본성이 부패하고 우리가 모두 죄 가운데서 잉태되고 출생하기 때문이다.

문 8. 우리가 어떤 선도 도무지 행할 수 없고 모든 악을 행할 경향을 갖도록 타락되었는가?

[답] 그렇다. 우리가 하나님의 영으로 새로 나지 않으면 그러하다.

문 9. 그러면 하나님은 사람이 수행할 수 없는 자기의 율법을 지키도록 요구하는 것은 사람에게 잘못하는 것이 아니냐?

[답] 아니다. 왜냐하면 하나님은 사람이 자기의 율법을 수행 할 수 있게끔 지으셨기 때문이다. 그러나 하나님은 악마의 유혹과 고의적인 불순종 때문에 사람과 사람의 후손에게서 이 능력을 빼앗아 버렸다.

문 10. 이러한 불순종과 반역을 하나님은 감수하시는가?

[답] 결코 그렇지 않다. 하나님은 우리의 원죄와 자범죄를 몹시 싫어하시고 그가 결정하신대로 시간과 영원 안에서 그 죄를 벌하실 것이다. "율법에서 기록된 모든 것을 꾸준히 지키지 않는 자는 누구나 저주 받을 자이다."

문 11. 그렇다면 하나님은 자비롭지 못하신가?

[답] 하나님은 실로 자비로우시지만 또한 정의로우시다. 그러므로 그의 정의는 그의 가장 높은 권세를 침범한 죄가 몸과 영혼의 영원한 형벌을 받을 것을 요구하신다.

제 2부 인간의 구원에 대해서

문 12. 하나님의 의로운 심판에 의하여 우리는 현세에서와 또 영원한 세계에서 형벌을 받아야 마땅하다면 우리가 이 형벌을 피하고 다시 그의 호의를 받기 위하여 우리에게 요구되는 것이 무엇인가?

[답] 하나님은 자기의 정의가 완성되기를 원하신다. 그러므로 우리는 우리 자신이 아니면 다른 사람에 의하여 그의 정의가 완전히 배상(賠償)되어야 한다.

문 13. 우리 자신이 이 배상을 치를 수 있는가?

[답] 결코 치르지 못한다. 오히려 우리는 날마다 우리의 부채를 더 증가시킨다.

문 14. 그러면 이 세상에 우리 죄 값을 지불할 수 있는 그 어떤 피조물이 있는가?

[답] 아니다. 왜냐하면 첫째 하나님은 인간이 스스로 지은 죄 때문에 다른 피조물을 벌하시지 않을 것이기 때문이다. 또 나아가서는 어떠한 단순한 피조물도 죄에 대한 하나님의 영원한 진노의 벌을 견디어 내어 다른 존재를 구원할 수 없기 때문이다.

문 15. 그러면 어떤 모양의 중보자와 구원자를 찾아야 하는가?

[답] 참 사람이며 완전히 의로우시며 모든 피조물보다 더 힘 있는 분, 즉 참 하나님이신 분이라야 한다.

문 16. 왜 그는 참 사람이면서 죄가 없어야 하는가?

[답] 왜냐하면 하나님은 죄를 지은 인간과 같은 본성을 가진 분이 죄의 배상을 치를 것을 요구하기 때문이다. 그러나 사람은 자신이 죄인이기 때문에 다른 사람을 위하여 배상을 치를 수 없다.

문 17. 왜 그는 동시에 하나님이어야 하는가?

[답] 그의 신성(神性)의 능력으로서 그의 인성 안에서 하나님의 진노의 짐을 지고 우리를 위하여 의와 생명을 회복시켜 주시기 위함이다.

문 18. 그러면 이제 누가 중보자이며 누가 참 하나님이면서 동시에 죄 없는 사람인가?

[답] 그는 우리의 주 예수 그리스도이시다. 그는 우리에게 지혜와 의와 성결과 구원이 되신다.

문 19. 당신은 그것을 어떻게 아는가?

[답] 거룩한 복음으로 안다. 그 복음은 처음에는 낙원에서 하나님이 친히 계시하셨고 후에는 성령과 예언자들을 통하여 선포되었고 또 희생제물과 다른 율법적 의식(儀式)을 통하여 예시(豫示)되었다가 마지막에는 자기의 사랑하는 아들에 의하여 성취된 것이다.

문 20. 모든 인류가 아담에 의하여 멸망했듯이 그리스도에 의하여 구원 되었는가?

[답] 아니다. 다만 참된 믿음으로 그에게 접붙임을 받고 그의 모든 은혜를 받은 사람만이다.

문 21. 무엇이 참된 신앙인가?

[답] 그것은 하나님이 그의 말씀으로 우리에게 계시하신 그 모든 것이 진리임을 주장하는 어떤 지식만이 아니라 복음을 통하여 성령이 내 마음속에 역사하시는 확실한 신뢰로서, 나에게만 아니라 다른 사람들에게도 죄의 사면과 영원한 의된 구원이 그리스도의 공로를 통하여 오직 하나님의 은혜로 값없이 얻어짐을 믿는 믿음이다.

문 22. 그러면 그리스도인이 꼭 믿어야 하는 것이 무엇인가?

[답] 우리를 위하여 복음서에서 약속하신 그 모든 것이니, 그것은 우리의 공교회의 신조들이며, 의심할 수 없는 기독교 신앙이 요약되어 있으며 우리를 가르치는 것이다.

문 23. 그 조항들은 무엇인가?

[답] 전능하사 천지를 만드신 하나님 아버지를 내가 믿사오며, 그 외아들 우리 주 예수 그리스도를 믿사오니 이는 성령으로 잉태하사 동정녀 마리아에게서 나시고, 본디오 빌라도에게 고난을 받으사, 십자가에 못 박혀 죽으시고, 장사하여 음부에 내리신지 삼일 만에 죽은 자 가운데서 다시 살아나시며, 하늘에 오르사, 전능하신 하나님 아버지 우편에 앉아 계시다가, 저리로부터 산 자와 죽은 자를 심판하러 오시리라. 성령을 믿사오며, 거룩한 그리스도의 교회와 성도가 서로 사귀는 것과 죄를 사하여 주시는 것과 몸이 다시 사는 것과, 영원히 사는 것을 믿사옵니다.

문 24. 이 신조의 구분은 어떠한가?

[답] 세 부분이 있다. 첫째는 성부이신 하나님과 우리의 창조에 대한 것, 둘째는 성자이신 하나님과 우리의 구원에 대한 것, 셋째는 성령이신 하나님과 우리의 성화에 대한 것이다.

문 25. 신적 본질, 곧 하나님은 한 분 뿐인데 어찌하여 성부, 성자, 그리고 성령 셋을 말하는가?

[답] 왜냐하면 하나님이 자기 말씀에서 자기 자신을 계시하기를 이 세 특징을 가진 품격들이 한분이시며, 참되시며, 영원한 하나님이라고 하셨기 때문이다.

성부 하나님과 우리의 창조에 대하여

문 26. "전능하사 천지를 만드신 하나님 아버지를 내가 믿사오며"라고 말할 때 당신은 무엇을 믿는가?

[답] 하늘과 땅과 그 가운데 있는 모든 것을 무에서 창조하시고 그것들을

영원한 작정과 섭리로써 보존하시고 지배하시는 우리들의 주 예수 그리스도의 영원한 아버지가 성자 그리스도 때문에 나의 하나님이며 나의 아버지가 되시는 것을 나는 믿는다. 이 하나님을 내가 신뢰하며 육체와 영혼을 위한 모든 것을 나에게 제공하여 주시는 것을 의심하지 않으며 더 나아가서는 세상에 눈물 골짜기에서도 그가 나에게 보내는 악이 무엇이든 나에게 유익함을 의심하지 않는다. 왜냐하면 하나님은 전능하신 하나님이시므로 그것을 하실 수 있고 또 신실하신 아버지이시므로 그렇게 하시고자 하시기 때문이다.

문 27. 하나님의 섭리를 무엇으로 이해하는가?

[답] 전능하시고 어디서나 현존하는 하나님의 능력이다; 그의 팔로써 그는 지금도 모든 피조물이 있는 하늘과 땅을 보존하시고 지배하시니, 나뭇잎과 풀, 비와 볕, 풍년과 흉년, 먹는 것과 마시는 것, 건강과 병, 부귀와 빈곤, 그 밖의 일체의 것이 우연이 아니고 아버지의 손에서 우리에게 오는 것이다.

문 28. 하나님의 창조와 만물을 보존하는 섭리를 아는 것은 우리에게 무슨 유익이 있는가?

[답] 역경 가운데서 참고 견디며, 번영할 때 감사하며, 장래의 일은 우리의 신실한 하나님 아버지에게 맡기는 까닭은, 어떤 피조물도 우리를 그의 사랑에서 끊을 수 없으며 모든 피조물이 그의 수중에 있어서 그의 뜻이 아니면 움직일 수 없기 때문이다.

성자 하나님과 우리의 구원에 대하여

문 29. 왜 하나님의 아들이 예수, 즉 구주라고 불리우는가?

[답] 왜냐하면 그가 우리를 우리 죄에서 구원하였기 때문이다. 다른 어떤

사람에게서는 구원을 얻을 수 없다.

문 30. 그러면 자기들의 구원과 축복을 성자들이나 자기 자신에게서나 혹은 다른 데서 찾는 사람들이 구주 예수만을 믿고 있는가?

[답] 아니다. 믿지 않는다. 그러한 사람들이 비록 예수를 자랑하더라도 실제로는 유일하신 구주 예수를 부인하고 있다. 왜냐하면 예수가 완전한 구주가 아니라고 믿기 때문이다. 그리고 참된 신앙으로 구주를 받아들이는 사람은 자기의 구원에 필요한 모든 것을 예수에게서 반드시 얻어야 하기 때문이다.

문 31. 왜 그가 그리스도라고, 즉 기름 부음 받은 분이라고 불리는가?

[답] 왜냐하면 그는 우리들의 구원에 관한 하나님의 숨은 결정과 뜻을 우리에게 완전하게 계시하는 우리의 대예언자이며 교사가 되기 위하여, 또 자기의 몸의 희생으로 우리를 구원하셨으며 우리를 위하여 성부에게 대신 간구하시는 우리의 유일한 대제사장이 되기 위하여, 또 그의 말씀과 성령으로 우리를 다스리시며 우리를 위하여 이루신 구원으로 우리를 변호하시며 보존하시는 우리의 영원한 왕이 되시기 위하여 성부 하나님께서 작정하시고 성령으로 기름 부음을 받으셨기 때문이다.

문 32. 그러나 왜 당신은 그리스도인이라고 불리는가?

[답] 왜냐하면 나는 믿음으로 그리스도의 지체이며 따라서 그의 기름 부으심을 받았기 때문이다. 이것은 내가 그의 이름을 고백하며 내 자신을 그에게 살아있는 감사의 제물로서 바치며, 또 자유롭고도 선한 양심을 가지고 이 세상에서 죄와 악마에게 대적하여 싸우며 장차 영원히 그와 함께 모든 피조물을 다스리기 위함이다.

문 33. 우리도 하나님의 자녀들인데 왜 주님만을 하나님의 독생자라고 부르는가?

[답] 왜냐하면 그리스도만이 하나님의 영원하고도 본래적인 아들이기 때

문이다. 그러나 우리는 그를 통하여 은혜로써 하나님의 아들로 삼아진 것이다.

문 34. 왜 당신은 그를 우리 주라고 부르는가?

[답] 그는 우리를 자기의 것으로 만들기 위하여 금과 은으로써가 아니고 오직 자기의 귀중한 피를 흘려 우리의 몸과 영혼을 악마의 힘으로부터 구속하셨기 때문이다.

문 35. 그가 "성령으로 잉태하사 동정녀 마리아에게서 나셨다."고 말하는 것은 무슨 뜻인가?

[답] 언제나 참되고 영원한 하나님이신 하나님의 영원한 아들이 동정녀 마리아의 몸과 피로부터 바로 인간의 본성을 취하시고 성령의 역사로 태어나셔서 다윗의 참된 후예가 되셨으나 죄를 제외하고는 모든 것에 있어서 그의 형제들과 같다는 말이다.

문 36. 그리스도의 거룩한 잉태와 탄생에서 당신은 무슨 유익을 얻는가?

[답] 그가 우리의 중보자이시며 죄가 전혀 없고 거룩하여 하나님 앞에서 내가 날 때부터 가졌던 죄를 덮어주신다.

문 37. "고난을 받으사"라는 말에서 당신은 무엇을 이해하는가?

[답] 그가 세상에 계실 때에 언제나 특별히 그의 생애의 마지막에 와서는 그의 몸과 영혼으로 전 인류의 죄에 대한 하나님의 진노를 짊어지셨다. 그는 이 고난으로 유일한 속죄의 희생물이 되어 우리의 몸과 영혼을 영원한 형벌에서 구출해 내시고 우리가 하나님의 은혜와 의와 영생을 얻을 수 있게 하셨다.

문 38. 그는 왜 본디오 빌라도에게서 고난을 받으셨는가?

[답] 그가 죄가 없으면서 이 세상의 재판관 앞에서 단죄되었는데 이것으로써 우리에게 내리실 하나님의 엄격한 재판에서 우리를 구출해 내시기

위한 것이었다.

문 39. 그가 십자가에 못 박히셨다고 말하는 것은 그가 다른 모양으로 죽으신 것보다 더 큰 의미가 있는 것인가?

[답] 그렇다. 왜냐하면 그의 십자가 죽음은 하나님의 저주를 받은 것이므로 나에게 내리게 되어 있던 저주를 그가 친히 받으셨다는 것을 확신하기 때문이다.

문 40. 왜 그리스도는 죽음의 고통을 받지 않으면 안 되었는가?

[답] 왜냐하면 하나님의 공의와 진리를 세우면서 동시에 우리의 죄 값을 치를 수 있는 만족한 길은 하나님의 아들의 죽음 이외에는 다른 길이 없기 때문이다.

문 41. 왜 그는 묻혔는가?

[답] 그가 참으로 죽으신 것을 입증하기 위해서이다.

문 42. 그러면 그리스도가 우리를 위하여 죽으셨다면 왜 우리도 또한 죽어야 하는가?

[답] 우리들의 죽음은 우리들의 죄를 속량하는 것이 아니고 다만 죄의 사멸과 영원한 생명으로 가는 입문이다.

문 43. 우리들이 십자가 위의 그리스도의 희생과 죽음을 통하여 얻는 다른 유익이 무엇인가?

[답] 그것은 그리스도의 능력으로 우리의 옛사람이 그와 함께 십자가에 못 박히고 죽임을 당하고 묻혀서 이제는 육체의 악한 정욕이 우리 안에서 지배하지 못하고 오히려 우리 자신을 감사의 제물로서 그에게 바치게 되는 유익이다.

문 44. 계속해서 "음부에 내려가셔서"라고 말하는 이유가 무엇인가?

[답] 내가 가장 큰 시련을 당할 때에 내 주 그리스도가 말할 수 없는 불안,

고통, 지옥 같은 고뇌, 공포를 겪으시고 십자가 위에서 고난을 당하심으로 지옥의 공포와 고통에서 나를 완전히 구하셨다고 확신하고 확실한 위로를 받기 때문이다.

문 45. 그리스도의 "부활"에서 우리는 어떤 유익을 얻는가?

[답] 첫째는 그리스도의 죽음을 통하여 우리를 위하여 획득하신 의에 우리를 참여시키기 위하여 그의 부활을 통하여 죽음을 정복하신 것이다. 둘째는 우리도 이제 그리스도의 능력으로 말미암아 새 생명으로 다시 살아난다. 셋째는 그리스도의 부활은 우리도 부활한다는 확실한 보증이다.

문 46. "그가 하늘에 오르사"라는 말은 무슨 뜻인가?

[답] 그리스도가 그의 제자들이 보는 가운데 땅에서 하늘로 들리워 올라갔으나 산 자와 죽은 자를 심판하시기 위하여 다시 오실 때까지 우리를 위하여 하늘에 계신다.

문 47. 그러면 그리스도가 우리에게 약속하신대로 세상 끝 날까지 우리와 함께 계시지 않는 것인가?

[답] 그리스도는 참사람이며 또 하나님이시다. 그의 인간성에 따르면 그는 이 땅 위에 계시지 않지만 그의 신격의 위엄과 은총과 영으로 그는 결단코 우리에게서 떠나시지 않는다.

문 48. 그러나 신성이 있는 곳마다 인성이 같이 있는 것이 아니라면 그리스도에게 있는 두 가지 본성이 분리되는 것이 아닌가?

[답] 결단코 그렇지 않다. 왜냐하면 신성은 우리의 이해를 초월하여 어디나 임재하는 것이므로 그가 취한 인성의 한계를 넘어서 있지만 그럼에도 불구하고 인성 안에 있어서 인성과 친히 연합하여 있다.

문 49. 그리스도의 승천은 우리에게 어떤 유익이 있는가?

[답] 첫째, 그리스도는 하늘의 아버지 앞에서 우리의 대변자이시다. 둘째, 머리되시는 그리스도가 그의 지체인 우리를 자기에게로 영접할 것이라는 확실한 보장이 되므로 우리의 육은 하늘에 있을 것이다. 셋째, 그리스도가 보증인이 되어 자기의 성령을 우리에게 보내시며 그의 능력을 통하여 우리는 하나님 우편, 즉 그리스도가 앉아 계시는 곳, 곧 위에 있는 것을 구하여 땅 위의 것을 구하지 않게 되는 것이다.

문 50. 왜 "하나님 아버지 우편에 앉아 계신다."고 덧붙였는가?

[답] 그리스도는 바로 이 목적을 위하여 하늘에 올리우셨으며, 이로서 그는 교회의 머리가 되시고 성부는 그를 통하여 만물을 다스리시기 때문이다.

문 51. 우리의 머리가 되시는 그리스도의 이와 같은 영광은 우리에게 어떤 유익이 있는가?

[답] 첫째, 그가 성령을 통하여 그의 지체인 우리 안에 하늘의 은사를 부어 주신다. 둘째, 그가 자기 능력으로 모든 적들에 대항하여 우리를 지키시며 붙들어 주시는 것이다.

문 52. "산 자와 죽은 자를 심판하러 오신다."는 그리스도의 재림은 어떤 위로를 주는가?

[답] 그것은, 어떠한 슬픔과 박해를 만나도 머리를 들고 내가 세상의 심판주를 대망하게 된다는 것이다. 세상의 심판주는 우리를 위하여 친히 하나님의 심판을 대신 받고 우리들에게서 일체의 저주를 제거해 주셨고 심판주로서 공중에 재림하실 것이다. 그는 자기와 우리의 원수를 영원히 정죄하고 그가 선택하신 모든 사람과 함께 하늘에 있는 기쁨과 영광 가운데서 나를 자기에게로 영접하여 들일 것이다.

성령 하나님에 대하여

문 53. 성령에 대하여 당신은 무엇을 믿는가?

[답] 첫째, 성령이 성부와 성자와 동등하게 영원한 하나님이시라는 것이다. 둘째, 성령은 나에게도 주(主)이시며 참된 신앙에 의하여 나를 그리스도와 그의 모든 은혜에 동참하게 하여 나를 위로하고 나와 영원히 함께 하는 것을 믿는다.

문 54. 당신은 "거룩한 그리스도의 교회"에 대하여 무엇을 믿는가?

[답] 하나님의 아들이 온 인류 가운데서 영원한 생명으로 선택된 무리를 그의 성령과 말씀을 통하여 참된 신앙의 일치를 얻어 세상 첫날부터 마지막까지 모으며 지키며 보존하실 것을 믿는다. 또 내가 이 공동체의 살아있는 지체이며 언제까지나 지체로서 머물 것을 믿는다.

문 55. 당신은 "성도의 사귐"을 어떻게 이해하는가?

[답] 첫째, 믿는 사람은 누구나 다 주 그리스도와 그의 모든 보화와 선물을 나눠 받을 것을 믿는다. 둘째, 각자가 그 선물을 언제나 기쁨으로 다른 지체의 유익과 구원을 위하여 사용해야 할 것을 생각해야 한다는 말이다.

문 56. 당신은 "죄의 용서"에 대하여 어떻게 믿는가?

[답] 하나님은 그리스도의 속량을 보시고 한 평생 싸워야 할 나의 모든 죄와 또 죄의 본성까지도 이제는 기억하시지 않고 내가 이미 심판을 받지 않도록 은혜로써 그리스도의 의를 나에게 덧입혀주실 것을 믿는다.

문 57. "몸의 부활"은 당신에게 어떤 위로를 주는가?

[답] 내 영혼이 내 생애가 끝나는 즉시 머리되시는 그리스도 앞에 영접될 뿐만 아니라 나의 이 몸이 그리스도의 능력으로 부활하여 다시 내 영

혼과 연합되고 그리스도의 영광의 몸과 연합되어 그리스도의 영광의 몸과 같이 될 것이다.

문 58. 영원한 생명이라는 조항은 당신에게 어떤 위로를 주는가?

[답] 나는 지금 마음에서 영원한 환희의 시작을 느끼고 있으나 이 생애가 끝난 후에 사람의 눈이 본 적이 없고 사람의 귀가 들어본 적이 없고 사람의 생각이 아직 미쳐가지 못한 완전한 축복을 소유하고 그날에 거기서 영원한 하나님을 찬송할 것이다.

문 59. 그런데 당신이 이 모든 것을 다 믿을 때 어떤 유익이 있는가?

[답] 내가 그리스도 안에서 하나님 앞에서 의롭게 되고 영생의 상속자가 되는 것이다.

문 60. 어떻게 해서 당신은 하나님 앞에서 의롭게 되는가?

[답] 다만 예수 그리스도를 믿는 진실된 신앙으로만 되는 것이다. 즉 내가 하나님의 모든 계명에 대하여 큰 죄를 범하였고 그 계명의 어느 한 가지도 지킨 것이 없고 언제나 모든 악으로 향하는 경향을 갖고 있다고 내 양심이 나를 고발하더라도 하나님은 내가 만일 믿는 마음을 가지고 다만 그의 은혜를 받아들이기만 하면 마치 내가 아직도 범죄 한 일이 없는 것처럼, 또 그리스도가 나를 대신해서 이루신 일체의 복종을 내 자신이 이룬 것처럼, 하나님은 나의 공적을 보지 않고 다만 전적으로 그리스도의 완전한 속량과 의와 성결을 나에게 주셔서 내 것으로 삼게 하신다.

문 61. 왜 당신은 믿음으로만 의롭다 함을 받는다고 말하는가?

[답] 그것은 내 믿음이 가치가 있기 때문에 내가 하나님에게 용납된다는 말이 아니고 다만 그리스도의 속죄와 의와 성결만이 하나님 앞에서 나의 의가 되며, 나는 이 의를 다만 믿음으로 받아들여서 나의 것으로

삼을 수 있기 때문이다.

문 62. 그러나 왜 우리의 선행이 하나님 앞에서 일부분이든 전부이든 의가 될 수 없는가?

[답] 우리가 하나님의 심판대 앞에 설 때에 가져야 하는 의는 모든 면에서 완전한 것으로서 하나님의 율법에 전적으로 합치되어야 하는데 우리 인생의 최선의 행위라 할지라도 불완전하고 죄로 오염되어 있기 때문이다.

문 63. 그러나 이 세상에서나 내세에 있어서도 우리의 선행이 우리의 공적이 되지 못하는데 하나님은 어찌하여 이 세상과 내세에 보답하려고 하시는가?

[답] 그 보답은 공적에 따르는 것이 아니고 은혜에서 오는 것이다.

문 64. 그러나 이 교리는 나를 무분별하고 방종하게 만들지 않을까?

[답] 그렇지 않다. 왜냐하면 진실된 신앙으로 그리스도와 연합한 사람은 감사의 열매를 맺지 않을 수 없기 때문이다.

성례전에 대하여

문 65. 그러면 신앙만이 우리를 그리스도와 그의 모든 은혜에 참여하게 하는 것이라면 그 신앙은 어디서 오는가?

[답] 성령이 거룩한 복음의 설교를 통하여 우리 마음속에 신앙을 일으키고 또 성례전의 집행으로 신앙을 확증시켜 주신다.

문 66. 성례전이란 무엇인가?

[답] 그것은 눈에 보이는 거룩한 표지(標識)이며 인장이다. 하나님은 성례전의 집행을 통하여 십자가에서 이루신 그리스도의 유일한 희생을 받으시고 우리에게 죄의 용서와 영생을 값없이 은총으로서 주신다는 복음의 약속을 우리에게 한층 더 잘 이해시키고 또 확증하신다.

문 67. 그러면 말씀과 성례전은 우리가 우리의 구원의 유일한 근거로서 십자가에 달리신 예수 그리스도의 희생을 믿어 받아들이도록 하기위한 목적으로 정해지고 세워진 것인가?

[답] 진정으로 그렇다. 왜냐하면 성령께서 우리의 모든 구원이 십자가에서 드려진 그리스도의 희생에만 의존한다는 사실을 복음 안에서 가르치고 성례전으로 확증시켜 주기 때문이다.

문 68. 그리스도가 새로운 계약에서 제정하신 성례전이 몇 가지인가?

[답] 두 가지이다. 거룩한 세례와 성만찬이다.

거룩한 세례에 대하여

문 69. 당신은 십자가 위의 그리스도의 유일한 희생이 당신에게 유익하다는 것을 거룩한 세례에서 어떻게 깨닫게 되고 확신하게 되는가?

[답] 그리스도가 이러한 외부적으로 보이는 물로써 씻는 의식을 정하시고 외면적인 신체의 때가 물로써 씻기는 것과 같이 확실히 그리스도의 피와 성령에 의하여 나의 영혼의 때가, 즉 나의 모든 죄가 씻기는 것임을 약속하셨기 때문이다.

문 70. 그리스도의 피와 성령으로 씻긴다는 것은 무슨 말인가?

[답] 그리스도가 십자가에서 그의 희생으로 우리를 위하여 흘리신 그의 피 때문에 하나님으로부터 은총으로 죄의 용서를 얻는다는 말이다. 그 후에 성령으로 또한 새롭게 되고 깨끗해져서 그리스도의 지체가 되고 날이 갈수록 더욱더 죄에서는 죽고 신앙은 깊어져서 책망할 것이 없는 생활을 영위하는 것을 말한다.

문 71. 우리가 세례의 물로써 씻겨져 있음과 같이 확실히 그리스도의 피와 성령에 의하여 씻겨져 있다는 것을 그리스도는 어디서 약속하였는가?

[답] 그것은 세례를 제정하신 때이다. 다음과 같이 말씀하신다. "당신들은 가서 이 세상 모든 사람들을 내 제자로 삼아 아버지와 아들과 성령의 이름으로 그들에게 세례를 베풀라"(마 28:19). "믿고 세례를 받는 사람은 구원을 받겠지만 믿지 않는 사람은 정죄를 받을 것이다"(막 16:16). 이 약속은 성경이 세례를 '중생의 씻음'이나 '죄의 씻음'이라고 부르고 있는 곳에서도 되풀이되고 있다.

문 72. 물에 의한 외부적 씻음 자체가 죄를 씻어 주는가?

[답] 아니다. 오직 예수 그리스도의 피와 성령만이 우리의 모든 죄를 씻어 준다.

문 73. 그러면 왜 성령과 세례를 중생의 씻음이라든가 죄의 씻음이라고 부르는가?

[답] 하나님이 그렇게 말씀하신 데는 큰 이유가 있다. 즉 하나님은 세례로써 마치 육체에 묻은 때를 물로써 씻어내듯이 우리의 죄도 그리스도의 피와 성령으로써 제거하시는 것을 우리들에게 가르치시기 위할 뿐만 아니라 그는 오히려 이 거룩한 보증과 표지로써 우리의 육체가 물로써 씻기는 것처럼 우리의 죄가 참으로 영적으로 씻기는 것을 우리에게 보증하시는 것이다.

문 74. 어린이에게도 세례를 줄 것인가?

[답] 그렇다. 왜냐하면 어린이도 어른과 같이 하나님의 계약과 그의 백성에 속하여 있고 그리스도의 피로써 그들도 죄에서 구원을 받고 신앙을 불러 일으키시는 성령이 어른에게와 같이 그들에게도 약속되어 있기 때문에 그들도 계약의 표로서의 세례에 의하여 그리스도의 교회에 접목되어서 불신자의 아이들과 구별되어야 한다. 이것은 마치 구약의 할례에 의하여 구별이 된 것과 같다. 이 할례 대신에 신약성경에서는 세례가 제정된 것이다.

예수 그리스도의 성찬에 대하여

문 75. 당신이 그 십자가에 달리신 그리스도의 유일한 희생과 그의 모든 혜택에 동참하는 것을 당신은 성찬을 받으면서 어떻게 상기하고 확신하게 되는가?

[답] 그리스도는 나와 모든 신자들에 대하여 그의 기념으로서 이 떼는 떡을 먹고 이 잔을 마실 것을 명하실 때 다음과 같은 약속을 하셨다. 첫째, 주의 떡이 나를 위하여 찢겼고 주의 피가 나에게도 돌아온 것을 내가 눈으로 확실히 보는 것과 같이 주의 몸이 십자가에서 나를 위하여 달리시고 찢기셨고 그의 피를 나를 위하여 흘리셨다는 것이다. 둘째, 그리스도가 육체와 피의 확실한 표지로서 나에게 주신 주의 떡과 잔을 내가 목사로부터 받고 실제로 먹고 마시는 것과 같이 확실히 주님 자신이 그 십자가에 달린 몸과 흘리신 피를 나의 영혼에 먹이시고 영생에 이르게 한다는 말이다.

문 76. 십자가에서 못 박히신 그리스도의 몸을 먹고 피를 마신다는 것은 무슨 뜻인가?

[답] 그것은 믿는 마음으로 그리스도의 고난과 죽음을 받아들이며 그것으로 죄의 용서와 영원한 생명을 얻는 것을 의미한다. 그러나 나아가서 그리스도와 우리 안에 계시는 성령에 의하여 그의 몸과 더욱더 연합하여 비록 그는 하늘에 계시고 우리는 땅 위에 있을지라도 우리는 그의 살 중의 살이며 우리는 그의 뼈 중의 뼈가 되어서 마치 한 몸의 지체들이 한 영혼의 통치를 받고 영원히 사는 것이다.

문 77. 신자들이 이 찢어진 떡을 먹고 이 잔을 마시는 것과 같이 그리스도의 확실한 신자에게 그의 몸과 피를 먹고 마시게 하신다는 것을 어디서 약속하셨는가?

[답] 그것은 성만찬을 제정하신 때이다. 거기에는 다음과 같이 기록되어

있다. "주 예수께서 잡히시던 밤에 떡을 손에 드시고 감사의 기도를 드리신 다음 떡을 떼시고 '이것은 당신들을 위해서 주는 내 몸이다. 나를 기억하여 이 예식을 행하라' 고 말씀하셨다. 또 식후에 잔을 드시고 감사의 기도를 드리신 다음 '이것은 내 피로 맺는 새로운 계약의 잔이다. 마실 때마다 나를 기억하여 이를 행하라' 고 말씀하셨다. 그러므로 여러분은 이 떡을 먹고 이 잔을 마실 때마다 주님의 죽으심을 선포하기를 주님께서 다시 오실 때까지 하라." 이 약속은 성 바울에 의하여서도 되풀이 되었다. 즉 그는 말하기를 "우리가 그 떡을 뗄 때에 우리는 진실로 그리스도의 몸을 나누어 먹는 것이 아니겠느냐? 떡은 하나이고 우리 모두가 한 덩어리의 떡을 나누어 먹은 사람들이니 우리 많은 사람이 다 한 몸이 되는 것이다".

문 78. 그러면 떡과 포도주가 실제로 그리스도의 몸과 피로 변하는가?

[답] 그렇지 않고 세례식에서 물이 그리스도의 피로 변하지 않으며 또 죄를 씻고 정결케 하는 것이 아니고 다만 거룩한 표지이며 확증에 불과한 것처럼 성찬식의 거룩한 떡도 그리스도의 몸 자체는 아니다. 다만 성례전의 방식과 관습에 따라 그리스도의 몸이라고 불린다.

문 79. 그러면 왜 그리스도는 떡을 그의 몸으로, 잔을 그의 피, 혹은 그의 피로 맺은 새 언약이라고 부르고, 또 성 바울은 예수 그리스도의 몸과 피에 참여하는 것이라고 말하는가?

[답] 그리스도가 그와 같이 말씀하신 데는 큰 이유가 있다. 즉 그리스도는 다만 마치 떡과 포도주가 이 세상의 생명을 지탱시키는 것처럼 십자가에 달린 그의 몸과 흘리신 피도 영원한 생명에 이를 우리의 영혼의 음식물이라는 것을 우리에게 가르치시려는 것만이 아니다. 오히려 그는 이 눈에 보이는 표징과 보증으로 마치 우리가 주의 기념으로서 이

거룩한 표지를 육신의 입으로 받는 것과 같이 참으로 그의 몸과 피에 성령의 역사를 통하여 우리가 참여하는 것과 또 마치 우리 자신이 우리 몸으로 고난을 받고 모든 것을 이룬 것처럼 그의 고난과 순종이 우리 자신의 것임을 확인하여 주시려는 것이다.

문 80. 주의 성만찬과 로마 교황의 미사 사이에 있는 차이는 무엇인가?

[답] 주의 성찬은 그리스도 자신이 이미 십자가에서 성취하신 그의 유일회적인 희생에 의하여 우리는 모든 죄의 완전한 용서를 받고 있다는 것을, 또 우리는 그가 자기의 참된 몸을 가지고 지금 하나님 우편에 계시면서 거기서 예배를 받으시기를 원하시는 그리스도와 성령을 통하여 일체가 되는 것을 우리에게 확증한다. 그러나 미사는 산 자와 죽은 자를 위하여 지금도 날마다 미사를 집행하는 사제에 의하여 그리스도가 제물로 바쳐지지 않으면 그리스도의 고난으로 죄의 용서를 얻지 못한다는 것이며, 또 그리스도는 육체적으로 떡과 잔의 형태 아래 계시고 따라서 그 형태에서 예배를 받으셔야 한다는 것을 가르친다. 미사는 근본적으로 예수 그리스도의 유일회적인 희생과 고난을 부인하며 정죄되어야 할 우상숭배에 지나지 않는다.

문 81. 주님의 식탁에 와야 할 사람은 어떤 사람인가?

[답] 자기의 죄를 미워하면서도 이 죄가 용서를 받으며 아직 남아 있는 결함도 그리스도의 고난과 죽음에 의하여 가리워지는 것을 믿으며, 또 신앙이 더 굳세게 되어 자기의 생활을 새롭게 하기를 원하는 사람들이다. 그러나 회개하지 않는 자와 위선자는 성찬을 먹고 마심으로써 스스로 심판을 받는다.

문 82. 그러나 그들의 신앙고백과 생활에서 불신자이며 불경건자라는 사실이 나타나는 사람들도 이 성찬에 참여시킬 것인가?

[답] 아니다. 왜냐하면 그들을 용납하면 하나님의 계약이 훼손되고 하나님의 진노가 온 교회에 미친다. 그리스도와 그의 사도들의 명령에 따르면 그리스도 교회는 천국의 열쇠를 사용하여 이러한 사람이 생활을 고칠 때까지 성찬에서 제외시킬 의무가 있다.

문 83. 열쇠의 직무란 무엇인가?

[답] 거룩한 복음의 선교와 그리스도교적 계율이다. 이 두 가지에 의하여 천국이 신자에게는 열리고 불신자에게는 닫힌다.

문 84. 거룩한 복음의 선교에 의하여 천국은 어떻게 열리며 닫히는가?

[답] 그리스도의 명령에 따라 모든 또는 개개의 신자에게 선포되고 또 공개적으로 증거된 것은 그들이 진실된 신앙을 가지고 복음의 약속을 받으면 그들의 모든 죄가 그리스도의 공로로 인하여 하나님의 사죄를 실제로 받는다는 것이다. 또 반면에 모든 불신자와 위선자들에게는 회개하지 않는 한 하나님의 진노와 영원한 정죄가 따를 것이다. 복음의 증거는 이 세상에서나 내세에 있어서 하나님의 심판이다.

문 85. 천국은 어떻게 해서 기독교적 계율에 따라 열리고 닫히게 되는가?

[답] 그리스도의 명령에 따라 그리스도인으로서의 이름 아래서 비기독교적 교훈과 행동을 하는 자들이 여러 번 형제애의 충고를 받으면서도 그 잘못과 부도덕을 버리지 않거나, 교회나 또는 교회가 임명한 교역자에게 고발되고서도 충고를 받지 않는다면 교역자로부터 성례전의 배찬 정지를 당하고 그리스도의 교회로부터 제외된다. 그러나 그들이 참된 회심을 약속하고 그 증거를 나타내 보이면 다시 그리스도의 교회의 지체로서 받아들여지게 된다.

제 3부 감사에 대하여

문 86. 그러면 아무런 우리의 공로 없이 은혜로 그리스도에 의하여 우리의 비참으로부터 구원을 받고 있다면 왜 우리가 선행을 해야 한다는 말인가?

[답] 왜냐하면 그리스도는 그의 피로써 우리를 구속하신 후에 또 성령으로 자기의 형상에 따라 우리를 새롭게 하시기 때문이다. 그러므로 우리의 온 생애를 바쳐서 그의 은혜에 대하여 하나님에게 감사하며 우리들로 말미암아 하나님이 찬양을 받으시게 하기 위함이다. 또 우리의 믿음의 열매로써 우리의 믿음이 확증이 되고 우리의 경건한 행위에 의하여 우리의 이웃까지도 그리스도에게 인도하기 위함이다.

문 87. 그러면 죄악 되고 감사치도 않는 생활을 계속하면서 하나님께도 회심하지 않는 사람들은 구원 받을 수 있는가?

[답] 결코 구원을 받지 못한다. 왜냐하면 성경은 "음행하는 자, 우상을 숭배하는 자, 간음하는 자, 도적질하는 자, 탐욕을 품는 자, 술 취하는 자, 빼앗는 자는 다 하나님 나라를 물려받을 수 없다"고 말씀하고 있기 때문이다.

문 88. 인간은 참된 회심은 몇 가지 일로써 되는가?

[답] 두 가지이다. 옛 사람의 죽음과 새 사람의 탄생이다.(Of the mortification of the old, and the quickening of the new man.)

문 89. 옛 사람의 죽음이란 무엇인가?

[답] 죄를 마음으로부터 슬퍼하고 죄를 미워하고 더욱더 그것으로부터 벗어나는 것이다.

문 90. 새 사람의 탄생이란 무엇인가?

[답] 하나님 안에서 마음으로부터 기뻐하며 모든 선한 일에 있어서 하나님

의 뜻에 따라 사는 것을 기쁨으로 삼는 것이다.

문 91. 그런데 선한 행위란 무엇인가?

[답] 그것은 참된 신앙으로 하나님의 율법에 따라 하나님의 영광을 위하여 하는 일만을 가리키는 것이며 자기 마음대로 생각하거나 인간의 판단에 따라 이뤄지는 것이 아니다.

십계명에 대하여

문 92. 주의 율법이란 무엇인가?

[답] 하나님은 이 모든 것을 말씀하신다.

제 1 계명 : 너희 하나님은 나 여호와다. 바로 내가 너희를 이집트 땅 종살이하던 집에서 이끌어 낸 하나님이다. 너희는 내 앞에서 다른 신을 위하지 말라.

제 2 계명 : 너를 위하여 우상을 만들지 말지니, 위로 하늘에 있는 것이나 아래로 땅에 있는 것이나 땅 아래 물속에 있는 것의 아무 형상이든지 만들지 말고, 절하여 섬기지 말라, 나 야훼 너의 하나님은 진노하는 신이니, 나를 미워하는 자에게는 아비의 죄를 자손 삼 사대까지 이르게 하고, 나를 사랑하며 내 계명을 지키는 자에게는 은혜를 베풀어 수천대에 이르게 하리라.

제 3 계명 : 너의 하나님 여호와의 이름을 망령되이 일컫지 말라. 여호와의 이름을 망령되이 일컫는 자를 죄 없다 아니하리라.

제 4 계명 : 안식일을 기억하여 성일로 지키라. 엿새 동안에 네 모든 일을 힘써하고 제 칠일은 너의 하나님 여호와의 안식일이니, 너나, 네 자녀나, 네 노비나, 네 육축이나, 네 문안에 유하는 객일지라도 일하지 말라. 엿새 동안에 여호와께서 하늘과, 땅과 바다와, 그 가운데 만물을 만드시고 제칠 일에 쉬셨으니, 그러므로 여호와께서 안식일을 복되고 거룩한 날로 삼으셨느니라.

제 5 계명 : 네 부모를 공경하라. 그리하면 너의 하나님께서 네게 주신 땅에서 네가 오래 살리라.

제 6 계명 : 살인하지 말라

제 7 계명 : 간음하지 말라

제 8 계명 : 도적질하지 말라

제 9 계명 : 네 이웃을 해하려고 거짓 증거 하지 말라

제 10 계명 : 네 이웃이 가진 집이나, 네 이웃의 아내나, 네 이웃의 남종이나 여종이나, 소나, 나귀나, 네 이웃에 있는 것을 무엇이든지 탐내지 말라.

문 93. 이러한 계명은 어떻게 구분되느냐?

[답] 두 부분으로 되어 있다. 그 첫째 부분은 네 가지 계명이고 우리가 하나님에 대하여 어떠한 책임을 수행해야 할 것을 가르친다.

문 94. 하나님은 제1계명에서 무엇을 요구하시는가?

[답] 우리가 우리의 구원을 진정으로 갈망할 때에는 모두 우상숭배로부터 벗어나야만 한다. 즉 마술, 미신적인 주문, 뭇 성인이나 그 밖의 피조물을 불러들이는 것을 피하여 유일한 참된 하나님을 바로 알고 하나님만을 신뢰하고 모든 겸손과 인애를 가지고 하나님에게만 모든 선한 것을 기대하고 전심으로 하나님을 사랑하고 두려워하고 존경해야 한다. 그리하여 하나님의 뜻에 조금이라도 어긋나는 죄를 범하기보다는 차라리 모든 피조물을 버려야 한다.

문 95. 우상숭배란 무엇인가?

[답] 말씀으로써 자신을 계시하신 유일한 참 하나님 대신에, 혹은 그와 동

등하게 다른 어떤 것을 믿거나 섬기는 것이다.

문 96. 하나님은 제2계명에서 무엇을 바라시는가?

[답] 그의 말씀에서 명령하지 않으신 다른 방법으로 우리가 하나님의 형상을 만들거나 혹은 그것을 예배해서는 안 된다는 것이다.

문 97. 그러면 우리는 어떠한 우상도 일체 만들어서는 안 되는 것인가?

[답] 하나님은 결단코 어떤 방법으로도 형상화 될 수 없고 또 형상화 되어서도 안 된다. 그러나 만일 피조물이 형상화 되더라도 인간이 그것을 예배하거나 혹은 하나님을 섬기기 위하여 그러한 형상을 만들거나 갖는 것을 하나님은 금하신다.

문 98. 그러나 교회에서 신자들에게 성상을 제공하는 것은 용납될 수 있는가?

[답] 허락할 수 없다. 왜냐하면 우리는 하나님보다 더 현명할 수 없다. 하나님은 그의 신자를 말을 못하는 성상이 아니라 말씀의 산 설교에 의하여 교육하시기를 바라시기 때문이다.

문 99. 하나님은 제3계명에서 무엇을 말하려고 하는가?

[답] 우리가 저주와 거짓 맹세로써 하나님의 이름을 더럽히고 남용하지 말 것, 혹은 침묵하고 방관하다가 이러한 무서운 죄에 관여되는 일이 없어야 할 것이다. 하나님이 우리의 바른 말로 고백되고 예배를 받으시고 그리고 영광을 받으시게 되도록 우리가 두려움과 존경심을 가지고 하나님의 거룩한 이름을 부르는 것이다.

문 100. 그렇다면 맹세와 저주로써 하나님의 이름을 더럽히는 일은 그것을 막으려 하지 않는 자에게 대하여 하나님이 진노를 품으실 만큼 중대한 죄가 될까?

[답] 확실히 그렇다. 왜냐하면 하나님의 이름을 더럽히는 일 이상으로 큰 죄는 없으며, 혹은 그 이상으로 하나님의 분노를 일으키게 할 일이 없

기 때문이다. 그러므로 하나님은 그 죄의 값을 죽음으로 치르도록 명령하셨다.

문 101. 그러나 우리는 경건한 태도를 가지고 하나님의 이름으로 맹세해도 좋은가?

[답] 그것은 좋다. 국가가 그것을 요구하는 경우, 혹은 하나님의 영광과 이웃의 구원을 위하여 성실과 진실을 보존하고 도모하는 데 필요할 수 있다. 왜냐하면 이러한 맹세는 하나님의 말씀에 근거한 것이며 따라서 구약과 신약의 성도들이 올바르게 사용해 왔다.

문 102. 우리가 성자나 다른 피조물을 들어 서약해도 좋은가?

[답] 해서는 안 된다. 왜냐하면 올바른 맹세라는 것은 하나님이 우리의 마음을 탐지하는 유일한 방법으로써 진리에 대하여 증거하며 만일 내가 거짓되게 맹세하면 나를 벌하시도록 하나님의 이름을 드는 것이기 때문이다. 이러한 영예는 다른 어떤 피조물에게도 돌릴 수 없는 것이다.

문 103. 하나님은 제4계명에서 어떤 것을 바라시는가?

[답] 첫째, 복음의 사역과 학교가 유지되어야 한다. 그리고 특별히 내가 안식일에 하나님의 교회에 와서 하나님의 말씀을 배우고 성례전에 참여하고 주님을 공중 앞에서 찾아 부르고, 그리고 그리스도교적인 자선을 실천할 것을 바라신다. 둘째, 내 생애의 모든 날에 악한 일을 멈추고 주님이 영적으로 내 안에서 역사하시게 함으로서 영원한 안식이 이 세상에서부터 시작되기를 원하신다.

문 104. 하나님은 제 5계명에서 무엇을 바라시는가?

[답] 나는 나의 아버지와 어머니, 또 내 손위의 모든 사람에 대하여 모든 존경과 사랑과 성실을 표시하고 올바른 복종으로써 모든 선한 교훈과 시정(是正)을 따르며, 또 그들의 결점에 대해서 참고 견디어야 한다. 왜냐하면 하나님은 그들의 손으로 우리를 다스리시기를 원하시기 때

문이다.

문 105. 하나님은 제6계명에서 무엇을 바라시는가?

[답] 내가 생각이나 말이나 혹은 태도로나 행동으로 내 이웃을 욕하거나 미워하거나 해치거나 죽이지 않고 일체의 복수심을 버리며, 또 내 자신을 해치거나 고의로 이러한 위험에 접근하지 않는 일이다. 그러므로 국가도 살인을 막기 위하여 칼을 차고 있는 것이다.

문 106. 그런데 이 계명은 살인하는 일에 관해서만 말하고 있는가?

[답] 하나님은 살인을 금하시고 이러한 것을 가르치신다. 즉 질투, 증오, 분노, 복수심을 살인의 원인으로 미워하며, 하나님은 이러한 것들을 살인으로 인정하신다.

문 107. 그러나 지금 말한 대로 우리가 이웃을 죽이지 않는 것으로 족할 것인가?

[답] 그렇지 않다. 왜냐하면 하나님은 질투, 증오, 분노를 정죄하시며 우리가 이웃을 우리 자신처럼 사랑하고 인애, 평화, 유순, 자비, 친절을 베풀고 우리에게 힘이 미치는 데까지 우리의 이웃이 해를 입지 않게 보호하여 주며, 우리의 원수에게까지 선을 행하기를 요구하시기 때문이다.

문 108. 하나님은 제7계명에서 무엇을 요구하시는가?

[답] 그것은 모든 부정(不貞)을 하나님이 정죄하시므로 우리는 신성한 결혼생활에서나 독신생활에 있어서 마음으로부터 부정을 미워하고 순결하고 건전한 생활을 영위해야 한다는 것이다.

문 109. 하나님은 이 계명에서 간음과 그것과 유사한 죄만을 금하는가?

[답] 우리의 육체와 영혼은 다같이 성령의 전이므로 이 둘을 깨끗하게 보존하는 것을 하나님은 원하신다. 그러므로 모든 부정한 행동, 태도, 말, 생각, 욕망 및 이런 것으로 유혹하는 모든 것을 금하신다.

문 110. 하나님은 제8계명에서 무엇을 금하시는가?

[답] 하나님은 다만 국가가 벌하는 도적질과 강도를 금하실 뿐만 아니라 폭력에 의하든 혹은 권리를 가장하든(부정한 저울 눈, 부정한 자, 부정한 말, 부정한 물품, 부정한 화폐, 부정한 이자) 그 밖의 하나님이 금한 방법으로 이웃의 재산을 자기의 것으로 만들려는 모든 행위나 또 그런 계획도 도적질로 간주하신다. 또한 모든 탐욕과 하나님이 주신 선물을 낭비하는 것도 도적질로 간주하신다.

문 111. 그런데 하나님은 이 계명으로 당신에게 무엇을 명하시는가?

[답] 내가 할 수 있는 만큼 나의 이웃의 유익을 위하여 선을 행하고, 다른 사람에게서 대접을 받고 싶은 대로 그를 대접하여 곤경에 빠진 가난한 사람들을 도울 수 있도록 성실하게 노력할 것을 명하신다.

문 112. 하나님은 제9계명에서 무엇을 요구하시는가?

[답] 나는 누구에게 대하든지 거짓증언을 하지 않고 누구에게 대하든지 남의 말을 왜곡시키지 않고 헐뜯거나 욕을 하지 않으며 사실을 알지도 못하고 성급하게 다른 사람을 정죄하는 일에 가담하지 않고 모든 거짓말과 사기를 악마의 일로 간주하고 하나님의 심한 분노를 살 것으로 알아 그런 일을 피하며, 재판과 그 밖의 일에 있어서 진실을 사랑하고 고백하며 자기가 할 수 있는 데까지 이웃의 명예와 행복을 지켜주며 드높여 주어야 한다.

문 113. 하나님은 제10계명에서 무엇을 요구하시는가?

[답] 하나님의 계명의 어느 하나에도 거역하는 아주 적은 욕망과 생각이 우리 마음에 전혀 일어나지 않도록 하고 도리어 늘 전심전력하여 모든 죄를 미워하며 모든 의로운 일을 기뻐하라는 것이다.

문 114. 그런데 하나님께 회심한 사람은 이러한 계명을 완전하게 지킬 수 있는가?

[답] 지킬 수 없다. 아무리 거룩한 사람일지라도 이 세상에 사는 한 이 복

종의 극히 작은 부분 밖에 실천하지 못한다. 그럼에도 불구하고 열심을 품고 몇 가지가 아니라 하나님의 모든 계명에 따르는 생활을 노력해야한다.

문 115. 그러면 이 세상에서는 아무도 계명을 지킬 수 없는데 하나님은 왜 우리에게 그렇게 엄격한 십계명을 가르치신 것일까?

[답] 첫째, 우리의 온 생애를 통하여 우리가 우리의 죄 많은 본성을 점점 더 잘 알게 되고 그리스도에게 죄의 용서와 의로움을 열심히 구하게 하기 위함이다. 둘째, 우리가 점점 더 하나님의 형상으로 새로워지고 드디어 오는 생(生)에서는 완전히 도달할 수 있도록 하나님을 향하여 성령의 은혜를 받도록 쉬지 않고 간구하며 노력하게 하기 위함이다.

기도에 대하여

문 116. 기도가 왜 그리스도인에게 필요한가?

[답] 그것은 하나님이 우리에게 요구하시는 감사의 가장 중요한 부분이기 때문이다. 또 하나님은 자기의 은혜와 성령을 쉬지 않고 열심히 구하며 그것에 대하여 하나님에게 감사하는 자에게만 그것을 주시려고 하시기 때문이다.

문 117. 하나님의 마음에 맞고 하나님이 들으시는 기도는 어떤 특징을 가진 것인가?

[답] 첫째, 자기 자신을 자기의 말씀에서 계시하신 유일하신 참된 하나님께만 마음으로부터 기원한다. 둘째, 우리의 곤경과 비참을 바로 근본적으로 인식하고 하나님의 존엄 앞에 겸손하게 구한다. 셋째, 하나님이 그의 말씀에서 우리에게 약속하신대로 우리가 그 말씀에 합당하지 못함에도 불구하고 주 예수 그리스도의 공로 때문에 성경에 말씀하신

대로 우리의 기도를 꼭 들어주신다고 확실히 믿는다.

문 118. 하나님은 우리에게 어떤 것을 구하도록 명하셨는가?

[답] 그것은 영혼과 육신에 필요한 모든 것이지만 주 예수 그리스도는 이런 것을 친히 우리에게 가르쳐 주신 기도 안에 요약하여 주셨다.

문 119. 주의 기도란 무엇인가?

[답] "하늘에 계신 우리 아버지, 이름이 거룩히 여김을 받으시오며, 뜻이 하늘에서 이룬 것 같이 땅에서도 이루어지이다. 오늘날 우리에게 일용할 양식을 주옵시고, 우리가 우리에게 죄 지은 자를 사하여 준 것 같이 우리의 죄를 사하여 주옵시고, 우리를 시험에 들지 말게 하옵시고, 다만 악에서 구하옵소서. 나라와 권세와 영광이 아버지께 영원히 있사옵니다. 아멘."

문 120. 왜 하나님은 우리에게 자기를 우리의 아버지라고 부르도록 명하셨는가?

[답] 그 까닭은 하나님이 우리의 기도의 첫 머리에서 우리의 기도의 기초가 되어야 하며, 하나님께 대한 자녀로서의 경외와 신뢰를 우리 가운데서 불러 일으키시기 위함이다. 즉 하나님은 그리스도에 의하여 우리의 아버지도 되시며, 우리가 믿음으로 그에게 구하는 것을 땅 위의 우리의 아버지들이 땅 위의 것을 우리에게 거절하지 않는 이상으로 더 거절하시지 않으시기 때문이다.

문 121. 왜 "하늘에 계시는"이란 말을 붙여야 하는가?

[답] 우리가 하나님의 천상적인 존엄성을 지상적인 것으로 생각하지 않으며, 그의 전능하신 능력으로부터 육과 영혼에 필요한 모든 것이 올 것을 기대하기 때문이다.

문 122. 첫째 간구는 무엇인가?

[답] "이름이 거룩히 여김을 받으시오며"이다. 이것은 첫째 당신을 바로

인식하고 전능, 지혜, 은혜, 의로움, 자비, 신실이 빛나는 당신의 모든 역사에 의하여 당신을 예배하며 칭송하게 해달라는 것이다. 둘째 우리 때문에 그의 이름이 더럽혀지지 않고 오히려 높임을 받고 칭송을 받을 수 있도록 우리의 온 생활과 생각과 말과 행동이 조절되기를 원하는 것이다.

문 123. 둘째 간구는 무엇인가?

[답] "당신의 나라가 임하옵시며"이다. 즉 우리가 항상 당신을 더욱더 잘 섬기게 되도록 말씀과 성령으로 우리를 다스려 주시고, 당신의 교회를 지키며 강하게 해 주시며, 당신이 모든 일에 있어서 전부가 되시는 곳, 즉 당신의 나라가 완전히 도래할 때까지 악마의 모든 일, 즉 당신을 거역하여 일어서는 모든 권력, 당신의 거룩한 말씀에 반대하여 서는 모든 악한 계략이 멸하도록 해달라는 것이다.

문 124. 셋째 간구는 무엇인가?

[답] "뜻이 하늘에서 이룬 것 같이 땅에서도 이루어지이다"이다. 즉 우리와 모든 사람들이 자기 뜻을 버리고, 불평없이 다만 선이신 당신의 뜻에 복종하도록, 또 천사들처럼 모든 사람이 자기의 위치와 부르심의 의무를 즐거운 마음으로 충실하게 행할 수 있게 해 달라는 것이다.

문 125. 넷째 간구는 무엇인가?

[답] "오늘날 우리에게 일용할 양식을 주옵시고"이다. 즉 당신은 모든 좋은 것의 원천이시며, 당신의 복 없이는 우리의 배려나 노력도 당신의 주시는 선물도 우리의 유익이 되지 못하는 것을 우리가 알 수 있도록, 또한 우리가 아무 피조물도 의지하지 아니하고 당신만을 의지하도록 우리의 육체에 필요한 모든 것을 제공하여 달라는 것이다.

문126. 다섯째 간구는 무엇인가?

[답] "우리가 우리에게 죄지은 자를 사하여 준 것 같이 우리 죄를 사하여 주옵시고"이다. 즉 예수 그리스도의 피의 공로로 가련한 죄인에게 언제나 붙어다니는 범죄와 부패를 우리에게 돌리지 마시고, 우리의 마음속에 이 은혜의 증거를 느끼면서 우리의 이웃을 용서하려는 우리 마음의 확고한 결심과 실천이다.

문 127. 여섯째 간구는 무엇인가?

[답] "우리를 시험에 들지 말게 하옵시고 다만 악에서 구하옵소서"이다. 즉 우리는 본래 참으로 약하고 한 순간도 바로 서 있을 수 없는데도 불구하고 악마와 이 세상과 우리 자신의 육정 등등의 무서운 원수들은 쉴 사이 없이 우리에게 쳐들어오기 때문에 우리를 도우시고 당신의 거룩한 영의 힘으로 강하게 하셔서 그 원수들에 강력하게 대항하여 이 영적 전쟁에서 패배하는 일이 없이 최후에는 우리가 완전히 승리하도록 해달라는 것이다.

문 128. 당신은 어떻게 하여 이 기도를 끝맺는가?

[답] "나라와 권세와 영광이 아버지께 영원히 있사옵니다"로 끝맺는다. 즉 하나님은 우리의 왕으로서 모든 것을 다스리는 힘을 가지고 모든 좋은 것을 우리에게 주시려고 하시며, 또 주실 수 있기 때문에 우리는 이 모든 것을 얻기 위하여 당신에게 기도한다.

문 129. "아멘"이라는 작은 말은 무엇을 의미하는가?

[답] 아멘이란 내가 진실되고 확실한 것을 하나님께 구하고 있음을 내 마음속에 느끼며 더욱이 확실하게 하나님이 내 기도를 들으신다는 믿음에서 나오는 말이다.

8. 영국교회의 '39개 교리'

(영국교회가 1534년 로마교회로부터 독립을 선언한 이래 엘리자베트 여왕이 1562년에 공포한 신조이다. 당시 영국교회의 교리적인 노선은 가톨릭교회와 개신교회의 '중간 길' (VIA MEDIA)을 가는 것이었다. 그렇지만 이 교리는 영국교회가 마틴 루터와 존 칼빈에 근거한 개신교 신앙과 신학에 굳게 서있다는 사실을 분명히 보여준다. 한편 선행, 성례전, 교회론, 교회정치와 제도, 예전 등에서는 중간 길을 가고 있음을 보여준다. 이 교리는 세계의 모든 영국교회의 전통을 따르는 교회들에 의해서 역사적인 교리로서 인정되고 있으며, 존 웨슬리는 이 교리를 1784년 메도디스트들을 위하여 24개 교리로 축약하여 개정하였다.)

제 1조 성삼위일체 신앙에 대하여

하느님은 유일하시며, 참되시고, 살아계신 실재시며, 그는 영원하시고, 몸도, 지체도, 감정도 없으시며, 무한한 능력과 지혜와 선을 가지시며, 보이는 것과 보이지 않는 것의 창조자이시다. 그리고 신성의 통일성 속에는 세 가지 성품이 있는데, 본질, 능력, 그리고 영원성에 있어서 일체이신 성부 성자 성신의 성삼위일체로 존재한다.

제 2조 말씀이 육신이 된 아들에 관하여

아버지의 말씀이신 독생자가 영원하신 아버지로부터 태어나셔서 아버지와 같은 본질을 타고났으나 복받은 동정녀 마리아의 태에서 인간의 본성을 취하여 그 본질을 타고나셨다. 그러므로 두 가지의 온전하고 완전한 본성, 즉 신성과 인성이 하나의 품격으로 연합되어 절대로 나누어지지 않는다. 그러므로 그는 한 분 그리스도시며 참 하느님이시며 또 참사람이시다. 그는 참으로 고난을 받으시고 십자가에 달려서 죽으시고 묻히시고 당신의 아버지를 우리와 화해시키시고 원죄뿐만 아니라 본죄까지 속죄해주시기 위하여 희생제물이 되셨다.

제 3조 그리스도가 음간에 가신 데 관하여

그리스도는 우리를 위하여 죽으시고 묻히신 것과 같이 또한 음간에 내려가신 것을 믿는다.

제 4조 그리스도의 부활에 관하여

그리스도는 죽음에서 진실로 다시 부활하셨고 살과 뼈와 그리고 인간의 본성에 속하는 모든 것을 구비한 육신을 다시 취하셔서 하늘에 승천하시고 마지막 날에 모든 인간을 심판하기 위하여 다시 오실 때까지 거기에 계실 것이다.

제 5조 성신에 관하여

성부와 성자로부터 나오신 성신은 본질과 권세와 영광에 있어서 영원하신 하느님 성부와 성자와 하나이다.

제 6조 구원을 위한 성서의 만족성에 관하여

성서는 구원에 필요한 모든 것을 기록하고 있다. 그러므로 성서 안에 기록되어 있지 않는 것과 또 성서에 의하여 증명되지 않은 것은 믿음의 조항으로 믿거나 또한 구원을 위하여 필요한 것으로 생각할 필요가 없다. 성서의 이름으로 구약과 신약의 정경들이 교회 안에서 한 번도 그 권위를 의심받은 적이 없다.

정경의 이름과 권수는 다음과 같다. 구약성서 : 창세기, 출애굽기, 레위기, 민수기, 신명기, 여호수아, 판관기, 룻기, 사무엘상, 사무엘하, 열왕기상, 열왕기하, 역대기상, 역대기하, 에즈라, 느헤미아, 에스델, 욥기, 시편, 잠언, 전도서, 아가, 이사야 예레미야, 애가, 에제키엘, 다니엘, 호세아, 요엘, 아모스, 오바디아, 요나, 미가, 나훔, 하바꾹, 스바니야, 하깨, 즈가리아, 말라기와 그 밖에 외경들이다.

제 7조 구약성서에 관하여

구약성서는 신약성서와 반대되지 않으며, 구약과 신약성서에 있어서

둘다 영원한 생명이 하느님과 인간사이의 유일한 중보자인 신인이신 그리스도에 의하여 인류에게 주어졌다. 그러므로 옛날의 교부들이 현세의 약속만을 구하였다고 말하는 사람들의 주장을 경청할 필요가 없다. 모세를 통하여 하느님이 주신 율법과 예배와 예전의식에 관하여는 신자들을 속박하지 않으며, 또한 정치적 교훈도 어떤 국가에서든지 반드시 용납될 필요는 없다. 모든 신자는 구약성서의 도덕적 계명을 지켜야한다.

제 8조 세 가지 신경에 관하여

종도신경, 니케아신경, 아타나시오신경, 즉 이 세 가지 신경은 철저하게 받아들이고 믿어야한다. 왜냐하면 이 신경들은 성서의 가장 확실한 증거로서 보증되기 때문이다.

제 9조 원죄와 본죄에 관하여

원죄는 — 펠라지우스파 사람들이 쓸데없이 논하고 있는 것과 같이 — 아담을 모방하는 것이 아니라 모든 인간의 본성의 결함이자 부패이며, 아담의 자손에게 자연적으로 생기는 것으로서, 인간은 이 원죄 때문에 시원적인 의로운 것에서 아주 멀리 떨어져 있으며, 인간 자신의 본성으로서는 악에 기울어질 수밖에 없게 되었다. 그러므로 육신은 항상 영에 거역한다. 따라서 이 세상에 태어나는 모든 사람의 원죄는 천주의 노여움과 형벌을 받을 수밖에 없는 것이다. 그러므로 육신의 욕망은 희랍어로 프로네마 사르코스($\Phi\rho?\nu\mu\alpha\ \sigma\alpha\rho k?s$)라고 하는데 어떤 이는 육체의 지혜로, 어떤 이는 관능으로, 어떤 이는 육신의 애착으로 해석한다. 어쨌든 천주의 율법에 복종하지 않는 것이다. 믿고 영세를 받는 자에게는 정죄함이 없겠으나 사도가 고백한 대로 정욕과 색욕은 그 자체가 죄의 본성을 가지고 있다.

제 10조 자유의지에 관하여

아담이 타락한 이후 인간은 자기 자신의 자연적인 힘과 선한 행동으로서는 자신을 돌이키게 하거나 믿음을 가지거나 천주의 부름에 응할 수 없는 상태에 놓이게 된다. 그러므로 그리스도를 통하여 하느님의 은혜로 우리의 본성을 제어하여 선한 의지를 품게 하거나 또한 우리가 선한 의지를 가질지라도 그가 우리와 함께 일하시지 않으면 우리는 하느님의 기뻐하시고 용납하시고 선한 일을 할 만한 힘을 가지지 못한다.

제 11조 인간이 의롭다고 인정된 것에 관하여

우리가 하느님 앞에서 의롭게 되는 것은 다만 우리의 주님이시요 구세주이신 예수 그리스도의 공로에 의하여 되는 것이며, 우리의 업적과 가치에 의한 것이 아니다. 그러므로 우리가 믿음으로만 의롭다 함을 받는 것은 가장 건전한 교리이며, 또한 사람이 의롭다 인정함을 받는 것에 관한 설교에서보다 더 광범위하게 표현되어 있듯이 충분한 위로가 된다.

제 12조 선행에 관하여

비록 믿음이 결실하여 의롭게 된 후의 선행이라 할지라도 우리의 죄를 없애거나 엄하신 하느님의 심판을 지탱해 낼 수는 없다. 그러나 그 선행은 그리스도 안에서 하느님에게 즐거운 것이며 그리고 받아들일 수 있는 것이며, 또한 참되고 살아있는 신앙에서는 필연적으로 생기는 것이다. 그러므로 선행으로 산 신앙은 마치 나무의 열매가 구별되는 것과 같이 분명하게 알게 된다.

제 13조 의인 이전의 행위에 관하여

그리스도의 은혜와 성신의 영감을 받기 이전에 한 행위는 예수 그리스도 안의 믿음에서 생긴 것이 아니기 때문에 하느님께 받아들여지거나 또는 사람의 은혜를 받을 수 있는 – 스콜라 신학자들이 말하는 것과 같이 – 가치가 없다. 이런 행위를 하느님이 원하시고 명령하신 대로 된 것이 아니기 때문에 우리는 죄의 성질을 가지고 있음을 의심하지 않는다.

제 14조 공덕의 행위에 관하여

공덕의 업적이라고 부를 수 있는, 즉 하느님의 계명 이외에 자발적인 행위를 가르치는 것은 반드시 교만과 불경건을 동반한다. 왜냐하면 인간들은 그런 행위를 가지고 선언하기를 자기들이 해야만 할 일을 하느님에 대하여 할 뿐더러 마땅히 해야 할 의무 이상의 일을 하느님을 위하여 행한다고 말하기 때문이다. 그러나 그리스도는 너희가 계명대로 다 행하였다고 말한다면 너희는 무익한 종이라고 말씀하셨다.

제 15조 그리스도만이 죄 없으심에 관하여

진실한 인간의 본성을 소유하신 그리스도는 모든 일에 있어서 우리 인간과 같으시며 다만 그의 육신과 영혼이 죄에서만 분명히 제외되셨다. 그는 흠 없는 어린양이 되셔서 자기 자신을 단 한 번 희생 제물로 삼아 세상의 죄를 없애기 위하여 오셨다. 그리고 죄가 - 요한이 말한 것과 같이 - 그분 안에 있지 않았다. 그러나 그분 이외의 모든 인간은 영세를 받고 그리스도 안에서 거듭났다 할지라도 많은 일에 있어서 범죄하게 된다. 만일 우리가 죄가 없다고 말한다면 이것은 우리 자신을 속이는 것이 되며, 진리가 우리 안에 없는 것이다.

제 16조 영세 후에 지은 죄에 관하여

영세를 받은 후에 범한 죄가 성신을 거스렸다고 해서 모두 용서받을 수 없는 죄는 아니다. 그러므로 영세를 받은 후에 죄를 범한 사람에게도 회개의 기회가 있다. 성신을 받은 후에 주신 은혜에서 이탈하여 죄를 짓게 되어도 여전히 천주의 은혜로 재생하여 생활을 개선할 수 있다. 이 세상 생활을 하면서 무죄하다고 하거나 또한 진실로 회개한 사람에게 주시는 사죄가 없다고 말하는 사람은 정죄되어야 한다.

제 17조 예정과 선택에 관하여

생의 예정은 하느님의 영원한 목적이다(세상의 기초가 놓여지기 전부터). 하느님은 그리스도 안에서 선택된 사람들을 저주와 형벌로부터 영원히 구출하시고 또한 귀하게 창조된 그릇으로 그리스도가 주시는 영원한 구원을 얻도록 하느님의 뜻에 따라 결정되어 있다. 천주의 각별한 은혜를 받은 사람들은 천주의 의지에 따라 때가 차서 활동하기 시작한 성신에 의하여 부름을 받은 이들이다. 그들은 은혜에 의하여 부르심에 순종하며, 값없이 의롭다 함을 받으며, 천주의 아들로서 양자가 된다. 그들은 하느님의 독생자 예수 그리스도의 형상과 같이 되며, 경건하게 선행을 하다가 마침내 천주의 자비하심으로 영원한 행복을 누린다.

예정과 그리고 그리스도 안에서의 인간의 선택을 경건하게 생각하면 그것은 경건한 사람들에게는 퍽 즐겁고 유쾌하며 그리고 말할 수 없는 위로가 된다. 또 이것은 그리스도의 영의 역사로서 육신과 지상의 지체의 행위를 죽이고 그들의 마음이 높은 하늘의 일들을 생각하도록 고양시키는 것으로 여기게 된다. 왜냐하면 예정과 선택은 그리스도로 말미암아 주어지는 영원한 구원의 믿음을 굳게 확립하는 동시에 하느님에 대한 사랑을 강렬하게 불붙여 주기 때문이다. 그러므로 그리스도의 영을 가지지 못하는 불경건한 육신적인 사람들이 하느님의 예정의 선언을 염두에 두는 것은 가장 위험한 함정이며, 악마는 사람을 절망의 함정으로 빠지게 하거나 아니면 절망과 마찬가지인 가장 불경건하고 깨끗하지 못한 생활에 빠지게 한다. 더욱이 우리는 성서에 일반적으로 기록되어 있는 같은 방법으로 천주의 약속을 받아들여야 한다. 또 하느님의 말씀에 따라 우리에게 명백히 보여주신 천주의 뜻을 우리의 행위를 통하여 실현하여야 한다.

제 18조 그리스도의 이름으로만 영원한 구원을 얻는 데 관하여

모든 인간들은 자기가 믿는 계명이나 교파에 따라 구원을 받는다든지, 또한 그 계명과 자연적 빛에 따라 자기 생활을 근면하게 해야 한다고 말하는 사람들은 정죄를 받는다. 왜냐하면 성서에 인간이 구원을 받는 것은 다만 예수 그리스도의 성령으로만 가능하다고 말씀하고 있기 때문이다.

제 19조 교회에 관하여

그리스도의 가시적 교회는 신앙인들의 거룩한 모임이다. 그곳에서 하느님의 순수한 말씀이 선포되며 성사에 필요한 모든 예식이 그리스도의 성례전에 따라 집전된다. 예수살렘교회, 알렉산드리아교회, 그리고 안티옥의 교회와 같이 역시 로마의 교회도 잘못이 있었고 예배의식의 생활과 방법에 있어서뿐만 아니라 신앙에 있어서도 잘못이 있었다.

제 20조 교회의 권위에 관하여

교회는 예전의식을 결정하는 권한과 그리고 신앙문제의 논쟁에 있어서 권위를 가진다. 그러나 교회가 하느님의 성서 말씀에 모순된 명령을 내리는 것은 허용될 수 없다. 또한 성서의 한 부분을 다른 부분과 모순되게 설명하는 것도 용납될 수 없다. 그러므로 교회는 성서의 증인이며, 보존자이지만 성서에 위배되는 것은 어떤 것이라도 결정해서는 안 되며 또한 성서 이외의 것을 구원받는 데 필요한 것으로 강제로 믿게 해서도 안 된다.

제 21조 전국의회의 권위에 관하여

전국의회는 수장의 뜻이나 명령 없이는 소집될 수 없다. 위원들이 함께 모일 때는(이 의회는 반드시 성신과 하느님의 말씀에 따라서 다스려지지 않는 인간의 모임이기 때문에) 과오를 범할 수 있으며, 또한 하느님에 관한 일에 있어서도 때로 과오를 범할 때도 있었다. 그러므로 의회가 구원을 받는 일에 필요하다고 제정한 것이 성서로부터 근원된 것이 아님이 밝혀지면 힘도 권위도 없는 것이다.

제 22조 연옥에 관하여

로마교회의 교리, 연옥, 면죄부, 성상 및 유물의 예배와 숭배에 대한 교리는 무익한 고안이며, 성서적 근거가 없는 것이고, 오히려 하느님의 말씀에 일치하지 않는다.

제 23조 교회의 사목에 관하여

어떤 사람이든지 바른 소명을 받고 사목적인 직책을 교회법대로 수행하도록 파송되기 전에는 설교나 혹은 성사집행의 직책을 맡을 수 없다. 그리고 올바른 부름을 받고 파송되었나를 판단해야 할 사람들이 주님의 포도원에 성직자를 파송하는 일을 하도록 하기 위하여는 교회의 공식적인 권위를 부여받은 성직자들에 의하여 선택되고 부름 받은 성직자이어야 한다.

제 24조 회중이 이해할 수 있는 말의 사용에 관하여

교회 안에서 교인이 이해 못하는 말로 공기도를 올리며 성사를 집전하는 것은 확실히 하느님의 말씀과 초대교회의 관습에 어긋난다.

제 25조 성사에 관하여

그리스도께서 제정하신 성사는 바로 교인의 신앙고백이자 증거일 뿐만 아니라 인간에게 대한 하느님의 은총의 확실한 증거이며 효과적인 표증이다. 하느님은 성사를 통해서 우리 안에 보이지 않게 역사하시며, 우리들을 향한 하느님의 뜻을 환기시킬 뿐더러 강화하고 더욱 견고하게 한다. 복음서에서 우리 주 예수 그리스도가 명령하신 대 성사는 두 가지이다. 즉 성세성사와 성체성사이다.

성사가 그리스도의 명령에 따라 제정된 것은 그것을 관상하거나 혹은 들고 다니기 위한 것이 아니고 우리가 올바로 사용하도록 하기 위한 것이다. 성체성사는 성 바울의 말과 같이 성사를 올바로 영하는 신자에게만 건전한 효과와 역할을 하는 것이며, 그렇지 못한 신자에게는 스스로 죄를 먹고 마시는 것이 된다. 그 외에 다섯 가지의 소성사는 견진성사, 고해성사, 혼배성사, 조병성사, 신품성사로서 사도들의 전승에 의하여 발전된 것이지만 성서 안에서 부분적으로 근거를 찾을 수 있으나, 그것들은 하느님의 명령으로부터 나온 가시적인 징표와 의식은 아니다. 따라서 이 소성사는 성세와 성체성사와 같은 성질을 가진 대 성사와는 구분된다.

제 26조 성직자의 도덕적인 불가치가 성사의 효과에 방해되지 않음에 관하여

가시적인 교회에 있어서 악한 사람이 선한 사람과 같이 섞여 있고, 때로는 악인이 하느님의 말씀을 선포하고, 그리고 성사 집전에 있어서 주요한 권위를 가질 경우도 있으나 그들은 자신들의 이름으로 집행하는 것이 아니고 다만 그리스도의 이름으로 집전하는 것이기 때문에 교인은 설교를 듣거나 성사에 참여할 때 그 성직자의 예식집전에 따를 수 있다. 그들이 부도덕하다고 해서 그리스도의 명령의 효과가 없어지는 것이 아니며, 그들 때문에 집전된 성례전에 신앙적으로 바르게 참여하는 사람에게서 하느님의 은사를 빼앗기는 것이 아니다.

성사는 악인이 집전한다고 하여도 그리스도가 정하시고, 설립하시고, 약속하셨기 때문에 유효하다. 그러나 악한 교역자의 죄를 아는 사람이 고발하여 올바른 재판에서 유죄가 선언된다면 퇴직시키는 것이 교회의 치리를 위하여 당연한 일이다.

제 27조 영세에 관하여

영세성사는 신자의 신앙고백의 표시일 뿐만 아니라 신자와 불신자의 구별을 표시하는 것이며 또 재생의 표시이다. 이 표시에 따라 영세를 올바로 받는 사람은 그것을 도구로 하여 교회 안으로 융합된다. 사죄의 약속과 성신에 의하여 하느님의 자녀로서 우리가 받아들일 수 있는 약속이 가시적인 표시와 봉인을 받아 하느님에게 드리는 기도에 의하여 신앙이 굳어지고 은혜가 증가된다. 유아 영세는 그리스도가 제정하신 제도에 가장 잘 조화되는 것으로 교회에서 어떤 일이 있더라도 보존되어야 한다.

제 28조 주의 성체성사에 관하여

주의 성체성사는 교인들이 그들 사이에서 서로 해야 할 사랑의 표시뿐만 아니라 오히려 그리스도의 죽음을 통하여 성취된 인간의 속죄의 한 성사인 것이다. 그러므로 올바르게, 가치있는 신앙심을 가지고 성체를 영하는 사람에게는 그리스도의 몸을 받는 것이고, 또 축복의 잔은 그리스도의 피를 받는 것이다. 성체성사에 있어서 화체설(빵과 포도주의 실체의 변화)은 성사로서는 증명될 수 없고, 성서의 분명한 말씀에 모순되며, 성체성사의 본질에 많은 미신적인 기회를 주었다. 그리스도의 몸은 미사에서 다만 천상적인 영적 방법에 의하여 주어지는 것이고 받는 것이며 영하는 것이다. 그리스도의 몸을 성체성사에서 받아들이고 영하는 것은 믿음인 것이다. 주의 만찬인 성체성사에서 성체와 보혈이 저장되거나 여기저기 모시고 다니거나 높이 거행하거나 혹은 숭배를 받는 것은 그리스도가 정하신 것이 아니라 사도적인 전승이다.

제 29조 불경한 신자가 주의 만찬에서 그리스도의 성체를 영하지 못함에 관하여

불경한 자와 또한 산 신앙을 가지지 못한 사람은 – 성 어거스틴의 말과 같이 – 그리스도의 성체성사를 통해서 성체와 보혈을 육으로나 가시적으로 입에 대기는 하지만 결코 그리스도를 영하는 것은 아니다. 그것은 오히려 중요한 표징의 성체성사의 표시만을 먹고 마시는 것이며 스스로 벌을 부르게 된다.

제 30조 성체와 보혈을 영함에 관하여

주님의 잔을 신자에게 베푸는 것을 부정(否定)해서는 안 된다. 왜냐하면 주의 성체성사의 두 부분인 성체와 보혈 두 종류는 모두 신자들에게 똑같이 베풀어야 함은 그리스도께서 정하시고 명령하셨기 때문이다.

제 31조 그리스도가 십자가 위에서 바치신 유일한 제물에 관하여

그리스도가 단 한 번 바치신 제물은 인간의 원죄와 본죄를 포함해서, 온 세상의 죄에 대하여 행하신 완전한 속죄이며, 화해이자 보상이다. 그리고 이 밖에 죄를 보상할 다른 길은 없다. 그러므로 사제가 산 자와 죽은 자의 고통이나 죄를 면죄하기 위하여 그리스도를 봉헌하였다고 하는 것은 모독적인 우화이며 위험한 사기라고 전하여졌다.

제 32조 성직자의 결혼에 관하여

주교, 사제 및 부제가 독신생활을 하도록 서약하거나 결혼을 금지하는 것은 하느님의 법에 의하여 명령되지 않았다. 그러므로 성직자가 하느님을 섬기는 일에 유익하고 또 성직자 자신의 판단에 따라 결혼하는 것은 신자의 경우와 같이 정당한 것이다.

제 33조 출교된 사람을 피하는 방법에 관하여

교회의 공식 출교선언을 받은 사람은 교회의 공동체로부터 파문되고 제외되어야 하며, 출교된 자가 정식으로 회개하고 교회와 화해하여 교회 재판소에 의하여 용서되기까지는 전 신자들에 의하여 이방인이나 세리로 취급된다.

제 34조 교회의 전통에 관하여

교회의 전통과 예전의식은 반드시 모든 장소에서 한가지로 똑같을 필요는 없다. 왜냐하면 종래의 교회 예배와 전통은 늘 다양하였기 때문이다. 또한 나라들과 시대와 풍습의 차이에 따라서 변하여질 수 있는 것이다. 그러나 다만 하느님의 말씀에 위배되는 것은 허락되어 있지 않다. 천주의 말씀에 위배되지 않고 또 일반의 권위에 의하여 제정되고 시인된 교회의 전통과 예전의식을 사적인 판단과 고의로, 계획적으로 공연히 파괴하는 사람은 교회의 일반적인 질서를 거역하며, 상사의 권위를 해치며, 또 약한 형제의 양심을 상하게 하는 이로서 공적으로 훈계를 받아야 한다.(이것은 다른 이가 같은 일을 할까 염려해서이다.) 어떤 특별한 한 나라의 교회는 인간의 권위만으로 정한 교회의 의식과 예전을 명령하거나, 고치거나 또는 폐지하는 권위를 가지고 있다. 그러나 이 모든 일은 교회의 덕을 세우기 위한 것이어야 한다.

제 35조 기도서에 관하여

에드워드 Ⅵ세 때에 출판한 첫 기도서와 같이 두번째 기도서는 이 신앙개조에 관련되어 있는 여러 가지 표제들에서 신앙심 깊고, 이 시대를 위해서 없어서는 안 될 유익한 교리가 포함되어 있다. 그러므로 우리는 이 기도서가 사람들에게 이해되기 위해서 근면하고 명료하게 교회 안에서 성직자에 의해서 낭독되어야 한다.

기도서의 이름은 다음과 같다.

1. 교회의 올바른 사용에 관하여

2. 우상의 위험에 관하여

3. 교회의 수리와 청소에 관하여

4. 선행과 금식에 관하여

5. 포식과 폭주에 관하여

6. 사치한 의복에 관하여

7. 기도에 관하여

8. 기도하는 장소와 시간에 관하여

9. 공기도 중 성체성사는 반드시 알아들을 수 있는 말로 집전되어야 한다.

10. 하느님의 말씀에 대한 경외에 관하여

11. 구제에 관하여

12. 그리스도의 탄생에 관하여

13. 그리스도의 수난에 관하여

14. 그리스도의 부활에 관하여

15. 그리스도의 성체과 보혈을 받는 성체성사의 가치에 관하여

16. 성신의 은사에 관하여

17. 공도제에 관하여

18. 결혼생활의 의무에 관하여

19. 회개에 관하여

20. 태만에 관하여

21. 모반에 관하여

제 36조 주교와 사제의 성직 서품에 관하여

에드워드 Ⅵ세 때에 간행되었고, 동시에 의회에서 확인된 대주교와 주교의 서품식과 사제와부제의 서품식의 예식문은 서품식과 취임식에 필요한 모든 것을 포함하고 있다. 이 예식문에는 미신적인 것이나 불경한 것은 하나도 없다. 그러므로 성직자는 에드워드의 제 2년부터 오늘날까지 서품식의 예전에 따라 서품 또는 취임되었고, 금후에도 이 동일한 예식으로 서품이 승임될 것이다. 우리는 이렇게 서품된 성직자를 올바른 질서에 따라 정당하게 서품되고 취임된 성직자로 인정한다.

제 37조 국가의 통치자에 관하여

여왕은 영국의 영토 안에서 최고의 권력을 가진다. 대영제국의 영토 안

에서 교회적인 것이건, 국가적인 것이건 간에 모든 재산의 통치권은 왕권에 속하며, 외국의 어떤 관할권 아래 있거나 또는 있을 수 없다. 왕권에 최고 통치권이 부여된 경우에 이러한 통치의 권한에 대하여 중상을 일삼는 자들은 과오를 범하는 것이다. 그러나 왕은 설교나 성사를 집전할 권한을 받지 못한다. 이런 사실에 관하여 엘리자베드 여왕이 발표한 최근의 칙령이 가장 명백하게 증명하고 있다. 그러나 성서에 기록된 경건한 왕들에 대하여 하느님 자신이 부여한 독특한 특권은 천주께서 주신 책임에 맡겨진 모든 재산과 계층을 교회의 것이든 아니든 통치하며, 또 다스릴 때 국가의 무기를 가지고 완고하고 악한 사람들을 처벌할 것을 말한다. 로마의 주교는 영국 영토 안에서 아무런 관할권을 가지지 못한다. 영국 영토를 지배하는 모든 법률은 가장 악한 중죄에 대하여 사형을 가할 것이다. 신자가 통치자의 명령에 따라 무기를 가지고 전쟁에 나가는 것은 정당하다.

제 38조 교인의 재산이 공유물이 아닌 데 관하여

교인들의 부와 재산은 그 권리와 명칭과 소유에 있어서 재세례파들이 거짓으로 과장하는 것 같은 공유물이 아니다. 그러나 사람은 모두 소유를 자기 능력에 따라 가난한 사람들을 자유롭게 구제해 주어야 한다.

제 39조 교인들의 선서에 관하여

우리 주 예수 그리스도와 사도 야고보는 공허한 선서와 경박한 서약은 금하고 있으나 그리스도교의 신앙과 사랑을 위하여 통치자가 선서를 요구할 때 서약할 수 있다. 이런 경우에 예언자들의 교훈에 따라 정의와 다른 판단과 진리로 선서해야한다.

9. 존 웨슬리의 '24개 교리' (1784)- 김진두 역

(이 교리는 존 웨슬리가 1784년에 아메리카에 있는 메도디스트들을 위하여 영국 교회의 39개 교리를 축약하여 개정한 것이다. 웨슬리 사후에는 영국의 메도디스트 교회의 교리로 채택되었으며 그후 세계의 모든 메도디스트 교회의 역사적인 교리로 사용해 왔다. 기독교대한감리회의 교리와 장정에 실린 24개 교리의 번역문은 만족스럽지 못한 부분이 있어 필자는 원문으로부터 직접 새로운 번역을 다음과 같이 시도하였다.)

제1조 성 삼위일체 하나님을 믿음에 관하여

살아 계시고 참되신 하나님은 오직 한 분이시니, 그는 영원하시고 무형 무상하시며 능력과 지혜와 인자하심이 한이 없으시고, 유형무형한 만물의 창조자이시며 보존자이시다. 이 하나님의 성품의 일체(一體)안에 동일한 본질과 능력과 영원을 소유하신 삼위(三位)가 계시니 곧 성부와 성자와 성령이시다.

제2조 말씀 곧 하나님의 아들이 참 사람이 되심에 관하여

성자는 곧 참되시고 영원하신 하나님이신 성부의 말씀이요, 성부와 동일하신 본질이시며, 복 받은 동정녀의 태중에서 사람의 성품을 취하시어, 완전한 두 성품 즉 신성과 인성이 나뉘지 않고 일위 안에 합하였다. 그러므로 그는 참 하나님이시며 참 사람이신 그리스도이시다. 그리스도는 참으로 고난당하시고 십자가에 못 박혀 죽으시고 매장되시어 우리 인간을 하나님 아버지와 화목하게 하시었으니, 그는 사람의 원죄 뿐 아니라 모든 자범죄를 위하여 희생 제물이 되시었다.

제3조 그리스도의 부활에 관하여

그리스도는 실로 죽음에서 다시 살아나시어 완전한 인성을 가진 몸으로 하늘에 오르셨으며, 마지막 날에 온 인류를 심판하시려고 재림하실 때까지 거기 앉아 계신다.

제4조 성령에 관하여

성부와 성자로부터 오신 성령은 그 본질과 권능과 영광에 있어서 성부와 성자와 동일하시고 참되시고 영원하신 하나님이시다.

제5조 구원을 위한 성경의 충족성에 관하여

성경은 구원에 필요한 모든 것을 포함하였으므로, 무엇이든지 성경에 없는 것이나 성경에 의해서 증명되지 않는 것을 아무에게든지 신조로서 믿으라고 하거나 구원에 필수적인 것으로 받으라고 해서는 안 된다. 성경이라는 것은 구약과 신약의 경전을 가리킴이니, 그 권위가 교회에서 의심 없이 인정된 것이다. 경전의 모든 책의 이름과 수는 아래와 같다.

창세기, 출애굽기, 레위기, 민수기, 신명기, 여호수아, 사사기, 룻기, 사무엘상, 사무엘하, 열왕기상, 열왕기하, 역대상, 역대하, 에스라, 느헤미야, 에스더, 욥기, 시편, 잠언, 전도, 아가, 4대 선지서, 12소선지서와 공통으로 인증하는 신약의 모든 책을 우리의 경전으로 여긴다.

제6조 구약은 신약과 서로 반대되는 것이 없음에 관하여

대개 신성과 인성을 겸비하여 하나님과 인류 사이에 유일한 중보자가 되신 그리스도께서 영생을 허락하신 것은 신구약 성경이 동일하게 증거하므로 옛날 선조들이 잠시 동안 약속으로 바라보았던 율법을 의지해서는 안 된다. 하나님께서 모세를 통해서 주신 예법과 의식에 관한 율법은 그리스도인을 속박하지 못하고, 또 모세의 민법에 관한 교훈도 어느 나라에서든지 반드시 채용할 필요가 없다. 그러나 어떤 그리스도인이든지 도덕이라 일컫는 계명에 순복하여야 한다.

제7조 원죄에 관하여

원죄는(펠레지안들의 헛된 말처럼) 아담을 따르는 것이 아니요, 아담으로부터 아담의 후손에게 유전된 인간본성의 부패를 의미하며, 모든 인간이 본래적인 의로부터 너무나 멀리 떨어져서 그 본성이 항상 죄악으로 기울어지는 것이다.

제8조 자유의지에 관하여

아담이 범죄한 이후로 인류는 자신의 자연적 힘과 행위로는 회개하고 자신을 훈련하여 하나님을 믿고 의지하지 못한다. 그러므로 우리로 하여금 선한 의지를 갖도록 인도하시며, 또한 우리가 그 선한 의지를 갖게 될 때 우리와 함께 일하시는 그리스도를 통한 하나님의 은혜가 아니면 우리에게는 하나님이 기뻐하시고 받으실 만한 선을 행할 능력이 없다.

제9조 사람의 칭의에 관하여

하나님 앞에서 우리가 의롭다 여김을 얻는 것은 오직 구주 예수 그리스도의 공로로 인하여 믿음으로 되는 것이요, 우리의 행위나 공로로 되는 것이 아니다. 그러므로 우리가 오직 믿음으로 의롭다 여김을 얻는다는 도리는 가장 온전하고 위로가 넘치는 교리이다.

제10조 선행에 관하여

선행은 믿음의 열매이며 칭의에 따라 오는 것이다. 또한 선행은 능히 우리의 죄를 없애지 못하며 하나님의 엄위한 심판을 감당하지 못한다. 그러나 선행은 그리스도 안에서 하나님이 받으실만하고 기뻐하시는 바요, 진실되고 살아있는 신앙에서 나오는 것으로서, 열매를 보아 그 나무를 아는 것 같이 살아있는 신앙의 증거가 된다.

제11조 의무 이상의 선행(여공)에 관하여

하나님의 계명 외에 자원하여 더 많이 하는 일을 의무 이상의 선행(여공)이라 하는데, 이는 오만하고 불경건한 사람만이 가르치는 것이다. 여기에 대하여 어떤 사람들은 자신들이 하나님께 당연히 할 의무를 다하였을 뿐 아니라, 하나님을 위하여 자신에게 요구된 것보다 더 많이 행하였다고 주장하나, 그리스도께서는 이에 대하여 '너희에게 명한 것을 다 행하고도 나는 무익한 종이다.' 말하라고 가르치셨다.

제12조 칭의의 은혜를 얻은 후의 범죄에 관하여

의롭다 하심을 얻은 후에 고의로 범하는 모든 죄가 성령을 거역하여 용서를 받지 못하는 죄는 아니다. 그러므로 의롭다 함을 얻은 후에 죄에 빠지는 사람에게 회개의 은혜를 얻지 못한다 말해서는 안 되며, 우리가 성령을 받은 후라도 은혜를 배반하고 죄에 빠지었다가 하나님의 은혜로 다시 일어나 우리의 삶을 개정할 수도 있다. 그러므로 세상에 거할 동안에 그들이 더 이상 죄를 범하지 못한다 하는 자들이나 죄를 범한 뒤에 참으로 회개할지라도 용서를 얻지 못 한다 주장하는 자들은 정죄를 받을 것이다.

제13조 교회에 관하여

보이는 그리스도의 교회는 충실한 신자들의 회중이며, 그 가운데서 순전한 하나님의 말씀이 전해지며 또한 그리스도의 예법을 따라 성례가 정당하게 실행된다. 그리고 이 모든 일들의 실행을 위하여 교회가 필요하다.

제14조 연옥에 관하여

연옥과 사죄와 성상과 성물에 경배하고 존중함과 성자들의 복을 비는 로마교의 교리는 헛되이 만들어진 것이다. 성경에 아무런 근거가 없으며, 오히려 하나님의 말씀에 반대되는 것이다.

제15조 회중에서 해득할 방언을 쓸 것에 관하여

공중 기도나 성례를 행할 때에 회중이 이해할 수 없는 언어를 사용하는 것은 하나님의 말씀과 초대교회의 규례를 분명히 위반하는 것이다.

제16조 성례에 관하여

그리스도가 설립하신 성례는 그리스도인 됨을 공인하는 표적과 증거가 될 뿐 아니라, 우리를 향하신 하나님의 은혜와 선한 의지의 효과적인 표적이니, 이를 통하여 하나님께서 우리 안에서 보이지 않게 역사하시어 우리의 믿음을 일깨우고 강화하고 확인하신다. 복음에는 우리 주 그리스도가 설립하신 두 가지 성례가 있으니 곧 세례와 주의 만찬이다. 견신례와 고행과 신품과 혼인과 도유식 등 다섯 가지는 오랫동안 성례라고 여겨져 왔지만, 이는 복음에 합당한 성례로 인정되어서는 안 된다. 그 가운데 어떤 부분은 사도의 도를 잘못 따름으로 된 것이요, 어떤 부분은 성경에 허락된 바 있는 삶의 정황에서 나온 것이지만 세례와 주의 만찬과 같이 하나님께서 설립하신 보이는 표적이나 예식이라는 성례의 본질을 갖고 있지 않다.

제17조 세례에 관하여

세례는 신앙고백의 표시요 그리스도인과 그리스도인이 아닌 사람과의 차이를 분별하는 표적이 될 뿐 아니라, 중생 곧 신생의 표가 되는 것이다. 또한 어린이에게 세례를 행하는 것은 그리스도의 가르침에 일치하므로 교회에 보존되어야 한다.

제18조 주의 만찬에 관하여

주의 만찬은 그리스도인들이 서로 실행해야 할 사랑의 표시일 뿐만 아니라, 그리스도의 죽으심으로 이루어진 구속의 성례전이다.

그러므로 바르고 합당하게 그리고 믿음으로 받는 이들에게 떼어서 나누어주는 떡을 먹는 것은 곧 그리스도의 몸을 받아먹는 것이요, 또한 이와 같이 그 복된 잔으로부터 포도주를 마시는 것도 그리스도의 피를 받아 마시는 것이다. 화체설(곧 주의 만찬에서 떡과 포도주의 실체의 변화)은 성경으로 증명할 수 없을 뿐만 아니라, 도리어 성경의 말씀에 명백히 모순되며 성례의 본래 의미를 파괴하는 것이요, 또 이로 인하여 미신이 많이 발생해왔다.

만찬 때에 그리스도의 몸을 주고받고 먹는 것은 천상적이고 영적인 방법으로만 이뤄져야 한다. 또한 오직 믿음으로만 그리스도의 몸을 받고 먹어야 한다. 주의 만찬을 성체라 하여 보관하거나 휴대하고 다니거나 거양함과 경배함은 그리스도의 명하신 것이 아니다.

제19조 주의 만찬의 떡과 포도주에 관하여

평신도에게 주의 잔으로부터 포도주 마심을 거절해서는 안 된다. 대개 그리스도의 예법과 명령대로 주의 만찬의 떡과 포도주를 모든 그리스도인에게 주는 것이 당연하다.

제20조 십자가에서 완성된 유일한 속죄 제물이신 그리스도에 관하여

그리스도께서 단 한 번 드리신 속죄제물은 온 세상의 모든 죄 곧 원죄와 자범죄를 위하여 완전한 구속과 화목과 만족이 되었으므로 그밖에는 다른 속죄법이 없다.

그러므로 「미사」에서 사제들이 공언하면서 산 자와 죽은 자를 위하여 그리스도를 제물로 드리어 그들의 고통과 죄를 없이 한다고 공언하는 것은 신성모독이요 위험한 속임수이다.

제21조 목사의 혼인에 관하여

하나님의 법에 그리스도교의 목사들은 독신생활하기를 맹세하라든가 혼인을 금하라든가 하신 명령이 없다. 그러므로 목사들도 모든 그리스도인과 같이 자신의 판단에 따라 하나님을 더 잘 섬기는 데 유익하다고 생각되면 결혼하는 것이 정당하다.

제22조 교회의 예법과 의식에 관하여

예법과 의식은 모든 곳에서 반드시 동일해야 할 필요는 없다. 대개 예법과 의식은 예로부터 다양하였으며, 또 나라와 시대와 민족의 풍속을 따라 변할 수 있으나, 다만 하나님의 말씀에 어긋나게 만들지 말아야 한다. 어떠한 사람이든지 자기가 소속한 교회에서 만들어 실행하기로 공인되었고 또 하나님의 말씀과 일치하는 예법과 의식을 개인의 판단에 따라 의도적으로 공적으로 파괴하는 자는 누구든지 징벌을 받아야 하되, 교회에서 통용되는 질서를 위반하는 것과 연약한 형제의 양심을 상하게 하는 자도 처벌되어야 한다. 이렇게 함으로 다른 사람들도 두려움을 갖고 같은 잘못을 범하지 못하게 함이다.

교회마다 예법과 의식을 만들기도 하며 고치기도 하고 혹은 폐지하기도 하여, 이 모든 것들이 계발되게 하여야 할 것이다.

제23조 그리스도인의 재물에 관하여

그리스도인의 부와 재물은 어떤 세상 사람들이 헛되이 자랑하는 것과 같은 권리와 권력과 소유가 되어서는 안 된다. 그러나 모든 그리스도인들은 마땅히 자기가 소유한 재물을 가지고 자신의 능력에 따라서 가난한 이들에게 너그럽게 베풀어야 한다.

제24조 그리스도인의 맹세에 관하여

우리 주 예수 그리스도 및 사도 야고보가 그리스도인이 헛되고 경홀히 맹세하는 것을 금지하신 것을 우리가 인정한다. 그러나 기독교는 어떤 사람이 행정관으로부터 요구받을 때에 믿음과 사랑으로 맹세하는 것을 금지하지 않는다. 다만 선지자의 가르침에 따라서 정의와 진리와 확신 가운데서 되어야 한다.

10. 처음 메도디스트 연합신도회(United Society) 규칙(1743. 5. 10)

- 김진두 역

(웨슬리는 신도회 수가 각 지방으로 증가해 가는 상황에서 모든 신도회들의 모든 필요를 다 충족시킬 수가 없게 되었다. 드디어 1743년 5월 10일에 연합신도회(The United Societies)가 결성되었으며 동시에 연합신도회의 총칙(the General Rules)을 발표하였다. 그는 이 총칙에서 메도디스트 신도회의 목적을 다음과 같이 설명하였다.)

"이 모임은 규칙적으로 함께 모여서 함께 경건의 능력을 추구하는 사람들
의 사귐으로서, 함께 기도하며, 함께 권고의 말씀을 받으며, 사랑 안에서 서
로를 돌보고 지켜주어(to watch over), 서로의 구원을 함께 이루어 가기 위
해 서로를 돕기 위하여 모이는 것이다. …"

이어서 이 총칙의 서두에는 메도디스트 신도회에 들어오는 자들에게
요구되는 한 가지 입회의 조건은 "오직 다가올 진노로부터 피하고 죄에서
구원 받고자 하는 소원 뿐"이라고 명시하였다. 그리고 이 규칙은 크게 세
부분으로 나뉘고 각기 안에 세부 규칙이 들어 있다.

첫째, 모든 종류의 악을 피하라.
남에게 해로운 일을 행하지 말라. 자세히 말하면
하나님의 이름을 망령되이 사용치 말라.
어떤 평상의 일이나 사고파는 일로 인하여 주일을 더럽히지 말라.
질병의 치료와 같은 꼭 필요한 일 외에는 술을 팔거나 사거나 마시거나
취하지 말라.
남과 싸우거나 말다툼하거나 시비 걸지 말라.

형제간에 소송하지 말라.

악을 악으로 갚지 말라.

욕을 욕으로 갚지 말라.

물건을 사고 팔 때에 많은 말을 하지 말라.(물건값을 깎지 말라.– 필자 주)

관세를 물지 아니한 물품을 매매하지 말라.

불법의 이자를 위하여 고리대금 행위를 하지 말라.

무자비하고 무익한 대화를 하지 말라. 특별히 행정관이나 목사에게 악한 말을 하지 말라.

내가 싫어하는 것을 남에게 시키지 말라.

하나님의 영광이 되지 않는 것을 행하지 말라. 즉, 귀금속을 몸에 지니거나 값비싼 옷을 입지 말라.

주 예수의 이름으로 사용될 수 없는 오락을 하지 말라.

하나님을 아는 일과 사랑하는 일에 부당한 노래를 부르거나 서적을 읽지 말라.

세속적인 것에 쉽게 타협하거나 세속에 방종하지 말라.

땅위에 재물을 쌓아 두지 말라.

갚을 수 없는 돈을 꾸지 말고 갚을 수 없는 외상을 지지 말라.

둘째, 모든 선을 행하라.

능력이 되는대로 모든 친절과 자비를 베풀고 기회 있는 대로 모든 사람에게 모든 가능한 종류의 선을 행하라.

사람의 몸을 위하여는; 하나님께서 주신 능력대로 배고픈 자에게 먹을 것을 주고,

벗은 사람에게 입을 것을 주고, 병든 사람과 옥에 갇힌 사람을 찾아가

도와주라.

사람의 영혼을 위하여는; 모든 교제하는 사람들을 가르치고 바르게 인도하고 권면하라.

"우리의 마음이 죄로부터 자유롭게 되기까지는 선을 행할 필요가 없다."라고 주장하는 열광 주의자들의 악마의 교리를 배격하라.

특별히 믿음의 가족들에게 선을 행하고, 믿음의 가족이 되기를 원하는 사람들에게 선을 행하라.

다른 사람들보다 먼저 믿음의 가족들을 고용하고 서로 팔아주라.

믿음의 가족들의 사업을 서로 도우라.

세상 사람들도 동료를 사랑하거든 믿음의 가족들은 더욱 서로 사랑하라.

할 수 있는 대로 부지런하고 절약하여 복음이 비난받지 않게 하라.

인내로서 앞을 향하여 달려 나가고, 자신을 부인하고 매일 자기 십자가를 지라.

그리스도의 고난을 당하고, 그리스도를 위하여 세상에서 버림받고 바보가 되는 것을 달게 받으라.

"세상 사람들이 너희를 향하여 거짓으로 악한 말을 하리라"고 주님을 위하여 기대하라.

셋째, 하나님의 모든 예법을 지키라.

하나님께 드리는 모든 공중예배에 참여하라.

성경말씀을 받는 모임에 참여하되, 말씀을 읽거나 강해하는 모임에 참여하라.

주의 만찬에 참여하라.

가족기도와 개인 기도를 지키라.

성경을 탐구하는 일에 참여하라.

금식과 절식을 지키라.

(위에 기록된 것은 우리의 총칙이니 하나님이 우리의 신앙과 실행을 위하여 하나님의 법칙인 성경으로 우리에게 가르치신 것이다. 우리 가운데서 누구든지 이 모든 것을 지키지 아니하거나 그 가운데 하나라도 습관적으로 어기면 그 영혼을 돌아보는 책임이 있는 사람에게 알게 할 것이다. 우리가 그 실행의 그릇된 것을 훈계하고 또 얼마 동안 참고 기다리다가 그 후에도 회개하지 아니하면 그 사람을 우리 가운데 더 이상 있지 못하게 할 것이다. 이렇게 하는 것이 우리가 우리들의 영혼에 대한 직무를 다 하는 것이다.)

11. 처음 메도디스트 반회(Band Meeting)의 규칙(1744년)

- 김진두 역

(웨슬리는 1744년(12월 25일)에 반회 신도회(Band-Society)에 다음과 같은 규칙(Directions)을 주었다. 이 규칙은 연합신도회에 준 총칙과 유사한 것으로서 어디서나 반회원들이 모범적인 메도디스트가 될 것이라는 기대 속에 주어진 것이다. 이 규칙은 곧 연합신도회 총칙과 구분 없이 모든 신도회에 널리 사용되었으며, 연합속회 총칙과 함께 가장 잘 알려진 메도디스트 규칙이다.)

"당신은 세상을 극복할 수 있는 믿음을 가져야 한다. 이 규칙들은 후회스런 것들이 아니다."

1) 조심하여 모든 종류의 악을 피하라.

① 주의 날에 아무것도 사거나 팔지 말라.

② 의사의 처방 없이 어떤 종류의 술도 마시지 말라.

③ 물건을 팔고 살 때 한마디 말만하고 물건값을 깎지 말라.

④ 생명을 구하기 위한 목적이 아니고는 아무것도 저당 잡지 말라.

⑤ 등 뒤에서 아무런 험담도 하지 말고, 험담하는 사람을 못하게 하라.

⑥ 반지, 귀걸이, 목걸이 등 사치스런 장신구 지니는 것을 금하라.

⑦ 의사의 처방 없는 한 담배와 같은 것에 자기 탐닉을 피하라.(또 다른 곳에서는 이런 것들이 포함된다. 지방 행정관이나 성직자를 비난하는 것, 호화로운 의복, 하나님의 지식이나 사랑이 없는 노래를 부르거나 책을 읽는 것, 땅 위에 보물 쌓기, 갚을 가능성이 없이 빌리는 것, 밀수, 고리대금 등)

2) 열심으로 모든 선을 행하라.

① 최선을 다하여 이웃의 몸을 위하여(good to man's bodies): 곤궁한 자를 먹이고, 입히고 방문하라(가난한 자, 병자, 갇힌 자를 방문). 사업에서 동료 메도디스트들을 고용하고 도우라.

② 이웃의 영혼을 위하여(good to men's souls): 사랑과 온유로 죄 짓는 자들을 책망하라.

③ 근면하고, 검소하며, 자기를 부정하라. 매일 십자가를 지는 생활을 하라. 세상의 모든 핍박을 극복하고 사랑과 자비를 행하라.

3) 지속적으로 하나님의 모든 예법을 지키라.

① 매주일 예배에 참여하고 성만찬을 받으며, 모든 신도회와 속회의 집회에 참여하라.

② 매일 새벽 말씀의 예배(preaching service)에 참여하라.

③ 매일 개인 기도와 가족 기도를 하라.

④ 수시로 가능한 때에 성경을 읽고 묵상하라.

⑤ 매주 금요일에 금식하고 금욕(절제)하라.

12. 한국 감리교회의 교리적 선언(1930년)

그리스도교회의 근본적 원리가 시대를 따라 여러 가지 형식으로 교회의 역사적 신조에 표명되었고 웨슬리 목사의 「24개 교리」와 「설교집」과 「신약주석」에 해석되었다. 이 복음적 신앙은 우리의 기업이요, 영광스러운 소유이다.

우리 교회의 회원이 되어 우리와 단합하고자 하는 사람들에게 아무 교리적 시험을 강요하지 않는다. 우리의 중요한 요구는 예수 그리스도께 충성함과 그를 따르려고 결심하는 것이다. 웨슬리 선생이 연합속회 총칙에 요구한 바와 같이 우리의 입회조건은 신학적보다 도덕적이요 신령적이다. 누구든지 그의 품격과 행위가 참된 경건과 부합되기만 하면 개인 신자의 충분한 신앙자유를 옳게 인정한다. 동시에 우리가 확실히 믿어오는 교리를 아래와 같이 선언한다.

1) 우리는 만물의 창조자시요 섭리자시며 온 인류의 아버지시요 모든 선과 미와 애와 진의 근원이 되시는 오직 하나이신 하나님을 믿으며

2) 우리는 하나님이 육신으로 나타나사 우리의 스승이 되시고 모범이 되시며 대속자가 되시고 구세주가 되시는 예수 그리스도를 믿으며

3) 우리는 하나님이 우리와 같이 계시사 우리의 지도와 위안과 힘이 되

시는 성신을 믿으며

4) 우리는 사랑과 기도의 생활을 믿으며 죄를 용서하심과 모든 요구에 넉넉하신 은혜를 믿으며

5) 우리는 구약과 신약에 있는 하나님의 말씀이 신앙과 실행의 충분한 표준이 됨을 믿으며

6) 우리는 살아 계신 주안에서 하나이 된 모든 사람들이 예배와 봉사를 목적하여 단결한 교회를 믿으며

7) 우리는 하나님의 뜻이 실현된 인류사회가 천국임을 믿으며 하나님 아버지 앞에 모든 사람이 형제됨을 믿으며

8) 우리는 의의 최후 승리와 영생을 믿노라 아멘.

13. 한국 감리교회의 신앙고백(1997년)

(한국감리교회는 1930년에 남·북감리교회가 하나의 감리교회로 통합하면서 '교리적 선언'을 선포하였다. 그러나 이것은 당시의 미국감리교회의 자유주의 신학의 영향을 너무 나 많이 받았기 때문에 성경적이고 복음적인 교리라고 볼 수도 없을 뿐 아니라, 웨슬리 전 통의 메도디스트 신앙이 충실하게 표현되어 있지 않다는 비판을 오랫동안 받아왔었다. 기 독교대한감리회는 마침내 1997년에 새로운 신앙고백문을 제정하여 선포하기에 이르렀다.)

1) 우리는 우주 만물을 창조하시고 섭리하시며 주관하시는 거룩하시고 자비하시며 오직 한 분이신 아버지 하나님을 믿습니다.

2) 우리는 말씀이 육신이 되어 우리 가운데 오셔서 하나님의 나라를 선 포하시고 십자가에 달려 죽으셨다가 부활승천 하심으로 대속자가 되시고 구세주가 되시는 예수 그리스도를 믿습니다.

3) 우리는 우리와 함께 계셔서 우리를 거듭나게 하시고 거룩하게 하시며 완전하게 하시며 위안과 힘이 되시는 성령을 믿습니다.

4) 우리는 성령의 감동으로 기록된 하나님의 말씀인 성경이 구원에 이르는 도리와 신앙생활에 충분한 표준이 됨을 믿습니다.

5) 우리는 하나님의 은혜로 믿음을 통해 죄 사함을 받아 거룩해지며 하나님의 구원의 역사에 동참하도록 부름 받음을 믿습니다.

6) 우리는 예배와 친교, 교육과 봉사, 전도와 선교를 위해 하나가 된 그리스도의 몸인 교회를 믿습니다.

7) 우리는 만민에게 복음을 전파함으로 하나님의 정의와 사랑을 나누고 평화의 세계를 이루는 모든 사람들이 하나님 앞에 형제 됨을 믿습니다.

8) 우리는 예수 그리스도의 재림과 심판 우리 몸의 부활과 영생 그리고 의의 최후 승리와 영원한 하나님 나라를 믿습니다. 아멘.

14. 한국 감리교회의 사회신경(1930년)

1) 하나님의 창조와 생태계의 보존: 우리는 하나님의 명하심을 따라 우주 만물을 책임 있게 보존하고 생태계의 위기를 극복해야 하는 사명이 있다.

2) 가정과 성, 인구 정책: 우리는 가정과 성이 하나님께서 정하신 귀한 제도임을 믿는바 가정을 올바로 보존하며 성의 순결성을 지키는 것은 우리의 사명이다. 그리고 우리는 인구 문제로 인한 세계적 위기를 극복하기 위해 책임 있는 인구 정책이 수립되도록 노력한다.

3) 개인의 인권과 민주주의: 우리는 하나님의 형상대로 지음 받은 인간

에게 자유와 인권이 있음을 믿는다. 따라서 정권은 민주적 절차와 국민의 위임으로 수립되어야 하며 국민 앞에 책임을 져야 한다. 우리는 정권 유지를 위해 국민을 억압하고 언론의 자유를 위협하는 어떠한 정치 제도도 배격한다.

4) 자유와 평등: 우리는 모든 사람들이 하나님 앞에서 자유롭고 평등하기 때문에 성별, 연령, 계급, 지역, 인종 등의 이유로 차별하는 것을 배격하며 모든 사람들이 더불어 사는 사회 건설에 헌신한다.

5) 노동과 분배 정의: 우리는 자기실현을 위한 노동의 존엄성과 하나님이 주신 소명으로서의 직업을 귀하게 여긴다. 동시에 우리는 그 과정에서 나타나는 빈부의 격차를 시정하여 분배 정의가 실현되도록 최선을 다한다.

6) 복지 사회 건설: 우리는 부를 독점하여 사회의 균형을 깨뜨리는 무간섭 자본주의를 거부하며 동시에 인간의 자유를 억압하는 전체주의적 사회주의도 배격한다. 우리는 온 국민이 사랑과 봉사의 정신으로 서로 도우며 사는 복지 사회 건설에 매진한다.

7) 인간화와 도덕성 회복: 오늘의 지나친 과학 기술주의가 비인간화를 가져오고 물질 만능주의가 도덕적 타락(성도덕, 퇴폐문화, 마약 등)을 초래한다. 따라서 우리는 올바른 인간 교육. 건전한 생활, 절제 운동(금주, 금연 등)을 통하여 새로운 가치관의 형성과 도덕성 회복을 위해 앞장선다.

8) 생명 공학과 의료 윤리: 우리는 근래에 급속히 발전한 생명 공학이 하나님의 창조의 질서와 인간의 존엄성을 파괴할 수도 있다는 사실과, 근대 의학의 발전이 가져오는 장기 이식 등에 대해 교회의 책임 있는 대책과 올바른 의료 윤리의 확립이 시급함을 강조한다.

9) 그리스도의 유일성과 정의 사회 실현: 우리는 예수 그리스도가 우리

의 유일한 구주임을 믿는다. 또한 오늘의 현실 속에서 정의로운 사회 건설을 위해서는 타종교와 공동 노력한다.

10) 평화적 통일: 우리는 반만년의 역사를 가진 하나의 민족이 여러 가지 국내외적 문제로 분단되어 온 비극을 뼈아프게 느끼며 이를 극복하기 위해 민족의 동질성 회복과 화해를 통한 민족, 민주, 자주, 평화의 원칙 아래 조속히 통일되도록 총력을 기울인다.

11) 전쟁 억제와 세계 평화: 우리는 재래적 분쟁은 물론, 인류를 파멸로 이끄는 핵무기 생산과 확산을 반대한다. 동시에 세계의 기아 문제, 식량의 무기화, 민족 분규, 패권주의 등의 해결을 위해 모든 나라와 협력함으로 세계 평화에 이바지한다.

15. 영국 감리교회의 70개 교리문답(1952년) - 김진두 역

(영국 메도디스트 교회는 웨슬리 사후 19세기 초부터 메도디스트 교회의 교리의 규범을 만들기 위해서 교리제정위원회를 운영하며 총회 때마다 진지한 노력을 기울여왔다. 이미 밝힌 대로 초기 메도디스트 총회는 웨슬리 사후에도 성경적/진정한 기독교/메도디스트 교리의 규범을 만들고 동시에 설교자와 목사 후보생들에게 교리 심사를 엄격하게 치르게 하였다. 메도디스트 교회가 약 20여개로 분열되었을 때에도 각 교회마다 교리문답을 가지고 있었으며, 특별히 가장 큰 교회였던 웨슬리안 메도디스트 교회와 원시 메도디스트 교회(Primitive Methodist Church)는 대단히 우수한 교리문답을 만들고 시대를 따라서 여러 번 개정하면서 발전시켜 왔다. 1930년에 하나의 메도디스트 교회로 통합된 이후로도 교리에 많은 관심을 가지고 총회에서 진지하게 다루어 왔으며, 1952년에 아래와 같은 70문 70답으로 구성된 교리문답을 만들었다. 이것은 바로 웨슬리 형제와 초기 메도디스트들의 교리에 대한 진지한 태도를 계승한 것이라고 본다. 이 교리는 아마도 세계 메도디스트 교회의 역사에서 가장 성경적이고 전통적 기독교 교리를 포괄하면서도 동시에 메도디스트 교회의 신앙이 섬세하게 잘 표현된 교리라고 할 수 있다. 한국 감리교회는 이 교리문답으로부터 배울 점이 많고 또 개체 교회에서 교인의 학습에 사용할 수도 있다고 생각한다.)

A. 그리스도인이란?

(1) 그리스도인이란?

그리스도인들은 하나님이 예수 그리스도 안에 자기 자신을 계시하셨다고 믿으며, 예수 그리스도를 그들의 주(Lord)와 구주(Saviour)로 영접하고, 하나님과 교제하며, 성령의 능력 안에서 살아가고, 그리스도교회의 친교 가운데 있는 사람들이다. 행 11:6; 요 1:1-5, 14-18; 요 14:8-11; 히 1:1-3

(2) 그리스도인의 소명이란?

그리스도인은 하나님으로부터 예수 그리스도를 신뢰하고 따르고, 그와 동행하며, 그의 말씀과 행하심을 배우도록 부르심 받으며, 성령의 능력 안에서 다른 그리스도인들과 교제하면서 자신의 사명을 실행하도록 부르심을 받는다. 막 1:16-20, 3:13-15; 요 20:21-22; 행 1:8

(3) 예수 그리스도의 사명은 무엇인가?

다가오는 하나님의 나라를 선포하고, 사람들로 하여금 회개하고 하나님의 나라를 영접하며 자신들의 죄에서 돌이켜 복음을 믿고 살도록 하는 것이다. 막 1:14-15

(4) 회개란 무엇인가?

회개는 죄를 슬퍼하는 마음으로 죄를 버리고 예수 그리스도 안에서 용서와 새 생명을 얻기 위하여 하나님께로 마음을 향하고 나아가는 것이다. 눅 3:1-14, 15:17-20; 암 5:10-15; 시 51:1-14

(5) 죄란 무엇인가?

죄는 하나님으로부터 분리된 상태이며, 모든 인류에게 영향을 미치는 것이다. 죄는 우리의 죄악 된 상태에서 발생하는 것이며 하나님의 존재와 능력과 목적을 부정하는 모든 생각과 말과 행동을 의미한다. 롬 3:9-18,

23; 7:13-20; 시 51:1-5

(6) 죄의 결과는 무엇인가?

죄는 하나님의 은혜의 효력을 방해한다. 죄는 우리의 하나님과의 관계와 인간 상호간의 관계 및 우리 자신과의 관계와 세계와의 관계를 단절시키며 타락시킨다. 그러므로 죄의 결과는 하나님이 조화롭게 만드신 곳에서 일어나는 부조화이다. 창 3:14-19; 약 4:1-3

(7) 복음이란 무엇인가?

하나님께서 우리의 죄악의 문제를 해결하기 위하여 예수 그리스도 안에서 결정적으로 하신 일이다. 즉 복음은 하나님이 우리를 구원하시기 위해서 하신 일이다. 하나님은 우리에게 그의 사랑과 용서와 용납 그리고 그리스도 안에서 새 생명을 주신다. 요 3:16; 행 10:36-43

(8) 구원이란 무엇인가?

구원은 우리의 죄가 용서되고, 죄책감에서 구조되고, 그리스도 안에서 새로운 생명을 선물로 받는 것이다. 구원은 이제 시작되어, 우리에게 죽음을 이기는 승리를 얻으며, 천국에서 비로소 하나님과 함께 완성되는 과정이다. 막 2:1-4; 10:28-31, 45; 고후 5:18-21; 롬 5:15-21

B. 하나님께서 그리스도 안에서 우리를 위해 무엇을 하시는가?

(9) 어떻게 하나님이 우리를 구원하시는가?

하나님은 그의 아낌없는 은혜로 우리를 변화시키셔서 적대자의 관계에서 친구의 관계로 바꾸어 주신다. 그는 우리를 자신처럼 의롭게 해주시고, 그리스도 안에 있는 새로운 생명을 주시고, 성령을 통하여 그의 거룩한 백성이 되게 하신다. 우리가 회개하여 그에게 돌아가 우리를 위하여 십자가에서 죽으시고 다시 부활하신 예수 그리스도를 믿을 때 그의 은혜를 받게 된다. 막 1:14-20; 롬 5:1-11; 벧후 1:18-21, 2:10

(10) 은혜란 무엇인가?

은혜는 하나님의 주권적인 사랑과 호의로서 그것을 받을 가치도 없고 하나님께 대하여 적대적인 사람들에게 값없이 주어진다. 요 3:16; 마 11:28-30; 엡 2:4-9; 롬 5:6-8

(11) 회심이란 무엇인가?

우리가 회개하고 믿음으로 그의 은혜에 응답할 때 하나님께서 우리 안에서 이루시는 변화이다. 행 26:18, 9:1-21; 엡 4:22-24

(12) 예수 그리스도에 대한 믿음이란 무엇인가?

예수 그리스도에 대한 믿음이란 오직 그를 통하여 하나님이 우리에게 구원을 베푸신다는 것을 신뢰하는 것이다. 우리는 하나님의 뜻을 행하려는 열망과 다른 사람들에게 보여주는 실제적인 사랑으로 우리의 믿음을 보여줄 수 있다. 엡 2:4-10; 약 2:14-26; 행 16:29-31

(13) 예수 그리스도는 무슨 일을 하셨는가?

예수 그리스도는 사람들에게 하나님을 알려주고, 그들에게 하느님의 은혜를 주시려고 왔다. 이를 위해 그는 인간의 삶과 죽음을 경험하였고, 십자가에서 죽임을 당하였다. 하나님은 큰 능력과 영광으로 죽음에서 그를 다시 살리셨으며 이렇게 하여 죄와 죽음이 정복되고 모든 믿는 자에게 하나님의 나라가 열리게 되었다. 빌 2:5-11; 롬 8:31-39; 요 3:16; 고후 8:9

(14) 우리는 예수 그리스도의 죽음과 부활을 어떻게 이해할 것인가?

예수 그리스도는 죽임을 당하시고 우리를 위해 다시 부활하셨다. 그래서 우리는 그를 위해 살아야 하는 것이다. 성경은 이에 대한 다양한 표현들을 보여주고 있다.

– 그는 모든 사람들을 구원하기 위해 그의 생명을 주었다. 막 10:45; 사 53

– 그는 하나님께서 그의 백성을 해방시키는 표지로서 희생된 유월절 양에 비유된다. 고전 6:7; 출 12

– 그는 또한 속죄일에 희생된 양에 비유된다. 요일 2:2; 계 5; 롬 5:6-11

– 그리스도에 연합하는 것은 새로운 창조로 묘사된다. 고후 5:14-18

– 그리스도는 자신의 죽음과 부활로 악의 권세를 이기셨다. 골 2:11-15

이것들 중 어느 것도 홀로 완전하지 않다. 이 모든 말씀은 하나님께서 그가 창조하신 세상을 위해 십자가를 통해 결정적으로 일하셨다는 사실을 가리킨다.

(15) 신생(新生; new birth)이란 무엇인가?

신생과 중생과 회심은 모두 하나님께서 우리를 죄의 상태에서 예수 그리스도 안에 있는 새로운 생명으로 옮겨지는 과정을 뜻하는 용어이다. 이 새로운 생명 안에서 우리 속에 있는 성령의 역사하심을 통하여 우리가 성장한다. 요 3:1-8, 14-17; 엡 2:1-5

(16) 어떻게 우리가 하나님 앞에서 의롭게 되는가?

예수 그리스도께서 행하신 일과 우리가 그를 믿음으로 응답한 것에 근거하여 하나님께서 우리의 죄를 용서하시고, 우리를 용납하시고, 우리가 그의 자녀가 되었다고 선언하시며, 하나님과 우리의 관계를 회복시키실 때 우리가 의로워진다. (칭의) 고전 1:26-31; 롬 8:1

(17) 어떻게 우리가 하나님의 거룩한 백성이 되는가?

우리는 우리 삶 속에서 일하는 성령의 사역을 통하여 하나님의 거룩한 백성이 되어간다.(성화) 우리의 내면으로부터 새로워지며, 하나님의 지속적인 사랑으로 말미암아 변화되어 예수 그리스도를 닮게 되며, 우리 하나님 아버지의 뜻을 행할 수 있는 능력을 부여받아 개인이나 또는 공동체가 그리스도인의 성숙을 향하여 자라간다. 벧전 2:9-10; 엡 3:14-21, 4:12-16; 롬 12:1-21

(18) 우리는 어떻게 우리의 구원을 확신할 수 있는가?

우리에게 약속으로 주어진 성경 말씀을 통하여, 성령이 주시는 내적 확증을 통하여, 하나님이 우리 안에서 역사하심을 보여주는 우리의 행동에 나타나는 증거로, 동료 그리스도인들의 격려를 통하여 구원의 확신을 얻는다. 롬 8:14-17, 31-39; 히 10:23-25; 딤후 2:11-13; 갈 5:19-23; 요일 1:5-2:6; 요 10:27-30

(19) 회개하지도 않고 하나님께로 돌아오지도 않는 사람들의 상태는 어떠한가?

그들은 여전히 하나님의 심판아래 있고 하나님과 분리되어 있다. 마 7:13-14, 21-27; 요 3:18; 마 25:31-46

(20) 인생의 끝까지 믿음을 지킨 사람들에게 주시는 하나님의 약속은 무엇인가?

그들이 이미 은혜 안에서 누리는 풍성한 삶이 완전하게 그들의 소유가 될 것이다. 그들은 그리스도의 죽음에 대한 승리를 실제로 경험할 것이다. 그리고 그들은 완전히 하나님의 현존 안에서 모든 신자들과 영원한 기쁨을 나눌 것이다. 이것이 천국이다. 눅 23:40-43; 요 10:10, 11:25-26; 6:40; 고전 13:8-13, 15:12-57

C. 그리스도인의 생활: 실제적인 새 생활

(21) 새로운 생활이란?

하나님의 은혜로 그리스도의 구속의 사역을 통하여 하나님 나라의 상속자들이 된 사람들이 성령의 능력 안에서 살아가는 삶이다. 롬 8:1-17

(22) 하나님의 나라란?

하나님이 만드신 만물을 정의롭게 다스리는 하나님의 통치이고, 예수 그리스도 안에서 그 나라를 받아들인 사람들에게만 현재적으로 완전히 이해되는 통치이다. 종국에는 하나님의 통치가 모든 사람들에 의하여 인정될 것이고, 하나님이 예수 그리스도를 통하여 모든 인류를 심판하실 때 명백하게 세워질 것이다. 고전 15:24-28; 계 4:11; 막 1:14-15; 마 13:24-33

(23) 우리가 어떻게 하나님의 통치에 복종할 수 있는가?

우리는 예수 그리스도 안에서 보여주신 우리를 향한 하나님의 사랑에 대하여 우리가 감사함으로 순종하여 모든 것을 행함으로서, 그리고 우리에게 주신 성령의 능력으로 하나님의 뜻을 행함으로서 하나님의 통치에 복종할 수 있다. 요 15:5-7; 골 3:17; 롬 8:1-11

(24) 어떻게 하나님은 우리를 인도하시는가?

하나님은 성령이 우리의 양심을 촉진하는 역사를 통하여 우리를 우리의 내면으로부터 인도하신다. 우리가 성경의 가르침을 배울 때 그 말씀을 통하여 인도하신다. 즉 성도의 간의 교제와 교우들의 충고를 통해서, 그리고 일상의 사건과 상황에 우리가 대처할 때 인도하신다. 특별히 우리가 예수 그리스도의 훌륭한 모방자가 되기를 힘쓸 때에 우리를 인도해주신다. 요 16:12-15; 행 16:6-10; 딤전 5:23

(25) 하나님이 우리에게 원하시는 삶의 길을 어디에서 발견하는가?

하나님의 우리를 향한 목적은 그의 율법이 우리의 의지 속에 기록된 것이다. 그리하여 우리의 행위에 대한 동기가 내면에서 나오는 것이다. 그렇지만 우리 죄의 한 가지 결과는 우리가 우리의 마음속에서부터 하나님의 율법을 불완전하게 의식한다는 것이다. 그래서 하나님은 다른 식으로 그의 율법을 우리에게 주신다. 즉, 그것은 신구약의 계명 속에서 발견되며 예수의 삶과 가르침에서 발전하고 적용된다. 그리고 그것이 하나님의 백성의 마음에 새롭게 기록되게 하는 것은 바로 성령의 역사이다. 렘 31:31-34; 출 20:1-17; 마 5:13-6:34

(26) 십계명이란?

(27) 십계명은 우리에게 무엇을 가르치는가?

하나님은 우리에게 당신을 사랑하고 예배하고 또한 이웃을 사랑하여 하나님의 은혜에 응답하는 법을 가르치신다. 신 6:5; 레 19:18

(28) 예수는 십계명을 어떻게 이해하였는가?

그는 십계명의 온전한 요구가 무엇인지를 밝힘으로써 우리들의 외적인 행위 뿐 아니라 내면의 생각과 의도에 십계명을 적용하였다. 그는 부정한 분노와 탐욕, 증오, 교만, 욕망을 정죄하였다. 그는 또한 하나님을 믿는다는 것은 계명을 지키는 것 이상의 의미를 지닌다고 생각하였다. 즉 전존재가 하나님을 신뢰하는 것으로 이해하셨다. 마 19:16-22

(29) 예수는 계명들을 어떻게 이해하였는가?

예수는 '주 하나님을 온 마음과 온 영혼과 온 뜻을 다하여 사랑하십시오' 라고 말씀하셨다. 이것은 가장 크고 중요한 계명이다. 두번째로 중요한 계명은 이것이다. '당신이 자신을 사랑하듯이 당신의 이웃을 사랑하십시오'. 그는 또한 '이제 여러분에게 새로운 계명을 드립니다. 서로 사랑하십시오. 내가 여러분을 사랑하듯이, 여러분도 그렇게 서로 사랑해야 합니다.' 라고 가르치셨다. 신 6:5; 마 22:34-40; 요 13:1-17, 34, 15:11-17

(30) 어떻게 하나님께 우리의 사랑을 보일 것인가?

우리는 믿음과 기쁨과 순종으로 그를 예배하고 섬길 때에 하나님을 향한 우리의 사랑을 보여드리는 것이다. 요일 4:7-21; 요 14:21-24, 15:10

(31) 어떻게 우리는 우리의 이웃을 우리 자신처럼 사랑하는가?

다른 사람들이 우리를 위해서 해 주기 바라는 모든 일들을 이웃을 위해서 해줌으로써 우리 자신처럼 이웃을 사랑한다. 예수께서는 이런 사랑이란 다른 사람들을 위하여 죽기까지 하는 것을 의미한다고 가르치셨다. 마 7:12; 요일 3:11-18

(32) 누가 우리의 이웃인가?

우리의 이웃은 우리가 만나는 모든 사람, 우리가 사랑을 보여 줄 수 있는 모든 사람이다. 우리가 이웃의 사랑을 보여주어야만 하는 사람들은 인종이나 종교나 지역의 제한이 없다. 눅 10:25-37; 약 2:14-17

(33) 어떻게 하나님의 율법이 성취되는가?

하나님의 율법은 하나님의 뜻을 나타낸다. 예수 그리스도가 완전한 사랑 안에서 하나님의 뜻을 성취하셨다. 그리스도는 당신 자신이 본을 보이심으로서, 그리고 성령을 통하여 우리 안에 거하심으로 우리가 당신 자신이 하신 것과 똑같이 행할 수 있도록 능력을 주신다. 롬 13:10; 요 12:49-50, 13:10

(34) 하나님의 뜻을 행하는 사람들의 표시는 무엇인가?

그들은 성령의 열매, 사랑과 희락과 화평과 인내, 온유, 자비, 양선, 충성, 절제의 열매를 맺는다. 그러나 가장 큰 은사는 사랑이다. 요13:55; 고전 12:31-13:13

(35) 그리스도인의 완전이란 무엇인가?

성령을 통하여 하나님이 우리에게 그의 사랑을 주시고, 온 마음과 온 영혼과 뜻과 힘을 다하여 우리가 하나님을 사랑하고 우리 자신처럼 이웃을 사랑하도록 하신다. 이 사랑의 은사는 모든 그리스도인들에게 주어진다. 그리고 이에 대한 응답으로 우리는 하나님의 은혜가 인간의 삶 속에 이룰 수 있는 일들에는 한계가 없다고 확신한다. 하나님은 우리에게 성령을 주셔서 우리에게 주시는 그의 사랑에 대한 확신을 주시고, 그리스도 안에서 그가 우리를 사랑하는 것처럼 우리가 사랑할 수 있도록 해주신다. 하나님의 사랑이 우리 속에서 완전해질 때, 우리는 또한 우리의 이웃에게 그리스도를 나타내어 그들이 우리 안에서 예수를 볼 수 있도록 한다. 완전한 사랑은 그리스도인의 완전이라고 부를 수 있으며, 예수 그리스도를 온전히 신뢰한 결과이고 오직 그럴 때에만 가능하다. 이것은 점진적으로, 혹은 한 순간에 주어지는데, 어느 때에라도 영적 성장이 끝난 것을 의미하지는 않는다. 왜냐하면 그리스도인의 완전은 오직 사랑 안에서 완전이기 때문이다. 그것은 실수와 무지에서 자유롭다는 것이 아니다. 오직 하나님만이 절대적으로 완전하다. 롬 8:12-17; 요일 4:7-21; 롬 5:5

D. 그리스도인의 생활: 기도

(36) 기도란?

기도는 우리가 하나님과 나누는 대화이며 말로서 혹은 말없이 이루어진다. 마 6:5-14; 롬 8:26-27

(37) 왜 기도해야 하는가?

우리는 하나님과 친교를 나누기 위해 지음 받았고, 예수 그리스도 안에서 하나님과 화해하기 위하여 기도해야 한다. 기도는 하늘 아버지 하나님과의 사랑 가득한 관계를 자연스럽게 표현하는 것이다. 우리는 그를 신뢰하고 모든 일에 있어서 그의 뜻을 행하기를 원하기 때문에 기도한다. 우리는 그에게 의존하고 그의 지도와 능력과 위로를 얻기 위해 기도한다. 예수님 자신이 자주 기도하였고 그의 제자들에게 그렇게 하도록 가르치셨다. 눅 11:1-13, 18:1-8, 22:39-46; 롬 8:14-17; 약 1:2-8

(38) 우리의 기도는 무엇을 포함하는가?

찬양과 경배 – 하나님을 찬양하고 경배한다

고백과 참회 – 우리 자신의 모습 그대로를 인정하고, 그의 용서를 구하고, 회개하며 하나님께 나아간다.

중보의 기도 – 다른 사람들을 위하여 기도한다.

간구 – 우리는 우리 자신이 필요로 하는 것들과 관심사에 대하여 하나님께 기도한다.

감사 – 우리에게 주시는 모든 것에 대하여 감사한다. 특별히 예수 그리스도 안에 있는 우리의 구원에 대하여.

묵상 – 조용히 하나님의 본성과 그가 행하신 일들을 회상하고 그분이 우리에게 말씀하시기를 기다린다. 시 18; 계 4:8, 15:3-4; 시 51, 시 72, 시 6; 빌 4:6; 시 30; 살전 1:2-3

(39) 하나님은 항상 우리의 기도를 들으시는가?

하나님은 항상 우리의 기도를 들으신다. 그러나 항상 즉각적으로 우리가 기대한 대로 응답하시지 않으신다. 때로 그가 응답하시지만 우리가 깨닫지 못할 수도 있다. 혹은 바로 우리 자신이 하나님이 우리의 기도와 다른 이들의 기도에 응답하시는 도구일 수도 있다. 마 6:7-8; 약 4:1-10; 고후 12:7-10; 삼하 12:15-23

(40) 예수께서 어떻게 기도하라고 가르치셨는가?

그는 '주의 기도'라고 부르는 기도를 우리에게 알려주셨는데, 그것은 우리가 사용하는 기도이자 우리가 드리는 모든 기도의 모범이기도 하다. 마 6:9-13

(41) 주기도문이란?

(42) 왜 우리는 그리스도의 이름으로 기도하는가?

그가 구원하시어 하나님과 화해하게 된 사람들이 그리스도의 이름으로 기도하는 것은 그의 권위로 기도하는 것이다. 그의 이름으로 기도한다는 것은 또한 우리가 구하는 것이 바로 그리스도가 우리를 위해 구하시는 것임을 의미한다. 즉 기도는 우리 자신을 그분의 뜻과 일치시키는 일이다. 그래서 우리는 우리의 요청을 시험해본다. 요 14:11-14, 16:23-24; 약 4:1-10

E. 교회와 교회들

(43) 교회란?

교회는 예수 그리스도를 통하여 하나님이 그의 백성이 되도록 부르시고, 성령 안에서 일치를 이루고 이 땅 혹은 천국에서 사는 모든 사람들을 가리킨다. 성령은 교회를 인도하시고, 그 구성원들에게 다양한 은사들을 주셔서 서로서로 세워주고, 용기를 주고, 기쁨으로 이웃을 섬길 수 있도록 해준다. 세계에 흩어진 교회는 각기 지역에 따르는 집회의 형태를 띠는데, 이곳에서는 사도들을 통하여 전달된 그리스도의 메시지가 설교되고, 성례와 그 외 다른 예배 행위들을 축하하는 가운데 하나님이 영광을 받으신다. 그리고 그리스도인들이 그리스도인의 생활을 나눈다. 엡 4:1-6; 벧전

2:9-10; 살전 1:1; 빌 1, 2; 고전 14:26-32; 골 4:15-17

(44) 누가 교회의 사역을 하는가?

그리스도 자신이 종과 목회자로 삶을 드려서 우리를 위해 하나님께 가는 길을 열어주셨다.(그의 제사장적 사역) 모든 그리스도인들은 교회 안에서 또 세상에서 섬기는 그리스도의 사역을 계승하도록 부름 받는다. 예수는 성령을 통하여 그리스도인에게 영적 은사를 갖추게 하시고, 훈련된 삶을 통하여 교회전체의 유익을 도모하고, 온 세계를 섬길 수 있도록 하신다. 교회의 구성원들은 하나님께 직접 다가갈 수 있는 특권과 책임을 나눌 때 다른 사람들을 하나님과 인격적인 관계를 맺도록 인도하고 모든 사람들을 위하여 기도해야 하는 소명을 받는다. 이것이 '만인 제사장직' 이다. 마 10:43-45; 엡 4:7-16; 고전 12:4-31; 롬 12:3-8; 벧전 2:9; 요 13:12-17; 히 13:15-16

(45) 교회의 사역은 어떻게 이루어지나?

교회의 사역은 그리스도인들이 하나님의 부르심에 응답하여, 성령이 그들에게 내려주신 은사들을 발견하고 사용함으로서 이루어진다. 어떤 소명은 교회의 특별한 임명을 받는데, 소명이 검증된 사람들이 하나님의 도우심에 맡겨지게 된다. 이들 중에는 말씀과 성례를 맡는 성직이 있다. 그들의 소명이 어떤 위임의 형태로 인정받고 받지 못하고는 상관없이 모든 그리스도인들은 교회가 받은 섬김의 소명에 동참하는 것이다. 롬 12:3-8; 행 13:1-3; 딤전 4:14

(46) 하나님을 예배하는 것이란?

예배는 성령의 능력 안에서 하나님의 위대한 행적을 기쁨으로 선포하고 그분의 영광스러운 성품을 축하하는 것이다. 우리는 격식을 갖춘 예배로서 또는 자유로운 예배로서 하나님을 예배하며, 우리의 생활 속에서 다른 사람들을 섬기는 중에 하나님을 섬김으로 예배한다. 고후 5:11-14; 계 4, 15:3-4; 시134, 136, 138, 150; 벧전 2:9-10; 롬 12:1-2

(47) 성례란?

성례는 하나님이 예수 그리스도 안에서 세상을 위하여 하신 일들을 드러내고 선포하며 신자들의 공동체에 그 하신 일들의 유익을 전달하는 것이다. 또한 성례는 하나님께 대한 우리의 헌신과 충성의 표지가 된다. 개신교회들은 세례와 성만찬의 두 가지 성례를 인정한다. 마 28:19; 고 11:2-25

(48) 세례란?

세례는 우리의 생명이 살아나는 부활을 갈망하며 실행된다. 세례는 하나님께서 절망 가운데 있던 우리에게 그리스도 안에서 보여주신 은혜와 죄 용서와 죄 씻음, 그리고 그리스도의 죽음에 동참함으로서 죄 된 옛 생활을 끝내고 성령의 역사로 말미암아 그리스도 안에서 새 생명으로 다시 태어남을 선포한다. 세례를 통하여 우리는 하나님의 백성 가운데로 들어가며, 하나님의 약속하신 구원을 얻으며, 하나님의 자녀들의 제사장적 소명에 동참한다. 세례를 받으려면 우리는 회개와 그리스도를 주님과 구주로 믿는 믿음을 필요로 한다. 세례는 수세지원자를 물속에 잠기게 하거나 물속에 담금으로서 또는 수세지원자에게 물을 뿌림으로서 성부와 성자와 성령의 이름으로서 행해진다. 세례는 유아에게도 베풀어지는 데 성년이 될 때에 합당한 믿음으로 응답할 것이라는 기대 속에서 행해진다. 또한 세례는 청년들과 어른들에게 베풀어지는 데, 미리 하나님의 은혜를 받고 합당하게 보인 응답을 인정한 후에 행해진다. 요 3:5-8; 롬 6:1-14; 골 2:2; 행 2:38-39, 10:44-48, 8:36-38; 마 28:19-20

(49) 주의 만찬이란?

주의 만찬에서 예수 그리스도는 그를 예배하는 사람들과 함께 계시고 그들의 주와 구주로서 그들에게 자신을 내어 주신다. 신자들은 떡을 먹고 포도주를 마실 때 성령의 능력을 힘입어 믿음과 감사함으로 예수 그리스 도를 받는다. 신자는 주의 만찬에서 예수께서 십자가 위에서 많은 사람들을 위해 단번에 자신을 드려 이루신 희생제사에 대하여 온 교회와 함께 감사한다. 주의 만찬은 그리스도께서 제자들과 함께 가지셨던 최후의 만찬을 상기시킨다. 주의 만찬은 그리스도의 수난, 곧 그의 죽음과 부활을 선포하고, 수찬자들을 그리스도와 연합시킨다. 또한 성찬은 수찬자들로 하여금 그리스도 안에서 산 제물이 되게 하며, 천국의 잔치를 미리 맛보게 하신다. 마 14:22-26; 고전 10:16, 11:23-29

(50) 왜 서로 다른 종류의 교회가 많이 있는가?

지상의 교회는 인간 사회의 제도와 같다. 그러므로 모든 그런 집단처럼 자체의 정체성을 성취하고, 외부의 위협으로부터 자신을 보호하고, 자체의 기구를 통제하는 힘을 가질 필요가 있다. 신약시대로부터 이런 이유로 갈등과 분리와 적대감이 생겨났다. 그러나 과거 역사적인 분리들은 이제 약화되어 가고, 현재 시대에는 성령의 인도 아래서 서로 다른 교회들이 함께 일할 수 있는 세계교회협의회와 같은 초교파적 기구들이 세워지고 있다. 고전 1:10-17

F. 교회의 신앙

(51) 그리스도인들이 믿는 것을 어디에서 찾을 수 있는가?

그리스도인의 믿음은 성경에서 찾을 수 있고, 역사적인 교회신조들(신앙 고백문)에 정리되어있다. 딤후 3:14-17

(52) 성경이란?

성경은 구약과 신약으로 구성되었고, 하나님께서 그의 백성들 가운데서 행하신 일들, 그들에게 하신 말씀들의 기록으로서, 점차적으로 편집된 책들의 모음이다. 저자들은 그들 자신의 언어와 문화와 역사적인 특징에 따라 기록하였고 각자 다른 방식으로 하나님에 대한 그들의 믿음의 증언을 지니고 있었다. 성경은 하나님의 자기 계시의 기록으로 예수 그리스도 안에서 최상으로 드러났으며, 여전히 성령을 통하여 자신을 계시하시는 도구가 된다. 렘 1:1-3; 히 1:1; 벧후 1:21

(53) 역사적인 신조란?

교회는 역사를 거슬러 올라가 초기에 기록된 두 가지 신조를 사용한다. 서방교회로부터는 사도들의 신조, 동방교회로부터는 니케아신조이다.

(54) 사도들의 신조란?

(사도신조는 예수의 가르침이 요약된 것이기 때문에 그렇게 불리우며, 사도들의 시대부터 믿어온 것이다. 또한 이것은 초대교회에서 일찍이 교회에 입교할 사람을 예비시키는 목적으로 사용된 이래 서방교회에서 사용되어 왔다.)

(55) 니케아신조란?

우리들은 아버지시요 전능자시요 천지창조자시요 만물의 전체시요 보이지 아니하시는 한 분이신 하나님을 믿습니다.

우리들은 독생자이시오 아버지 하나님으로부터 보내심을 입은 분, 또한 하나님께로부터 하나님께로 오신, 빛으로부터 빛으로 오신, 참 신으로부터 참 신으로 오신, 보내심을 입은 피조물이 아닌 아버지와 같으신 존재이신 한 분이신 예수 그리스도를 믿습니다. 그를 통하여 모든 만물이 창조되었고, 그 분이 하늘로부터 오심으로 우리들 인간은 구원을 얻었고 성령의 능력으로 동정녀 마리아에게서 성육신 하셨으며 인간이 되셨음을 믿습니다. 우리의 죄 때문에 본디오 빌라도 아래에서 십자가의 형벌을 받으셨으며 고난을 받으신 후 죽으시고 매장되셨습니다. 그는 제 삼일에 성경대로 죽음 가운데서 다시 살아나셨고 하늘에 오르사 하나님 우편에 앉아 계시며 영광 중에 죽은 자와 산 자를 심판하러 다시 오실 주님을 믿습니다. 하나님의 나라는 영원한 나라입니다.

우리들은 주님이시오 생명을 주시는 분이신, 성부와 성자를 통하여 나오시는 성령을 믿습니다. 성부와 성자와 함께 성령은 경배를 받으시옵고 영광을 받으시옵니다. 성령은 예언자들을 통하여 우리에게 말씀하셨습니다.

우리들은 하나의 거룩한 보편교회와 사도교회를 믿습니다.

우리들은 세례를 받음으로 모든 죄가 사면 받음을 믿습니다.

우리들은 죽은 자의 부활과 장차 올 새로운 세계의 삶을 갈망합니다.

(니케아신조란 AD325년에 니케아 회의에서 만들어진 것이다. 그러나 현재 우리가 사용하는 니케아신조는 AD381년 콘스탄티노플 회의에서 만들어지고 AD451년 칼케돈 회의에서 공인된 것이다. 이 신조는 메도디스트 교회만 아니라 동방교회와 영국국교회와 그 외의 교회들에 의하여 사용되고 있다.)

(56) 하나님을 믿는다는 것은 무엇인가?

우리는 성부와 성자와 성령이 진정으로 한 하나님으로 존재하신다는 것을 믿는다. 그러나 그를 믿는다는 것은 지적인 동의 이상을 의미한다. 그를 온전히 믿는다는 것은 이생에서 또 영원히 우리가 필요로 하는 모든 것에 대해 그분만을 신뢰한다는 것이다. 신 6:4 ('주 우리의 하나님, 주님은 한 분이시다' 라고 번역될 수도 있다.) 요 17:20-23; 약 2:18-19

(57) 신조들은 하나님 아버지에 대해 무엇을 가르치는가?

그가 한 분이신 것, 그가 성자의 아버지이신 것, 그가 모든 보이는 것과 보이지 않는 것을 창조하셨다는 것, 그리고 그가 창조하신 우주 안에 있는 모든 것들을 섭리하사고 통치하신다는 것이다. 또한 우리는 그의 직접적인 현존을 천국이라고 부른다. 창 1, 2; 요 1:1-10; 골 1:14-17, 2:12-15; 시 73; 고전 15:24-28

(58) 신조들은 예수 그리스도에 대해서 무엇을 가르치는가?

예수 그리스도는 성자 하나님이시며, 하나님 아버지와 영원부터 계시고 그분의 본성을 지니셨고, 창조 때에 그분과 함께 일하셨다. 예수 그리스도는 인간으로 우리 가운데 태어나신 성자 하나님이시다. 오직 예수 안에서 우리는 참 하나님 아버지를 볼 수 있다. 예수 그리스도만이 완전히 인간이며 완전히 하나님이시다. 사 9:1-7, 11:1-9; 시 2(행4:23-30과 비교하시오); 행 2:22-36; 요일 2:22-23; 요 1:1-14; 골 1:15-20; 요 20:28; 마 28:18; 빌 2:5-11; 롬 1:1-7

(59) 신조들은 예수 그리스도의 오심에 대하여 무엇을 가르치는가?

예수 그리스도 안에서 하나님이 인간의 살과 피를 취하시고 우리 인간의 출생과 삶과 죽음을 경험을 하셨다는 것. 그리고 예수 그리스도가 인간 아버지에게서 나시지 않고 성령의 직접적인 개입으로 태어나셨다는 것을 가르친다. 요 1:1-14; 요일 4:1-3; 갈 4:4-5; 마 1:18-25; 눅 1:26-56, 2:1-20

(60) 신조들은 예수 그리스도의 생애에 대하여 무엇을 가르치는가?

그는 인류를 구원하기 위해 오셨다. 삶과 죽음이라는 인간의 경험 속으로 들어오시어 이 일을 하셨다. 죽은 자 가운데서 살아나심으로서 그가 구원하는 능력이 미치지 않는 곳이 없음을 보여주셨다. 부활은 예수가 죄와 죽음을 이기셨음을 선포한다. 승천은 지상에서의 예수 그리스도의 사역이 완성되었고, 그가 하나님 아버지께로 돌아가 그와 함께 다스리신다는 것을 선포하는 것이다. 고전 15:1-57; 벧후 3:18-19, 4:6; 롬 8:18-23; 엡 1:6-10; 골 1:20; 눅 24:50-53; 행 1:6-11; 빌 2:5-11

(61) 신조들은 예수의 재림과 최후 심판에 대하여 무엇을 가르치는가?

그분의 방식으로 그분의 때에 하나님은 그리스도를 통하여 인간을 심판하실 것이다. 그리스도의 권위 아래 모든 만물을 두시고 그의 사랑의 나라를 영원히 세울 것이다. 마 13:24-27; 마 25:31-46; 행 1:7; 막 13:32-37

(62) 신조들은 성령에 대하여 무엇을 가르치는가?

영원부터 그는 하나님이시다. 그는 처음부터 세상에 계셨고, 활동하셨다. 그리고 세상 창조의 역사에도 함께 하셨으며, 선지자들에게 영감을 주시고 하나님의 종들을 은사를 주시고 준비시키는 일을 하신다. 창 1:1-2; 사 61:1; 눅 1:35, 3:21-22, 4:1, 14; 행 2:1-21; 고전 12, 14

(63) 신조들은 교회에 대하여 무엇을 가르치는가?

교회는 거룩하다. 왜냐하면 하나님께 속하기 때문이다. 하나님께서 그의 일을 하도록 교회를 성별하시고, 그가 교회 안에 거하시기 때문에 거룩하다. 교회는 우주적이다. 즉 보편적이다. 왜냐하면 교회를 통하여 하나님이 차별 없이 모든 곳의 모든 사람들에게 예수에 관한 완전한 복음을 주시기 때문이다. 교회는 사도적이다. 사도들이 전했던 예수에 관한 메시지를 선포하기 때문이다. 하늘에서나 땅위에서나 하나님의 은혜 가운데서 함께 기뻐하는 모든 하나님의 백성 간에는 깨어지지 않고 끊을 수 없는 연대와 성도의 교제가 있다. 벧전 2:9; 고전 14:24-25, 15:1-3; 마 28:19-20; 갈 1:6-9, 3:28; 계 7:9-17; 요일 1:5-2:2

(64) 신조들은 그리스도인의 희망이 무엇이라고 가르치는가?

그리스도를 신뢰하는 사람들은 새로운 삶을 여기서 미리 맛본다. 그 새로운 삶 안에서 죽음을 이기신 그리스도의 승리와 부활을 함께 누리고, 하나님의 현존 가운데서 완전한 삶에 이르기까지 그리스도처럼 변화되는 것이다. 고전 15:35-50

(65) 성 삼위일체란?

우리가 우주와 우주 안에 있는 우리의 위치, 그리고 우리가 부여받은 모든 것을 생각할 때에 우리는 창조주와 아버지로서 하나님을 예배한다. 우리가 예수를 생각할 때, 우리는 그 분 안에서 하나님의 모든 특성이 인격의 형태로 특별히 사랑의 형태로 표현되는 것을 본다. 그래서 우리는 예수를 하나님과 구세주로 예배한다. 비록 예수가 하나님께로 승천하셨지만 그리스도인들은 성령을 통하여 교회와 그들 자신의 삶 가운데서 예수의 현존과 능력과 사랑을 지속적으로 경험한다. 그러므로 우리는 또한 성령을 하나님으로 예배한다. 비록 우리가 이런 세 가지 차원으로 하나님을 경험하고 하나님께 응답하지만 우리는 하나님 안에서의 분리를 의식하지 않는다. 성경은 오히려 아버지와 아들과 성령이 완전한 교제 가운데 존재하신다고 기록한다. 그러므로 우리는 성부, 성자, 성령, 거룩한 삼위일체 한 분 하나님을 예배한다.

G. 메도디스트 교회

(66) 메도디스트 교회는 어떻게 생겼는가?

존 웨슬리는 그 자신이 구원받은 확신의 경험에 따라 하나님이 순회설교 사역으로 자신을 부르셨음을 느꼈다. 같은 뜻을 가진 다른 성직자들과 평신도들의 지지와 도움으로 그는 교회와 가정, 야외에서 설교할 수 있었고, 그리하여 회중들에게 그가 경험하였던 바로 그 구원과 확증을 경험하도록 하였다. 그의 설교에 응답한 사람들을 신도회(religious societies)로 조직하여 속회(class meeting)로 나누고, 각각 그 모임에 맞는 지도자를 세웠다. 그는 조력자들과 협력자들을 임명하여(나중에는 순회 설교자들과 감리사들, 역자 주) 모임들을 감독하게 하였고 모임들을 순회구역(circuit)으로 나누었다. 모임의 업무들은 설교자들의 총회가 통제하였다. 비록 존 웨슬리는 메도디스트들이 영국교회와 분리되는 것을 의도하지 않았지만 그가 세상을 떠난 후에 독립된 교회가 되었다.(웨슬리 서거 4년 후인 1795년, 역자 주)

(67) 메도디스트 교회는 다른 교회들과 어떤 공통점을 가지는가?

메도디스트 교회는 보편교회의 일부분이다. 그 교리는 성경의 하나님의 계시에 근거한다. 사도들이 설교한 복음을 받아들이며 설교한다. 초기 교회의 신조들을 받아들인다. 개신교의 개혁신앙의 원칙들을 받아들인다.

(68) 메도디스트 교회의 뚜렷한 특징은 무엇인가?

첫째 교리적인 특징;

① 모든 사람이 구원받아야 한다.(All need to be saved.)

② 모든 사람이 구원받을 수 있다.(All can be saved.)

③ 모든 사람이 구원의 확증을 받을 수 있다.(All can be assured.)

④ 모든 사람이 완전성화까지 구원받을 수 있다.(All can be saved to the uttermost.)

둘째 메도디스트 교회의 제도적인 전통의 특징;

① 설교와 목회적 돌봄과 지역적인 모임의 행정에 있어서 평신도 지도자의 중요성

② 예배와 교리의 가르침에 있어서 찬송의 중요성

③ 교육과 목회적 돌봄, 그리고 교제를 위하여 소그룹으로 나누기

④ 순회구역제도(Circuit); 회중들을 위치에 따라 같은 지역에 모이도록 연결시킴.

⑤ 지방회 제도(District); 다수의 순회구역(circuit)들을 하나의 지방 단위로 연결시킴.

⑥ 연결체계(Connexional system);매년 총회(Annual conference)를 통하여 모든 회중들(congregations)을 연결하기

(69) 누가 메도디스트 교회의 정회원으로 받아들여지는가?

예수 그리스도를 주와 구주로 고백하고 교회와 세상의 삶 속에서 그를 섬기는 의무를 받아들이는 모든 사람들이 메도디스트 교회의 완전한 회원이다. 회원이 되고자 하지만 세례를 아직 받지 않은 사람은 회원이 되기 전에 세례를 받아야 한다.

(70) 메도디스트 교회의 회원의 의무는 무엇인가?

교회에서: 회원은 예배와 거룩한 교제와 봉사, 기도와 성경공부, 책임적인 헌금생활을 한다.

세상에서: 회원은 일상생활에서는 그/그녀의 신앙을 실현하고, 공동체에서는 사랑으로 봉사하고, 자신이 가진 모든 자원들을 그리스도인답게 사용하고, 그리스도의 교회를 도와서 세상에서 하나님나라 선교에 헌신한다.